DICCIONARIO

DE TERMINOS CONTABLES

INGLES-ESPAÑOL   ESPAÑOL-INGLES

DICTIONARY

OF

ACCOUNTING TERMS

ENGLISH-SPANISH AND SPANISH-ENGLISH

By

JOAQUIN BLANES PRIETO

CERTIFIED PUBLIC ACCOUNTANT

Membership of the Instituto Mexicano de Contadores Públicos, A. C.; Colegio de Contadores Públicos de México, A. C.; National Association of Accountants; Professor of the Facultad de Comercio y Administración of the Universidad Nacional Autónoma de México, and in the Instituto Superior de Estudios Comerciales.

CIA. EDITORIAL CONTINENTAL, S. A. DE C. V.
CALZ. DE TLALPAN NÚM. 4620, MÉXICO 22, D. F.

DICCIONARIO

DE

TERMINOS CONTABLES

INGLES-ESPAÑOL Y ESPAÑOL-INGLES

Por

C.P. **JOAQUIN BLANES PRIETO**

Miembro del Instituto Mexicano de Contadores Públicos, A. C.;
del Colegio de Contadores Públicos de México, A. C.; del National
Association of Accountants; Catedrático en la Facultad de Comercio y Administración de la Universidad Nacional Autónoma
de México y en el Instituto Superior de Estudios Comerciales.

CIA. EDITORIAL CONTINENTAL, S. A. DE C. V., MEXICO

DISTRIBUIDORES:

ESPAÑA-ARGENTINA-CHILE-VENEZUELA-COLOMBIA-PERU

Bolivia — Brasil — Costa Rica — Dominicana — Ecuador — El Salvador
Estados Unidos — Guatemala — Honduras — Nicaragua — Panamá — Paraguay
Portugal — Puerto Rico — Uruguay

Edición autorizada por el autor

Decimotercera impresión
noviembre de 1983

CIA. EDITORIAL CONTINENTAL, S. A. DE C. V.
CALZ. DE TLALPAN NÚM. 4620, MÉXICO 22, D. F.

MIEMBRO DE LA CAMARA NACIONAL DE LA INDUSTRIA EDITORIAL
Registro Núm. 43

DISTRIBUIDORES PRINCIPALES EN:

CAVANILLES NÚM. 52, MADRID 7, ESPAÑA
AV. CANNING NÚMS. 96, 98 Y 100, ESQ. PADILLA,
1414 BUENOS AIRES, ARGENTINA
MIRAFLORES NÚM. 354, SANTIAGO DE CHILE, CHILE
VEN-LEE, C. A., AV. FUERZAS ARMADAS, ESQ. SAN MIGUEL
EDIFICIO RODRIMER, PISO 6, CARACAS, VENEZUELA
CALLE 11 NÚM. 2-56, BOGOTÁ, COLOMBIA
AV. REPÚBLICA DE PANAMÁ NÚM. 2199, LA VICTORIA–LIMA 13, PERÚ

IMPRESO EN MEXICO   PRINTED IN MEXICO

P R E F A C E

Considering that Mexico and other Spanish speaking countries still lack enough literature for Public Accountants, and since most of this comes from the United States of America, we have set a goal to have sufficient bibliography in the Spanish language to enable the use of this dictionary in all types of enterprises, for translation, checking and supervision of texts in the various fields of Public Accounting.

During an eight year period, 4 760 entries were gathered and published in the first edition in January 1964. Many fellow accountants, both in Mexico and other Spanish speaking countries, have stimulated me to such an extent with the results they obtained through my modest publication, that for six years I worked intensely in investigation to gather as much as 11 000 entries for this second edition.

As a joke, while numbering the cards with the entries to send them to the editor, number 3 000 happened to be "Man-hours worked". I didn't know whether to laugh or really add up the hours worked in this second edition, which of course were many.

We explain in the English-Spanish section the entries we consider pertinent, but we do not in the Spanish-English section to avoid repetition. In the section of Abbreviations, all three basic elements are given, i.e., the meaning, the unabbreviated form and its translation into Spanish.

We hope this dictionary will have the sought after use, and this bring about the betterment of the profession and a projection of a better Mexico.

JOAQUÍN BLANES PRIETO
Certified Public Accountant

PREFACIO

En virtud de que en México se sigue contando con escasa literatura para la profesión de Contador Público, toda vez que la mayor parte proviene de los Estados Unidos de Norteamérica y que con el afán de superación nos hemos fijado la meta de contar con suficiente bibliografía en castellano, es razón por la cual se considera que el presente diccionario sirva de consulta para empresas de toda índole, para la traducción, revisión y supervisión de textos de los distintos campos que abarca la Contaduría Pública.

A través de ocho años, se reunieron 4 760 términos que se publicaron en la primera edición de enero de 1964. Muchísimos colegas tanto de México como de otros países de habla hispana me estimularon en forma tal con los resultados que obtuvieron de mi modesta aportación, que durante seis años me dediqué a investigar y a trabajar en la forma más intensa para lograr reunir en esta segunda edición 11 000 términos.

Como dato curioso, al estar foliando las tarjetas con los términos para enviarlos a la editorial, el número 3 000 correspondió al término Man-hours worked, o sea horas-hombre trabajadas; no supe si reír o verdaderamente hacer el cómputo que había invertido en esta segunda edición y que desde luego sumaba muchas horas.

En la parte relativa al Inglés-Español, se da la explicación de los términos que juzgamos convenientes, no así en Español-Inglés, para evitar su repetición, contando en la sección de abreviaturas, con los tres elementos básicos, o sea, la abreviatura del término, la palabra completa y su traducción al castellano.

Se espera que el presente diccionario tenga la utilización deseada y con ello el enaltecimiento de la profesión y la proyección de un México mejor.

C. P. Joaquín Blanes Prieto

ABREVIATURAS EMPLEADAS EN LAS PARTES

INGLES – ESPAÑOL, ESPAÑOL – INGLES

G.B. = GREAT BRITAIN (GRAN BRETAÑA)

U.S. = UNITED STATES (ESTADOS UNIDOS)

A

A, B and C partnership vendor, A, B y C sociedad en nombre colectivo vendedora.

a survey of the leasing field and corporate leasing practices in U.S. business, un estudio del negocio de arrendamiento y de los métodos utilizados por empresas en los Estados Unidos.

abandonment, abandono (la eliminación del uso de bienes inmuebles).

abatement, rebaja, reducción, anulación.

abbreviated, abreviado.

"a bit", pulso (BIT).

abnormal or excessive costs of fixed assets, costos irregulares o excesivos de activos fijos.

above mentioned, antedicho, susodicho.

above par, sobre la par (cotización superior al valor nominal de un título de crédito).

abrasion, merma (de la moneda).

abrogate, derogar (una ley).

absence from work, falta de asistencia al trabajo.

absenteeism, ausentismo (en el trabajo en general).

absolute address, specific address, dirección absoluta (en programación de computadoras digitales el nombre que le asigna el diseñador de máquinas a un registro o posición determinado en la memoria).

absolute title, título absoluto (un instrumento legal evidenciando el derecho absoluto de propiedad o bienes inmuebles).

absolute value, valor absoluto.

absorption costing, costeo de absorción (de acuerdo con la contabilidad de costos tradicional, todos los costos de fabricación se encuentran incluidos en el costo de un producto para propósitos de costeo del inventario, y están excluidos todos los costos que no representan fabricación. Este método de costeo se designa como *costeo de absorción* o *costeo total*. La distinción principal en el costeo de absorción es entre los costos periódicos y los costos del producto, es decir, los costos que corresponden y los que no corresponden a fabricación).

abstract, resumen, extracto. (un documento normalmente asociado a un bien inmueble. El resumen lista la historia de un terreno, empezando con la cesión original y siguiendo con cada traspaso del título hasta el tenedor actual. Siempre cita todas las hipotecas sobre la propiedad y cualquier falta que pudiera causar.

una "mancha" en el título en la cadena de traspasos).

abstract of account current, extracto de cuenta corriente.

abstract of judgment, sumario del fallo.

abstract of posting, resumen de pases al mayor.

accelerated depreciation, depreciación acelerada.

accelerated depreciation will apply only to investments made after the tax authorities have issued the pertinent resolutions, la depreciación acelerada sólo se referirá a inversiones que se efectúen con posterioridad a las resoluciones que las autoridades fiscales deberán emitir en cada caso.

accelerated incentive, incentivo progresivo.

accelerated performance test, pruebas aceleradas de destreza.

acceleration clause, cláusula para el vencimiento anticipado de una deuda (una cláusula incluida en el cuerpo del contrato que estipula que el saldo deudor total no pagado se convertirá de inmediato en vencido y pagadero como consecuencia de la violación de otras condiciones del contrato, tales como insolvencia o falta de pago de impuestos del deudor sobre propiedades hipotecadas, etc.).

acceptance, aceptación [un giro a plazos (letra de cambio) en cuyo anverso el librador escribe la palabra "acepto" sobre su firma. La fecha y el lugar de pago tambien están indicados. La persona que acepta la letra se conoce como *aceptante* (acceptor). Una *aceptación bancaria* (bank acceptance) es una letra girada y aceptada por un banco. Una *aceptación mercantil* (trade acceptance) es una letra girada por el vendedor al comprador de mercancías y aceptada por el comprador].

acceptance costs, costos de aceptación (incluyen no sólo los costos de inspección y prueba, sino los costos para administrar el programa de aceptación).

acceptance, credit, forma de financiamiento de importaciones y exportaciones. (Es una operación en la que el banco sustituye con su crédito el del cliente, a fin de que la "cartera" de éste sea más fácilmente descontable y a menor tipo.)

acceptance liability, pasivo aceptado (el pasivo total que el banco asume cuando acepta instrumentos negociables girados contra él por sus clientes. Se lleva por lo general un registro de documentos aceptados en un auxiliar para cada cliente).

acceptance of goods, aceptación de mercancías.

acceptance sampling, muestreo de aceptación.

acceptance supra-protest, aceptación de una letra después del protesto.

acceptance, trade, aceptación comercial.

acceptances receivable, trade, aceptación comercial.

acceptances receivable, trade, aceptaciones de cuentas por cobrar, clientes.

accepted draft, letra aceptada.

accommodation endorsement, endosos por aval (esta denominación es cuando una persona firma o endosa un pagaré o letra solamente con el propósito de inducir al banco le preste dinero al prestatario, cuyo crédito no es suficiente para garantizar el préstamo. El endosante, quien es responsable de pagar la cantidad total, por lo general no espera hacer eso. El no recibe beneficio alguno por la operación, pero actúa como fiador o garantía del prestatario. Otra forma de endosos por aval es la práctica entre bancos de endosar aceptaciones de otros bancos por un honorario, para hacerlos aceptables para su compra en el mercado).

accommodation note, documento avalado.

according with auxiliary cards, verificado contra kardex.

account, cuenta (un registro de todas las operaciones financieras con la fecha de cada una, afectando una fase particular de los negocios expresada en cargos y créditos, valuada en dinero y mostrando un saldo actual, si lo hay).

account, analysis, análisis de cuentas (el proceso de determinar la utilidad o pérdida en una cuenta corriente).

account, balance, cuenta de balance.

account classifications, catálogo de cuentas.

account, contra, contracuenta.

account, current, cuenta corriente.

account, day, día de liquidación (en la bolsa de valores de Londres; día de la entrega y el pago de las transacciones correspondientes a la quincena anterior que dura tres días siendo el último el que se toma "account day").

account, dividends, dividendos por pagar.

account, economic, cuenta de resultado.

account, inter-company, cuenta entre compañías.

account in trust, cuenta en fideicomiso (una cuenta abierta por una persona para celebrar en fideicomiso y mantenerlo para beneficio de otro. En la ausencia de un fondo de fideicomiso legalmente constituido, los retiros de la cuenta están sujetos a la aprobación de la parte que ha constituido la cuenta. Un ejemplo es un fondo para educación establecido por una persona en beneficio de un menor).

account, keeping, tratado de contabilidad.

account, memorandum, cuenta de orden.

account, merchandise, cuenta de mercancías generales.

account number, número de cuenta [la identificación numérica dada a una cuenta dentro de un negocio o institución, tal identificación numérica es una parte que está en armonía directa con todo el sistema descriptivo numérico dado a las cuentas como un todo. Tal descripción numérica se denomina *"código"* (code) o *código de cuentas* (code of accounts). Para facilitar la comprobación, teneduría de libros y clasificación de procedimientos dentro de cada departamento (particularmente el departamento de teneduría de libros) de un banco, muchas instituciones de crédito emplean un sistema para describir numéricamente todas las cuentas individuales de depósito. Para asegurar el número que aparece en todos los cheques expedidos de un cuentahabiente, muchas instituciones están proporcionando libretas de cheques en blanco que llevan el número de cuenta del depositante].

account number field, campo del número de cuenta (la parte inferior de un cheque en la que se usan caracteres impresos con tinta magnética que identifican el número de cuenta del cuentahabiente).

account payable, cuenta por pagar (un pasivo circulante representado por una cantidad que debe una persona o un negocio a un proveedor de mercancías o servicios comprados en cuenta corriente o a corto plazo).

account, payable-trade, cuenta por pagar a proveedores.

account, pledged, cuenta pignorada.

account, personal, cuenta personal.

account, proprietor's or propietorship, cuenta de capital (persona física).

account, realization, cuenta de liquidación.

account, receivable, cuenta por cobrar (dinero que debe una persona o empresa mercantil por la compra de mercancía en cuenta corriente, sin dar un pagaré u otra evidencia de la deuda).

account, receivable-billed, cuenta por cobrar-facturada.

account, receivable-discounted, cuenta por cobrar-descontada.

account, receivable-net, cuenta por cobrar-neta.

account, receivable-trade, cuenta por cobrar-clientes.

account, receivable-unbilled (consists of accumulated charged time expense not yet billed to clients), cuenta por cobrar, sin facturar (consiste en cargos por tiempo acumulado y gastos pendientes de facturar al cliente).

account, reconciliation, conciliación de cuenta.

account, remittance, cuenta de remesas.

account, sales, cuenta de ventas.

account, secured, cuenta garantizada.

account, subsidiary, cuenta auxiliar, subcuenta.

account, trading, cuenta de explotación.

account, turnover, relación entre las ventas y los cobros; se determina:

$$\frac{\text{Ventas anuales}}{\substack{\text{Promedio de las cuentas} \\ \text{pendientes de pago}}}$$

(Si es uniforme a 30 días de plazo, la proporción debe ser 12:1; término bancario.)

accountable, contable.

accountancy, contaduría (la profesión del contador).

accountant, certified public, contador público titulado.

accountant, contador.

accountant, cost, contador de costos.

accountant, expert, perito contador.

accountant fees and profits, honorarios y utilidades del contador.

accountant, private, contador privado.

accountant, public, contador público.

accountants handbook, manual del contador.

accountants index, índice de libros.

accountants' partnership agreements, contratos de sociedades de contadores.

accounted, asentados, anotados.

accounting, contabilidad (el arte, ciencia, interpretación y método organizado de registro de todas las operaciones que afectan la posición financiera de un negocio).

accounting administrative, contabilidad administrativa.

accounting, concepts, principios de contabilidad.

accounting concepts and standards underlying corporate financial statements, conceptos contables y normas fundamentales de estados financieros.

accounting, cost, contabilidad de costos.

accounting, data, datos contables.

accounting entity, entidad contable (toda organización que lleva registros de contabilidad se dice que tiene un *sistema de contabilidad*, el cual consiste de todos los registros usados para anotar y resumir las transacciones, propiedades y obligaciones relacionadas de la empresa. Se dice que cada organización constituye una *entidad* o *unidad contable*).

accounting, equation, ecuación contable.

accounting, estate, contabilidad de sucesiones.

accounting, factory, contabilidad industrial.

accounting, fiduciary, contabilidad fiduciaria.

accounting, firms, despachos de contadores.

accounting for business transactions, contabilidad para transacciones comerciales.

accounting for compensation in the form of stock options, tratamiento contable de las compensaciones al personal en la forma de opciones de capital.

accounting for issuance of no-par value stock, contabilidad para la emisión de acciones sin valor a la par.

accounting for issuance of par value capital stock, contabilidad para la emisión de acciones de capital con valor a la par.

accounting for stock options, contabilidad de capital elegido.

accounting for the admissions and retirements of partners, contabilidad para admisiones y retiros de socios.

accounting for united states treasury tax notes, documentos de impuestos para la contabilidad de la tesorería de los Estados Unidos.

accounting, government, contabilidad gubernamental.

accounting, manual, catálogo de cuentas.

accounting, manufacturing, contabilidad industrial.

accounting, mercantile, contabilidad mercantil.

accounting, period, ejercicio o periodo contable.

accounting, principles, principios de contabilidad.

accounting principles and taxable income, principios de contabilidad y utilidades sujetas a impuestos.

accounting, principles underlying corporate financial statements, principios básicos de contabilidad que sirven de base para la formulación de estados financieros de empresas.

accounting policies should be governed by conservatism, principio conservador (conservatismo) (principio de contabilidad).

accounting, public, contaduría pública.

accounting questions section, sección de consultas de contabilidad.

Accounting Research Bulletin, boletines de Investigación Contable.

accounting series release No., folletos de contabilidad No.

accounting shall be based on cost, principio del costo (principio de contabilidad).

accounting, statement, estado contable.

accounting-the language of business and finance, contabilidad — el lenguaje de los negocios y las finanzas.

accounting trends and techniques in published corporate annual reports, tendencias y técnicas contables en informes anuales publicados por sociedades.

accounts, cuentas.

accounts payable ledger, auxiliar de cuentas por pagar.

accounts payable subsidiary ledger, registro auxiliar de cuentas por pagar.

accounts per contra, contracuentas.

accounts receivable ledger, auxiliar de cuentas por cobrar.

accrual basis, base de valor devengado; base acumulada.

accrual basis of accounting, acumulaciones básicas en contabilidad.

accruals, acumulaciones.

accruals payable, acumulaciones por pagar.

accrue, acumular.

accrued bond interest payable, intereses acumulados sobre bonos por pagar.

accrued depreciation, depreciación acumulada.

accrued dividends, dividendos no decretados que aún no se vencen o se pagan (dividendo normal considerado como ganado, pero no decretado o pagadero sobre una emisión legal de acciones y otros instrumentos de parte del patrimonio de una empresa organizada legalmente o institución financiera).

accrued expenses, gastos acumulados por pagar.

accrued income, ingresos o productos devengados.

accrued interest, interés causado, pero todavía no vencido ni pagadero; interés acumulado.

accrued interest due beyond one year, interés acumulado vencido a más de un año.

accrued interest expense, intereses acumulados por pagar.

accrued interest income, intereses acumulados por cobrar.

accrued interest payable, intereses acumulados o devengados por pagar o no vencidos (intereses acumulados sobre una deuda; depósitos a plazos, dinero prestado, etc.).

accrued interest receivable, intereses acumulados o devengados por cobrar (intereses ganados por un banco, pero no cobrados; ésta es una cuenta de activo).

accrued payroll, sueldos y salarios acumulados por pagar.

accrued property taxes, impuestos prediales acumulados.

accrued royalties, regalías acumuladas (las regalías están basadas ya sea sobre ventas o sobre producción).

accrued state (federal) unemployment tax payable, impuesto por pagar Estatal (Federal) acumulado por desempleo.

accrued taxes, impuestos por pagar.

accrued wages, salarios por pagar o acumulados.

accrued workmen's compensation insurance, seguro de compensación acumulado de los trabajadores.

accumulated profit, utilidades por aplicar.

accumulation of capital, acumulación de capital.

accumulation of depreciation, depreciación acumulada.

accumulation of goods, acumulación de mercancías.

"acid test" ratio, prueba de "ácido o severa" (uno de los más importantes barómetros empleados por instituciones prestamistas, e indica la capacidad de una empresa mercantil para pagar sus obligaciones a corto plazo. La fórmula para determinar el coeficiente es como sigue:

$$\frac{\text{caja y bancos} + \text{cuentas por cobrar} + \text{inversiones en valores}}{\text{pasivo circulante}}$$

o

$$\frac{\text{activo circulante} - \text{inventarios}}{\text{pasivo circulante}}$$

Frecuentemente el coeficiente de 1 a 1 se considera satisfactorio).

acknowledgment of receipt, acuse de recibo.

acknowledgment of your order, acuse de recibo de su pedido.

acquisition of the partnership assets, adquisición de los activos de la sociedad en nombre colectivo.

acquisitions for lump sum, adquisiciones a precio alzado.

acquittance, carta de pago (un documento dando evidencia escrita del pago o exención de una deuda de obligación financiera).

action, acción, pleito, proceso.

active bonds, títulos al portador.

active **partner**, comanditado.

activity **charges**, cargos por manejo (cuentas bancarias).

actograph, actógrafo, registrador de movimientos.

actual **attainment**, producción efectiva.

actual **basis**, gastos reales (mes a mes).

actual **cash value**, costo de reemplazo menos depreciaciones (para efectos de seguros).

actual **liabilities**, pasivo real.

actual **loss**, pérdida efectiva.

actual **markdown**, rebaja efectiva.

actual **purchases**, compras efectivas.

actual **sales**, ventas efectivas.

actual **time**, tiempo real o empleado.

actual **total loss**, pérdida total real.

actuals, disponibilidades (de fondos).

actuating, dirección (de una empresa), administración.

add-ons, renovación de contrato (son las nuevas compras agregadas a un contrato a plazos. En sí es un nuevo contrato).

adding machine, electric, sumadora eléctrica.

adding machine, hand operated, sumadora manual.

adding machine ribbon, cinta para sumadora.

adding machines (ten-column-capacity machine; key-driven; crank-driven; full keyboard; ten-keyboard; listing ten-key), sumadoras (máquinas de capacidad de 10 columnas; impulsada a tecla; impulsada mediante palanca; teclado completo; teclado de diez teclas; listador de diez teclas).

adding roll, rollo de papel para sumadora.

addition, suma.

additional freight, flete adicional.

address, dirección (una expresión normalmente numérica, que designa un emplazamiento en un dispositivo de memoria u otra fuente o destino de información).

addressed memory o addressed storage (US) addressed store (GB), memoria dirigida (en computadoras digitales, las secciones de la memoria donde cada registro tiene una dirección).

addressee, destinatario.

addresses where records are kept, domicilios donde se guardan los registros.

addressing and listing machines, rotuladoras de direcciones y de listas (adresógrafos y listadoras).

addressor, remitente.

adecuacy of preparatory planning of the field work, planeamiento adecuado del trabajo.

adequate sample, muestra adecuada (es la que contiene un número suficiente de conceptos que muestran los mismos resultados al examen que se encontrarían en otra muestra del mismo tamaño que fuera elegida de la misma población).

adjourn the meeting, levantar la sesión.

adjudication of the contract to the lowest bidder, adjudicación del contrato al mejor postor.

adjunct assistant (professor), profesor adjunto.

adjusted balances, saldos ajustados.

adjusted rate, tasa ajustada.

adjusting entries, asientos de ajuste.

administering the development program, administración del programa de desarrollo.

administrative and general expenses, gastos generales y de administración.

administrative services, servicios administrativos.

administrative unit, unidad administrativa.

advance, préstamos, ya sea en cuenta corriente o contra pagaré con o sin garantía subsidiaria; depósito a cuenta o antes del vencimiento de un compromiso; alza en los precios; anticipo; adelanto.

advance collections, cobros por adelantado.

advance expense fund, fondo de anticipos para gastos.

advance for administrative expenses to be supported by voucher subsequently, anticipo para gastos administrativos para comprobarlos posteriormente.

advance from customers, anticipos de clientes.

advance in current account, apertura de créditos.

advances and loans to affiliates, anticipos y préstamos a sucursales.

advances rate, tasas de anticipos.

advances to contractors and to suppliers, anticipos a proveedores y contratistas.

advances to employees, préstamos a empleados.

adventure, especulación.

adverse balance of payments, balanza de pagos desfavorable.

advertisement, anuncio.

advertising, publicidad.

advertising and sales promotion propaganda y promoción de ventas.

advice note, carta de aviso.

advices, avisos (el término "avisos" connota diversas clases de formas usadas en el medio bancario. En su acepción general, un aviso es una forma de letra que relata o reconoce cierta actividad o resultado con respecto a las relaciones de los depositantes con un banco. Como ejemplos tenemos: aviso de cargo o crédito, aviso de pago, etc.).

affairs, statement of, estado estimado de liquidación.

affidavit, declaración ante notario público o cónsul, o funcionario competente, por el cual el interesado firma bajo juramento de decir verdad.

affiliates, receivables from, cuentas por cobrar de compañías afiliadas.

after account, cuenta nueva.

after costs, costos extraordinarios.

after hours, horas extras.

age at entry (into labor force), antigüedad de ingreso (en el trabajo).

age of receivables, antigüedad de las cuentas por cobrar.

agent, agente, representante (en una sociedad en nombre colectivo).

aggregate income, ingresos acumulables (impuestos).

aggregate principal amount, cantidad total del capital (más intereses acumulados).

aggregate volume of demand, volumen total de la demanda.

aggregated balance sheet, balances consolidados.

aggregates, cantidades globales.

aggregative approach, iniciación conjunta.

aging of accounts, analizar la antigüedad de las cuentas.

agreement, convenio; contrato.

agreement by the job, contrato a destajo.

agreement of service, contrato de servicio.

aids in the discovery of false financial statements in a bankruptcy investigation, datos que ayudan a descubrir estados financieros falsos en la investigación de una quiebra.

air pocket, expresión empleada en en la bolsa de valores para indicar la brusca y extremada debilidad de un título determinado, fuera de proporción con el resto de valores que cotizan.

air waybill, conocimiento de embarque aéreo.

all charges deducted, deducidos todos los gastos.

all-in-cost, costo total.

all-in-police, póliza a todo riesgo.

alleged advantages of self-liquidating commercial paper, supuestas ventajas del papel comercial de liquidez propia (bancos).

allocate (to), asignar (en programación de computadoras digitales, asignar posiciones de memoria a las rutinas y subrutinas principales fijando así los valores absolutos de cualquier dirección simbólica).

allocate work to clerks, distribuir trabajo a los empleados.

allocation, aplicación.

allocation of labor, distribución de la mano de obra.

allotment, asignación.

allow, to, abonar en cuenta; descontar; reducir; rebajar.

allowable deduction, deducción permisible.

allowance; abono; asignación; descuento; rebaja; indemnización; concesión; gratificación; retribución; prima; pensión.

allowance (expense), bonificación (gasto).

allowance for billing adjustments, provisión para ajustes en facturación.

allowance for decline in stock market value, estimación para fluctuaciones en valores.

allowance for decline in the value of inventory, estimación para fluctuaciones en inventarios.

allowance for depreciation, provisión para depreciación.

allowance for depreciation-buildings, provisión para depreciación de edificios.

allowance for depreciation-delivery equipment, provisión para depreciación de equipo de transporte.

allowance for depreciation-office equipment, provisión para depreciación de equipo de oficina.

allowance for tare, rebaja por tara.

alphabetic code (GB) alphabetic coding (US), código alfabético (un sistema de abreviación usado en la preparación de información de entrada a la máquina, de tal manera que dicha información pueda ser reportada no solamente en números sino también en letras y palabras).

alphabetical filing, archivo alfabético.

alteration, alteración (cualquier cambio, borradura u otros medios en la fecha, cantidad, o tenedor de un cheque, pagaré u otro instrumento negociable. También cualquier cambio en los libros o registros por medios similares. Las alteraciones necesarias son mejor que se hagan cruzando una línea la partida incorrecta arriba o abajo, dejando la partida incorrecta visible y abierta para investigación).

altered check, cheque alterado (cheque sobre el cual se ha cambiado o borrado la fecha, el beneficiario, o la cantidad. El banco es responsable por el pago del cheque como está originalmente expedido, consecuentemente, puede rehusarse a pagar el cheque, cuando ha sido alterado).

amalgamation, fusión.

amended return, declaración o revisión.

amended returns, declaraciones (de impuestos).

amendment, reforma de ley.

American Accounting Association, Asociación Americana de Contabilidad.

American Arbitration Association, Asociación Americana de Arbitraje.

American Association of Public Accountants, Asociación Americana de Contadores Públicos.

American Collegiate School of Business, Colegiado Americano de Escuelas de Comercio.

American Institute of Certified Public Accountants, Instituto Americano de Contadores Públicos Titulados.

amortization, amortización.

amortization of fixed intangible assets and deferred charges, amortización de activos fijos intangibles y cargos diferidos.

amount, suma, importe, monto.

amount and classes of capital stock, monto y clases de acciones de capital social.

amount certain, suma exacta.

amount of fund, importe del fondo.

amount of property, total de los bienes.

amount of taxable wages, monto de impuestos sobre salarios pagados; monto de salarios gravados pagados.

an objective corporate appraisal of leasing, una evaluación objetiva del arrendamiento desde el punto de vista del empresario.

analysis of changes in gross profit, análisis de las variaciones en la utilidad bruta.

analysis of transactions, análisis de las transacciones (para registrar una transacción en forma adecuada es necesario determinar la forma en que dicha transacción afecta a los activos, pasivos o capital).

analysis of financial statements, análisis de estados financieros.

analytic study, estudio analítico.

analyze, analizar (separar en elementos o partes, ejemplo: Una cuenta de gastos de venta puede analizarse separando y clasificando cada asiento en forma sistemática, con el fin de obtener exactitud y una clasificación adecuada).

ancillary, auxiliares (en un banco o sociedad de fideicomiso no solamente hay la ventaja de que el depositante de fideicomiso tenga suficiente experiencia en el manejo de estos negocios, sino que dichas instituciones también ofrecen los servicios de sus especialistas en importantes oficinas, así como la ayuda de auxiliares de su departamento bancario).

ancillary letter of credit, carta de crédito auxiliar.

ancillary undertaking, empresa filial o auxiliar.

and/or, y/o.

annual balance, balance anual.

annual financial report, informe financiero anual.

annual fiscal period, ejercicio fiscal.

annual marketing planning, planeación anual de mercadotecnia.

annual mean, media anual.

annual sale, venta anual.

annuities, pensiones vitalicias.

annuity, anualidad.

annuity, deferred, anualidad diferida.

annuity, life, anualidad vitalicia.

antedate, anticipación, retrotraer.

antedate, endorsement, endoso anticipado (compensa la póliza para permitir la cobertura antes de que se pague la prima) (seguro de crédito).

any two jointly, firmas mancomunadas.

a pesos sign should appear to the left of the first amount beneath an underline, el signo de pesos deberá aparecer a la izquierda de la primera cantidad de la subcuenta.

appeal, apelación.

application, demanda, solicitud.

application blank, forma de solicitud (para un obrero o empleado).

application form, forma de solicitud de empleo.

application of funds statement, estado de origen y aplicación de fondos.

appointment, nombramiento.

apportionment, prorrateo, derrama.

appraisal, avalúo, tasación (1. valuación de una parte de un bien inmueble personal, o el bien inmueble de otro como un todo; 2. el valor puesto al bien inmueble valuado).

appraisement, avalúo, valuación, tasación, justiprecio.

appraiser, valuador, tasador.

appreciation, alza, revaluación (el aumento en el valor de un activo en exceso a su costo sujeto a depreciación el cual se origina por condiciones económicas y se distingue por aumentos en el valor originado por las mejoras o adiciones que se le hacen).

appreciation surplus, superávit por revaluación.

apprentice's indenture, contrato de aprendizaje.

apprenticeship, aprendizaje.

apprenticeship, duration of, duración del aprendizaje.

apprizement, avalúo.

appropriated retained earnings, utilidades retenidas distribuidas.

appropriated surplus, superávit ganado.

appropriation, separación, aplicación (la separación de una cantidad de dinero autorizada, frecuentemente en un fondo, para pagar cierto costo o gasto conocido o anticipado en un artículo o servicio).

appropriation budgets, presupuestos asignados (son característicos de los cuerpos gubernamentales. Se establece una cantidad fija, presumiblemente en cierta relación con las necesidades de la dependencia y los documentos en los gastos sobre esa cantidad podrán hacerse solamente bajo la autorización de asignaciones suplementarias. En las firmas de negocios estos presupuestos se aplican a publicidad, investigación, desarrollo y gastos de capital. Son más característicos para los tipos de gastos que deben hacerse por periodos mayores al periodo presupuestario normal).

appropriations of retained income, distribución de utilidades acumuladas.

approval, aprobación.

appurtinances, accesorios.

apron, rider, volante (pegado a un documento).

arbitrage, arbitraje (la compra de divisas extranjeras, acciones, bonos, oro, plata y otras mercancías de un mercado a otro para su venta con utilidad. Esto requiere expertos árbitros y acción rápida).

arbitrary lump-sum test period, periodo de prueba arbitrario.

arbitration, arbitraje.

arithmetic average, promedio aritmético.

arithmetic mean, media aritmética.

arithmetic unit, unidad aritmética [parte de la computadora que tiene por lo menos un elemento de memoria de varios dígitos, en la que se desarrollan los cálculos aritméticos (suma, multiplicación, división), se hacen comparaciones y se preparan los resúmenes].

arithmetical shift (GB), arithmetic shifts (US), corrimiento aritmético (se presenta en la multiplicación o división de una cantidad por la potencia de la base de notación).

arrangement, arreglo.

arrears, compromiso vencido, no pagado (una obligación real o contingente que queda sin pagar a la fecha del vencimiento. Se usa con frecuencia en relación con letras o pagarés a plazos, hipotecas, arrendamientos y otras obligaciones vencidas y pagaderas en una cierta fecha especificada. También se aplica cuando se trata de dividendos correspondientes a acciones privilegiadas).

arrival of goods, arribo de bienes (mercancías).

ascertain, cerciorarse, averiguar.

ascertain all the taxes that the company has to pay, investigue todos los impuestos que la compañía tiene què pagar.

ascertain that the pricing of the inventory as proper, cerciorarse o verificar que es adecuada la valuación del inventario.

ascertainment of preferences, averiguación de preferencias (pago o garantía del pasivo a favor de uno o más acreedores, con exclusión de los demás, por un deudor insolvente; el síndico de una quiebra puede recuperar una "preferencia" si demuestra, entre otras cosas, que fue hecha cuando ya existía la insolvencia y dentro de los cuatro meses anteriores a la quiebra).

as per advise, equivale a la expresión "según aviso" (término bancario).

as per invoice, según factura.

as per voucher, según comprobantes; según póliza.

assembly accounting data, concentrar datos contables.

assembly cost, costo de montaje.

assembly-line production, producción en cadena.

assessed taxes, impuestos directos.

assessed valuation, avalúo de propiedades inmuebles o personales para fines de impuestos fiscales.

assessed valuation of real estate, avalúo catastral.

assesment, exhibición que una sociedad anónima impone a sus accionistas, para aumentar el capital o hacer frente a una dificultad económica (término bancario); avalúo catastral; impuestos de cooperación municipal; calificación fiscal.

assessment insurance, seguro de derrama (se cobra una prima anual basada en la experiencia pasada a las edades alcanzadas respectivas a cada miembro, *por adelantado*, en vez de contribuciones basadas en la experiencia real *corriente* y pagaderos *durante* todo el año. Si las contribuciones pagaderas por las personas aseguradas respectivas, bajo un seguro de derrama, fuesen determinadas en proporción a las tasas reales de muerte a las diversas edades alcanzadas de los miembros durante cada año, los costos resultantes serían aproximadamente los mismos bajo ambos planes y no habría entre ellos una diferencia fundamental. El hecho es, sin embargo, que en la mayoría de los planes de derrama, las contribuciones no se han realizado en proporción a la tasa de muerte, algunas veces se han dividido simplemente las reclamaciones por muerte en partes iguales entre todos los miembros sin ninguna consideración a sus diferentes edades. En otros casos, en los que se consideraba que la contribución de un miembro debía tener alguna relación con su edad, se adoptaron varias reglas incorrectas, tales como hacer las contribuciones proporcionales a la tasa de muerte a la edad del miembro en el momento de ingresar en el plan y sin ningún ajuste subsecuente por el aumento de la edad).

assets, activos (propiedades que se poseen).

assets, available, activo realizable, activo disponible.

assets, capital, activo fijo

assets, cash, activo disponible.

assets contingent, activo contingente.

assets current, activo circulante.

assets = debt liabilities plus capital accounts or net worth, activo = pasivo más cuentas de capital o capital contable (ecuación monetaria).

assets, deferred, cargos diferidos, gastos diferidos.

assets disminishing, activo amortizable.

assets fixed, activo fijo.

assets fixed intangible, activo fijo intangible.

assets foreign, activos en divisas.

assets, ledger, activo en libros.

assets, liquid, activo de fácil realización.

assets minus capital accounts = debt liabilities, activo menos cuentas de capital = pasivo (ecuación monetaria).

assets, net, capital contable, activo neto.

assets, physical, activos físicos.

assets, pledged, activo gravado.

assets, quick, activo de realización inmediata, disponibilidades.

assets, slow, activo congelado.

assets, tangible, activo tangible.

assets to be overstated, activos aplicados de más, activos sobreaplicados.

assets to be understated, activos aplicados de menos, activos subaplicados.

assigner, cedente.

assignment, assignee, assignor, cesión, cesionario, cedente [el traspaso de cierto título de propiedad, por lo general valores y es consumado por la cesión de la propiedad a otra entidad jurídica. Un ejemplo común de esto se encuentra en la pignoración de valores, en donde la forma de cesión por lo general contiene las palabras "venda, ceda y traspase hacia". Esto se distingue del término "endoso" en donde el título de instrumentos negociables se transfieren con la cesión del documento. La cantidad legal que cede la propiedad se conoce como *cedente* (assignor) y la que toma el título por la cesión se conoce como *cesionario* (assignee)].

association, asociación.

assumption of the liabilities, toma o adquisición de los pasivos (en una sociedad en nombre colectivo).

at a fixed, a plazo fijo (pagaré o letra de cambio).

at market, a precio de mercado (costo de reposición a la fecha del balance general) (en la valuación de inventarios).

at or better, locución empleada en las órdenes que se dan a los corredores; si se trata de una compra, significa que pague al precio especificado o uno menor; en caso de venta, que se dé al precio señalado o a uno mayor (término bancario).

at par, a la par.

at sight, a la vista (término usado en el cuerpo de instrumentos negociables indicando que el pago se vence contra su presentación o demanda).

at the market, orden que se da al corredor para que cumpla al mejor precio asequible (término bancario), (véase **pit**).

at the opening, se usa este término para significar que la orden dada debe realizarse al mejor precio obtenible después de la apertura de la bolsa de un lote o unidad completa (término bancario).

attached account, cuenta de embargos (cuenta contra la cual se expide un auto judicial del tribunal que permite la cancelación del saldo, *solamente* con el consentimiento del tribunal).

attachment, auto judicial que autoriza el embargo; también el embargo mismo de propiedades del demandado, hecho por el actuario (término bancario).

auction sale, remate, subasta.

auctioneer, rematador, subastador.

audit, auditoría.

audit, balance (sheet), auditoría de balance.

audit, cash, auditoría de caja.

audit, complete, auditoría completa.

audit, continuous, auditoría continua.

audit, detailed. auditoría detallada.

audit, external, auditoría externa.

audit, internal, auditoría interna.

audit objectives, objetivos de la auditoría (al examinar cualquier cuenta de los estados financieros).

audit objectives in the verification of depreciation, objetivos de la auditoría en la verificación de la depreciación [son (1) cerciorarse de lo adecuado del cargo periódico basado en la vida útil del activo para el negocio y basado en la propiedad de la estimación del valor de desecho, (2) cerciorarse de lo adecuado de la estimación total, desde el punto de vista de la vida útil del activo y lo adecuado de éste, (3) determinar la consistencia de la aplicación de los métodos de depreciación de acuerdo con los principios de contabilidad reconocidos y (4) determinar que las estimaciones y cuentas de activo relacionadas hayan recibido los debidos asientos cuando hayan sido cambiados, retirados o destruidos los activos].

audit objectives of investment securities, objetivos de la auditoría de las inversiones en valores (son los de asegurarse de la existencia, propiedad, valuación adecuada y del reconocimiento de los ingresos relacionados. La evidencia de la existencia puede ser determinada mediante inspección o confirmación. La evidencia de la propiedad puede ser determinada partiendo de las facturas de los corredores de valores y los asientos contables relativos. La evidencia de la valuación adecuada se determina mediante la comparación del costo con las cotizaciones del mercado a la fecha del balance general. La evidencia para la determinación de los ingresos adecuados se obtiene de los dividendos anuales y de los intereses por servicios. Debe existir evidencia satisfactoria a que todas las inversiones están debidamente presentadas en los registros y que los ingresos están debidamente contabilizados y registrados).

audit objectives of the examination of the receivables, objetivos de la auditoría del examen de cuentas y documentos por cobrar [determinar (1) su validez, (2) la exactitud del importe, (3) cobrabilidad, (4) la propiedad de las operaciones de ventas periódicas, y (5) la valuación adecuada para la presentación en los estados financieros. Las pérdidas por créditos que se presentan de las cuentas y documentos incobrables, del establecimiento y utilización de la estimación para cuentas incobrables, de los descuentos sobre ventas disponibles y de los intereses ganados sobre renglones tales como documentos por cobrar y las cuentas por co-

brar en abonos, todas están aliadas a los objetivos del examen de las cuentas y documentos por cobrar].

audit of details, auditoría detallada.

audit of savings and loan associations by independent public accountants, auditoría de asociaciones de ahorro y préstamos por contadores públicos titulados.

audit, partial, auditoría parcial.

audit procedures, procedimientos de auditoría.

audit program, programa de auditoría (es un procedimiento para el examen lógicamente planeado. Además de servir como una guía procesal lógica durante el curso de una auditoría, al programa predeterminado de ésta es una lista de comprobación a medida que progresan las varias etapas de la auditoría y se terminen sus sucesivas fases. Para un cliente, el programa de auditoría debe ser revisado constantemente, de conformidad con las cambiantes condiciones de las operaciones del cliente y de acuerdo con los cambios en los principios, normas y procedimientos de auditoría).

audit, programme, programa de auditoría.

audit, public, auditoría pública.

audit, report, informe de auditoría.

audit, special, auditoría especial.

audited vouchers payable, cuentas por pagar auditadas (representan operaciones realizadas que han sido auditadas por el contralor y puestas de acuerdo con su pago en un tiempo específico).

auditing, cost, auditoría de costos.

auditing practice forum, tribunal de prácticas de auditoría.

auditing records processed on electronic equipment, registros de auditoría procesados con equipo electrónico.

auditing standards, normas de auditoría.

audting the total marketing activity, examen de la actividad total de mercadotecnia.

auditing work, trabajo de auditoría.

auditor, auditor, revisor de cuentas.

auditor, junior, ayudante de auditor.

auditor, senior, auditor en jefe.

authority, autoridad.

automatic programming, programación automática (en computadoras digitales, cualquier técnica por medio de la cual la computadora transforma la programación a una forma más eficiente).

automatic punch, perforación automática (aparato con tablero que funciona eléctricamente para perforar tarjetas).

automation, automación, automatización.

automation, industrial, automación industrial, automatización industrial.

automobiles and trucks, automóviles y camiones.

automotive equipment, equipo de transporte.

auxilliary, auxiliar.

availabilities, disponibilidades.

availability of funds, disponibilidad de fondos.

available, disponible.

available at sight, disponible a la vista.

available coverage endorsement, endoso de cobertura abierta (pólizas de declaración en incendio, sujetos a ajustes mensuales) (seguro de crédito).

available funds, fondos disponibles.

available process time, tiempo disponible de proceso.

average, 1. promedio, cantidad que deben los responsables para compensar las pérdidas o daños. 2. promedio, en el lenguaje técnico de los estadistas se aplica a cualquier medida de tendencia central. En el lenguaje popular se aplica a aquella medida de tendencia central que en el lenguaje técnico de la estadística recibe el nombre de *media aritmética* (arithmetic mean).

average age of accounts receivable or, average collection period, promedio de antigüedad de cuentas por cobrar o, promedio de cobranza en el periodo:

$$\frac{\text{cuentas por cobrar}}{\substack{\text{ventas netas a crédito durante} \\ \text{el año}}} \times$$

$$\text{días en el año (360)}$$

average collected balance, saldo promedio cobrado (el saldo promedio cobrado de la cuenta de un depositante se determina por lo general sobre la base mensual. Se llega a él sumando los saldos diarios de la cuenta y restando la suma de los documentos que se encuentran en vías de cobranza,

o documentos no cobrados del total o saldo anterior y dividiendo
el remanente entre el número de
días del mes).

average collection period, periodo
promedio de cobros (rotación de
cuentas por cobrar).

average employee output, rendimiento medio de empleados.

average gross sales, promedio de ventas brutas.

**average hourly wage including over-
time**, salario promedio por hora,
incluyendo tiempo extra.

average, moving, promedio variable.

average order size, volumen promedio de pedidos.

average output, producción media.

average price, precio promedio.

average sample number, número de
muestras promedio.

average unit cost, precio unitario
promedio.

average unit cost method, método
del costo unitario promedio (la
premisa que lo fundamenta es
que como los costos comunes no
pueden ser identificados con facilidad con productos específicos,
los costos promedios por unidad
resultan tan satisfactorios como
cualquier otra base para la medición de la utilidad, siempre que
se empleen consistentemente).

average value, valor medio.

awareness, vigilancia, conocimiento,
captación.

B

back coverage policies, pólizas de
cobertura retroactiva (cubre pérdidas que realmente ocurren durante el término de la póliza. El
endoso va en la parte posterior
de la carátula) (seguro de crédito).

backing memory, **backing storage
U.S.**, **backing store G.B.**, memoria adicional (parte de una memoria interior, que por regla general, sólo es accesible indirecta-
mente respecto a la memoria de
operación).

backlog, órdenes pendientes, órdenes no despachadas, pedidos no
surtidos.

backlog accumulations, atraso de
trabajo.

backwardation, la cantidad en efectivo que da derecho a aplazar la
entrega de títulos (término bancario).

bad debt recoveries, recuperaciones
de cuentas incobrables (las cuentas canceladas en ocasiones son
cobradas posteriormente en forma total o en parte. Se pueden
utilizar dos métodos para registrar la recuperación; uno de ellos
trata la recuperación como la
apertura de la cancelación, el
otro como una reducción del car-

go por cuentas incobrables. El primero es apropiado cuando se usa el método de estimación para registrar las cuentas incobrables; el otro resulta adecuado cuando se utiliza el método de cancelación directa).

bad debts, cuentas incobrables, cuentas malas, cuentas de cobro dudoso [comercialmente hablando, las cuentas incobrables son las cantidades vencidas en cuenta corriente que se han verificado que son incobrables. Las instituciones financieras, así como las empresas comerciales cargan a sus resultados con una cantidad (normalmente un porcentaje) de acuerdo a la experiencia de años anteriores de las cuentas o préstamos pendientes que serán incobrables. La cantidad que se carga a los gastos se acredita a una cuenta denominada "Estimación para cuentas incobrables, Estimación para cuentas malas o Estimación para cuentas de cobro dudoso"].

bad debts charged off, cuentas malas canceladas.

bad debts written off, pérdida en cuentas incobrables.

bail, fianza.

bailee, depositario (una entidad jurídica a la que se le encarga una mercancía para su salvaguarda. Bajo los términos del contrato, el depositario recibe la mercancía, muestra un esmerado cuidado y precaución en su protección y la regresa al legítimo propietario en el mismo estado y condición en la que la recibió para su salvaguarda. El propietario paga honorarios al depositario por el servicio de protección).

bailment, objeto depositado (término bancario).

balance, balance, saldo, diferencia, existencia (inventario).

balance analytical, balance analítico.

balance as statement of account, saldo según estado de cuenta del banco.

balance-column account form, cuenta de saldo permanente, cuenta de rayado común, cuenta de rayado tipo.

balance, down, saldo para el cierre.

balance of account, saldo de la cuenta (la cantidad requerida para igualar el total de los cargos y créditos llevados a una cuenta. Los saldos son de tres tipos: *Cero* — indicando que el total de los cargos y créditos son iguales; *saldo deudor* — indicando el exceso del total de los cargos sobre el total de los créditos y *saldo acreedor* — indicando el exceso del total de los créditos sobre el total de los cargos, en cualquier momento que se quiera determinar el saldo de cualquier cuenta).

balance of exports and imports, saldo de las exportaciones e importaciones.

balance of payments, balanza de pagos.

balance of undistributed profits, superávit.

balance on hand, saldos pendientes.

balance per bank statement of account, saldo según estado de cuenta.

balance per books, saldo según libros.

balance sheet, balance general.

balance sheet, account form, balance general en forma de cuenta.

balance sheet account, cuentas del balance general.

balance sheet, amalgamate, balance general consolidado.

balance sheet, audit, auditoría de balance (auditoría de estados financieros).

balance sheet category, como cuenta dentro del balance general.

balance sheet, certified, balance general dictaminado.

balance sheet, comparative, balance general comparativo.

balance sheet, condensed, balance general condensado.

balance sheet, consolidated, balance general consolidado.

balance sheet giving effect to proposed financing, balance general dando efecto retroactivo a una reorganización financiera.

balance sheet-link between income statements, balance general-relación con el estado de pérdidas y ganancias.

balance sheet, projected, balance general anticipado.

balance sheet, report form, balance general en forma de reporte.

balance sheet, suggested, balance general proforma.

balance the T accounts, determine los saldos de los esquemas de mayor.

balance fund, fondo equilibrado (para compañías con inversiones diversificadas).

balancing, balanceando.

balancing tabulator, tabuladora de verificación (dispositivo miniatura que no imprime, diseñado para obtener los totales de balanceo preliminares para fines de control).

ballooning, alza artificial de precio.

bank, banco.

bank charge for commission, cargo del banco por comisión.

bank check, cheque bancario (el cheque es una orden, dirigido por quien lo extiende, en la que da instrucciones al banco para que pague determinada cantidad de dinero al beneficiario; el cheque lo firma el cuentahabiente, al hacerlo, pone la fecha, el nombre del beneficiario y la cantidad que debe pagarse, que se escribe con números y con letras).

bank checking accounts, cuentas de cheques de bancos.

bank credit, crédito bancario (el crédito producido por los bancos comerciales a través de préstamos y descuentos — concedidos con o sin colateral).

bank debits, depósitos bancarios [la suma total de todos los depósitos (hechos sobre depósitos a la vista, cheques y otros instrumentos) expedidos contra los fondos depositados de personas físicas, personas morales y otras entidades jurídicas durante un periodo dado de tiempo — normalmente reportados diariamente por los bancos. El volumen total de los depósitos bancarios es usado por estadistas y economistas para presupuestar o pronosticar tendencias económicas].

bank deposits, depósitos bancarios.

bank discount, descuento bancario.

bank draft, giro bancario (cheque expedido por un banco contra sus fondos en otro banco. Los giros bancarios se compran para hacer remesas a lugares distantes, donde un cheque bancario es más aceptable que un cheque individual, o donde el beneficiario del cheque ha solicitado que el cambio se dé sobre el pueblo o ciudad donde el negocio está situado. Los giros bancarios ofrecen medios convenientes de que si una persona no tiene cuenta corriente pueda pagar sus facturas en otras poblaciones o ciudades a su costo nominal).

bank earning assets, activo productivo de los bancos.

bank endorsement, endoso bancario 1. permite al asegurado asignar su interés asegurado en cuentas por cobrar, a un banco como garantía para un préstamo (seguro de crédito) 2. un endoso estampado a mano o mediante máquinas al reverso de los documentos que pasan por el banco. Los endosos bancarios contienen la siguiente leyenda: "Páguese a la orden de cualquier banco... Todos los endosos anteriores están garantizados". El endoso deberá mostrar la fecha, el nombre completo del banco y el número de folio de tránsito del banco, normalmente en dos lugares.

bank examination, revisión bancaria (examen practicado por representantes de la Comisión Nacional Bancaria y de Seguros. El propósito es tener la certeza de que el banco es solvente y que está operando de conformidad con las leyes bancarias).

bank loans, préstamos bancarios.

bank mergers, fusiones bancarias.

bank money, moneda bancaria.

bank mutual savings, banco de ahorros mutuos.

bank note currency, notas bancarias (dinero en forma de notas bancarias que posteriormente se convirtieron en acciones de los dos primeros bancos de EE.UU.).

bank notes, pagarés bancarios, billetes.

bank premises, muebles e inmuebles (bancos).

bank rate, tipo de interés bancario, descuento bancario, tasa bancaria.

bank reconcilement or reconciliation, conciliación bancaria.

bank reserves, reservas bancarias.

bank return, estado bancario.

bank statement, estado de cuenta bancario (el estado de cuenta del cuentahabiente que el banco le da para su información por lo general cada mes. Muestra todos los depósitos hechos, todos los cheques pagados y el saldo durante el periodo).

bank stock, acciones bancarias.

bank transfer, transferencia bancaria.

banks and correspondents, bancos y corresponsales.

banks, outside, bancos foráneos.

bank's portfolio, cartera de los bancos.

bank's primary reserves, reservas bá-sicas de los bancos.

banks, state, bancos estatales.

bankers' acceptances, aceptaciones bancarias.

bankers' bills, giros bancarios (letras de cambio giradas por bancos del país y a cargo de bancos extranjeros).

banking, banca.

banking business, negocios bancarios (en primer lugar el negocio es recibir fondos en depósito y después hacer préstamos).

banking department, departamento bancario.

banking expenses, gastos bancarios.

"banking" lots, apilación de lotes (control de inventarios).

banking systems, sistemas bancarios.

banking theory, teoría de restricción de la emisión de billetes.

banknote, billete de banco.

bankrupt, insolvente, quebrado (persona, sociedad u otra entidad jurídica que, estando imposibilitada para pagar sus obligaciones financieras, ha sido declarada insolvente por decreto de la corte y cuyas propiedades son sujetas a administración bajo la Ley de Quiebras y Suspensión de Pagos).

bankruptcy, quiebra, bancarrota (un estado de condición en la cual la posición financiera de una persona, sociedad u otra entidad jurídica causa actual o legal bancarrota; tal condición se refiere por lo general como condición de insolvencia).

bankrupt's certificate, concordato.

bar (gold or silver), barra (de oro o de plata).

bar code, código de barras (código capaz de ser leído por UNA COMPUTADORA, por el cual la información está presentada por la ausencia o presencia de varias barras estandarizadas).

bargain and sale, compraventa.

barren money, el dinero que no produce interés ni utilidades (término bancario).

barring error or omission, salvo error u omisión (S.E. u O.).

barter (exchange), trueque.

base of the tax, base del impuesto.

base of the tax for "major" taxpayers, de la base del impuesto de los causantes mayores.

base, radix, base (base en cualquier escala de notación numérica, por ejemplo, diez en notación decimal).

base rate, salario base.

base pay, salario base.

base stock, existencia base.

basic grade, en el mercado de futuros de algodón, la base del contrato es "el middling 15/16"; la entrega de grados y longitudes es facultativa del vendedor; por consiguiente, si todas las pacas que recibe el comprador son de "middling 15/16", está obligado a pagar el precio exacto del contrato; pero como generalmente, tal no es el caso, el comprador debe pagar más o menos el precio contratado; existe una tabla diferencial de precios reconocida oficialmente ésta sirve para de-

nocimientos de embarque, pólizas de seguros, certificados consulares, etc.).

bills of exchange to finance sales of goods, letras de cambio para financiamiento de ventas de mercancías.

bills payable, documentos por pagar (incluye la suma total de pagarés y aceptaciones mercantiles que un negocio debe a sus acreedores mercantiles y que deberá pagar a su vencimiento).

bills receivable, documentos por cobrar (incluye el total de todos los pagarés y aceptaciones mercantiles de los clientes, por lo general en pago de mercancía, que los deudores deben liquidar a su vencimiento).

billbroker, corredor de cambios.

billdraft, recibo de liquidación de honorarios y gastos.

billheads, recibos o facturas.

billholder, portador de una letra.

billing department, departamento de facturación.

billing machine, facturadora (en algunas máquinas, provistas con un aditamento de perforación, se obtienen tarjetas perforadas o cintas de papel perforadas como subproducto al escribir la factura).

bin tag, etiqueta de almacén que se fija en las cajas, indicando su contenido; marbete (para inventarios).

binary cell, binary element, bistable unit, celda binaria, elemento binario (elemento que puede tener alguno de los dos estados o posiciones y por consiguiente pue-

de almacenar una unidad de información).

binary code, binary mode, código binario, modo binario (se basa en un sistema de numeración de dos caracteres o cifras representados por los símbolos 1 y 0 generalmente denominados **binary digit**) (dígito binario). Los caracteres binarios se emplean para indicar el "encendido" (si) y "apagado" (no) del circuito, usándose 0 para "no" y 1 para "si", a fin de expresar varios números. En el sistema de numeración *decimal* con base diez, el cambio de un dígito decimal a un lugar a la izquierda multiplica su valor por diez. En el sistema binario de base dos, el paso a la izquierda de una cifra binaria multiplica su valor por dos como sigue:

decimal	binario
1	0001
2	0010
4	0100
8	1000

Para expresar cantidades decimales mayores de 15, se necesitan circuitos adicionales. *En un sistema binario puro* tendríamos:

decimal	binario
1	00000001
2	00000010
4	00000100
8	00001000
16	00010000
32	00100000
64	01000000
128	10000000

En un sistema decimal de clave binaria, tendríamos:

decimal	binario
64	01000000
66	01000010
129	10000001
132	10000100

La *adición en el sistema binario* parte de:

A. 0 más 0 es igual a 0
B. 0 más 1 es igual a 1
C. 1 más 1 es igual a 0, y se lleva 1

decimal	binario
3	0011
+5	+0101
8	1000

La *resta en el sistema binario* parte de:

A. 0 menos 0 es igual a 0
B. 1 menos 0 es igual a 1
C. 1 menos 1 es igual a 0
D. 0 menos 1 es igual a 1, y se toma 1 de la columna izquierda.

decimal	binario
10	1010
−6	−0110
4	0100

La *multiplicación en el sistema binario*, parte de:

A. 0 por 0 es igual a 0
B. 0 por 1 es igual a 0
C. 1 por 1 es igual a 1

decimal	binario
4	0100
×3	×0011
12	0100
	0100
	0000
	0000
	0001100

La *división en sistema binario* se aplican las reglas de la multiplicación y la sustracción como sigue:

decimal	binario
5	101
5/25	101/11001
25	101
00	0010
	000
	00101
	101
	00000

En las computadoras electrónicas, pueden expresarse también las letras del alfabeto, adicionándose circuitos. Mediante el empleo de éstos se obtiene la siguiente clave:

Letra	Clave binaria	Letra	Clave binaria
A	11 0001	N	10 0101
B	11 0010	O	10 0110
C	11 0011	P	10 0111
D	11 0100	Q	10 1000
E	11 0101	R	10 1001
F	11 0110	S	01 0010
G	11 0111	T	01 0011
H	11 1000	U	01 0100
I	11 1001	V	01 0101
J	10 0001	W	01 0110
K	10 0010	X	01 0111
L	10 0011	Y	01 1000
M	10 0100	Z	01 1001

El procedimiento para comprobar la exactitud de una computadora, basado ya sea en un número par o impar de los caracteres binarios 1, que haya en un grupo de caracteres binarios, se denomina **prueba de paridad (parity check)**. (Se supone que el grupo es correcto cuando al ser leído por la computadora el número de caracteres binarios 1, sigue siendo par o impar.)

binary-coded decimal system, sistema decimal en codificación binaria (sistema de representación numérica en el cual cada dígito de un decimal es representado por su número binario equivalente).

binary digit, bit, dígito binario (dígito en la escala de notación binaria).

binary notation, notación binaria (término que se usa para describir el estado de los circuitos en una computadora electrónica para expresar varios números, letras y caracteres. En la notación generalmente se usa 0 para expresar "no pulso", "cortado" o "apagado" y la notación 1, "pulso", "contacto" o "encendido").

binary number, número binario (número escrito en notación binaria).

binary number system, sistema binario, sistema de números binarios (sistema numérico con base dos).

binary operation, operación binaria (a) operación con dos variables (b) operación con variables en notación binaria.

binary punched card, tarjeta de perforación binaria (tarjeta que se perfora en el sistema binario).

binary to decimal conversion, conversión binaria a decimal (proceso matemático para convertir un número escrito en notación binaria al número equivalente en decimal ordinaria).

binder cover for files, carpeta para expedientes.

binding side of saddle wire stitching, screw post, prong fasteners, ring binder, and wire of plastic edge, encuadernación cosida con alambre, tornillos, o postes, pinzas, carpeta de argollas, con filo de plástico o alambre.

bistable unit, binary element, binary cell, celda binaria, elemento binario (elemento que puede tener alguno de los dos estados o posiciones estables y por consiguiente puede almacenar una unidad de información).

black market, mercado negro (a donde los exportadores cambian sus giros extranjeros a precios arriba de los tipos oficiales).

blank bond, finanzas de grupo.

blank corporation's, sociedades que se toman como ejemplo.

blank endorsement, endoso en blanco.

blank instruction; skip instruction; skip, instrucción de referencia, instrucción en blanco (instrucción que no opera la máquina sino que se refiere a la siguiente instrucción).

blank or uncovered acceptance, aceptación al descubierto.

blank stock certificates, certificados de acciones en blanco.

blanket mortgage, hipoteca sobre toda la propiedad o grupo de propiedades de una sociedad anónima que garantiza un solo préstamo; tiene el mismo significado que **"general or first or refunding mortgage"** (hipoteca general, o primera, o consolidada); se emplea para compañías de ferrocarriles, teléfonos, luz, fuerza motriz, etc. (término bancario).

blanket policy, póliza abierta.

block diagram, diagrama de bloques (diagrama esquemático que muestra los pasos necesarios para programar un problema).

block paragraph, párrafo bloque, block (se inicia escribiendo al margen izquierdo) (forma de carta).

block sample, muestreo de bloque (una muestra de bloque es la seleccionada sobre la base de tiempo consecutivo, con una verificación total de todos los conceptos en el bloque. Por ejemplo, se puede examinar un mes de salidas de caja, se pueden verificar los cálculos de la nómina de una semana. Este bloque se puede seleccionar a criterio, o se puede seleccionar al azar).

blocked currencies and exchange controls, moneda bloqueada y control de cambios.

blocked-number system, sistema decimal.

blocking, bloqueamiento [de cuentas o reclamaciones de créditos extranjeros. Se hace para eliminar la presión de cuentas (créditos por intereses o pagos de deudas) de balanza de pagos y para evitar los efectos depresivos de tales reclamaciones sobre el valor de la moneda del país, en los mercados de cambio extranjero].

blocking a ledger, seccionar un libro mayor.

blotter, libro borrador, libro de apuntes (término usado en muchos bancos para describirlo como un diario general; el libro borrador normalmente se arregla por columnas de tal manera que los asientos se pueden listar en orden cronológico usando las columnas correctas o adecuadas. Muchos bancos usan este "libro" para efectuar asientos en tinta o en lápiz por los préstamos concedidos, toda vez que también son usados por los cajeros paga-

dores para que registren las operaciones de entrada y salida y formulen la liquidación mediante el corte respectivo).

blue chip, ficha azul; se usa para designar acciones que se cotizan a muy buenos precios, sobre todo, de su capacidad para obtener utilidades, como las acciones.

board meeting, sesión del consejo de administración.

board of administration, consejo de administración.

board of directors, consejo de administración, junta directiva.

boarding house, casa de asistencia.

body of laws, jurisprudencia.

boldface italic indicate red figures, cifras remarcadas o itálicas representan números rojos.

bond, bono, obligación hipotecaria [certificado de crédito con intereses emitido por lo general en series por el cual el emisor (gobierno o sociedad) se obliga asimismo a pagar el valor nominal y el interés a determinado tiempo, normalmente 5 años o más después de su emisión. Los bonos se distinguen de los pagarés u otros títulos porque en su ejecución y certificación por un banco o compañía financiera son timbrados y autorizados por el consejo de administración de una sociedad u organismo gubernamental. Los bonos de las sociedades por lo general, están garantizados por una hipoteca sobre alguna propiedad raíz o activo fijo].

bond, bearer, tenedor o portador de un bono (es aquel que es redimible o rescatable por el tenedor o portador por medio de los cupones adheridos al bono, los cuales son presentados para el pago de los intereses por periodos de tiempo. Los cupones son separados del bono en determinadas fechas y cobrados a través de un banco).

bond, collateral trust, bono colateral o de garantía colateral (emisión de bonos por la cual el colateral queda en prenda o pignorado para garantizar el pago del valor nominal. Esta clase de bonos por lo general se ofrecen por operaciones entre compañías donde la casa matriz emitirá bonos con garantía colateral básica de la subsidiaria).

bond drives, esfuerzos para vender bonos.

bond, in, en depósito, en consignación.

bond indenture, bono no garantizado.

bond interest income, gastos por intereses sobre bonos.

bond issues, emisiones de bonos.

bond note, vale, pagaré.

bond, to, depositar, poner en depósito.

bonds are long-term promissory notes usually issued under seal by a business enterprise, bonos son pagarés a largo plazo los que se emiten por lo general para abrir una empresa comercial.

bonds convertible, bonos convertibles (bono que da a su propietario el privilegio de cambiarlos por otros valores que emiten las sociedades sobre bases preferentes en un futuro o bajo ciertas condiciones).

bonds, coupon, bonos al portador.

bonds debenture, bonos sin garantía hipotecaria (bono por el cual no hay garantía específica reservada o destinada para su pago).

bonds definitive, bonos definitivos (este término se aplica a cualquier bono emitido en forma final o defintiva. Se usa por lo general para distinguirlo de la emisión de bonos provisionales o certificados provisionales).

bonds, discount, bonos descontados.

bonds, guaranteed, bonos garantizados [bonos sobre los cuales el valor nominativo, o la renta (réditos), o ambos, están garantizados por otra sociedad o casa matriz en caso de incumplimiento de la sociedad emisora].

bonds, income, bonos de renta o sobre utilidades, bonos de interés sobre utilidades, bonos de rendimientos (clase de bonos sobre los que el interés se paga solamente cuando se gana por la sociedad emisora. Los intereses en algunos casos pueden ser acumulativos).

bonds, interest accrued, intereses devengados en bonos.

bonds, interim, bonos provisionales [denominados también *"certificados provisionales"* (interim certificate). Estos son emitidos antes de la suscripción de los bonos definitivos, cuando el tenedor o suscriptor necesita de evidencia tangible de inversión. Algunas veces estos certificados o bonos tienen cupones adheridos si el periodo del interés es anterior a la suscripción de los bonos definitivos].

bonds, mortgage, bonos con garantía hipotecaria (bonos que tienen sobre la inversión fundamental una hipoteca sobre todas las propiedades de la sociedad emisora).

bonds register, registro de bonos [un diario encuadernado en hojas sueltas, en el cual se registran los detalles relativos a la compra y venta de bonos contra la cuenta de inversión de la propietaria (por lo general sociedad) de los bonos].

bonds registered, bonos nominativos (son aquellos en que expresamente se pone el nombre del propietario y los réditos son pagaderos exclusivamente al mismo. Los bonos pueden mostrar solamente el valor nominal o éste y los intereses. Los bonos nominativos que muestren nada más el valor nominal, tienen adheridos cupones los cuales son desprendidos y cobrados a medida que se vayan venciendo).

bonds payable, bonos por pagar.

bonds, serial, bonos pagaderos en serie (una emisión de bonos los cuales en una cierta proporción son retirados en periodos regulares. Se emiten estos bonos cuando los activos se deprecian por el uso u obsolescencia y por lo general estipulan, que los bonos en circulación no excederán de valor de la inversión).

bonds, sinking fund, bonos de fondo de amortización (bonos garantizados por el depósito en periodos regulares de cantidades específicas con el fiduciario. La sociedad emisora efectúa estos depósitos para garantizar el valor nominal de los bonos y algu-

nas veces, es necesario que los fondos se inviertan en otros valores).

bonds, treasury, bonos en tesorería.

bonds with warrants, obligaciones con órdenes de pago (tienen implícita una opción de acciones. Mediante órdenes de pago, que dan al tenedor el privilegio de poder comprar cierto número de acciones a un precio fijo).

bonded debt, deuda consolidada.

bonded warehouse, almacén general de depósito, depósito de aduana.

bonder, depositario, consignatario.

bonding company, compañía afianzadora.

bonding of employees, afianzamiento de empleados.

bonus, prima, gratificación, sobresueldo.

bonus scheme, sistema de incentivos o primas.

book account, cuenta sin comprobantes.

book inventory, inventario según libros.

book profit, utilidad según libros.

book value per share =

$$\text{Valor en libros por acción} = \frac{\text{activos} - \text{pasivos}}{\text{número de acciones en circulación}}$$

o

$$\frac{\text{Capital contable}}{\text{número de acciones en circulación}}$$

books of account, libros auxiliares, chequeras (bancos).

books of original entry, diarios, libros auxiliares.

books, subsidiary, libros auxiliares.

books value, valor según o en libros.

books value per share of stock, valor en libros de cada acción.

bookkeeper, tenedor de libros.

bookkeeping, teneduría de libros (el arte, ciencia o trabajo complejo en el registro sistemático de las operaciones que afectan un negocio).

bookeeping machine, máquina de contabilidad.

bootleg, obtenido por medios ilegales.

bootstrap, instrucciones iniciales (las instrucciones codificadas al principio de una cinta de entrada junto con una o dos instrucciones insertadas por interruptores o botones a la computadora, usadas para poner una rutina en la misma).

borrowed capital, capital prestado (inversionistas).

borrower, prestatario (cualquier entidad jurídica, persona física, sociedad en nombre colectivo, sociedad anónima u organización que obtiene fondos de cualquier prestamista por la extensión de crédito por un periodo de tiempo. El prestatario firma un pagaré como una evidencia de su adeudo).

borrower is a "purchaser" of money, prestamista es un "comprador" de dinero.

borrowing of securities, reporto (Cía. General de Aceptaciones).

borrowing with interest bearing note, préstamo con intereses.

botticneck, embotellamiento de la marcha de la producción.

bottom, cuando los precios medios llegan al nivel más bajo de un movimiento importante se dice que el mercado está *"tocando fondo" (touching or dragging bottom),* generalmente se llega al fondo poco antes de que una depresión económica alcance su peor punto; es rasgo característico del mercado que la gráfica de las cotizaciones muestre dos declinaciones bruscas una en cada extremo del nivel bajo; esto es lo que se denomina *doble fondo (double bottom)* y constituye el indicio de que la tendencia hacia abajo ha concluido y es precursor del movimiento de alza (término bancario).

bottom dropped out, declinación brusca de los precios que ocurre cuando se creía que el mercado estaba ya "tocando fondo" y crea una situación de pánico (término bancario).

bradwinner, asalariado.

branch, sucursal.

branch accounting, contabilidad de sucursales.

branch banking, sucursales bancarias.

branch establishment, sucursal.

branches abroad, sucursales en el extranjero (bancos).

branches and district officies in..., sucursales y oficinas regionales en... (bancos).

brand name, marca registrada, nombres industriales.

brassage, braceaje (se usa para describir cualquier cargo de la Casa de Moneda que no rinda ninguna ganancia para el Estado) (ver **seigniorage**).

breach of contract, infracción de contrato.

breaches of contract, rupturas de contratos.

break down method of multiplication, método de análisis de multiplicación.

break down of figures, análisis de las cifras.

break or break in the market, baja brusca y pronunciada de precios en la bolsa de valores o de artículos de consumo (término bancario).

breakeven point, punto de equilibrio.

brief, breve.

broker, corredor (de comercio).

broker, stock, corredor de bolsa.

brokers' customers loans, préstamos a clientes de corredores (este tipo se aplica a los préstamos arreglados por los corredores de bolsa, garantizados por obligaciones y acciones pagaderas a la vista).

brokerage, corretaje.

brokerage commissions, comisiones de corretaje.

brought forward, anotado con anterioridad, a la vuelta, de la vuelta, al frente, del frente, de la hoja anterior.

budget, presupuesto.

budget as a means of control of office operations, presupuesto como un medio de control de las operaciones de oficina.

budget balance, equilibrio del presupuesto.

budget deficit, déficit presupuestal.

budget reporting and revision, informe sobre el presupuesto y su revisión.

budget review procedure, procedimientos para la revisión de presupuestos.

budgetary control, comprobación del presupuesto.

budgeting capital expenditures, presupuesto de gastos de capital.

budgeting capital expenditures requirements, administración del presupuesto de gastos de capital.

budgeting distribution costs, administración del presupuesto de costos de distribución.

budgeting for investment, presupuesto de inversión.

budgeting manufacturing costs, presupuesto de costos de fabricación.

budgeting marketing and distribution, presupuesto de mercadotecnia y distribución.

buffer, buffer memory, buffer storage U.S., buffer store G.B., memoria intermedia (a) equipo unido a un dispositivo de entrada, en el cual la información se reúne de una memoria externa y se almacena para que se transmita de inmediato a la memoria interna, (b) equipo unido a un dispositivo de salida en el cual la información se transmite y se guarda para mandarla a la memoria externa.

building and keeping a clientele, formación y conservación de la clientela.

building improvements, mejoras a edificios.

buildings, edificios.

bulk account, cuenta resumida.

bulk purchase, compra al mayoreo.

bulk purchase long-term contract, contrato a largo plazo para compras al mayoreo.

bull, alcista; aplicable a las personas que creen que un título (o artículo de consumo) va a subir y, en consecuencia, lo compran esperando venderlo más tarde, con utilidad; (término bancario).

bull speculator, especulador al alza.

bull the market, especular el alza.

bulletin of commerce, boletín de comercio.

bullion, barra (metales preciosos no acuñados oro, plata, etc.) de ley estipulada o estándar, en forma de barras, lingotes, pepitas, etc. El valor de la barra de oro, se usa en el establecimiento de balanzas internacionales por peso, grado y ley.

bumping, brinco. Es el procedimiento de la selección de los empleados para su suspensión y que puede verse complicada si el contrato de trabajo permite que las personas que por su antigüedad no están sujetas a la suspensión, desplacen de su puesto a otro individuo con menos antigüedad.

burden, costos o gastos indirectos.

burden overabsorbed, costos o gastos indirectos aplicados de más.

burden rate, tasa de gastos indirectos.

burden rates, cuota de gastos.

burden underabsorbed, costos o gastos indirectos aplicados de menos.

bureau of the census, oficina de los censos.

bus, highway, barras colectoras (a) trayectoria sobre la que se transfiere la información, de cualquiera de las varias fuentes a cualesquiera de los varios destinos; (b) conductor eléctrico capaz de llevar una gran cantidad de corriente.

business accountancy, contabilidad comercial o mercantil.

business accounting, contabilidad comercial o mercantil.

business, as an accounting unit, is separate from its owners, principio de la entidad económica (principio de contabilidad).

business combinations-pooling of interests, combinación de negocios-intereses mancomunados.

business concern, empresa comercial.

business connections, relaciones comerciales.

business corporation, sociedad mercantil.

business corporations, sociedades mercantiles.

business cycle, ciclo económico.

business day, día hábil.

business organization and management, organización y dirección de negocios.

business statistics, estadísticas comerciales.

business year, año comercial.

buy-build sell and lease transactions, operaciones de compra-edificación-y-venta-arrendamiento (el comprador construye bajo sus propias especificaciones, vende la propiedad mejorada y simultáneamente renta la propiedad por determinados años).

buy on time, to, comprar a plazos.

buy out, to, comprar la parte de un socio.

buy wholesale, to, comprar al mayoreo.

buyer, comprador.

buying agreement, contrato de compra.

buying a practice, compra de un despacho.

buying calendar, calendario de compras.

buying fatigue, cansancio de comprar.

buying old outstanding securities bearing a fixed rate of return, comprando valores de comisiones antiguas en circulación con una tasa de rendimiento fija.

buying order, orden de compra.

buying power, capacidad de compra.

buying price, precio de compra.

by degree of marketability, por grado de su valor negociable.

by-laws, estatutos, reglamentos.

by product recovery plant, instalación para la recuperación de los subproductos.

by products, subproductos, productos accesorios, productos secundarios, productos derivados (la distinción entre un subproducto y un *coproducto* tiende a estar basada sobre las ventas relativas del producto. Empleando este criterio, si los ingresos obtenidos de un *producto* son de importancia relativamente menor, éste será clasificado como subproducto).

by profit, utilidad por otro concepto.

by the job, a destajo.

C

calculating punch, calculador electrónico (máquina que maneja tar jetas, lee una tarjeta perforada, ejecuta varias operaciones en serie y perfora el resultado en una tarjeta).

calculation, cálculo.

calculation of average cost of capital, cálculo del costo promedio del capital.

calculator, calculadora (máquina capaz de leer la información numérica perforada en una tarjeta y de usar ésta al efectuar los cálculos necesarios para obtener el resultado que se busca).

calendar of dates when returns are due, calendario de fechas en que deban presentarse las declaraciones.

call, exigir el pago, cobrar (1) el requerimiento de un pago parcial del precio de los bonos o acciones que han sido suscritas; la fecha de la exigencia del pago es a discreción de la sociedad emisora o puede arreglarse de antemano; el capital suscrito por una sociedad el cual es innecesario puede, de acuerdo con los arreglos hechos con los suscriptores, se exija el pago en cualquier tiempo de conformidad con el contrato celebrado cuando las acciones fueron repartidas; (2) el requerimiento del pago de un préstamo garantizado por colateral (préstamo a la vista) por la quiebra del prestatario para cumplir con los términos del préstamo.

call loan, préstamo en el que ambas partes contratantes están facultadas para liquidar en cualquier momento, se conceden prácticamente a los corredores de bolsa; el **"sharp call"** es cuando el banco que presta ejercita sus derechos, exige sin temor ni favor; en el **"slow call"** existe el entendimiento tácito de que el pago del préstamo no será exigible sino como último recurso; (término bancario).

call money, es el dinero prestado por los bancos, exigible en cualquier momento; (término bancario).

call privilege, préstamo privilegiado [la mayor parte de los contratos y escrituras de préstamos pro-

veen el retiro del pasivo a largo plazo mediante el pago anticipado. En una escritura de bonos, este aspecto se conoce como préstamo privilegiado. Esto es, la corporación tiene el derecho del **(call in)** "exigir la presentación" de los bonos para su rescate. Por lo general la práctica de los préstamos privilegiados requieren del pago de una prima a los tenedores de bonos].

callable bonds payable, bonos pagaderos a la vista. (La palabra inglesa *callable* significa sujeto a una demanda o exigencia para su presentación, para su pago, o sea, a la vista.)

cancelled checks, cheques cancelados (1. los cheques expedidos por una persona o sociedad los cuales se cancelan por algún error en fecha, beneficiario, cantidad, firma, etc.; 2. cheques que han sido pagados y cargados a la cuenta del cuentahabiente; estos cheques se archivan hasta que se envíen los estados de cuenta a los cuentahabientes).

cancelling, cancelación, anulación.

capacity, capacidad, longitud de palabra (los límites superior e inferior de los números que pueden ser regularmente manejados en una computadora, como "la capacidad de la computadora es de +.00000 00001 a .99999 99999". El número de cifras o caracteres que puede ser procesado en una computadora, como en "la capacidad es de diez números decimales").

capacity exceeding number G.B. infinity U.S. out-of range-number G.B., número sobrepasando la capacidad (cualquier número mayor que el número máximo que la computadora es capaz de almacenar en cualquier registro).

capacity held, puesto que ocupa.

capacity (of plant or equipment), capacidad productiva (de la planta o el equipo).

capital, capital.

capital account, cuenta de aportación (una cuenta que afirma el nombre del propietario o propietarios de un negocio e indica su participación en el mismo, por lo general, al final del último periodo contable).

capital account, capital contable (bancos).

capital adjustment, capital ajustado (en una sociedad en nombre colectivo).

capital assets, activo fijo (término colectivo que incluye todo el activo fijo: Terreno, Edificio, Maquinaria y equipo, Muebles y enseres, Equipo de transporte, etc.).

capital at work, capital de trabajo.

capital, authorized, capital autorizado.

capital costs, gastos de organización.

capital dividend, dividendo de capital.

capital equipment, bienes de producción.

capital expenditure, gasto de capital (es aquel cuyos beneficios se obtienen en un periodo mayor a un año).

capital, expenditures, desembolso de capital.

capital gains tax, impuesto sobre ganancias distribuibles.

capital goods, bienes de capital.

capital improvements, aumentos de capital, cambios de capital.

capital, invested, capital invertido.

capital investment needs, necesidades de inversión.

capital investments, inversiones de capital (término colectivo que representa las cantidades invertidas en capital, activos fijos o en inversiones en valores a largo plazo en contraste con aquellos fondos invertidos en activos circulantes o valores a corto plazo; en su acepción general, las inversiones de capital incluyen todos los fondos invertidos en activos, los cuales durante el curso normal de los negocios, no se esperan que se realicen durante el siguiente periodo fiscal).

capital, issued, capital emitido.

capital liabilities, deudas o pasivo a largo plazo de una compañía, representadas por las emisiones de acciones y bonos; pasivo fijo [término amplio que incluye obligaciones a largo plazo de una sociedad que están representadas por el capital social no suscrito (pasivo de los accionistas), hipotecas y obligaciones consolidadas (pasivo de los acreedores); en su acepción general, una obligación a largo plazo se considera como una sola deuda, la cual, durante el curso normal de los negocios, no se vencerá o será liquidada durante el siguiente periodo fiscal].

capital, liquid, capital líquido.

capital, outlay, desembolso para adquisición de activo fijo.

capital, paid-in, capital exhibido o pagado.

capital receipts, capital pagado.

capital, registered, capital autorizado.

capital renewal, reinversión de capital.

capital requirements, necesidades de capital.

capital resources, recursos de capital.

capital social subscribed, capital social suscrito.

capital, stated, capital declarado.

capital stock, capital social, acciones de capital [la cantidad específica de acciones que una sociedad puede vender según su escritura constitutiva; si las acciones tienen un valor declarado por acción, tal valor se conoce como "valor a la par"; si no tienen valor declarado se conocen como "acciones sin valor nominal"; a cada accionista que compra acciones se le expide un certificado que muestra su nombre, número de acciones compradas y el valor (a la par, si lo hay) asignado a cada acción; este certificado de acciones es un contrato entre el accionista y la sociedad emisora que cede al accionista su parte proporcional en acciones de capital y en las futuras utilidades de la sociedad].

capital stock, authorized, capital social autorizado.

capital stock, common, acciones ordinarias o comunes.

capital stock, no-par-value, acciones sin valor nominal.

capital stock, preferred, acciones preferentes.

capital stock, premiums, primas sobre acciones.

capital stock, suscribed, acciones o capital suscrito.

capital stock, treasury, acciones de o en tesorería.

capital stock, unissued, capital no emitido.

capital stocks of subsidiaries, capital social en compañías afiliadas.

capital structure, estructura del capital.

capital sunk, capital muerto.

capital surplus, superávit de capital.

capital surplus, paid-in, superávit de capital aportado.

capital, turnover, rotación de capital (término usado por los departamentos de crédito de instituciones de préstamo para indicar la rapidez con que se mueve el capital de una firma, o bien representa la rotación del número de veces del capital suscrito en relación a las ventas netas por un periodo dado, frecuentemente un año; por ejemplo, si las ventas netas de un periodo fueron de $200 000 y el capital suscrito de $60 000 la rotación del capital en este periodo fue $3\frac{1}{3}$ veces).

capital uncalled, capital suscrito, pero no exhibido.

capital, working, capital de trabajo.

caption, rubro (de una cuenta).

carbon copy method, método de copias al carbón (medio de duplicación).

card column, columna de la tarjeta (un espacio vertical de una tarjeta en la cual puede registrarse un dígito, una letra o un símbolo).

card counter, card counting attachment, contador de tarjetas (dispositivo para contar tarjetas, unido con cada colector, por ejemplo para análisis estadístico).

card feeding, alimentación de tarjetas (el proceso por el que las tarjetas pasan una por una en la máquina).

card file, fichero.

card hopper, depósito de tarjetas, colector de tarjetas (un colector que almacena tarjetas después que han pasado a través de la máquina).

card planing and layout, diseño y planeación de la tarjeta (el diseño de la tarjeta se refiere al orden en que las partidas deben aparecer en la tarjeta y qué columnas deben utilizarse para cada una. Planear una tarjeta es precisar qué información debe perforarse en ella para su procesamiento mecánico).

card-programmed electronic, calculator, calculadora electrónica con programa por tarjetas (calculadora electrónica que funciona mediante tarjetas perforadas).

card-proof punch, verifier, verificadora (una perforadora que le permite al operador detectar errores o bien omisiones en perforación).

card, punch-card, punched card, tarjeta perforada (tarjeta de tamaño y forma constante adaptada para perforarse en cierto patrón el cual tiene significado).

caard-punch-girl, perforista (la persona que perfora tarjetas de acuerdo con las instrucciones dadas).

card punch, key card punch, key punch punzón de perforación de tarjetas (un mecanismo que perfora tarjetas, o una máquina que perfora tarjetas según un programa).

card reader, lectora de tarjetas (dispositivo que permite que la información de las tarjetas sea leída).

card run, corrida de tarjetas (la corrida de la serie de tarjetas a través de la máquina).

card stacker, un colector que almacena tarjetas después que han pasado a través de la máquina.

card trays, tarjeteros.

card verifier, verificadora (máquina semejante a la perforadora que se usa para comprobar las perforaciones hechas en la tarjeta).

cardatype, cardatype (máquina muy eficaz en el trabajo de procesamiento, es el uso de una combinación de una flexible unidad para asientos múltiples y que puede ser usada en muchas aplicaciones de registro y contabilidad. Las máquinas básicas incluyen una máquina de escribir, una unidad auxiliar de teclado y una consola de alimentación y lectura de datos).

carditioner, card reconditioner, acondicionador de tarjetas (aparato para hacer que las tarjetas más o menos dañadas puedan ser pasadas nuevamente por la computadora).

cards filed horizontally, tarjetas archivadas horizontalmente (kardex) (archivo visible).

cards filed vertically, tarjetas archivadas verticalmente (similares en apariencia a las formas impresas para trabajo de anotación a máquina y manual) (archivo visible).

care, celo profesional.

carrier, compañía que se ocupa de transportes por riel, vapor, camión, etc.; en particular esta palabra se refiere a los ferrocarriles.

carried down, saldo arrastrado.

carried, forward, a la vuelta.

carried, over, arrastrar un saldo.

carry, pase de decenas (a) el dígito que se debe llevar a la siguiente columna próxima superior cuando la suma de los dígitos en una columna es igual o superior al número base; (b) el proceso de pasar el dígito de decenas a la siguiente columna próxima superior.

carry in (to), introducir (poner la información en la máquina en forma manual).

cartage, acarreo.

cartwheel, expresión vernácula con la que se designa a la moneda de plata de un dólar en Estados Unidos.

case, cash, cash box, cash office, efectivo, caja. 1) como sustantivo denota dinero; moneda acuñada, billetes de banco, cheques, cupones vencidos y, en general, lo que tiene poder inmediato de adquisición; 2) como verbo significa convertir en dinero un título de crédito negociable; cheque, giro, cupón, etc.

cash, los términos contables "efectivo en caja y "efectivo en bancos" expresan la disponibilidad de dinero en los estados financieros de los negocios; una ficha de depósito contiene espacio para el "efectivo" depositado para distinguirlo de los "cheques" depositados.

cash a check, convertir un cheque en efectivo (término bancario).

cash account, cuenta de caja.

cash advance, anticipo en efectivo.

cash and due from banks, existencia en caja y bancos (financiera).

cash assets, disponibilidades.

cash audit, auditoría de caja.

cash audit objectives, objetivos de la auditoría de caja (al examinar las cuentas de las operaciones de caja, fondos de cajas y efectivo en bancos, los objetivos son los de establecer la validez y propiedad de las operaciones de caja y declarar en forma debida el efectivo disponible y en bancos, para propósitos de los estados financieros).

cash availability, disponibilidad de efectivo.

cash balance equation (is based that the reason for demanding money is to hold purchasing power over goods, services and other transactions).

$$M = PKT$$

M = is the quantity of money.

T = is the annual transactions.

K = is the fraction of the annual transactions that the public requires purchasing power over in money form.

P = is the price level.

ecuación de saldo monetario (se basa en que la causa de la demanda de dinero es la de retener poder adquisitivo para mercancías, servicios y otras transacciones).

$$M = PKT$$

M = es la cantidad de dinero

T = son las transacciones anuales

K = es la proporción de las transacciones anuales sobre las cuales el público necesita poder adquisitivo en forma de dinero

P = es el nivel de dinero.

cash basis, base de valor en efectivo; base de contado.

cash before delivery, pago en efectivo antes de la entrega.

cashbook, libro de caja; diario de caja; registro de caja.

cashbook voucher, comprobante de caja; póliza de caja.

cash collecting department, departamento de cobranzas.

cash count, arqueo de caja.

cash delivery, entrega al señor... por cuenta de...

cash deposited in pension, efectivo depositado en pensiones.

cash disbursements book, libro de egresos de caja.

cash disbursements journal, diario de egresos de caja.

cash discount, descuento de caja, descuento en efectivo [reducción en el precio de venta que el vendedor hace sobre las mercancías vendidas a crédito, representado en términos de porcentaje (normalmente 2% en 10 días) que se hace para estimular el pronto pago de la factura que cubre las mercancías o servicios comprados].

cash discount allowed, descuentos por pronto pago concedidos.

cash discount taken, descuentos por pronto pago recibidos.

cash dividend, dividendo en efectivo (dividendos declarados que son pagaderos en efectivo).

cash flow techniques, cash planning, systems and organization, técnicas del flujo del efectivo, planeación, sistemas y organización del efectivo.

cash fund vouchers, required for each fund disbursement, signed by the person who receives the cash, filled in with numerals and spelled — out amounts, approved by a responsible person, properly cancelled, together with supporting documents, so that they cannot be used again, comprobantes o pólizas del fondo de caja requeridos para cada salida de efectivo, firmados por la persona que recibió el efectivo, llenados con números y letras la cantidad, aprobados por la persona responsable, adecuadamente cancelados (con el sello fechador de pagado) junto con los documentos de apoyo de manera que no puedan utilizarse otra vez.

cash held in trust, efectivo en fideicomiso.

cash imprest, fondo fijo de caja.
cash in advance, pago adelantado.
cash in bank, efectivo en bancos.

cash inflow, entrada de efectivo.

cash in transit to bank, remesas en camino al banco.

cash on hand, efectivo en caja.

cash outflow, salida de efectivo.

cash over and short, sobrantes y faltantes de caja.

cash paid, efectivo pagado; se llega mediante el siguiente procedimiento:

Importe de la factura	$600.00
Menos: 2% de descuento	12.00
Importe neto de la factura	$588.00
Más: 3% de impuestos sobre la venta	17.64
Efectivo pagado (importe total de la factura)	$605.64

cash, petty, caja chica.

cash, ready, disponibilidades en caja.

cash receipts book, libro de ingresos de caja.

cash receipts journal, diario de ingresos de caja.

cash refund, reembolso en efectivo.

cash register tapes, cintas de máquina registradora (el efectivo recibido en el mostrador y depositado en una máquina registradora, queda registrado en una cinta, que entonces sirve como registro original).

cash registering and adding machine, máquina registradora sumadora.

cash reserves, disponibilidades (bancos).

cash sales, ventas al contado.

cash sales (per register), ventas contado (según registradora).

cash "send" orders, órdenes de contado (para mandar).

cash short and over account, faltantes y sobrantes en el arqueo de caja.

cash surrender value of life insurances policies, valor de rescate de pólizas de seguro de vida.

cash "take" orders, órdenes de contado (para llevar).

cash value, valor efectivo.

cash voucher, comprobante de caja.

cashier, cajero (a).

cashier's check, cheque de caja.

casual workers, trabajadores eventuales.

casualty and surety companies, Cías. de seguros contra incendio.

casualty losses, pérdida de bienes por caso fortuito o fuerza mayor.

catalogue pricing, precios de catálogo.

ceiling prices, precios tope.

cell, memory cell, storage cell U.S. store cell GB, elemento de memoria (almacenamiento para una unidad de información, normalmente un carácter de una palabra de computadora).

central computer, computadora central (la computadora en sí sin el aparato adicional).

certificate, dictamen, certificado.

certificate, auditor's, dictamen de auditoría.

certificate indebtedness, certificado de adeudo.

certificate, inventory, confirmación de inventarios.

certificate of deposit, certificado de depósito.

certificate of incorporation, escritura constitutiva.

certificate of necessity, certificado de necesidad (movilización industrial del país para efectos militares; el congreso ha otorgado el privilegio de que el activo fijo adquirido bajo certificados de necesidad, se amortice para fines impositivos en un periodo corto de tiempo).

certificate qualified, dictamen con salvedades.

certificate unqualified, dictamen sin salvedades.

certified check, cheque certificado (el cheque que expide un cuentahabiente sobre el banco en cuyo anverso se anota la palabra "Certificado" con la fecha y firma del banco; el cheque viene a ser una obligación para el banco y la reglamentación exige que el importe del cheque se cargue de inmediato a la cuenta del cuentahabiente; es ilegal para el banco certificar un cheque del depositante que exceda al importe depositado; se usan cheques certificados cuando no se ha establecido el crédito del fabricante y el tenedor exige la seguridad de que los fondos están depositados en el banco, antes de renunciar al derecho de las mercancías, propiedades o valores).

certified public accountant, contador público titulado.

cession, cesión.

cestui que or qui trust, beneficiario de un fideicomiso (término bancario).

chads US, chips GB, pedacitos o confeti (los pequeños desperdicios de papel que se quitan cuando se perfora una cinta de papel).

chain banking, bancos filiales; cadena bancaria.

chairman, presidente.

chamber of commerce, Cámara de Comercio.

change, Bolsa de Valores (abreviatura de stock exchange).

change tape, cinta de cambio (una cinta perforada o magnética con información, la cual puede llevarse a una cinta maestra).

changes in costs, variaciones en los costos.

change in inventory, diferencias de inventarios.

changes in the level of money spending, cambios en el nivel del gasto monetario.

changes in the purchasing power of the monetary unit are not important, principio monetario (principio de contabilidad).

changing concepts of business income, los conceptos variables de los ingresos de un negocio.

changing patterns of international trade, evolución de (cambios en) la estructura del comercio internacional.

character, carácter (un dígito decimal cero a nueve, o una letra A a Z, ya sea mayúscula o minúscula, o un signo de puntuación, o cualquier otro símbolo que la máquina pueda recibir, almacenar, o sacar).

characteristic, característica (la parte entera de un logaritmo).

charge account, cuenta corriente, carguen a mi cuenta.

charge - backs, rezagos.

charge sales, ventas a crédito.

charge "send" orders, órdenes a crédito (para mandar)

charge "take" orders, órdenes a crédito (para llevar).

charges, cargos, débitos.

charges, bank, cargos bancarios.

charges, deferred, cargos o gastos diferidos.

charges, departmental, cargos departamentales.

charges, direct, cargos directos.

charges, fixed, cargos fijos.

charges for collecting, gastos al cobro.

charges for reloading, gastos de re embarque.

charges, overhead, costos o gastos indirectos.

chargeable, costoso.

charged to expense, cargado a gastos.

charging material out, extracción del material (trata de la acción de quitar los papeles de un expediente).

chart of account, catálogo de cuentas.

charter, cédula de registro (en impuestos).

charter, director (en el gobierno); escritura constitutiva; consejo de administración.

charter granted, título concedido u otorgado.

charter party, póliza de fletes.

chartered banks, bancos registrados.

chattel, bienes muebles.

chattel mortgage, hipoteca sobre bienes muebles (una hipoteca sobre mercancías o equipo; estas hipotecas se usan a menudo en dos formas de financiamiento bancario: para financiamiento del consumidor para automóviles, refrigeradores, etc., y en financiamiento de equipo ferroviario).

check, 1) cheque (el consejo de la Reserva Federal lo define como: un giro u orden sobre el banco implicando el que se expida sobre los fondos depositados, para el pago en todo caso de una cierta suma de dinero y a cualquier persona mencionada, o a su orden, o al tenedor y pagadero de inmediato; es un *instrumento negociable* y deberá llenar ciertas condiciones; "Páguese a la orden de", la cantidad mostrada claramente en el anverso del mismo, y la firma del librador; los cheques por lo general están fechados, pero la falta de la misma no impide su negociación). 2) Prueba, verificación (un proceso de prueba parcial o total de (a) la exactitud de las operaciones de máquina, (b) la existencia de ciertas condiciones prescritas dentro de la computadora o (c) la exactitud del resultado producido por una rutina). 3) Revisar, verificar, controlar, comprobar (en auditoría debería significar una marca colocada después de cada concepto, una vez que éste ha sido verificado).

check book, chequera o libreta de cheques (que se da a los depositantes que les permite el retiro de los fondos depositados en sus cuentas. Junto con la libreta de cheques se incluye un talonario para registrar los depósitos, los cheques expedidos y el saldo para poder conciliarlo contra el estado de cuenta bancario).

check, cash, cheque de caja.

check, certificate, cheque certificado.

check collected during the month, cheques correspondidos en el mes.

check credit, crédito por cheques (línea de crédito en el banco).

check data, datos comprobatorios; datos de verificación.

check extensions, verificar cálculos, verificar extensiones.

check, internal, control interno.

check list, lista de verificación.

check, mark, señal de cotejo o punteo (marca de auditoría).

check returned for insufficient funds, cheque devuelto por fondos insuficientes (cheque presentado para su cobro o depositado para acreditarse en cuenta, pero es devuelto por carecer de fondos suficientes).

check-sheet, hoja de verificación.

check sum, suma de comprobación, suma de verificación (en la técnica de tarjetas perforadas, la su-

ma de esas cantidades perforadas).

check the inventory lists against the auxiliary cards of materials, spare parts and accesories. Observe the significant differences if any and investigate them, verifique las listas de inventarios contra las tarjetas auxiliares de materiales, piezas de repuesto y accesorios. Verifique las diferencias más importantes si las hay e investíguelas.

check the payment of advances for income tax law, verifique los pagos por anticipos según la Ley del Impuesto sobre la Renta.

check the payment of gross receipts tax (3%) and examine all the returns filed by the company, verifique el impuesto sobre ventas (impuesto sobre ingresos mercantiles) (3%) y examine todas las declaraciones presentadas por la compañía.

check-up to, cotejar, confrontar, "pelotear".

checks drawn by company as recorded in books, cheques expedidos por la compañía según libros.

checks outstanding, cheques pendientes de pago.

checks paid by as per statement of account, cheques pagados según estado de cuenta.

checked computations, cálculos verificados.

checked to prior year, cotejado con el año anterior.

checking, revisión, verificación, comprobación (la acción de comparar un número en dos o más lugares. Debe evitarse el uso de checar o chequeo).

checking account, cuenta de cheques, cuenta corriente (1. La diferencia esencial entre esta cuenta y la de ahorros es que los saldos en la primera son pagaderos a la vista y no devengan intereses y la cuenta de ahorros sí devenga intereses y se debe presentar un aviso de retiro para que el banco pague. Para la cuenta de ahorros se requiere de la presentación de una libreta para depósitos o retiros y en la que también se indica el saldo de la cuenta. Para la cuenta corriente se expide un estado de cuenta, por lo general cada mes y los cheques se pueden expedir contra esa cuenta. 2. Cualquier cuenta colectiva de activo, clientes, documentos por cobrar, deudores diversos, etc., que representan facturas, letras o pagarés y otros adeudos respectivamente para lo cual se expiden estados de cuenta, así como cualquier cuenta colectiva de pasivo, proveedores, documentos por pagar, acreedores diversos, etc., que se manejan en forma de cuentas corrientes).

checking release for filing, revisar el material para archivo.

checklist for a management audit, lista verificable para una auditoría administrativa (alfabética y numerada).

checkwriter, máquina protectora de cheques.

cheques, cheques (la designación que se hace de un cheque en Canadá y otros países. Esta forma ortográfica se emplea generalmente para designar los cheques de viajero, **travelers' cheques**).

cherry pie, dinero extra ganado.

chief custom-house, aduana principal.

chief office, casa matriz.

chief station, estación principal.

chronological filing, archivo cronológico (arregla simplemente el material de acuerdo con su secuencia de tiempo. Las divisiones principales son meses o semanas, siendo días las subdivisiones).

100 percent premium or bonus plan, plan del 100% de prima o de gratificaciones [de acuerdo con este plan, la producción real del empleado (promedio del periodo de nómina) en una hora se divide entre la producción estándar por hora, lo que resulta en una relación o proporción de eficiencia la que se multiplica a continuación por el salario por hora del empleado, para determinar las percepciones del empleado durante el periodo].

circularize, enviar circulares (circularización).

circulating assets, activo circulante; activo en rotación; activo realizable.

circulating capital, capital circulante; liquidez.

city income tax, impuesto municipal sobre la renta.

city salesman, agente de plaza.

claims, reclamaciones.

claims against credit unions, derecho en uniones de crédito.

claims (debt), crédito.

claims of refund, reclamaciones de reembolsos.

clarification, aclaración.

clarification of accounts, catálogo de cuentas.

clarification of report when opinion is omitted, aclaración en el informe cuando se omita la opinión.

classification method, método de clasificación para la evaluación de puntos y se establece un número predeterminado de clases o grupos de puestos y éstos se asignan a esas clasificaciones (prueba de inteligencia y de agudeza mental).

classification of expenses by object of expenditure, clasificación de gastos por el objeto de la erogación.

clause, cláusula.

clean certificate, dictamen sin salvedades; dictamen limpio.

clean credits, créditos quirografarios.

clean draft, letra a la vista o a plazos, sin colaterales; giros sin documentos (la cual no trae otros documentos anexos. Esto es para distinguirlo de la "documentary draft", *letra documentada*).

clean letter of credit, carta de crédito simple.

clean loans, préstamos quirografarios.

clean loans and discounts, descuentos y préstamos directos.

clean states, bienes no hipotecados.

"cleanup" of debt, "depuración" de la deuda (cuando un banco concede una línea de crédito para financiar una expansión estacional de los inventarios y cuentas por cobrar se tendrá que "depurar" la deuda cada año).

clear, compensar (este término tiene tres significados en los medios bancarios, 1) la compensación de un cheque es el cobro y el pago final a través de la cámara de compensación, 2) la compensación de valores a través de la bolsa de acciones, 3) término jurídico que significa "libre de gravamen" o "título seguro" refiriéndose el título a bienes inmuebles o mercancías).

clear benefit, beneficio líquido o neto.

clear days, días hábiles.

clear of all expenses, libre de todo gasto.

clear profit, beneficio líquido; ganancia líquida.

clear, to, despachar.

clearance procedure, proceso de depuración del personal.

clearing account, cuenta puente.

clearing agreement, convenio de liquidación (cuando las liquidaciones entre dos países se hacen solamente compensando los créditos de una cuenta contra los de la otra).

clearing and collection of checks, liquidación y cobranza de cheques.

clearing bill of exchange, libranza que no va acompañada de documentos de embarque (término bancario).

clearing house, cámara de compensación (una asociación de bancos en una ciudad creada para facilitar la compensación de cheques, letras, pagarés y otros títulos entre los miembros. También se formulan políticas y reglas para el mutuo bien de todos los miembros y en los tiempos de tensión financiera, la ayuda a todos los miembros que la necesitan en el proceso de compensación de cheques, etc. El establecimiento de los saldos deudores y acreedores se harán diariamente).

clearing house associations, cámaras de compensación.

clearing house statement, estado de cámara de compensación (estado semanario publicado por las asociaciones de cámaras de compensación mostrando el capital, superávit, utilidades pendientes de aplicar, promedio de depósitos a la vista y a plazos de los bancos miembros).

clearings, compensaciones bancarias (cheques y otros títulos depositados para cambio entre los bancos miembros de la cámara de compensación. El total de compensaciones diarias se publica en los periódicos y revistas como un índice de actividad comercial).

clerical, rutinario.

clerical work, trabajo de oficina, trabajo administrativo.

client, cliente.

clients' written representations, cartas de confirmación de los clientes, cartas de representación, certificado del cliente (empleado en auditoría).

cliques, camarillas (agrupaciones de individuos).

clock, cards, tarjetas de asistencia (empleados y trabajadores).

close books, to, cerrar los libros.

close price, precio estable (bolsa); precio sin beneficio o para cubrir gastos.

closed banks, cuentas canceladas (cuentas corrientes en cualquier banco, que por no tener saldos, están canceladas).

closed-end companies, compañías de capital limitado (inversionistas).

closed loop, ciclo cerrado (la repetición indefinida de varias instrucciones).

closed shop, programación preparada al exterior (este método para computadoras consiste en hacer programas y rutinas por miembros de un grupo especializado, cuyo único trabajo profesional es el empleo de computadoras).

closed shops, contrato colectivo.

closing account, cuenta de cierre.

closing entries, asientos de cierre.

closing inventory, inventario final.

closing-inventory valuation, valuación de inventarios finales.

closing quotation or rate, cotización de cierre (bolsa).

closing stock inventory, cierre del inventario final.

code converter, conversor de código (un dispositivo para convertir información de un código a otro).

code field, campo de claves [parte de la tarjeta de perforación marginal (keysort) que comprende una o varias perforaciones destinadas a representar datos correlacionados entre sí].

code of accounts, catálogo de cuentas [en el cual cada grupo (activo) se le da un número de clasificación (1 000) con la segunda cifra de ese número (1 100) se presenta una segunda clasificación (activo circulante) y las cifras restantes (01 en la cifra 1 101) representando la cifra final (caja) otra clasificación secundaria].

code of ethics, código de ética.

code (to), encode (to), codificar (expresar información, particularmente problemas, en lenguaje aceptable a una computadora determinada).

coded decimal, decimal codificado (forma de notación por la cual cada dígito decimal por separado es convertido a un modelo binario de unos y ceros binarios).

coded-decimal digit, dígito en código decimal (un dígito decimal expresado por un modelo de cuatro o más unos y ceros).

coded-decimal notation, notación decimal codificada (la transformación de un número en notación decimal a otra notación, normalmente, notación binaria).

coded-program, programa codificado (un programa que ha sido expresado en un código para computadora).

coder, codificador (persona que traduce una secuencia de instrucciones para una computadora, para resolver un problema en los códigos precisos aceptables por la misma).

codification of statements on auditing procedure; their generally accepted significance and scope, codificación de estados financieros relativos a procedimientos de auditoría, su significado y alcance generalmente aceptados.

coding, codificación, catálogo de cuentas, secuencia de instrucciones codificadas (la aplicación de un código; la lista codificada de las operaciones sucesivas de una computadora necesarias para efectuar una rutina o subrutina dada o resolver una ecuación dada).

coding line, línea de instrucción codificada (una sola orden o instrucción escrita generalmente en una línea, en una clave tal que la computadora pueda resolver un problema).

cognovit note, admisión de sentencia por parte del demandado [una forma de pagaré (evidencia legal de la deuda) que es a la vez un pagaré y una hipoteca sobre bienes muebles. El prestatario, dentro de los términos del instrumento, renuncia al derecho de acción de la propiedad hipotecada en el caso de incumplimiento de cualquiera de los pagos acordados en la operación].

coin, moneda fraccionaria (término usado en los bancos y aplicable a toda la moneda metálica para distinguirla del papel moneda y de las barras de oro y plata).

coin counter, contadora de monedas (máquina).

coin counting machine, contadora de moneda fraccionaria [máquina que se usa en los bancos para contar con exactitud y rapidez, grandes cantidades de metálico o moneda fraccionaria. La máquina tiene un arco (medio círculo) en el cual se le alimenta con moneda de distintas denominaciones. La máquina está ajustada para clasificar monedas desde el tamaño más chico hasta el más grande. El metálico se cuenta automáticamente a medida que se clasifica, denominación por denominación, haciéndose paquetes de monedas].

coins, moneda fraccionaria.

collateral, garantía subsidiaria o colateral [garantía dada por el prestatario al prestamista, en prenda del pago de un préstamo (acciones, bonos, aceptaciones, certificados de depósitos, bienes muebles, etc.); término bancario].

collateral note, pagaré colateral (pagaré que menciona específicamente el colateral depositado por el prestatario como protección para el pago del préstamo).

collateral value, valor colateral (que es el monto que se puede pedir prestado usando la propiedad como inversión).

collating, intercalar (es mezclar los juegos de datos relacionados en un solo juego). (Máquinas electrónicas.)

collating and binding, compaginación y encuadernación (del material duplicado).

collator, intercaladora, interpoladora, compaginadora (máquina que tiene dos alimentadores de tarjetas, cuatro colectores de tarjetas y tres estaciones en las cuales una tarjeta puede ser comparada o seguida con relación a otras, para determinar el colector el cual se debe colocar).

collectible, cobrable.

collection card, tarjeta de cobro.

collection charge, cargo por cobranza (que los bancos hacen al pagar cheques foráneos a sus clientes).

collection department, departamento de cobranzas: 1) el departamento que maneja cheques, letras, cupones y otros títulos recibidos del depositante con instrucciones de acreditar su cuenta después de recibirse el pago final; 2) el departamento que maneja facturas, letras, pagarés y otros títulos para acreditar las cuentas de clientes.

collection letter, letra girada; carta de cobro.

collection (of drafts), cobro.

collection ratio, rotación de cuentas por cobrar.

collection stickers, marbetes de cobro.

collections on accounts receivable, cobros a clientes.

collections, trade, cobranzas comerciales.

collective bargaining, contrato o convenio colectivo.

collective bargaining agreement, contrato colectivo de trabajo.

collective bargaining provisions, reglamentación para contratos colectivos de trabajo.

column, columna [(a) el lugar o posición de un carácter o dígito en una palabra, o bien otra unidad de información, (b) una de las posiciones de caracteres o dígitos en una representación de notación potencial de una unidad de información].

columnar journal, diario general tabular.

co-maker, fiador mancomunados (la persona que firma un pagaré además del prestatario para dar una protección adicional al préstamo debido a la debilidad del prestatario como un riesgo de crédito individual. En su acepción general se usa en relación con los préstamos a créditos industriales para usos personales, donde éstos no tienen una hipoteca como garantía básica. Un fiador se distingue de un cedente o endosante o de un garante o avalista, en que en ʼʼn sentido legal es mancomunadamente responsable con el prestatario por el pago del préstamo mientras que el cedente o avalista son responsables del pago después de haberse llenado ciertos detalles técnicos legales. Al hablar de tipo de garantía en los préstamos a los negocios por parte de los bancos incorporados).

combination of approaches, combinación de métodos.

combinations, fusiones (bancos).

combined balance sheet, balance general combinado (revela detalles que no se muestran en el estado sencillo).

commercial affairs, asuntos comerciales.

commercial bank savings accounts, cuentas de ahorro en bancos comerciales.

commercial bills of exchange, letras de cambio comerciales.

commercial broker, corredor de comercio.

commercial credit, 1. indica el crédito concedido a fabricantes, mayoristas, intermediarios y detallistas; 2. denota una transacción que implique el empleo de una carta comercial de crédito (término bancario).

commercial discounts, 1. pagarés firmados por negociaciones mercantiles, en favor de un banco. El interés se paga por adelantado; 2. descuentos que ofrece el vendedor al comprador para inducirlo a pagar antes del plazo convenido (término bancario).

commercial documentary credit, crédito documentario comercial.

commercial drafts, giros comerciales (letras de cambio comerciales).

commercial enterprise or undertaking, razón social.

commercial law, derecho mercantil.

commercial letter of credit, carta de crédito comercial (letras de crédito expedidas para facilitar la compra de mercancías. Muchas empresas usan las cartas de crédito comerciales para comprar mercancías y asegurar su pronto embarque porque la responsabilidad de la emisión bancaria respalda el crédito).

commercial loan, préstamo mercantil (son préstamos a corto plazo otorgados a las empresas para el financiamiento de la compra de mercancías y la maniobra de las mismas, para distinguirlas de los préstamos personales y de los créditos comerciales).

commercial paper, documentos comerciales, papel comercial (USA), instrumentos negociables, obligaciones mercantiles o comerciales (este término se aplica a pagarés y aceptaciones originadas por operaciones comerciales (la transferencia y maniobra de mercancías). Estos documentos normalmente son pagarés o aceptaciones con fecha de vencimiento definida que se reciben por una empresa comercial en pago de mercancías o servicios prestados).

commercial school, escuela de comercio.

commercial standard, norma o patrón comercial.

commission, comisión.

commission account receivable, cuentas endosadas al cobro.

commission, agent, comisionista.

commission, merchant, comisionista.

commission, selling, comisión de venta.

commission statement, liquidación de comisiones.

commissioner, comisionado.

commissioner of income tax, director del impuesto sobre la renta.

commissions due sales agent, comisiones por pagar a agentes.

commissions income, ingresos por comisiones (describe los cargos por servicios de personas o empresas que cobran sobre la base de un porcentaje del valor de la cosa manejada).

commitments, promesas.

commodities, mercancías, consumos.

commodities (in foreign trade), mercaderías (en comercio exterior).

commodity, mercancía.

commodity agreement, contrato de mercancías.

commodity collateral, mercancías en prenda (préstamos sobre inventarios a los negocios por parte de los bancos incorporados).

commodity futures, productos para entrega futura.

commodity groups, grupo de productos.

commodity index number, número índice de un producto.

common practice, práctica común.

common stock subscribed, acciones comunes suscritas.

companies act, ley de sociedades mercantiles.

company, sociedad, compañía.

company, affiliated, compañía filial.

company, commercial, compañía mercantil.

company, holding, compañía matriz.

company, industrial, compañía industrial.

company, merged, compañía fusionada.

company, parent, compañía matriz.

company, propietary, compañía matriz.

company's assets, activo social.

company's issued capital, capital emitido por la compañía.

company's liabilities, pasivo social.

company's share of social security, cuotas patronales del seguro social.

compare, comparar (observar la similitud o diferencia de los conceptos. Ejemplo: La utilidad neta de 1971 puede compararse con la de 1970; el total de una factura de venta puede compararse con el asiento correspondiente en el registro de ventas).

comparative balance sheet, balance general comparativo.

comparative figures in statements, cifras comparativas en los estados.

comparative statement, estado comparativo (balance general, estado de pérdidas y ganancias, o cualquier otro estado financiero de una misma empresa comparados por dos o más años consecutivos, para determinar los aumentos y disminuciones en sus renglones como componentes, frecuentemente para propósitos de crédito).

compensating error, error de compensación.

compensation, bonificación, indemnización, compensación (cuando cada importación individual debe ser compensada por una exportación de igual valor).

compensation insurance, seguro de compensación.

competence of evidential matter, suficiencia de la evidencia comprobatoria.

competitive bidding, ofertas en competencia.

compiler, compiling, routine, generating routine, compilador (rutina que hace un programa, el cual produce un programa dado para un problema en particular en algunos procesos).

complaint, quejoso.

complementary close, despedida.

complementary works, trabajos complementarios.

complete cross-referencing, referencias cruzadas completas.

complete operation, operación completa (operación para calcular que incluye: a) obtención de todos los números que intervienen en la operación, tomados de la memoria, b) hacer el cálculo, c) regresar los resultados a la memoria, d) obtener la siguiente instrucción).

complete the general auditing working program, complete el programa general de trabajo de auditoría.

complete voucher copy, comprobante en ejemplar completo.

completing an audit, conclusión o terminación de una auditoría.

completions estimates, estimaciones de obras terminadas.

components stores, piezas manufacturadas.

compound interest, interés compuesto.

compound journal entry, asiento de diario compuesto (cuando aparecen más de dos cuentas en un asiento).

comptroller, contralor.

Comptroller Institute of America, Instituto Americano de Contralores.

compulsory insurance, seguro obligatorio.

compulsory retirement, retiro forzoso.

computer-assisted microfilm systems, sistemas de microfilm con ayuda de la computadora.

computer code, claves de la computadora, código de la computadora (código que expresa las operaciones, construido dentro de la computadora).

computer, computing machine, calculador, computadora (máquina capaz de calcular, por ejemplo, ejecutar secuencias de operaciones lógicas con información, principalmente operaciones aritméticas y lógicas).

computer language, lenguaje para computadora.

computer operation, operación de una computadora (es la operación electrónica, mecánica o física de elementos de una computadora como resultado de una instrucción que se le ha dado).

computer process control, proceso de control mediante computadoras (en máquinas electrónicas).

computerese (it is language that machine can understand and act upon in keeping with the desired processing. Man invented "computerese" to utilize the machines), computerese (es lenguaje que la máquina puede comprender y actuar sobre él, de acuerdo con el proceso deseado. El hombre inventó el "computerese" para utilizar las máquinas).

computing, unidad de computadora (elemento de una máquina computadora digital).

computing interval, computing time, intervalo de cálculo, tiempo de cálculo (tiempo necesario para efectuar un cálculo).

conceal, encubrir.

concepts of managerial accounting, conceptos de contabilidad administrativa.

concern, asunto, negocio, interés, empresa.

concession, concesión.

concluding comment, conclusión.

condemnation, desaprobar, culpar, declarar confiscado (ordenar judicialmente la toma de posesión de algo para el uso público).

condemnation value, valor de expropiación (que representa el monto que se va a recibir por el pago al propietario de dominio eminente).

condensed balance sheet, balance general condensado.

condition of forwarding, condición de expedición.

conditional endorsement, endoso condicional.

conditionally, condicionalmente.

confidential advise, informe confidencial (bancos).

confirmation, confirmación.

confirmation procedures-processing returns, procedimientos de confirmación - proceso de solicitudes no contestadas (las cuentas para las cuales se han solicitado confirmaciones positivas no se consideran confirmadas a menos que se hayan recibido las contestaciones. Por lo tanto, en ocasiones el auditor tendrá que enviar segundas y en ocasiones terceras solicitudes a las cuentas que no hayan contestado en un periodo razonable).

confirmed credits opened, créditos confirmados abiertos (bancos).

conformably to tariff, con arreglo a la tarifa.

connection, relación, clientela.

consignee, consignatario.

consignment, consignee, consignor, consignación, comisionista o destinatario o consignatario, comitente o remitente (consignación es la transferencia física de mercancías del vendedor o proveedor a otra entidad legal quien actúa como agente de ventas del vendedor. El vendedor se conoce como *comitente o remitente* de las mercancías, y la propiedad de las mercancías le pertenece. El que recibe las mercancías en consignación se le conoce como *comisionista o consignatario*. El comisionista actúa como agente del comitente, vende las mercancías para obtener una comisión y remite el líquido producto de la venta al comitente).

consignment-in, mercancías en comisión.

consignment-out, mercancías en consignación.

consignment prepaid, consignación porte pagado.

consignor, remitente, expedidor, consignatario.

console unit, unidad de consola (máquinas electrónicas).

consolidated balance sheet, balance general consolidado.

consolidated goodwill, plusvalía consolidada.

consolidated surplus, superávit consolidado.

consolidated working sheet, hoja de trabajo consolidada.

consolidation, consolidación.

consolidations, fusiones.

construction accounting, empresas constructoras.

construction in progress, construcciones en proceso.

constructive criticism, crítica constructiva.

consular invoice, factura consular [factura que cubre un embarque certificado de mercancías (generalmente por triplicado) por el cónsul del país al cual se consigna la mercancía. Esta factura es usada por los agentes aduanales del país de entrada para verificar el valor, cantidad y naturaleza de la mercancía importada].

consumer, consumidor.

consumer goods, bienes de consumo.

consumption goods, bienes de consumo.

contact, contacto (medio de duplicación que consiste en colocar un papel sensibilizado en contacto sobre el material que va a reproducirse e insertarlo en la máquina que expone, desarrolla y fija la hoja copia. El proceso se conoce como **"Thermography"** (termografía) y significa literalmente un proceso de quemar las áreas oscuras, tales como las palabras escritas a máquina, absorben más color que las áreas en blanco) (máquina Verifax y Thermo-Fax).

contact roller, rodillo de contacto (rodillo del equipo para el procesamiento de datos que suministra el pulso electrónico necesario para procesar los datos representados por perforaciones).

containers, envases.

contents unknown, se ignora el contenido.

continental system, sistema continental.

contingency reserves, reservas de contingencias.

contingent accounts, cuentas contingentes.

contingent asset, activo contingente.

contingent charges, cargos variables.

contingent liability, pasivo contingente: 1) término aplicado por la obligación de un fiador o avalista (**accomodation endorser**) de un instrumento negociable. El fiador o cedente no obtiene beneficio alguno en el mencionado instrumento, pero es requerido por ley a hacer efectivo el pago del instrumento si el girador o librador no cumple. El pasivo real existe con el girador del documento (el prestatario) y también el pasivo contingente por la duración del instrumento y solamente pasa al fiador o avalista si el prestatario no paga el instrumento contra su presentación o demanda el pago; 2) cualquier otro pasivo de contingencia por despido injustificado del personal de una empresa, juicios pendientes de resolución por alguna acta levantada por el gobierno, o juicios seguidos en materia de trabajo o fianzas otorgadas o que nos otorguen, etc.

contingent reserve, reserva para contingencias.

continuity of the business unit, la empresa en marcha (continuidad) (principio de contabilidad).

continuous audit, auditoría continua.

contra debit, contrapartida.

contract, contrato.

contract for delivery, contrato de entrega.

contract, incumbered, contrato pignorado.

contract job, contrato de trabajo.

contract of bargain and sale, contrato de compraventa.

contract, pledged, contrato pignorado.

contracting parties, partes contratantes.

contractor, contratante.

contracts receivable, estimaciones por cobrar (constructoras).

contributed surplus, superávit donado.

contribution, contribución (se refiere al margen de los ingresos sobre los gastos variables, o sea, es la cantidad disponible para cubrir los gastos fijos y lograr una utilidad).

contribution, donativo.

contribution, fiscal, cuotas fiscales.

contribution margin, margen de contribución.

contribution theory, teoría de la contribución [proporciona una forma de analizar los costos de venta (o gastos) en relación con las ventas. Desde el punto de vista de esta teoría, cada unidad monetaria de venta, consta de dos cosas: la cantidad necesaria para cubrir el costo variable (los que varían directamente con la producción) y las ventas y del resto que es la *contribución* hecha por la unidad monetaria de ventas para cubrir los costos fijos (los que no varían con la producción y las ventas) y posiblemente para obtener una utilidad].

control account, cuenta control (cuenta en el libro mayor que se usa para llevar el total de varias subcuentas. Si se afecta cualquier subcuenta, la misma cantidad se refleja en el total de la cuenta control).

control backlog, control de trabajos atrasados.

control memory, control storage US, control store GB, memoria de mando (memoria que lleva información necesaria para controlar un proceso).

control of stock shortages, control de faltantes en existencias.

control over the count-recording media, control sobre los medios de anotación del recuento (de inventarios).

control panel, tablero de control, dirige el procesamiento de los datos en la tabuladora (máquinas electrónicas).

control register, program register, registro de instrucciones, registro de mando (registro de la unidad de control de la computadora que almacena la instrucción actual del programa y de este modo controla completamente la operación de la computa-

dora durante el ciclo de ejecución de dicha instrucción).

control sequence U.S., instruction sequence G.B., secuencia de mando (la secuencia normal de selección de las instrucciones para su ejecución por la computadora).

control through division duties, control a través de la división de trabajo.

control (to), mandar (dirigir la secuencia de ejecución de las instrucciones a la computadora).

control unit, unidad de control, unidad de mando, o unidad de programación (parte de una pieza de acero de una computadora digital que dirige la secuencia de operaciones, interpreta las instrucciones codificadas e inicia las señales adecuadas a los circuitos de la computadora para que ejecute las instrucciones).

controllable costs, costos controlables (están sujetos a un control directo de la suspensión administrativa a un nivel determinado).

controlling account, cuenta controladora.

controlling labor costs, control de los costos de trabajo.

convene a meeting, convocar a asamblea.

conveniently allocable, distribución conveniente.

convention, convención.

conversion, conversión.

conversion cost, is the total cost of the direct labor and indirect factory expense, costo de conversión, es el costo total de la ma-

no de obra directa (trabajo directo) y de los gastos indirectos de
fabricación.

conversion cost, processing cost,
costo de conversión o costo de
procesamiento (combinación de
mano de obra directa y los costos
indirectos de producción, ya que
representan el costo de convertir
o procesar las materias primas en
artículos terminados).

conversion periods of receivables,
plazo medio de cobro de cuentas
por cobrar.

conversion price, precio de conversión, es el precio fijo (en términos del valor nominal de las obligaciones convertibles o preferentes) al cual se emitirán acciones
comunes a favor de los tenedores de obligaciones convertibles
o acciones preferentes que pu-
dieran cambiarse por esos valores.

convertibility index, índice de convertibilidad.

convertible bonds, obligaciones convertibles, bonos convertibles en
acciones (pueden cambiarse por
acciones a opción del tenedor, al
tipo y durante el periodo determinado en la escritura).

convertible term insurance, seguro
temporal convertible [se amplió
mucho con la inclusión en las
pólizas temporales, de una cláusula para su conversión a un
plan permanente (las expresio-
nes "plan permanente" y "seguro permanente" se refieren al
seguro dotal o de vida entera
para diferenciarlos del seguro a
término). Prácticamente todas
las pólizas temporales conceden
el derecho de cambiar el contrato temporal a seguro permanen-

te, dentro de un periodo específico y a opción del asegurado,
sin importar su estado de salud
en el momento del cambio].

conveyance, escritura de traspaso,
cesión [en su acepción general,
este término se usa para describir el traspaso por hipoteca, escrituras, facturas, etc., del título de propiedad de una parte (el
vendedor) a la otra (el comprador)].

cooperative society, sociedad cooperativa de consumo.

co-owners, copropietarios (en una
sociedad en nombre colectivo).

copartnership, sociedad en nombre
colectivo.

copies of revenue agents' reports,
copia de las actas de las autoridades fiscales.

co-products, co-productos.

copy (of a book), ejemplar.

copying machine, copiadora.

copyright, derechos de autor, propiedad literaria.

corporate cash management, administración del efectivo en una
empresa.

corporate existence, personalidad jurídica.

corporate seal, sello de la sociedad
(que identifica a la misma).

corporate statements, estados financieros de sociedades.

corporate system, sistema de sociedad mercantil.

corporation, sociedad anónima, corporación (se define como "una
entidad intangible, invisible, ar-

tificial) que existe solamente para fines legales (Presidente del Tribunal Supremo John Marshall en el caso *"Trustees of Dartmouth College vs. Woodward"*).

corporation, accounting, contabilidad de sociedades.

corporation, affiliated, compañía filial.

corporation, business, sociedad mercantil.

corporation, closed, sociedad anónima familiar.

corporation, controlled, compañía filial.

corporation, controlling, compañía matriz.

corporation, eleemosynary, sociedad de beneficencia.

corporation, financial, sociedad financiera.

corporation, foreign, sociedad anónima extranjera.

corporation, municipal, corporación municipal.

corporation-non-profit, sociedad de fines no lucrativos.

corporation, non-stock moneyed, sociedad mutualista.

corporation private, sociedad privada.

corporation, public service, corporation, public utility, Corporación de Servicios Públicos.

correcting entry, contrapartida.

corregendum, fe de erratas.

correspondence, correspondencia.

correspondent, corresponsal.

correspondent bank, banco corresponsal (un banco el cual es depositario de otro se conoce como su corresponsal. Este banco acepta toda clase de depósitos en la forma de efectivo, letras y cobra cualquier renglón para su banco depositante el cual prestará todos los servicios bancarios a su corresponsal en la región en la cual está localizado el banco depositante).

correspondent's charges, gastos de corresponsales (bancos).

cost, costo.

cost accountant, contador de costos.

cost accountant's handbook, manual del contador de costos.

cost accounting, contabilidad de costos.

cost accounting and its relation to budgeting manufacturing costs, contabilidad de costos y su relación con el presupuesto de costos de fabricación.

cost analysis by products, análisis del costo por productos.

cost and billing card, tarjeta de costo y facturación.

cost, attached, costo dado.

cost auditing of sales, auditoría del costo de ventas.

cost capital, costo de capital [para una firma es un porcentaje de descuento con la propiedad de que una inversión con una relación de utilidades arriba (o abajo) de este porcentaje elevará (o hará descender) el valor de la empresa, Myron J. Gordon].

cost, comparative, costo comparativo.

cost determination, fijación de costos.

cost direct, costo directo.

cost each, costo unitario.

cost, historical, costos históricos (son los medidos a través de pagos reales o su equivalente al tiempo del desembolso).

cost indirect, costo indirecto.

cost of capital, costo de capital (es la tasa mínima anual que una compañía deberá ganar sobre las erogaciones de capital propuestas).

cost of capital and long-range profit goals, el costo del capital y las metas de utilidades a largo plazo.

cost of contract, costo de contrato (constructoras).

cost of disappointing a customer, costo de la frustración del cliente, originado por los costos de existencias agotadas en la (administración de inventarios).

cost of goods completed, costo de artículos terminados.

cost of goods manufactured and sold, costo de fabricación.

cost of goods manufactured, is the total of the factory cost, plus the beginning inventory of the work in process, minus the ending inventory of work in process, costo de producción, es el costo total de fabricación, más el inventario inicial, menos el inventario final de producción en proceso.

cost of goods sold, costo de ventas.

cost of goods sold, is the total of the cost of goods manufactured plus the beginning inventory of finished goods, minus the ending inventory of finshed goods, costo de ventas, es el total del costo de producción, más el inventario inicial, menos el inventario final de productos terminados.

cost of improvements, costo de urbanización (constructoras).

cost of replacement, costo de reposición.

cost of sales, costo de ventas.

cost on a job, costo por órdenes de trabajo.

cost on a production, costo por órdenes de producción.

cost or market whichever is lower, costo o mercado, el que sea más bajo.

cost-plus-fixed-fee contracts, contratos de costos más honorarios fijos.

cost price, precio de costo.

cost prime, costo primo.

cost records, registros de costos.

cost sheet, hoja de costos.

cost, standard, costo estándar.

cost standards, estándares de costo (los estándares o normas contables son costos predeterminados "científicamente" que proporcionan una base para la medición del funcionamiento real. Los estándares de costo contables no necesitan estar incorporados al sistema contable. Esto es una práctica común respecto a la distribución de los estándares de costo. Los estándares del costo de fabricación están integrados formalmente en las cuentas de costos. Cuando esto ocurre, se designa al sistema como *contabilidad de costos estándar* (**standard cost accounting**).

cost taken out on uncompleted jobs, obras ejecutadas no estimadas (constructoras).

cost type of contract, contrato por administración (constructoras).

cost value, valor de costo.

costs alteration, modificación de costos.

costs clerical, costos administrativos.

costs decreasing, disminución de costos.

costs that vary with sales, costos variables.

council, consejo.

counsel, abogado.

counselling, consultoría.

country bank, banco del interior.

count, to, contar.

countersign, refrendar, visar.

coupon, cupón (los bonos al portador son negociables y pueden ser transferidos de una persona a otra. La evidencia del interés pagadero de la obligación por bonos es una parte del mismo bono. Esta parte del bono se compone de series de pequeñas secciones, cada una con fechas para futuros pagos. Cuando se recortan del bono estas pequeñas secciones en la fecha especificada se denominan cupones y también son instrumentos negociables "al portador". El cupón cita la entidad legal que expide el bono, la fecha y lugar del pago, el término del pago y el número del bono del cual se recorta el cupón).

coupon bonds, bonos al portador.

coupons affixed to the bond, cupones adheridos al bono.

court of appeals, corte de apelación.

cover, 1, se aplica a las compras hechas por quienes venden en descubierto para completar sus contratos; 2, se emplea frecuentemente como sinónimo de garantía; 3, se emplea para designar los riesgos que "cubre" una póliza de seguros.

cover fixed charges, cubrir sus gastos fijos.

coverage, riesgo (al tomarse el seguro).

covering note, aval o garantía comercial.

craftsman, obrero calificado.

creation or increase of the reserve for employees' pension plans supplementary to social security pensions, creación o incremento de la reserva para pensiones o jubilaciones del personal, complementarias a la que establece la Ley del Seguro Social.

credit, crédito, haber, abono.

credit and collection department, departamento de crédito y cobranzas.

credit and credit instruments, crédito e instrumentos de crédito.

credit card, tarjeta de crédito.

credit, deferred, crédito diferido, ingreso diferido.

credit for industry, crédito industrial.

credit, letter of, carta de crédito.

credit memorandum, credit note, nota de crédito.

credit, open, crédito abierto.

credit policy, política crediticia.

credit rating, línea de crédito.

credit, to, acreditar, abonar.

credit to medium-size and small industries, crédito a la pequeña y mediana industria.

credited deposits, depósitos correspondidos.

creditor, acreedor.

creditors, sundry, acreedores diversos.

credits and loans, créditos y préstamos.

credits outstanding, créditos vigentes.

crew, cuadrilla (para la toma de inventarios físicos).

critical defect, defecto crítico (es aquel que según el criterio y experiencia, indica que posiblemente origine condiciones peligrosas o inseguras para los individuos que usan, mantienen o dependen del producto; o bien, un defecto que el criterio y la experiencia indican que presenta posibilidades de evitar el proceso de la función táctica de un artículo diseñado para un fin importante tal como un barco, aeroplano, tanque, proyectil dirigido o vehículo espacial; en los sistemas AQL para el muestreo de aceptación para atributos).

cross filing of working papers, archivo cruzado de papeles de trabajo.

crossfoot, cuadrar, sumas cuadradas, totales cuadrados, sumar en forma cruzada (es el proceso de sumar y a la vez verificar la exactitud de los subtotales y totales en forma horizontal y vertical llegando a un mismo resultado).

cross referencing, referencias cruzadas.

cross-referencing purposes, propósitos de referencias cruzadas.

cum, acumulativo (procesamiento de datos para el control de inventarios).

cumulative carryover of work to the next half hour, trabajo atrasado acumulado para la siguiente media hora.

cumulative mark on; acumulative markup, margen comercial acumulativo.

cumulative-markup calculation, cálculo del margen comercial acumulativo.

cumulative or deferred quantity discount, descuento por cantidades acumuladas o diferidas.

cumulative payments to policy-holder, pagos acumulados al asegurado.

cumulative preferred stock, acciones preferentes acumulativas.

cumulative to date, acumulado hasta la fecha.

currency, dinero en circulación, moneda circulante (el término dado al papel moneda emitido por el gobierno por medio de un acto jurídico. Este papel moneda circula libremente a la par en todos los canales comerciales y está respaldado por ley con cualquier metal precioso reconocido y controlado por el gobierno que emite el dinero en circulación, o por la promesa del gobierno para amortizar el papel moneda con metales preciosos legales del gobierno).

currency and demand deposits, depósitos a la vista y en efectivo.

currency convertibility, convertibilidad monetaria.

current account, cuenta corriente (término usado para las cuentas corrientes en Canadá y otros países extranjeros).

current assets, activo circulante.

current assets as a percentage of total assets, porcentaje del activo circulante al activo total.

current assets to current liabilities, activos circulantes a pasivos circulantes.

current cost, costo actual.

current debt to net worth, pasivo circulante a capital contable.

current disposable value, valor circulante disponible.

current exchange values, valores actuales monetarios.

current liabilities, pasivo circulante (el término es usado principalmente para designar obligaciones cuya liquidación es esperada razonablemente para requerir el uso de recursos existentes clasificables propiamente como activo circulante, o la creación de otros pasivos circulantes. Como cuenta dentro del balance general, su

clasificación trata de incluir obligaciones por artículos que ingresaron dentro del ciclo operativo, tales como cuentas y documentos por cobrar incurridos en la adquisición de materiales y accesorios para ser empleados en la producción de mercancías o en el suministro de servicios que se ofrecen para su venta; los cobros recibidos por anticipado por la entrega de mercancías o por prestar servicios; y deudas que nacen de operaciones directamente relacionadas al ciclo operativo, tales como acumulaciones de sueldos, salarios, comisiones, rentas, regalías, impuestos sobre la renta y otros impuestos. Otros pasivos, cuya liquidación regular y ordinaria se espera que ocurra dentro de un periodo relativamente corto, por lo general de doce meses, también estará encaminado a incluir tales deudas a corto plazo que nazcan de la adquisición de activos fijos, pagarés por obligaciones a largo plazo, con vencimientos en serie, cantidades requeridas para ser gastadas dentro del año mediante provisiones para fondos de amortización, y obligaciones de agencia que nacen de la cobranza o de la aceptación de dinero o de otros activos por cuenta de terceros).

current liabilities to inventory, pasivo circulante a inventario.

current maturities of first mortgage note, vencimientos a corto plazo de documentos de primera hipoteca.

current money, moneda circulante.

current notes, billetes en circulación.

current price, precio actual.

current ratio, razón circulante o razón de capital de trabajo, tipo variable.

current ratio expresses the number of pesos or the number of times the current liabilities could be paid as of the date of the balance sheet, if the receivables are collected and the inventory sold, la razón del circulante o de capital de trabajo expresa el monto en pesos o el número de veces que el pasivo circulante se podría pagar a la fecha del balance general, si las cuentas por cobrar se cobran y el inventario se vende.

Current Regulations on Salary And Wage Stabilization, Reglamento General de Estabilización de Sueldos y Salarios.

current validity, cobrabilidad (de cuentas y documentos por cobrar).

cursory examination, examen superficial.

custodian and management services, servicios de vigilancia y administración.

custodianship, custodia.

custody accounts, bienes en custodia o en administración (financiera).

custom, costumbre.

custom broker expenses, gastos de agencias aduanales.

custom duties paid, derechos de aduana pagados.

custom duties paid under protest, impuestos aduanales pagados bajo protesta.

custom free, libre de derechos de aduana.

custom-house, aduana.

custom-house duty, derechos de aduana.

custom-house officer, agente aduanal.

custom ore, maquila (mineral).

custom quotas, cuotas arancelarias.

custom warehouse, depósito de la aduana.

custom work, trabajos convencionales.

customs tariffs, aranceles aduaneros.

customary practice, práctica común.

customer, cliente.

cutoff, corte (el trabajo del corte implica el examen de las operaciones fundamentales de apoyo registradas por el cliente unos días, ya sea antes o después de la fecha del balance general) (de inventarios, ventas, etc.).

cutoff bank statement, corte del estado del banco (refiriéndonos a la conciliación de una cuenta bancaria, el auditor puede establecer el saldo en la cuenta del mayor general, verificando el saldo del estado de cuenta bancario y examinando la propiedad de los conceptos de conciliación que intervienen. Para lograr estos objetivos, confirmará el saldo del estado con el banco y verificará el llamado corte del estado del banco y los relativos cheques pagados, así como otras operaciones).

cutoff rate, porcentaje rebajado (en inversiones).

cybernetics, cibernética, (conjunto de sistema automotivado y auto-regulado asociado con la automación).

cycle billing, facturación cíclica (por ejemplo, en una tienda de departamentos de los EE.UU., el número de cuentas puede ser tan grande que se envía diariamente una porción de los estados durante todo el mes; cada uno de tales envíos se denomina ciclo. El mayor ciclo puede incluir todos los clientes cuyos apellidos principien con la letra "A", el segundo con "B" y así sucesivamente para todo el alfabeto y todo el mes).

cycle counter, contador de ciclos (dispositivo para contar los ciclos).

cyclic memory, cyclic storage US, cyclic store GB, memoria cíclica (memoria cuyas posiciones son accesibles en forma periódica).

cyclical binary code, modified binary code, reflected binary code, código binario-cíclico (código binario que tiene la propiedad de que un dígito va de 0 a 1 o de 1 a 0, cuando va de un número a otro).

cyclical risk, or risk of loss of principal or income due to cyclical change, riesgo cíclico, o sea riesgo de perder el capital o las utilidades debido a cambios cíclicos.

cyclograph, ciclógrafo (para investigar los movimientos en el trabajo).

D

daily attendance, asistencia diaria de un trabajador.

daily cash sales, ventas diarias de contado.

daily ticket for explosive, informe diario de explosivos (minas).

damages, daños y perjuicios.

data, datos (cualquier dato o información particularmente como lo acepta, lo opera o lo saca la computadora u otra máquina que maneja información).

data base concepts, conceptos sobre datos base.

data communications, comunicación de datos.

data-phone, data-phone (para la centralización de las operaciones en contabilidad y consolidación con base en datos fuente recibidos de varios lugares, se envían en lenguaje máquina uniendo el teléfono ordinario a una computadora y proporcionan acceso múltiple y directo a ella).

data processed, información procesada.

data processing, elaboración de los datos, procesamiento de datos (manejo de información en una secuencia de operaciones lógicas).

data processing machine GB, data processor US, procesador (a) de datos (el nombre general que recibe una máquina capaz de almacenar y procesar información alfanumérica).

data processing operations, operaciones para el procesamiento de datos.

data processor, procesador (a) de datos [es el centro nervioso de todo el sistema. Realiza cálculos, da instrucciones y dirige las operaciones de las otras tres unidades (**sorter reader,** clasificadora lectora; **record processor,** procesador (a) de registros; **card reader,** lectora de tarjetas) (aplicable a máquinas por medio de cinta magnética].

data-transmitting media, medios de transmisión de datos.

date filed, fecha de presentación.

date hearing, fecha de la audiencia.

date held, fecha en que se celebró.

date issued, fecha de expedición.

date of bill, fecha del giro.

date of paper, fecha del documento.

dating, vencimiento (fecha).

day rate, sueldo; jornal.

day of delivery, día de entrega.

day of demurrage, días de demora.

days of grace, días de cortesía.

day-to-day money, es el dinero prestado por los bancos, exigible en cualquier momento (término bancario).

day work, rate, sueldo; salario; jornal; paga.

days after date, días fecha (letras o giros).

days after sight, días vista.

daybook, diario.

dead line, fin de plazo.

dealer, comerciante.

dealer salesmen, vendedores comerciantes.

dealing with clients, trato con los clientes.

death or retirement of a partner, muerte o retiro de un socio (en una sociedad en nombre colectivo).

debenture, sinónimo de deuda; se aplica genéricamente a todas las formas de deudas, no garantizadas, a largo plazo, representadas generalmente por un título; obligaciones financieras; bonos.

debenture bonds, bonos que no están garantizados más que por el crédito del deudor y por su activo general (bonos emitidos por los gobiernos, estados y municipios).

debenture, floating, obligaciones garantizadas con un gravamen de carácter general sobre las propiedades de la compañía emisora.

debenture, mortgage, obligaciones garantizadas con un gravamen real sobre bienes inmuebles.

debenture, simple or naked, obligaciones emitidas sin garantía específica.

debenture stock, obligaciones preferentes (deudas no aseguradas a largo plazo).

debit, cargo, debe [un cargo es cualquier cantidad en moneda que, cuando se registra, aumentará el saldo de un activo (recursos) o el de una cuenta de gastos y disminuirá el saldo de un pasivo o el de una cuenta de ingresos. Todas las cuentas de activo, costos y gastos por lo general tienen saldos deudores y las cuentas de pasivo, capital e ingresos saldos acreedores. Por ejemplo, en un banco, los cheques expedidos contra la cuenta del depositante son cargos porque disminuyen el saldo de la cuenta de pasivo, cuando se registran aumentan el saldo de la cuenta de pasivo].

debit memorandum, nota de cargo.

debit, to, cargar.

"debt" financing, deuda financiera (uso del capital prestado).

debt, funded, deuda consolidada, pasivo consolidado.

debt, national, deuda nacional.

debt, public, deuda pública.

debts, bad, cuentas incobrables, cuentas malas, deudores morosos.

debtor, deudor (alguien quien le debe dinero a otro).

debtors, sundry, deudores diversos.

debug (to) US, rectify (to) GB, repair (to) GB, corregir, eliminar defectos (aislar y eliminar funciones mal desarrolladas de una computadora o errores de un programa).

debugged, libre de defectos (en los ciclos del procesamiento de datos).

decimal digit, cifra decimal (uno de los símbolos 0, 1, 2, 3, 4, 5, 6, 7, 8 o 9, cuando se usan para numerar en la escala de diez).

decimal notation, notación decimal (el escribir cantidades en la escala de diez).

decimal number, número decimal (número escrito con notación decimal).

decimal-to-binary conversion, conversión decimal-binario (proceso matemático de convertir un número escrito en la escala de diez al mismo número escrito en la escala de dos).

decision making, toma de decisiones.

declarations of value, declaraciones del valor.

declared dividends, dividendos distribuidos.

declared value, valor declarado.

decline, baja, disminución.

declining-balance method, método de disminución de saldo [la tasa de depreciación se aplica a la disminución del saldo (el valor en letras) del activo cada año, en lugar del costo original].

decode (to), descodificador (convertir datos codificados en caracteres apropiados para ser leídos).

decollator, selectora (diferenciadora).

decree, decreto.

deduction, deducción, rebaja.

deductions from income, deducciones de los ingresos.

deed, escritura o título de propiedad, escritura de traspaso (instrumento escrito, sellado, debidamente legalizado y entregado, que contiene un traspaso, un acuerdo o contrato, que traspasa por lo general el título de un inmueble de una persona a otra. Existen dos tipos generales de escrituras—la de *finiquito* en la cual el vendedor traspasa la propiedad al comprador y queda liberado de toda reclamación interés o derecho a la propiedad, solamente a lo que el título concierne y la de *garantía* que es igual a la anterior, pero el vendedor garantiza al comprador que el traspaso será perfecto).

deed of secrecy, promesa de guardar secreto.

defalcation, desfalco (la malversación de dinero o bienes por la persona a quien se le han encomendado, por razones de su trabajo).

defaulter, defraudador, insolvente.

defendant, demandado.

defective sample, muestra defectuosa.

deferred credits, deferred income, créditos diferidos, ingresos diferidos (un crédito asentado que se ha "diferido" por alguna razón. Puede ser un depósito hecho después de las horas de trabajo del banco, y se registra en los libros al siguiente día hábil. Puede también referirse a ingresos recibidos, pero no ganados).

deferred debit, deferred charges cargos diferidos, gastos diferidos (cargos registrados que se han "diferido" por razones de práctica comercial o ante inhabilidad de manejar estos asuntos en un día comercial normal. Puede también referirse a pagos realizados no devengados).

deferred life annuities, anualidades vitalicias diferidas (son aquellas bajo las cuales los pagos comienzan después de un periodo de años establecidos si el rentista vive entonces. Las anualidades diferidas pueden comprarse bien sea por medio de prima única o por medio de primas anuales pagaderas durante todo o parte del periodo de aplazamiento. En la forma más sencilla de la anualidad vitalicia diferida, nada será pagado por la compañía si el rentista muere antes de la fecha en que ha de realizarse el primer pago de la anualidad).

deficit, déficit.

deficiency account, superávit en liquidación.

deflation, deflación.

defray, costear.

delinquent collection letter, carta para cobros atrasados.

delinquent taxpayer, causante moroso.

delivery equipment, equipo de reparto.

delivery expense, gastos de distribución.

delivery of goods, entrega de mercancías.

delivery order, orden de entrega.

delivery service, servicio de entrega.

delivery wages, salarios por entrega de mercancías.

demand and supply, oferta y demanda.

demand deposits, depósitos a la vista.

demand draft, giro o letra a la vista (giro o letra de cambio pagadero de inmediato a la vista o a la presentación por el librado).

demand for money, income and the price level, demanda del dinero, el ingreso y el nivel de precios.

demand loan, préstamo a la vista (préstamo que no ha llegado a la fecha de vencimiento y que es pagadero contra el banco que hace el préstamo. Se gana el interés acumulado sobre el préstamo a la vista antes de que haya sido pagado por el librador y el banco le documenta sobre la base mensual o trimestral por el interés ganado y vencido para el mismo).

demand obligations, obligaciones a la vista (financieras).

demotions, descensos (cambios de asignación a un punto de nivel más bajo en la organización).

denials of opinion, negación de opinión.

denomination of the bond, denominación del bono.

departamental sales journal, diario de ventas departamental.

deplete monetary reserves, reducir las reservas monetarias.

depletion, agotamiento.

depot, depósito.

deposit, depósito (es una cantidad de "fondos" consistente en moneda, cheques o letras que se convertirán en efectivo hasta que se efectúe su cobro. El depósito se le da al banco con el propósito de mantener el saldo acreedor con el mismo. El banco no es un depositario, en eso no garantiza reemplazando los renglones exactos depositados cuando el depositante requiera el pago. El depositante viene a ser un acreedor general para el banco como lo constata el saldo de su cuenta).

deposit slip, ficha o volante de depósito (se usa para acreditar la cuenta del depositante. Este pedazo de papel se reconoce en los juzgados como comprobante original y es evidencia de renglones depositados detallados en la cuenta bancaria del depositante).

deposit sufficient cash to meet the bond interest liability, depósitos suficientes de efectivo para saldar el pasivo por los intereses del bono.

deposit ticket, ficha de depósito.

deposits in transit, depósitos en tránsito.

deposits per banks statement of account, depósitos según estado de cuenta.

depositor, depositante (se denomina a una persona física, sociedad en nombre colectivo, **sociedad anó-nima, organización, asociación** que sitúa los fondos en un banco a nombre de la entidad legal).

depreciation, depreciación.

depreciation, accelerated, depreciación acelerada.

depreciation, accounting, depreciación contable.

depreciation, accrued, depreciación acumulada.

depreciation, annuity method, depreciación método de anualidades.

depreciation, fixed percentage, value, depreciación tanto por ciento fijo sobre el saldo.

depreciation, fixed rate method, depreciación calculada a porcentaje fijo.

depreciation of buildings and other structures, depreciación de edificios y construcciones.

depreciation of camp equipment, depreciación equipo para casas de asistencia (constructoras).

depreciation of construction equipment, depreciación acumulada de equipo para construcción.

depreciation policy when price levels change, sistema de depreciación cuando cambian los niveles de precios.

depreciation, real, depreciación real.

depreciation, service output, depreciación método de producción fabril.

depreciation, sinking fund method, depreciación, método de fondo de amortización.

depreciation, straight line, depreciación, método directo o de línea recta.

depreciation, theoretical, depreciación teórica.

depreciation, unit cost method, depreciación costo unitario de producción.

depreciation, working hours, depreciación horas de trabajo.

depreciated value, valor depreciado.

depth interviewing, entrevistas a fondo.

derived cost, costo derivado [como fifo, lifo, costo promedio, costo estándar, o el método de existencias mínimas (**base-stock method**)].

desability benefits, beneficio por incapacidad (seguro social).

desaster, siniestro.

design one snap out form, diseño de una forma pormenorizada.

designing EDP and management information systems for production and inventory control, diseño de PED y de los sistemas administrativos de información para el control de producción e inventarios.

desk, bufete, escritorio.

desk-fax, desk-fax (método de enviar telegramas. Haciendo el papel de mensajero electrónico, envía y recibe mensajes en forma de fotografía automáticamente, con sólo empujar un botón).

detail survey, estudio detallado.

detailed audit, auditoría detallada.

detach, sepárense.

detection of error, descubrimiento o averiguación de errores.

deterioration at once-sound securities, deterioro o baja de valores antes buenos.

determination of gross income by estimate, estimación de los ingresos brutos.

determination of the investor's goals and objectives, determinación de las metas y objetivos del inversionista.

determine by estimate the taxable income of taxpayers, determinar estimativamente el ingreso gravable de los causantes.

determine proper cutoff of purchases and sales, determinar o verificar el corte adecuado de las compras y ventas.

determining cash requirements through cash budgeting, establecimiento de necesidades de efectivo por medio del presupuesto de efectivo.

development and disposition, fraccionamiento y venta.

development of management objectives and the budget plan, desarrollo de los objetivos de la administración y el plan de presupuestos.

devise, forma francesa; **devisen,** forma alemana; **valvuta,** forma italiana; son sinónimos y significan papel moneda, libranzas, giros, moneda extranjera, divisa.

diagram, organigrama (una representación esquemática de una secuencia de subrutinas diseñadas para resolver un programa).

dictating machine, dictáfono.

dictum (dicta), fallo (de un juicio).

differences between taxable and ordinary income, diferencias entre la utilidad gravable y la contable.

differential analyzer, analizador diferencial (computadora analógica diseñada particularmente para resolver o analizar una gran cantidad de tipos de ecuaciones diferenciales).

differential costs, costos diferenciales (son los aumentos o disminuciones en el costo total, o los cambios en los elementos específicos del costo que resultan de cualquier variación en las operaciones). (Costo marginal.)

digit, dígito, cifra (uno de los n símbolos, entero, de 0 a n-1 inclusive, en la escala numérica de base n por ejemplo, uno de los diez dígitos decimales 0, 1, 2, 3, 4, 5, 6, 7, 8, 9,).

digit punch, perforación de dígitos (espacio de la tarjeta ocupado por los dígitos en las columnas verticales).

digital, digital, numérico (usando miembros expresados en dígitos y en una escala de notación, para representar todas las variables que se presentan en un problema).

digital code, código digital (un código consistente únicamente en dígitos).

digital, coding, digitize (to), cifrar (cambiar una medida análoga de una variable física a un número expresado en dígitos en una escala de notación).

digital computer, computadora digital (computadora que calcula usando números expresados en dígitos y "si" o "no" para representar todas las variables de un problema).

digital differential analyzer, analizador diferencial digital (máquina para resolver ecuaciones diferenciales).

digital sorting method US, radix sorting GB, método de clasificación digital (clasificación de variables, empezando con la cifra menos significativa).

direct advances to banks, anticipos directos a los bancos.

direct confirmation, confirmación directa.

direct costing, costeo directo (de acuerdo con el costeo directo, sólo los costos variables de producción se aplican a los productos fabricados. La principal distinción del costo, bajo este sistema, es entre los costos fijos y los variables de acuerdo con el razonamiento fundamental del costo directo, los costos variables de producción son los costos en que directamente se incurre en la fabricación de un producto. Los costos fijos representan capacidad, que existe sin tomar en cuenta si los productos son fabricados).

direct costs, costos directos (son aquellos atribuibles a una unidad de la producción total o a una parte de las operaciones de la empresa).

direct input, entrada directa (la introducción de información a una máquina o sistema por medio de información original generalmente, que se encuentra en documentos por separado).

direct investments, inversiones directas.

direct labor, mano de obra directa (la mano de obra de producción que está directamente comprometida en la fabricación de los productos).

direct labor is a class of factory labor that changes the size, shape, or form of direct material into a finished product, mano de obra directa o trabajo directo es una clase de trabajo de fábrica que cambia el tamaño, la forma del material directo dentro del producto terminado.

direct material purchases returns and allowances, devoluciones y rebajas sobre compras de materias primas directas.

direct materials are those materials that are physically identified with a finished product, materia prima directa o materiales directos son aquellos que se identifican físicamente con un producto terminado.

direct method, método directo [el que se sigue para registrar datos de entrada en las tarjetas (o cintas) perforando directamente en las tarjetas (o cintas) por medio de una perforadora de tarjetas (o cintas)].

direct or liquid process, proceso directo o líquido (el material a reproducir se pone en una hoja matriz que tiene detrás de ella una hoja especial de carbón. El carbón coloca la imagen invertida en el reverso de la hoja matriz. La matriz se coloca en la máquina, la hoja copia está ligeramente húmeda con un fluido especial antes de entrar en contacto con el reverso de la matriz y conforme la hoja copia se presiona contra la matriz se remueve una capa muy pequeña de carbón con lo que se imprime en la hoja copia. Se pueden guardar las matrices para nuevos tirajes) (medio de duplicación).

direct, or variable costing, costeo directo o variable (se emplean en la práctica para significar lo mismo. El primero se emplea en forma prevalente. Bajo el costeo directo, los costos indirectos son tratados como costos del ejercicio en vez de como costos del producto; esto es, se cancelan durante el ejercicio en el que se incurren. Por lo tanto, bajo el costeo directo, los costos indirectos fijos de fabricación quedan excluidos del inventario de productos en proceso y de productos terminados).

direct posting, pase directo (de las cuentas individuales, digamos de las facturas a un auxiliar o cuenta control de cuentas por pagar, o proveedores, o acreedores, etc.)

direct sampling, muestreo directo.

directing, dirección.

directors' fees, honorarios de directores.

directory, directorio, anuario.

disbalance, desbalanceamiento.

disbursements, egresos, desembolsos, erogaciones, pagos.

disbursement of income, pago de utilidades (en una sociedad o corporación; requiere la declaración formal de dividendos por el consejo de administración).

disclaimer, negación de opinión, renuncia (1. negar la opinión el contador público, 2. un documento, o cláusula dentro del mismo,

que renuncia o repudia también la obligación de la parte responsable en el resultado de no estar de acuerdo con la otra parte u otras condiciones detalladas en el instrumento tales como pérdidas incurridas, envío de mercancías, desacuerdo en peso o conteo hecho por el remitente).

disclose financial issues, descubrimiento de problemas financieros.

disclosures, notas aclaratorias.

disclosures of long-term leases in financial statements of lessees, presentación de arrendamientos a largo plazo en estados financieros de arrendatarios.

discount, descuento, bonificación (la cantidad de dinero que se deduce del valor nominal de un documento. El prestatario recibe el importe neto. Este descuento puede tomarse como una tasa de interés que técnicamente se le conoce como "descuento bancario". El término puede referirse al descuento sobre valores a la par, bajo par (o sobre la par) o sobre las facturas que se expiden por compras o ventas de mercancías o servicios).

discount account, cuenta de descuentos.

discount, bank, descuento bancario.

discount on bonds, descuento sobre bonos.

discounts and advances, descuentos y anticipos.

discounts, cash, descuentos por pronto pago.

discounts, cash allowed, descuentos por pronto pago concedidos.

discounts, cash taken, descuentos por pronto pago recibidos.

discounts lost, descuentos perdidos.

discounts, trade, bonificaciones sobre ventas.

discounting a note payable, descuento de un documento por pagar.

discounting of bills, descuentos de letras.

discretionary costs, costos discrecionales (a veces clasificados como costos eludibles o evitables, son los costos que no son esenciales para la ejecución de un objetivo administrativo).

dishonored, vencido no pagado (un documento).

disminution, disminución.

display fixture, enseres o equipo para exhibición.

disposable personal income, ingreso personal disponible.

disposal of fixed assets, disposal of capital assets, retiros de activos fijos.

disposition, aplicación.

disposition of firm name, disposición del nombre de la firma.

disposition of office lease, disposición del contrato de arrendamiento.

disputs labour, conflicto de trabajo.

dissents, disenciones.

dissenting stockholder, accionista disidente.

dissolution, disolución.

distress-sale, venta de bienes embargados.

distress-warrant, orden de embargo.

distribution cost, costo del distribución.

distribution cost accounting, contabilidad de costos de distribución.

distribution cost analysis, análisis del costo de distribución.

distribution management, administración de la distribución.

distribution of profits, aplicación o distribución de utilidades.

distribution of staff, distribución del personal.

dividend, dividendo.

dividend, accrued, dividendo acumulado.

dividend appropriations, aplicación de dividendos decretados.

dividend, bond, dividendo en bonos u obligaciones.

dividend, cash, dividendo en efectivo.

dividend, cumulative, dividendo acumulativo.

dividend, declared, dividendo decretado.

dividend, deferred, dividendo diferido.

dividend, equalizing, dividendo complementario.

dividend equally (net income), se divide por partes iguales (la utilidad neta) (en una sociedad en nombre colectivo).

dividend payable, dividendo por pagar (pasivo circulante).

dividends from investments, dividendos sobre inversiones.

dividends in arrears, dividendos atrasados.

dividends, intercompany, dividendos entre compañías.

dividends, liquidating, dividendos en liquidación.

dividends on preferred stock, dividendos preferentes.

dividends, ordinary, dividendos ordinarios.

dividends paid, dividendos pagados.

dividends, passed, dividendos no decretados.

dividends, payable, dividendos por pagar.

dividends, preferred, dividendos preferentes.

dividends, receivable, dividendos por cobrar.

dividends, scrip, dividendos pagaderos en vales.

dividends, stock, dividendos en acciones.

dividends to collect, dividendos por cobrar.

division of labor, división del trabajo.

docket, marbete; minuta; sumario; etiqueta; fecha.

docket file, expediente.

doctor accounts, to, falsificar cuentas.

document, documento.

documentary bill, 1. letras de cambio acompañadas del conocimiento de embarque, factura, póliza de seguro, o cualquier otro docu-

mento intrínseco, 2. giro documentado (si el giro es extendido por venta de mercancías o productos y se anexan documentos).

documentary classification, clasificación de documentos.

documentary credit, crédito documentario.

does not need to be balanced, no necesita totalizarse.

domestic concerns, empresas nacionales.

domestic stabilization under an international standard, estabilización interior bajo un patrón internacional.

domicile of the taxpayer, domicilio de los contribuyentes.

donated surplus, superávit donado.

donations, donativos.

double declining balance depreciation, depreciación por doble disminución del saldo (el cálculo se hace aplicando dos veces la *tasa* de la línea recta cada año al costo del activo no depreciado).

double entry, partida doble.

double-length-number, double-precision-number, número de doble longitud (un número que tiene el doble de dígitos que los usados generalmente que en una computadora dada).

double — protection policy, póliza de doble protección (consiste generalmente en importes iguales de seguro de vida entera o total y de seguro temporal, dando así "doble protección" durante el periodo del temporal).

double punch, doble perforación (dos perforaciones en la misma columna, donde solamente debería haber una perforación).

double sampling, muestreo doble (implica la posibilidad de posponer la decisión sobre el lote hasta que una segunda muestra haya sido tomada. Si la primera muestra no es ni bastante buena, ni bastante mala, la decisión se basa en la evidencia de la primera y segunda muestra combinadas. En general los planes del muestreo doble significarán menos inspección total que el muestreo sencillo para cualquier protección de calidad dada. También tienen ciertas ventajas psicológicas basadas en la idea de dar una segunda oportunidad a los lotes dudosos. El muestreo sencillo demanda que se tome una decisión sobre la aceptación o rechazo de un lote sobre la base de la evidencia de *una* muestra de ese lote).

"double tax", "doble tributación"; "doble imposición".

doubtful accounts, cuentas malas.

doubtful collectibility, cobro dudoso (cuentas por cobrar).

down payment, pago al contado, enganche (ventas en abonos o a plazos).

down time, tiempo inútil u ocioso.

draft, letra de cambio; libramiento; orden de pago; giro; anteproyecto; esquema; borrador; minuta; trazado; diseño; libranza.

draft agreement, proyecto de contrato.

draft, bank, giro bancario.

draft, comercial, giro comercial.

draft, negociated, giro negociado.

draft of protest, solicitud de inconformidad.

draft, sight, giro a la vista.

draft, time, giro a plazo.

drain of foreign exchange, fuerte salida de divisas.

drawback, devolución de derechos pagados (arancelarios).

draw out, expedir.

drawee, librado.

drawee demand a deduction, el girado exige una rebaja (bancos).

drawee postponed payment for, el girado aplazó el pago para (bancos).

drawee promised to let us know when he is ready to pay, el girado dijo que avisará al banco cuando esté listo para pagar (bancos).

drawee refuses to pay bank charges, el girado rehúsa pagar los gastos bancarios.

drawee states he has paid this item directly to drawers and ask us to return draft, el girado informa que ha pagado directamente a los giradores y nos pide devolvamos el giro (bancos).

drawee states he will call at the bank to settle, el girado ofreció pasar por el banco a pagar (bancos).

drawee states invoice, is not in accordance with his order, el girado dijo que la factura no está de acuerdo con su pedido (bancos).

drawee states that he has not received the merchandise, el girado dijo que no ha recibido la mercancía (bancos).

drawer, librador.

drawing account, cuenta personal, cuenta corriente, retiro de la cuenta de acciones.

drawing the sample, determinación de la muestra.

drawings, retiros,

drawn by, librado por.

drawn on, a cargo de (bancos).

dry electrical, eléctrico seco (también se le llama **electrostate process,** proceso electrostático) (medio de duplicación).

dual card, dual punch card, dual purpose card, tarjeta dual, (tarjeta que contiene la combinación de una tarjeta normal y un documento).

dual signatures, firmas mancomunadas.

due-bill, pagaré, abonaré.

dues, derechos.

dues and subscriptions, cuotas y suscripciones (de revistas, asociaciones etc.)

dues currently paid, al corriente del pago de sus cuotas.

dues date, fechas de vencimiento.

dues from officers and employees, deudas de funcionarios y empleados.

dummy, dirección ficticia (dirección artificial, instrucción u otra unidad de información insertada solamente para llenar las condiciones prescritas sin afectar las operaciones).

dummy copy or sample of a proposed new office manual, boceto o borrador o muestra del nuevo manual de oficina propuesto.

dummy stockholder, tenedor ficticio de acciones de otros.

dummy transactions, operaciones falseadas.

dummy work, falsificación.

dump, 1. ofrecer en venta repentinamente grandes cantidades de títulos, en el mercado con el objeto de deshacerse de ellos al precio que se obtengan; (término bancario). 2. interrupción de alimentación (retirar toda la potencia accidental o intencionalmente).

dump (to), transferir (transportar todo o parte del contenido de una sección de la memoria a otra sección).

dumping, depósito (de mercancías); "dumping" (inundación del mercado con artículos de bajo precio); rebaja desleal de precios; venta abajo del costo.

Dun and Bradstreet, la agencia mercantil mayor y más antigua del mundo, que se encarga de dar informes sobre firmas establecidas, edita además, varias publicaciones semanarias y mensuales sobre las principales actividades comerciales.

duopoly, dupolio.

duopsony, dupolismo.

duplicate, duplicar, copiar, reproducir, repetir (máquinas electrónicas).

duplicate invoice system, sistema de factura por duplicado (se expide para el cobro de cuentas por cobrar).

duplicate tag method, método de etiqueta por duplicado (inventarios).

duplicating processes, medios de duplicación.

duration of the corporation, duración de la sociedad.

duties and obligations of "major" taxpayers, de las obligaciones diversas de los causantes mayores.

duties and obligations of "minor" taxpayers, de las obligaciones diversas de los causantes menores.

duties, freight and haulage, derechos, fletes y acarreos.

duty, derechos, impuestos.

duty free, libre de derechos.

dynamic memory o, dynamic storage US, dynamic store GB, memoria dinámica (memoria tal que la información en una posición determinada varía en el tiempo y por tanto no está siempre disponible).

E

earmarked, activo asignado para uso especial.

earned income, ingreso devengado.

earned profits, ganancias realizadas.

earned, surplus, superávit ganado.

earning, ganancia, utilidad, producto.

earning assets, activos gananciales, activos productivos (bancos).

earning, gross, utilidad bruta.

earning, net, utilidad neta.

earning, non-operating, otros productos.

earning, power, capacidad de una compañía para emplear su capital provechosamente, durante un periodo de tiempo; dicha capacidad es el factor determinante del "riesgo", cuando se trata de la concesión de créditos, (poder adquisitivo).

earnings, productividad (cartera de un banco, préstamo o inversiones).

easy money, dinero fácil.

economic accounts, cuentas económicas.

economic development, desarrollo económico.

economic disturbances arising from the use of money, trastornos económicos que surgen del uso de la moneda.

economic gains, ganancias económicas.

economic "pie", riqueza económica.

economics of the investment market, economía del mercado de inversión.

edge-punched card, marginal punched card, tarjeta perforada en las orillas o al margen (tarjeta que se perfora cuando más en sus cuatro orillas).

EDP standards and documentation, normas y documentación de PED.

effective management of manufacturing functions, administración efectiva de la función de producción.

efficiency, productividad (en máquinas).

efficiency of working, rendimiento (o eficiencia) en la ejecución del trabajo.

efficiency rating, calificación de eficiencia.

efficiency test, prueba de eficiencia.

electric adding machine, sumadora eléctrica.

electric calculating machine, calculadora eléctrica (máquina capaz de realizar operaciones matemáticas por medio de aparatos eléctricos y mecánicos).

electric punched card accounting machine, máquina eléctrica contable de tarjetas perforadas.

electric staplers, engrapadoras eléctricas (se usan para juntar hojas de papel, se emplean para grandes volúmenes de este trabajo).

electrical sensing, lectura eléctrica (el pase de las tarjetas perforadas debajo de cepillos eléctricos para propósitos de clasificación).

electronic adder, sumadora electrónica.

electronic bookkeeping machine, máquina electrónica de contabilidad.

electronic calculating punch, calculadora electrónica de tarjetas (máquina perforadora de tarjetas la cual, en cada fracción de segundo, lee una tarjeta perforada que pasa a través de la máquina, lleva a cabo un número de operaciones en serie y perfora un resultado en la tarjeta).

electronic computer, computadora electrónica, calculadora electrónica (computadora que funciona principalmente por medio de dispositivos electrónicos).

electronic filing cabinet, archivador electrónico.

electronic multiplier, multiplicador electrónico (multiplicador que usa datos de medios básicos ya perforados en tarjetas y que opera por medio de circuitos electrónicos).

electronic numerical integrator and computer, computadora e integradora numérica electrónica.

electronic parallel digital computer, calculadora electrónica digital paralela (computadora electrónica a través de la cual son pasados los dígitos en paralelo).

electronic punch, perforador electrónico (máquina que maneja tarjetas, lee una tarjeta perforada, ejecuta varias operaciones en serie y perfora el resultado en una tarjeta).

electronic punch card machine, perforadora electrónica (sistema de perforadora con control electrónico).

electronic serial digital computer, calculadora electrónica digital en serie (computadora electrónica a través de la cual pasan en serie los dígitos).

electronic sorter, clasificadora electrónica.

eliminations, eliminaciones.

embezzlement, desfalco (constituye la conversión de la propiedad de otro a uso personal — sin permiso o autorización. No necesita existir violación de la propiedad), fraude.

emergency funds, fondos de previsión.

Emerson efficiency plan, plan de eficiencia Emerson (proporciona una escala de gratificaciones o bonos, calculada como porcentaje del salario mínimo por hora garantizada, el cual se gradúa para que corresponda con una escala del factor de eficiencia. El factor de eficiencia se calcula como el promedio real del tiempo que toma la producción de una unidad, dividida entre el tiempo estándar).

emission, emisión.

emission of bank notes, emisión de billetes de banco.

emphases of management accounting, importancia de la contabilidad administrativa.

employees' earnings record card, tarjeta de registro de los sueldos del empleado.

employees' gross earnings, percepciones brutas de los trabajadores.

employees' income tax withholding, impuesto sobre la renta retenido a empleados.

employees' individual earnings record, registro de las percepciones individuales del empleado.

employees' pension fund, fondo para pensiones de personal.

employees' rates of pay, salarios diarios de los trabajadores.

employees' working for more than one employer, causantes que hubieran prestado servicios a dos o más personas o patrones.

employer becomes liable for the withholding social security taxes, el patrón viene a ser el deudor por la retención de los impuestos del seguro social.

employer must file a report setting forth the taxable wages, el patrón debe presentar una declaración que manifieste los salarios sujetos a impuestos (salarios gravados).

employers' monthly federal tax return, declaraciones mensuales federales de impuestos retenidos por el patrón.

employers' payroll tax reports, declaraciones de impuestos retenidos por el patrón sobre nóminas.

employment, ocupación, empleo.

employment exchange, agencia u oficina de colocaciones.

enclosures, anexos.

encumbrances, gravámenes.

ending inventory-direct material, inventario final de materia prima directa.

ending inventory-finished products, inventario final de productos terminados.

ending inventory-working in process, inventario final de producción en proceso.

endorsement, endoso.

endorsement, blank, endoso en blanco.

endorsement, conditional, endoso condicional.

endorsement, qualified, endoso calificado.

endorsement, special, endoso especial.

enjoyment of interest, usufructo de los intereses.

enquiry office, oficina de informes.

enter the transactions in skeleton accounts, asiente las operaciones en cuentas de mayor o cuentas T.

enterprise, empresa.

entertainment, atención a clientes.

entrance duty, derechos de entrada.

entries, adjustment or adjusting, asientos de ajuste.

entries, blind, asientos confusos.

entries, cash, asientos de caja.

entries, complementing, asientos de complemento.

entries, closing, asientos de cierre.

entries, correcting, contrapartidas.

entries, credit, asientos de crédito.

entries, debit, asientos de cargo.

entries for vouchers issued and vouchers paid, asientos que amparan comprobantes expedidos y pagados.

entries, journal, asientos de diario.

entries, ledger, asientos de mayor.

entries, recapitulating, asientos de concentración.

entry, asiento, entrada, registro.

entry at the customhouse, declaración ante la aduana.

equality of the risk, igualdad del riesgo (donde todos los asegura-dos pagan la misma prima o contribución, queda necesariamente involucrada la suposición de que el riesgo es sustancialmente el mismo en cada caso).

equalization of income, igualdad de utilidades.

equations of exchange, ecuaciones de la moneda.

equation solver, máquina para resolver ecuaciones lineales [dispositivo de cómputo frecuentemente analógico, diseñado para resolver sistemas de ecuaciones simultáneas lineales (no diferenciales para obtener raíces de polinomios, o ambas)].

equipment, equipo.

equipment, delivery, equipo de reparto.

equipment notes, documentos por pagar (equipo).

equipment, replacement, reparación de equipo.

equitable tax assessment, equitativa determinación de impuestos.

equities, acciones comunes.

equity, 1, como término contable quiere decir propiedad neta; es decir, el valor de una propiedad, una vez descontados todos los gravámenes; 2, en la bolsa de valores es el valor que en el mercado tienen los títulos del cliente de un corredor una vez deducido el saldo deudor de la cuenta, o sea la suma que prestó el corredor al cliente, para hacer la compra; 3, capital contable.

equity earnings, son las ganancias indirectas de una sociedad anónima que posee la mayoría o la mitad o una importante participación en una compañía subsidiaria, es decir, es el exceso de las ganancias de la compañía subsidiaria sobre la cantidad repartida como dividendo.

equity financing, financiamiento de patrimonio (su denominación proviene de la retención de utilidades y de la inversión de los propietarios).

equity ratios, relaciones de estructuración del capital.

equity value, valor contable de la participación.

equivalent binary digits, número de dígitos binarios equivalentes (número de dígitos binarios equivalentes a un número dado de dígitos decimales o a otros caracteres).

equivalent units, unidades equivalentes (expresan el trabajo de un proceso durante un periodo en términos de unidades terminadas. Para obtenerlo se debe cambiar el número de unidades no terminadas o en proceso, en el número equivalente de unidades terminadas) (en sistemas de costos por procesos).

erasable memory, erasable storage US, erasable store GB, almacenamiento borrable (medio de almacenamiento el cual puede ser borrado y nuevamente usado como, por ejemplo, la cinta magnética).

erasures, borraduras.

erratum (errata), fe de erratas.

error, error.

escrow, convenio escrito en el que intervienen tres personas: el otorgante o accionista, el cesionario y el depositario.

establishing financial controls for EDP systems, establecimiento de controles financieros para los sistemas de PED.

estate accounting, contabilidad de heredades (de herencias y legados o sobre sucesiones).

esteem, estimación.

estimate, estimar, tasar, calcular, presupuestar.

estimated costs, costos estimados, presupuestales (son costos predeterminados).

estimated income taxes, provisión para impuesto sobre la renta.

estimated profit in instalment sales, utilidades estimadas sobre ventas a plazo.

evaluation techniques in lease versus buy, técnicas de evaluación de arrendamiento versus compra.

evidential matter, evidencia comprobatoria.

examine, examinar (investigar, inspeccionar o comprobar la exactitud. Ejemplo: Puede examinarse una factura para cerciorarse de la exactitud de los precios, cálculos o extensiones y totales).

examine any vouchers not recorded in books at the time of finishing our examination in order to ascertain unrecorded liabilities, examine si hay pólizas no registradas en los libros al momento de terminar nuestra revisión para determinar los pasivos no registrados.

examine subsequent collections of accounts receivable, examine los

example   91   expedite

cobros posteriores de cuentas por cobrar.

example of a program of supervisory spot-checking of clerical work, ejemplo de un programa para la revisión supervisoria en el lugar de trabajo de oficina.

exchange, cambio, permuta.

exchange charge, cargo por cambio (por los bancos que cobran tal servicio).

exchange control, control de cambios.

exchange controls with overvalued currencies, controles de cambio con monedas sobrevaluadas.

exchange depreciation, devaluaciones en los cambios y monedas extranjeras.

exchange diference, diferencia en cambios.

exchange losses, pérdida en cambios.

exchange (to), cambiar (el intercambio de la capacidad de dos dispositivos de almacenamiento o posiciones).

exchange value, valor de cambio.

exchequer bills, nombre dado a las promesas de pago del gobierno inglés; de ella se derivó la palabra cheque; en la actualidad ya no existen y han sido reemplazados por "treasury bills" (vales de la tesorería).

exchequer bonds, bonos de la tesorería.

exceptions, salvedades.

exceptions to practices, excepciones a las prácticas (salvedades).

excerpt, extracto.

excess profits tax, impuesto sobre utilidades excedentes.

excess spending over budget, exceso de gastos sobre el presupuesto.

excess-three code, código por exceso de tres (notación decimal codificada para dígitos decimales que representan a cada dígito decimal como el número binario correspondiente más dos).

excise duties, impuestos indirectos.

excise tax, impuesto sobre consumos; impuestos excedentes.

exclusión from income, exclusión de utilidades.

ex-coupon, bonos que se entregan sin el cupón correspondiente al próximo pago de interés; (término bancario).

executive program US, executive routine US, master program GB, master routine GB, steering program GB, steering routine GB, programa patrón, programa maestro, programa director, (rutina diseñada para procesar y controlar otras rutinas).

exempt income, utilidad exenta.

exempt wages, salarios exentos.

exemption, exención, franquicia.

exhibit, anexo, cédula.

exit instruction, instrucción de salida (instrumento que hace que la máquina continúe con el programa principal después de haber ejecutado algunas repeticiones).

expansion of the chart of accounts, ampliación del catálogo de cuentas.

expedite, expedir.

expected cumulative under-and ove-rapplied factory expense; by months, acumulación anticipada de gastos de fabricación aplicados de más o de menos; por meses.

expenditure, erogaciones (gastos).

expenditure account, estado de egresos.

expenditures, revenue, gastos de explotación (minas).

expense, gasto (pérdidas y ganancias).

expense account titles, títulos de las cuentas de gastos (pueden llevarse por el objeto del gasto o por funciones. El primero se refiere a la clase de cosa comprada o usada, como salarios, accesorios, publicidad, etc. El segundo se refiere a una actividad particular o ejecución, por ejemplo, mantenimiento del edificio, gastos de entrega, gastos de representación, etc.).

expense voucher, comprobante de gastos.

expenses account classification, clasificación de las cuentas de gastos.

expenses, administrative, gastos de administración.

expenses advances to employees, anticipos para gastos de viaje y representación.

expenses, advertising, gastos de publicidad.

expenses, capitalized, gastos capitalizados.

expenses, collection, gastos de cobranza.

expenses, development, gastos de promoción.

expenses, direct, gastos directos.

expenses, factory, gastos de fabricación.

expenses, financial, gastos financieros.

expenses, general, gastos generales.

expenses, general and administrative, gastos generales y de administración.

expenses, indirect, gastos indirectos.

expenses, legal, gastos legales.

expenses, manufacturing, gastos de manufactura.

expenses, not allocated, gastos no aplicados.

expenses, office, gastos de oficina.

expenses, operating, gastos de operación.

expenses, organization, gastos de organización.

expenses, other, otros gastos.

expenses, prepaid, gastos anticipados.

expenses, promotion, gastos de organización o promoción.

expenses report, informe sobre gastos.

expenses, selling, gastos de venta.

expenses, shipping, gastos de embarque.

expenses, travelling, gastos de viaje.

expensive-to-make product, producto costoso de fabricar.

experiences with renegotiation of government contracts, experiencias con reaperturas de contratos gubernamentales.

expert, perito.

expert witness, perito.

expiration of term, vencimiento del plazo, expiración.

expiration of time of delivery, vencimiento del plazo para la entrega.

expired insurance, seguros por devengar.

expiry date, fecha de vencimiento.

export bounty, subsidio de exportación.

export duty, derechos de exportación.

export duties, derechos aduanales sobre exportaciones.

export earnings, ingresos provenientes de las exportaciones.

export proceeds, producto de la exportación; valor nominal de la exportación.

expository statements, estados complementarios.

expostulatory letter, carta de observaciones.

extended coverage, riesgo adicional (seguros).

extension, extensión (es el resultado de una multiplicación. Por lo tanto, extensión significa multiplicar ya sea para determinar el resultado o comprobar un resultado que ya ha sido determinado).

external memory, external storage US, external store GB, memoria externa (materiales separados de la computadora pero teniendo información almacenada en lenguaje máquina).

external national debt, deuda pública exterior.

external program, programa externo (un programa formado a base de los interruptores del tablero o un programa en una cinta perforadora, la cual es introducida paso a paso en la máquina durante su operación).

external trade, comercio exterior.

extra-budgetary funds, fondos extra-presupuestales.

extract (to) the root, extraer la raíz (cube, cúbica).

extraordinary coverage endorsement, endoso de cobertura extraordinaria.

F

face value, es el valor nominal que aparece en el bono, acción, nota y en general en todo título de crédito.

facilities, instalaciones.

factbilt report, informe de hechos (crédito).

factor, comisionista.

factor of marketability, factor de negociabilidad.

factoring, crédito industrial.

factory accounting, contabilidad industrial.

factory clerical, empleados de la fábrica.

factory cost, contabilidad de la fábrica.

factory cost is the total cost of the direct material, direct labor, and indirect factory expense, costo de fabricación es el costo total de la materia prima directa (material directo), mano de obra directa (trabajo directo), y gastos indirectos de fabricación.

factory expense applied, gastos de fabricación aplicados.

factory expense rates by level of production, cuota de gastos de fabricación por nivel de producción.

factory incentives, incentivos de fábrica (compensación).

factory land, terrenos.

factory ledger, libro mayor de fabricación.

factory order, orden de fabricación; orden de trabajo.

factory overhead, gastos generales de fabricación.

factory price, precio de fábrica.

factory process, proceso de fabricación.

factory supplies, accesorios de fábrica.

factory workers, obreros industriales.

factual information, información basada en hechos.

failed to meet the requirements, no llenaba los requisitos.

failure, quiebra.

failure to enter invoices for purchases, omisión del registro de facturas de compras.

failure to file returns, omisión de presentar declaraciones (de impuestos).

failure to produce the books of account, the documentary evidence supporting individual items on the return, or other data requested by the government, cuando no se presentan los libros de contabilidad, documentación comprobatoria de los renglones de las declaraciones, o no proporcionan los informes que se les solicitan (para la determinación de impuestos estimativos).

Fair Labor Standard Act, Ley de Estándares de Trabajo Justos (que afecta los salarios mínimos, los pagos por horas extras y el trabajo de los menores).

fair market value, justo valor de mercado (que supone la existencia de un gran número de compradores y vendedores bien informados, nacionales, ya sea que existan realmente o no).

fair return, utilidades razonables. Se usa para compañías de ferrocarriles, luz, gas, etc.

fair value, valor equitativo de venta, valor real (que se utiliza frecuentemente en la regulación de tasas de utilidad para identificar una base de equidad para recompensar a las diversas personas interesadas en las operaciones de utilidad).

fall, baja.

falsification of documents, falsificación de documentos.

family allowance, compensación familiar; asignación familiar.

family living expenditures, gastos de mantenimiento de la familia.

fanety work, trabajo defectuoso.

farm debt, deudas de propiedades rurales.

farm loan bank, banco de crédito agrícola.

featherbedding, imposición por parte de sindicatos de trabajadores innecesarios.

federal and state stamps taxes which must be affixed to the stock certificates, impuestos federales y estatales en timbres que deben estar adheridos a los certificados de acciones.

Federal Communications Commission, Comisión Federal de Comunicaciones.

federal excess profits tax return, declaración federal sobre utilidades excedentes.

federal gift taxes, impuestos federales sobre donaciones.

Federal Gross Receipts Tax Law, Ley Federal del Impuesto sobre Ingresos Mercantiles.

Federal Land Bank and Joint Stock Land Bank Bonds, Bonos del Banco Agrícola y del Banco Ganadero Federales.

Federal Personnel Income Taxes on Dividends, Impuesto sobre la Renta Federal, Personal sobre Dividendos.

Federal Registry of Taxpayers, Registro Federal de Causantes.

Federal Reserve Board, Consejo de la Reserva Federal.

Federal Securities Acts, Leyes Federales sobre Inversiones.

Federal Taxes on Income, Impuesto sobre la Renta.

Federal Trade Commission, Comisión Federal de Comercio.

Federal Treasury Department, Tesorería de la Federación.

Federal Treasury Office, Oficina Federal de Hacienda.

federal unemployment tax expense, gastos por impuestos de desempleo federal.

feed back, retroalimentación (en electrónica).

feed hole, sprocket hole, perforación de contaje (la perforación en una cinta, colocada entre las perforaciones de información que sirve para contar el número de posiciones en la cinta).

feed US, feeder GB, alimentador (mecanismo o máquina para distribuir energía o información).

fees, honorarios.

fees billed in advance, honorarios cobrados por adelantado.

fees for specific engagements (per diem; flat or fixed; contingent), honorarios por trabajos específicos (por día, fijo, contingentes).

FICA tax expense, gastos por impuestos del seguro social.

FICA tax payable, impuesto del seguro social por pagar.

fiduciary, es la persona o sociedad (banco o compañía fiduciaria) a quien se confía una propiedad para los fines estipulados en el instrumento de fideicomisos.

field, campo (conjunto de uno o más caracteres considerados como un todo; una unidad de información).

fight, fugas (en general en cualquier empresa).

figures rounded to nearest dollar, en cifras cerradas al dólar inmediato.

file, fichero, archivo, legajo, registro, expediente (completo con cubierta exterior, carpeta interior), presentar (una declaración de impuestos).

file a return within 15 days after discontinuance of the business, suspension of operations, or transfer of ownership and pay the tax for such period, presentar una declaración, dentro de los 15 días siguientes a la clausura, suspensión de operaciones o traspaso y pagar el impuesto que corresponda al periodo respectivo.

file away, archivar.

file charge-out card, recibo de expendientes de archivo.

file clerk, archivista.

file copies, archivo de copias.

file copy, copia para archivo.

file department, departamento de archivo.

file indexing, índice del archivo (proporciona la clave sobre cómo están arreglados los materiales; como catálogos, correspondencia, facturas, formas de solicitud de personal, órdenes de compra, declaraciones de impuestos, etc.)

file procedure, procedimiento de archivo (en fichas).

filed strips, tiras archivadas (se usan cuando la cantidad de datos es pequeña y cuando se necesitan referencias rápidas y frecuentes) (archivo visible).

filey by "customer name", archivado por "nombre de cliente".

filing cabinets, gabinetes de archivo; fichero.

filing of protest, presentación de la inconformidad (ante el fisco).

filing problem, problema de archivo (su organización).

filing supplies (guides, tabs, file folders, plastic signals, labels, printed cards), accesorios de archivo (guías, pestañas, carpetas de archivo, señales de plástico, etiquetas, tarjetas impresas).

filing tray, archivero.

fill-ins, de relleno (artículos).

filling, es la parte del cheque en la que se escribe la cantidad tanto en cifras como en letras.

final balances, saldos finales.

finance, 1, capital necesario para organizar o ensanchar una empresa mediante la venta de acciones, bonos, etc.; 2, teoría y práctica del crédito monetario.

finance or loan bills, giros de préstamo o financiamiento (giros bancarios que pueden ser extendidos contra saldos en bancos extranjeros y vendidos a personas que tienen que efectuar pagos fuera del país. Pueden ser también extendidos contra bancos extranjeros con el objeto de obtener fondos en el país del banco extranjero).

financial accounting, contabilidad financiera.

financial backing, respaldo económico, apoyo financiero.

financial companies, instituciones financieras.

financial condition, situación financiera.

financial condition of the borrower and the risk undertaken by the lender, situación financiera del que pide prestado y el riesgo a que se somete el prestamista.

financial examination, examen de estados financieros.

financial expenses, gastos financieros, gastos de financiación.

financial handbook, manual de finanzas.

financial institutions, instituciones financieras.

financial interests, intereses financieros (la persona que invierte en una empresa como propietario o que le presta dinero como acreedor, se dice que tiene un *interés financiero* en ella).

financial leverage, ventaja financiera (se emplea siempre que existan intereses sobre el pasivo o dividendos en acciones preferentes).

financial management, administración financiera.

financial partner, socio capitalista.

financial position, posición financiera.

financial responsability, capacidda de un deudor para pagar sus compromisos, tomando sus propiedades, como base.

financial statements, estados financieros.

financial statements-avoid of income equalization, estados financieros-acumulación de la compensación de utilidades.

financial statements of local municipalities, estados financieros de municipalidades.

financial year, ejercicio social (bancos).

financing the business, financiamiento del negocio.

financing the lease venture, financiamiento de la operación de arrendamiento.

finantial assets, activos financieros.

fine, multa.

finished goods products, artículos terminados.

finished goods stores, almacén de artículos terminados.

fire and casualty companies, compañías de seguros contra incendio y accidentes.

fire insurance, seguro contra incendio.

firm name, razón social.

first in first out, primeras entradas, primeras salidas (las primeras unidades recibidas son las primeras que se utilizan y las que se tienen todavía en existencia son las últimas que se recibieron. Fifo produce la cantidad más elevada de inventarios en los periodos de elevación de precios).

first-time audit, primera auditoría.

fiscal period, año natural.

fiscal year, ejercicio social, año fiscal, periodo fiscal.

fixed allowances, concesiones fijas.

fixed assets, activo fijo.

fixed assets to funded debt, activo fijo a pasivo consolidado.

fixed-asset-to-long-term-debt ratio, relación de activo fijo a pasivo a largo plazo (indica el grado hasta el cual podrían contraerse los activos fijos en una liquidación y todavía cubrir sus obligaciones a largo plazo).

fixed assets to net worth, activos fijos a capital contable.

fixed budget, presupuesto fijo (no contiene ajustes de las estimaciones de los costos para el nivel de actividad realmente alcanzado durante el periodo, aun cuando este nivel pueda ser diferente de aquel en que se basó el presupuesto de costos indirectos).

fixed capital, capital fijo (financieras).

fixed capital goods, bienes de capital fijo.

fixed charges are those expenses that do not vary with the amount of production, cargos fijos son aquellos gastos que no varían con la cantidad de producción.

fixed costs, costos fijos (los costos cuya cantidad total no cambia o varía de acuerdo con la actividad de la producción, varían en el tiempo más que con la actividad, esto es, se puede incurrir en ellos durante determinado periodo de tiempo, aun cuando no tenga lugar ninguna actividad de producción).

fixed-cycle operation US, synchronous operation, operación a ciclo fijo (organización de una computadora por la cual se asigna un tiempo fijo a las operaciones, no obstante ellas deben tomar en realidad menos tiempo que su aplicación).

fixed intangible assets, activo fijo intangible.

fixed liability, pasivo, fijo, pasivo consolidado.

fixed maturity, vencimiento fijo (de bonos y documentos).

fixed-point representation, representación de punto fijo (notación aritmética en la cual todas las cantidades numéricas son expresadas por el mismo número de dígitos, con el punto implícitamente situado en la misma posición determinada).

fixed price, precio fijo.

fixed price contracts, contratos a precio alzado (constructoras).

fixed rate, cuota fija (en las tarifas de impuestos).

fixed tangible assets, activo fijo tangible.

fixed trust and other lesser forms, fideicomisos fijos y otras formas secundarias.

flat-fee basis, base de cuota fija (una cuota fija aprobada por el cliente y el contador, es acordada con anticipación, provee circunstancias imprevistas que no se desarrollen durante el curso del examen).

flat traveling per diem allowance, cantidad fija como viáticos.

flexible budget, presupuesto flexible (da cifras para una gama de posibles niveles de actividad. Permite una comparación más clara de los gastos reales con los presupuestados, ya que muestra los gastos en que deberá incurrirse para el nivel de ventas realmente alcanzado).

flexible or adjusted budget, presupuesto flexible o ajustado.

flexowriter, flexowriter [las tarjetas perforadas por las orillas **(EDGE-PUNCHED CARDS)** se sacan por nombre del cliente y por los productos ordenados y se envían a la **"FLEXOWRITER"** con perforador de cinta auxiliar. Esta inserción de las tarjetas en el **"FLEXOWRITER"** ocasiona que escriba automáticamente una factura de seis partes. La cinta No. 1 se envía a una **"TELETYPE-WRITER"** que, usando la cinta por medio de energía eléctrica transmite el pedido a la planta adecuada. La cinta hecha en la unidad receptora de la planta se usa para escribir un talón de embarque de cinco partes y una lista de empaque. La cinta No. 2 de la **"FLEXOWRITER"** se usa en un convertidor de cinta a tarjeta perforada].

flimsy, padded card, tarjeta intercalada [papel delgado (cabeza de copias) distribuido con tarjetas perforadas].

float, 1, venta de títulos; ofrecer en venta una emisión de bonos, acciones u obligaciones para reunir capital; 2, conjunto de documentos que se encuentra en vías de cobranza (término bancario).

floating debt, deuda circulante.

floating-point calculation, cálculo con punto flotante (cálculo que considera la posición variable del punto decimal o binario y que consiste en escribir cada número determinando su signo por separado, su coeficiente y su exponente).

floating-point routine, rutina de punto flotante (rutina de instrucciones codificadas en secuencia apropiada que ordena a la computadora efectuar un cálculo con la operación de punto flotante).

floating policy, póliza abierta.

floor broker, corredor de piso (cierra negocios en el piso de la bolsa por cuenta de otros miembros de la bolsa que tienen más órdenes en distintas acciones, de lo que pueden manejar por sí solos).

floor manager, gerente de piso.

floor plan, diagrama.

floor-plan note, serie de documentos (cuando se efectúa una compra, se paga un anticipo o enganche y el resto en una serie de documentos por el saldo de la operación).

floorplanning, certificado de depósito.

flow chart, diagrama de flujo.

flow diagram, diagrama de flujo.

flow of cost diagrammed, diagrama o esquema del flujo de los costos.

flow of paperwork, flujo de documentación.

flow process chart, diagrama del proceso.

F. O. B. destination (means the transportation charges to the destination are borne by the seller), destinación L. A. B. (significa que los cargos por transporte a su destino corren por cuenta del vendedor).

F. O. B. shipping point (means the transportation charges from the point of shipment are borne by the buyer), punto de embarque L. A. B. (significa que los cargos por transporte a partir del punto de embarque corren por cuenta del comprador).

folder, carpeta (cubierta interior).

folder system, sistema de carpeta.

follow-up, insistencia.

foot, suma (una suma es el total vertical de una columna de cifras. Por lo tanto, *sumar* significa adicionar una columna de cifras ya sea para determinar el total o comprobar un total que ya ha sido determinado).

footed, sumas verificadas.

footnotes, notas.

for the exact number of day between the date of acquisition and the end of the year, por el número exacto de días entre la fecha de adquisición y el final del año (método de depreciación cuando los activos se adquieren durante el año).

for the number of months from the beginning of the month following the month of acquisition to the end of the fiscal year, por el número de meses a partir del principio del mes que sigue al de la adquisición hasta el final del año fiscal (método de adquisición durante el año).

for what, concepto.

forced coding, minimum access programming, minimum latency programming, optimum coding, optimum programming, programación óptima (programación de tal manera que se necesite un tiempo mínimo de espera para sacar la información de la memoria).

forecast, forecasting, pronóstico, estimación.

forecasting cash position, pronóstico de la disponibilidad del efectivo.

foreclosure, to, entablar y decidir un juicio hipotecario; (término bancario).

foreign investment, inversión extranjera.

foreign transactions, transaciones internacionales.

foremanship, supervisión.

foremen, jefes de cuadrilla (en la toma de inventarios).

foreword, prefacio.

forge documents, documentos falsificados.

forgery, falsificación.

form of letter, forma de carta (en mecanografía).

form of the business unit, estructura de la unidad comercial.

formal financial reports, informes financieros esenciales.

formal meeting, asamblea ordinaria (de accionistas).

format control, control de formato (en un sistema de perforación de tarjetas, se seleciona un sistema de interruptores por medio de un tablero de interruptores por el cual se debe imprimir la posición de cada carácter incluyendo los espacios).

forms, bookeeping, formas de contabilidad.

fortran translator, formula translator, convertidor de fórmulas (nuevo sistema que simplifica considerablemente la programación para las computadoras electrónicas).

forward coverage policies, pólizas de cobertura futura (garantiza pérdidas contra cuentas por cobrar establecidas durante el término efectivo de la póliza) (seguro de crédito).

forward exchange, tipo de cambio a futuro (bancos).

forward quotations, cotizaciones para entrega futura.

forwarding, expedición.

forwarding agent, agente aduanal.

forwarding fees paid, gastos aduanales pagados.

foyer table, agrupación profesional.

fractional card, tumble card, tarjeta invertida, tarjeta múltiple (donde se necesita solamente una parte de la capacidad de la columna de una tarjeta, se busca economía de la tarjeta por medio de la repetición del diseño. Pueden invertirse varias secciones y una sola tarjeta viene a

estar disponible para registro múltiple).

franchises, concesiones o franquicias (pueden tener vida limitada o pueden ser perpetuas; pueden ser revocables o irrevocables por el cedente. Pueden obtenerse gratuitamente o por una cuota periódica, o por determinada suma. Si se adquieren mediante compra, la cuenta concesión se analiza y verifica por costo y amortización. Si no existe costo de la concesión, se comparan las rentas periódicas con las rentas contratadas).

franking machine, máquina franqueadora.

fraud, fraude [es un acto falso y desleal y puede utilizarse para cubrir un desfalco. Consiste en (1) apoderarse de la propiedad sin conocimiento o autorización de su dueño, (2) en falsear una situación —ya sea sin saberlo o por crasa negligencia].

fraud and embezzlement, fraude y abuso de confianza.

fraudulent declaration, declaración fraudulenta.

frecuency bar chart, gráfica de barras de frecuencias.

frecuency curve, curva de frecuencias (la altura de la curva en cualquier punto sería proporcional a la frecuencia en este punto y área bajo ella, entre cualesquiera dos límites, sería proporcional a la frecuencia de ocurrencia dentro de estos límites).

free coinage, acuñación libre (bancos).

free goods, mercancías exentas de derechos.

free list, lista de artículos exentos de derechos, lista de personas exentas de pago.

free surplus, superávit disponible.

free trade, libre cambio.

freight, flete, acarreo.

freight and cartage, fletes y acarreos.

freight, collect, flete por cobrar.

freight, in, flete de entrada.

freight, out, flete de salida.

freight, outward, flete o acarreo a cargo del vendedor.

freight, payable, flete a pagar.

frequency rate =

$$\frac{\text{number of disabling injuries} \times 1\,000\,000}{\text{total number of man-hours worked}}$$

índice de frecuencia (puede definirse como el número de lesiones que incapacitan, sufridas por millón de horas-hombre trabajadas)
índice de frecuencia =

$$\frac{\text{número de lesiones que incapacitan} \times 1\,000\,000}{\text{número total de horas-hombre trabajadas}}$$

from the inventory of fixed assets as of————, obtain a tape of the assets and make on that tape a brief description of the main equipments. Check the tape against the auxiliary cards of fixed assets and indicate on such tape the cash or journal vouchers where we can find the invoices covering acquisition of the more significant equipments, del inventario de activo fijo al ————, obtenga una tabulación de los activos y haga sobre ella una breve descripción de los equipos principales. Verifique la tabulación contra las tarjetas auxiliares e indique sobre aquélla las pólizas de egresos o diario en donde se pueden localizar las facturas que cubren la adquisición de los más importantes equipos.

fringe benefits, prestaciones adicionales.

fringe compensation, compensación adicional.

front-line management, administración de primera línea.

fuel, combustible.

full automatic processing, procesamiento completamente automático (procesamiento de datos por medio del cual la lectura, la modificación y la escritura de los resultados se efectúan automáticamente).

full disclosure, información completa.

full endorsement, endoso en procuración.

full-fledged professionals, profesionales maduros.

full-line wholesaler, mayorista de toda la línea.

full-paid shares, acciones pagadas.

full pay, sueldo completo.

full power of attorney, poder general.

"full shot costs", "costos de conjunto".

full-time employment, jornada de horario completo.

function code GB, function number GB, operational code US, operation code US., mando de operación (la parte de una instrucción que designa la operación aritmética, lógica o transporte a ejecutarse).

function digits, cifras funcionales, dígitos funcionales (aquellos dígitos de una palabra de instrucción que determinan la operación aritmética o lógica a ser ejecutada).

function table program, programa del cuadro de funciones (un programa que: a) puede reducir una entrada múltiple a una salida sencilla, o b) convertir una entrada sencilla a una salida múltiple).

functional management, administración funcional.

functional type of organization structure, estructura de organización tipo funcional.

functionary, funcionario.

fund, fondo.

fund, accumulative (cumulative) sinking, fondo de amortización acumulativo.

fund balance sheet, balance general por fondos.

fund, contingent, fondo para contingencias.

fund, general, fondo general.

fund, imprest, fondo fijo.

fund, non-accumulative (non-cumulative) sinking, fondo de amortización no acumulativo.

fund, pension, fondo de pensiones.

fund, petty-cash, fondo de caja chica.

fund, preferred stock sinking, fondo de amortización de acciones preferentes.

fund, redemption, fondo de amortización.

fund, renewal, fondo de reposición.

fund, superannuation, fondo de pensiones de vejez.

fundamentals of finance and accounting for non-financial executives, principios fundamentales de finanzas y contabilidad para ejecutivos no financieros.

funded debt, pasivo consolidado.

funded debt to working capital, pasivo consolidado a capital de trabajo.

funded indebtedness, pasivo a largo plazo.

funded methods of financing, método de financiamiento con reservas (en retiros de personal).

funds held under reinsurance treaties, fondos según convenios de reaseguro.

funds in charge of Mr..., fondos a cargo del Sr...

funds were provided by, los recursos provinieron de (estado de origen y aplicación de recursos).

furniture and fixtures, muebles y enseres.

furniture and real estate, muebles e inmuebles.

future contracts, contratos a futuro.

future deliveries, remesas futuras.

future financial needs of business, futuras necesidades financieras de los negocios.

future of the bank-corporate relationship and account compensation, futuro de las relaciones entre bancos y corporaciones y compensación de cuentas.

G

gain, ganancia, utilidad.

gain on realization, utilidades en realización.

gain on sale of capital assets, utilidad en venta de activos fijos.

gain on the sale of fixed assets, utilidad en la venta de activos fijos.

gain on the sale of securities, utilidad en la venta de valores.

gain or loss on disposition of fixed assets, utilidad o pérdida en venta de activo fijo.

gainful occupations, actividad remunerada.

gainfully occupied population, población económicamente activa.

galley proofs, pruebas de galera.

gang summary, perforadora sumaria, reproductora sumaria (perforadora para los datos obtenidos en tarjetas por transferencia eléctrica de otra máquina).

gantt task and bonus plan, plan gantt de gratificaciones o bonos (proporciona una gratificación o bono al empleado, calculado como porcentaje del salario por hora garantizado, cuando su pro-

ducción por hora llega a determinado estándar).

garnishee law for taxes, ley económicocoactiva para pago de impuestos.

garnishment, emplazamiento (de un juicio).

general accountant, contador general.

general and administrative expenses, gastos generales y de administración.

general balance, balance general.

general expenses, gastos generales.

general factory overhead, costos o gastos generales indirectos de fabricación o producción (incluyen el costo de adquisición y mantenimiento de las instalaciones para la producción y diversos costos de fabricación. Se incluyen la depreciación de la planta y de las instalaciones, renta, calefacción, alumbrado, fuerza, impuestos, seguros, teléfonos, viajes, etcétera).

general ledger, libro mayor.

general manager administrative, gerente administrativo.

general or financial accounting, contabilidad general o financiera.

general plan of the accounting system in operation, plan general del sistema de contabilidad en operación.

general purpose computer, computadora de propósito general, computadora universal (computadora con la cual los diversos problemas pueden ser resueltos).

general routine, rutina general (rutina escrita en claves de computadora, diseñada para resolver ciertos problemas especializándose en un problema determinado cuando se proporcionan los valores paramétricos adecuados).

general salaries, sueldos generales.

general standards, normas generales o personales.

general strike, huelga general.

generally accepted accounting or auditing applicable in the circumstances, principios de contabilidad o auditoría generalmente aceptados, aplicados de acuerdo con las circunstancias.

generally accepted accounting principles, principios de contabilidad generalmente aceptados.

generally accepted accounting procedures, procedimiento de contabilidad generalmente aceptados.

gentleman agreement, convenio verbal.

geographical filing, archivo geográfico (para estados, ciudades, sucursales de territorio y áreas de vendedores).

getting the work accepted, aceptación del trabajo.

gilt edged, óptima calidad, o mérito superior, o primerísima clase, o clasificación suprema; se emplea para designar bonos, pagarés, libranzas y títulos de crédito en general (término bancario).

glean (information), recoger datos cuidadosamente.

go into the store, to, tener un artículo o producto (en almacén).

going business, negocio en marcha.

going value, valor inicial.

gold parities, paridades de oro (en la moneda).

gold standard, patrón oro.

goods and services, bienes y servicios.

goods completed, artículos o productos terminados.

goods in process, artículos o productos en proceso.

goods in transit, mercancías en tránsito.

goodwill, crédito mercantil, guantes, plusvalía, prestigio profesional, traspaso.

goodwill and taxation, crédito mercantil e impuestos.

goodwill in accountancy, prestigio profesional en la contaduría.

government, gobierno, dirección.

government agency, organismo o dependencia gubernamental.

government authorities, entidades públicas, gubernamentales u oficiales.

government employees, empleados públicos.

government expenditures, gastos públicos.

government loans, préstamos (créditos) otorgados por el gobierno.

government official, funcionario público.

government-owned enterprises, empresas de propiedad estatal.

government revenues, ingresos públicos (fiscales).

government securities, valores del gobierno (títulos, bonos, etc.).

grant in aid, subsidios.

grants from federal and local governments, subsidios de gobiernos federales y locales.

graphic reporting, información por gráficas.

graphical-numerical method, método numérico gráfico.

gratuity, gratificación.

greenbacks, billetes de circulación legal que tenían un dibujo con tinta verde al dorso (en Estados Unidos, 1862).

grievance handling, manejo de quejas.

gross average weekly earnings, ingresos brutos medios por semana.

Gross Commercial Revenue Tax Law, Ley Federal sobre Ingresos Mercantiles.

gross earning, ganancia bruta.

gross income, ingreso bruto.

gross investment, inversión bruta.

gross margin, utilidad bruta.

gross margin to sales, utilidad bruta a ventas.

gross markdown, rebaja total.

gross output, producción bruta.

gross premium, prima total.

gross profit, utilidad bruta.

gross profit margin, margen de utilidad bruta.

gross profit on sales, utilidad bruta en ventas.

gross receipt, ingreso bruto.

gross revenue, ingreso bruto.

gross savings, ahorro bruto.

gross wage, salario bruto.

gross weight, peso bruto.

group insurance plans, planes de seguros de grupo.

group work, trabajo de equipo.

groups life insurance, seguros de grupo sobre la vida.

growth of large-seale enterprise, desarrollo de la empresa en gran escala.

guarantee by endorsement, aval.

guaranteed annual wage, salario anual garantizado.

guaranteed stocks, acciones garantizadas (el pago de dividendos está garantizado por una empresa, otra que la emisora) limitadas al grupo ferrocarrilero.

guarantor, fiador.

guaranty, garantía, colateral, endoso, prenda.

guide card, tarjeta indicadora (una tarjeta de índice con resolución,

la cual no necesita pasar a través de la máquina).

guidelines for effective EDP systems project management and control, indicaciones para sistemas efectivos de administración de PED y control de proyectos.

H

Halsey premium plan, plan de gratificaciones de Halsey (se le garantiza al empleado un pago mínimo por hora, y se le paga una cantidad adicional como recompensa por el tiempo ahorrado de producción efectiva comparado con el tiempo estándar de producción).

hand account-keeping, contabilidad manual.

handbook, manual.

Handbook of Cost Accounting Methods, Manual de Métodos de Contabilidad de Costos.

hand-feed punch, perforadora de mando manual (perforadora manual con 15 teclas de las cuales 12 son para perforar y las tres restantes para espaciar, saltar y sacar la tarjeta).

handle incoming and out going mail, manejar la correspondencia que entra y sale.

hard money, moneda fraccionaria, morralla.

harware, elementos componentes, material (los dispositivos mecánicos, magnéticos, eléctricos y

electrónicos de los cuales está formada una computadora).

hawking of labor from door to door, ofrecer el trabajo de puerta en puerta.

hawrer, vendedor ambulante.

head office, casa matriz.

head sheet, hoja membretada.

head storekeeper, jefe de almacén.

header card, tarjeta patrón, tarjeta perforada, nombre y dirección del cliente (cuentas por cobrar).

hedge against inflation, barrera a la inflación (inversionistas).

hedging, cubrimiento, es un seguro empleado por los comerciantes en granos, monedas extranjeras, algodón, títulos de crédito, etc., para evitar las pérdidas ocasionadas por las fluctuaciones de precios.

hidden labor losses, pérdidas ocultas de mano de obra.

high-speed computer, computadora de alta velocidad, (computadora por medio de la cual las operaciones se efectúan a alta velocidad).

high-speed memory GB, high-speed store GB, rapid memory US, rapid storage US, memoria de acceso rápido (la sección de la memoria de la cual la información puede ser obtenida con gran rapidez).

high-speed punched-card machine, perforadora de tarjetas de gran velocidad.

highway, bus, barras colectoras [(a) una trayectoria sobre la cual se transmite alguna información de cualquiera de las fuentes a algún destino, (b) un conductor eléctrico capaz de transportar una gran cantidad de corriente].

hire, emplear.

hire-purchase, compras a plazo.

hiring of labor, contratación de trabajadores.

historical cost sheet, tarjeta u hoja de costos históricos.

historical manual, manual histórico (para proporcionar información histórica sobre la empresa).

hold (of a stup), bodega.

hold-overs, cheques y otros documentos que no pueden ser cobrados por el banco el día de su recibo, porque tienen alguna irregularidad.

hold (to) US, non-destructive reading GB, lectura indestructiva, mantener, retener (retener la información contenida en un dispositivo de memoria para copiarlo en un segundo dispositivo).

holder, tenedor, portador.

holders, cuentahabientes (bancos).

holding company, casa matriz.

hollerith machines, máquinas hollerith (máquinas con tarjetas perforadas de la International Business Machines).

hollow square, espacio vacío (inventarios en bloques sólidos por barriles, cajas o bolsas).

home delivery, entrega a domicilio.

home market, mercado interior.

home office, casa matriz.

home territory, zona local (doméstica).

horizontal analysis, análisis horizontal.

horizontal trend analysis, análisis de tendencias horizontales.

horse trading, "negociación".

hourly earnings, ingresos por hora.

hourly wage rate, salario por hora tiempo normal.

hourly wages, salarios por hora.

hours of work, horas de trabajo.

house bills, letras de cambio giradas por un banco contra una sucursal o agencia; (término bancario).

house keeping US, non-productive operations US, overhead US, red-tape operations, operaciones accesorias (operaciones de computadora que necesita un programa, pero que no contribuyen directamente a resolver el problema).

house salesman, agente de mostrador.

housefurnishings, muebles y enseres.

hybrid computer, computadora híbrida (computadora que usa unidades de cálculo analógico con la provisión de almacenamiento digital sobre cintas magnéticas de situación y mecanismos de entrada y salida digital).

hypothecation, hipoteca, prenda, garantía, gravamen, pignoración.

identified cost, costo identificado (que representa el precio neto de adquisición).

identified-unit cost, costo unitario identificado (el inventario para un artículo en particular debe valuarse en la contabilidad específicamente pagada por dicho artículo. Este procedimiento requiere ciertos medios para la identificación del precio del artículo).

identification and definitions of issues, identificación y definición de problemas.

idle capacity loss, pérdida por capacidad desperdiciada.

idle cash, efectivo ocioso (fondos excesivos en caja y bancos).

idle time, tiempo ocioso.

idle time labour cost, costo del tiempo perdido.

if practical obtain direct confirmation of the most significant balances otherwise disregard this point, si es práctico, obtenga confirmaciones directas de los saldos más importantes, si no omita este punto (inventarios).

immovables, bienes muebles o raíces.

impact of the computer on marketing decision making, impacto de la computadora en las decisiones a tomarse en mercadotecnia.

impairment of the capital of the corporation, menoscabo del capital de la sociedad (reducirlo por las utilidades).

implementing the recomendations, medios para poner en práctica las recomendaciones.

implements, útiles, herramientas.

import duty, derechos de importación.

import tariff, arancel de importación.

imprint (to), imprimir por medio de clavijas (la aplicación de datos variables en formas legibles preimpresas automáticamente conteniendo datos fijos por medio de clavijas).

improvement, mejoras.

improvements on leased properties, mejoras en propiedades arrendadas.

imput, dinero gastado.

imput units, unidades de entrada (máquinas electrónicas).

imputed costs, costos imputados (costos que en ningún momento son el resultado de un desembolso real de efectivo y que, en consecuencia, no aparecen en los registros contables, sin embargo, tales costos entrañan una predeterminación por parte de la persona o personas para la que se están calculando los costos) (costo de oportunidad, algunas veces, sueldos de socios, réditos de bienes propios).

in, entradas (inventarios).

in agreement with general ledger, verificado contra el mayor.

in behalf of, a favor de.

in balance, saldada (una cuenta).

in cash, en dinero en efectivo; al contado.

in full swing, en plena producción.

in gangs, en serie (fabricación).

in gear, en marcha (fabricación).

in laid-down cost, que afectaban el costo.

in process clearing account, cuenta liquidadora para producción en proceso.

in-process materials, materiales en curso de fabricación.

in regard, en relación.

in the absence of contrary instructions, salvo instrucciones en contrario.

in the order of their acquisition, en el orden de su adquisición.

inactive account, cuenta sin movimiento.

inactive money, dinero ocioso.

inadequate in, diferencia en.

incentive wage, prima de producción.

incentive wages, escala de sueldos según productividad.

incidental expenses, gastos imprevistos.

incitement to saving, incentivo al ahorro.

income, ingreso, ganancia, producto, renta, utilidad (neta de operación, neta antes de impuestos).

income account, estado de ingresos.
income and expenditures, ingresos y gastos.

income and persons to tax, del objeto y del sujeto (para efectos de impuestos).

income bonds, obligaciones de ganancia (el pago de interés está basado sobre el monto de ganancias reales).

income derived from lease of real property, ingresos derivados del arrendamiento de inmuebles.

income distribution, distribución del ingreso.

income excluded from accumulation, no serán acumulables (ingresos gravables sujetos a impuestos).

income for periods of less than one year - separation and retirement pay, ingresos en periodos menores de un año - compensaciones por antigüedad, retiro, indemnizaciones por separación.

income from investments, ingresos provenientes de inversiones en valores.

income, gross, ingreso bruto.

income insurance, seguro de utilidades.

income-long-run, inventarios-concepto amplio.

income, miscellaneous, ingresos o productos varios.

income, net, ingreso neto.

income, other, otros ingresos o productos.

income tax, impuesto sobre la renta.

income tax division, Oficina Federal de Hacienda.

income tax is imposed, el impuesto sobre la renta grava (ley).

income tax withhold, impuesto sobre la renta retenido.

income, taxable, ingreso o ganancia gravable.

incoming mail report, informe de correspondencia recibida.

"...in conformity with generally accepted accounting principles applied on a basis consistent with that of the preceding year", "... de acuerdo con principios de contabilidad generalmente aceptados, aplicados sobre bases semejantes a los del año anterior".

incorporated business, sociedad anónima.

incorporated in, fecha de constitución.

incorporation agreement, acta constitutiva.

incorporation of a partnership, incorporación de una sociedad en nombre colectivo.

increase, aumento.

increasing cash flow through leasing, aumento del flujo de efectivo mediante el arrendamiento.

increment, unearned, plusvalía.

incured losses, siniestros ocurridos (seguros).

indebtedness, adeudo, deuda, obligación.

indemnification, indemnización.

indemnities and bonuses to personnel, indemnizaciones y gratificaciones al personal.

indemnity, indemnización.

indented paragraph, párrafo sangrado (se inicia con sangría) (forma de carta mecanográfica).

indenture, escritura; partida; documento; contrato bilateral.

indentured labor, mano de obra contratada a largo plazo.

independence from the viewpoint of the certified public accountant, independencia desde el punto de vista del contador público titulado.

index, índice, relación, coeficiente.

indexing, índices.

indicator of size of inventory, factor determinante para la valuación del inventario.

indictment, denuncia.

indirect costs, costos indirectos (costos no atribuibles obviamente a la unidad de la producción total o a un segmento de las operaciones de una empresa). Sinónimo de gastos indirectos, coproductos, edificios.

indirect factory expense or manufacturing overhead, comprises all the other expenses incurred within the factory. These expenses are essential to the manufacturing process, but they are difficult to indentify directly with a manufactured product, gastos indirectos de fabricación, comprende todos los gastos incurridos en la fabricación. Estos gastos son esenciales al proceso de fabricación, pero son difíciles de identificar con un producto terminado.

indirect input, entrada indirecta (la introducción de formación a la máquina o sistema por medios continuos, por ejemplo, una cinta magnética o perforada preparada en otra máquina).

indirect labor, mano de obra indirecta, trabajo indirecto (están incluidos los costos de los servicios de varios tipos de personal de la fábrica, que no trabajan físicamente en la fabricación de los productos pero, no obstante, sus servicios son necesarios para la manufactura del producto terminado, como por ejemplo, supervisores, recepcionistas, manejadores de material y personal para el mantenimiento del edificio).

indirect manufacturing expense, gastos indirectos de fabricación.

indirect method, método indirecto [el que se sigue para registrar datos de entrada en las tarjetas (o cinta), como subproducto de la expedición del comprobante de la operación].

indirect or gelatin process, proceso indirecto o de gelatina (es igual al proceso directo o líquido, pero se utiliza un agente intermedio, la gelatina. Se requieren nuevas impresiones para nuevos libros). (Medio de duplicación.)

indirect taxes, impuestos indirectos.

indirect work, trabajo indirecto.

individual contract, contrato individual.

individual income, ingreso personal.

individual practitioners, profesionales que ejercen individualmente.

individuals, personas físicas (afectas a impuestos).

indorsement (endorse, to), endoso, aval.

indorser, endosante.

industrial accident, accidente de trabajo.

industrial company, empresa industrial.

industrial disputes, conflictos de trabajo.

industrial injuries, accidentes de trabajo.

industrial partner, socio industrial.

industrial partnership, participación obrera en los beneficios.

industrial relations, relaciones industriales.

industry, industria.

infinity US, capacity exceeding number GB, out-of-range- number GB, número sobrepasando la capacidad (cualquier número mayor que el número máximo que la computadora es capaz de almacenar en cualquier registro).

inflated inventories, inventarios inflados.

inflation, inflación.

inflow, entrada.

information, informe.

information retrieval, recolección de información.

information wire, hilo de información (parte componente de las memorias de núcleos magnéticos).

informative disclosures, notas aclaratorias.

infringement, infracción.

inhibit wire, hilo de bloqueo (parte componente de la memoria de núcleos magnéticos).

initial audit actions, actividades iniciales de la auditoría (no desperdiciar el tiempo del cliente. El contador encargado debe tener programas de trabajo preparados tanto para sí como para todo los miembros del personal que participarán en el trabajo).

initial capital, capital inicial.

initial metting, asamblea inicial (de accionistas).

injuction, amparo.

input, entrada (información transferida de la memoria secundaria o externa a la interna de la computadora).

input block US, input buffer GB, input store GB, bloque de entrada (sección de la memoria interna de una computadora generalmente reservada para recibir y procesar información de entrada).

input equipment, equipo de entrada (el equipo usado para recibir información en una computadora).

input routine, rutina de entrada (programa que convierte las instrucciones de máquina en cual-

quier notación a otras aceptables por la computadora).

input unit, unidad de entrada (unidad que introduce la información en la computadora de afuera de la misma).

inquiry, indagación.

intentional error, error intencional (es el resultado de una planeación deliberada. Puede consistir en un error que implique la aplicación adecuada de los principios de contabilidad, la omisión de un asiento, o puede ser uno de comisión, en cuyo curso se equivocan deliberadamente los registros de contabilidad. Los errores intencionados los cometen individuos deshonestos con intenciones dolosas).

interest subject only to the 10% tax, intereses gravados con la tasa del 10%.

interlacing US, interleave GB, distribución alternada (asignar números sucesivos para posición en la memoria a posiciones separadas físicamente en un tambor magnético de manera tal que el tiempo de acceso a posiciones sucesivas de memoria se reduce notablemente).

internal drain, agotamiento interno (el límite a la cantidad máxima de los préstamos bancarios y de los depósitos que pueden estar respaldados por las exigencias existentes sobre la reserva por cualquier reserva monetaria se funda en el llamado "agotamiento interno" de dinero en circulación que acompaña la expansión de los préstamos bancarios y de los depósitos).

insolvency, insolvencia.

inspect, inspeccionar (revisar e investigar *sin* una completa verificación. La verificación completa daría como resultado cierta cantidad de trabajo injustificado. Ejemplo: pueden inspeccionarse los comprobantes de caja chica buscando que sean razonables).

installation expenses, gastos de instalación.

installment on mortgage note payable, documentos por pagar por hipoteca a plazos.

installment purchase, compra a plazos.

installment sales, ventas a plazos.

instalments, plazos, abono, pago parcial.

instalment houses, negocios de ventas en abonos.

instalments sales, ventas a plazos.

instalments sales customers, deudores por ventas a plazos.

instruction classification, clasificación de instrucciones (una clasificación puede ser: a) suma, división, etc., b) entrada y salida, c) lógica, d) selección).

instruction code, order code, código de instrucciones (el sistema de símbolos, nombres y definiciones de todas las instrucciones que son intelegibles a una computadora o a una rutina de ejecución dada).

instruction, instruction order, instruction word, order, instrucción (palabra de máquina o grupo de caracteres en lenguaje máquina, que indica a la computadora a tomar determinada acción).

instruction sequence. GB, control sequence US, secuencia de mando (la secuencia normal de selección de las instrucciones para su ejecución por la computadora).

insurance, seguro.

insurance and bonds, seguros y fianzas.

insurance coverage, cobertura de seguros.

insurance expense, gastos por seguros.

insurance unexpired, seguros por devengar.

intangible asset, activo intangible [representa el derecho exclusivo de un producto, un proceso o una ubicación. Se clasifican (1) los que por ley, contrato, o por la misma naturaleza del activo tienen una existencia limitada. Estos incluyen: a) Patentes, b) contratos de arrendamiento, c) derechos literarios, d) concesiones o franquicias a plazo fijo, e) licencias, f) costos de organización, g) crédito mercantil, si existen pruebas de que su existencia sea limitada. El costo de los activos intangibles de esta clase debe ser amortizado sistemáticamente contra las utilidades durante el periodo beneficiado, y (2) aquellos cuya existencia no tiene término limitado y no van acompañados por una indicación de una vida limitada cuando fueron adquiridos. Estos incluyen: a) marcas de fábrica y nombres comerciales, b) procesos y fórmulas secretas, c) concesiones o franquicias perpetuas, y d) crédito mercantil, si no existen pruebas de que su existencia sea limitada. El costo de los activos intangibles de esta clase deberá llevarse en forma continua, a menos que resulte evidente que han perdido su valor, o a menos que resulte evidente que su existencia resulte limitada. Si han perdido su valor o su existencia resulta limitada, todo el costo remanente será cargado a las utilidades del ejercicio en curso o al capital contable].

integrated data processing, procesamiento integrado de datos (ejecuciones automáticas en un solo ciclo sin la intervención del ser humano, método usado cuando los formularios administrativos así como las máquinas y los diferentes pasos establecidos para procesar los datos están de tal manera coordinados entre sí, que todas las operaciones se realizan por medios del lenguaje común).

intelligence and mental alertness tests, pruebas de inteligencia y de agudeza mental.

inter-branch transactions, operaciones entre sucursales.

inter-company accounts, cuentas entre compañías.

inter-department profits, utilidades entre departamentos.

inter-office balances, saldos entre oficinas.

interbank and intercompany transfers, traspasos entre bancos y entre compañías.

interchageable plugboards, tableros intercambiables (máquinas electrónicas).

interest, interés, participación (de los socios en una sociedad en nombre colectivo).

interest and discount paid, intereses y descuentos pagados.

interest-bearing, con intereses.

interest, compound, interés compuesto.

interest, coupon, cupón de interés.

interest, earned, intereses ganados.

interest expense, gastos por intereses; intereses pagados.

interest income, ingresos por intereses (ingresos de empresas que prestan dinero).

interest on advances, intereses sobre anticipos (bancos).

interest on borrowed funds, intereses sobre fondos recibidos en préstamo.

interest on capital invested, interés sobre el capital invertido.

interest on deposit and current accounts, and on staff provident accounts, intereses sobre cuentas corrientes y de depósito, y sobre cuentas de provisión para el personal (bancos).

interest on investments, intereses devengados sobre inversiones.

interest on owned capital, interés sobre capital propio.

interest, paid, intereses pagados.

interest rates, tasas de interés.

interest warrant, la orden del cheque expedido por una sociedad, en pago de los intereses vencidos de sus bonos, pagarés, etc., (término bancario).

interested parties, partes interesadas.

interests, discounts and exchange losses, intereses, descuentos y diferencias en cambios.

interim adjustment (amendments), reformas de ajustes en fechas intermedias (las modificaciones de ajustes intermedios deben ser tomados en cuenta para el pago de reclamaciones durante la vigencia de la póliza) (seguro de crédito).

interim bonds, obligaciones provisionales.

interim financial statements, estados financieros a fechas intermedias.

interim reporting, informes en el intervalo de ejercicios.

interim work, trabajo durante el año.

interlocking reports, informes de cierre.

internal auditing, auditoría interna.

internal control, control interno (comprende el plan de organización y de todos los métodos y medidas coordinados adoptados por una empresa para salvaguardar sus activos, comprobar la exactitud y confiabilidad de sus datos contables, promover la eficiencia operativa y fomentar la adhesión a las políticas administrativas prescritas. "American Institute of Certified public Accountants, Internal Control, P. 6").

internal control over credit sales and resultant receivables, control interno adecuado para las ventas a crédito y los documentos por cobrar resultantes [es necesario dividir las obligaciones funcionales de manera que existan responsabilidades por separado para (1) la preparación de la orden de venta, (2) aprobación del crédito, (3) salida de las mercancías que van a ser despachadas, (4) embarque, (5) facturación a los clientes, (6) verificación de la factura, (7) mantenimiento de una cuenta control, (8) mantenimiento de una cuenta auxiliar o subsidiaria, y (9) cobro de las cuentas y documentos por cobrar, contabilización del efectivo recibido y su envío controlado al banco. También requiere una contabilización adecuada de la mercancía devuelta, de la mercancía que se devuelve y la aprobación del descargo y cancelación de las cuentas incobrables. Por lo tanto, para que sea adecuado el control interno de las cuentas y documentos por cobrar, (1) las ventas deberán estar separadas de contabilización, (2) la contabilidad debe separarse del ingreso del efectivo, y (3) las devoluciones, rebajas, descuentos y el descargo y cancelación de lo incobrable deben estar debidamente aprobadas y separadas de las funciones del ingreso del efectivo].

internal idle time, tiempo inactivo interno (intervalo de tiempo durante el cual no puede utilizarse una parte de la máquina).

internal memory, internal storage US, internal store GB, memoria interna (la memoria total, accesible automáticamente a la computadora sin la intervención del ser humano).

Internal Revenue Bulletin, Boletín de la Renta Interior (de Impuestos).

Internal Revenue Code, Ley del Impuesto sobre la Renta, Código de Ingresos Interiores.

Interstate Commerce Commission, Comisión de Comercio Interestatal.

internal storage capacity, capacidad de la memoria interna.

international standards, normas internacionales.

international trade, comercio internacional.

interpreter, interpretadora (dispositivo que imprime en caracteres claros la información contenida en las tarjetas en forma de perforaciones en las mismas tarjetas).

interpreter machine, interpretadora (máquina especial de tarjetas perforadas que imprime en la parte superior de la tarjeta los datos representados por las perforaciones) (máquina electrónica).

interpreting, interpretar (es imprimir el significado de las perforaciones en una tarjeta perforada).

interpreter code, código intérprete (código aceptable a una interpretadora).

introduction, introducción.

inventoriable costs, costos que pertenecen al inventario.

inventories-carrying basis, inventarios-bases incluidas.

inventory, inventario.

inventory, book, inventario en o de libros.

inventory carrying costs, costos de manejo del inventario.

inventory, closing, inventario final.

inventory costing methods, métodos de valuación de inventarios.

inventory, finished products, inventario de productos terminados.

inventory, opening, inventario inicial.

inventory overstatement, sobrevaluación de inventarios.

inventory, perpetual, inventarios perpetuos.

inventory, physical, inventario físico.

inventory planning, planeación del inventario.

inventory, pool, inventario global.

inventory pricing methods, métodos de valuación de inventarios; **simple average,** simple promedio aritmético; **cost price,** precio de costo; **cost of market whichever is lower,** precio de costo o mercado el que sea más bajo; **first in-first out,** primeras entradas-primeras salidas; **gross profit method,** método de la utilidad bruta; **last in-first out,** últimas entradas-primeras salidas; **moving average,** precio promedio; **perpetual inventory,** inventario perpetuo; **retail method (detail),** método de detallistas.

inventory records, tarjetas de almacén.

inventory shrinkage, faltantes de inventarios (faltantes originados de la comparación del inventario físico contra libros).

inventory, spareparts, inventario de refacciones.

inventory, tagg, etiqueta para inventarios (físicos).

inventory to working capital, inventario a capital de trabajo.

inventory valuation, valuación de inventarios.

invested capital, capital aportado.

investigate the procedure followed for pricing the inventories of materials, work in process and finished products and make significant testchecks of its applications, investigue el procedimiento seguido para la valuación de inventarios de materiales, productos en proceso y productos terminados, y haga pruebas selectivas de sus aplicaciones.

investigation, investigación.

investment, inversión.

investment banking, bancos de inversión.

investment banking and trust Co., institución financiera y fiduciaria.

investment current, inversiones en valores.

investment decisions, decisiones de invertir.

investment in affiliated companies, inversiones en compañías afiliadas.

investment in fixed capital, inversiones en capital fijo.

investment in shares, inversiones en acciones.

investment market, mercado de inversión (es principalmente el segmento a largo plazo del mercado de capital en conjunto, en contraste con el mercado a corto plazo, o de "dinero". Puede excluir préstamos a corto plazo, créditos a consumidores, créditos agrícolas y el crédito son bienes raíces, altamente especializados).

investment outlet, objeto de la inversión.

investment rectrictions, restricciones a las inversiones.

investments, permanent, inversiones permanentes.

investments, short-term, inversiones transitorias.

investments, temporary, inversiones transitorias.

investments trusts, fondos de inversión.

investor, inversionista.

invoice, factura (formulario comercial en el que se escriben los hechos relativos a la venta de mercancías o de servicios).

invoice book, libro de facturas.

invoice, consular, factura consular.

invoice copy examined, comprobado contra copia de factura.

invoice number, número de factura (generalmente impreso en la factura con numeración progresiva para así poder distinguirla).

invoice proforma, factura proforma.

invoice register, registro de facturas.

involuntary petition, demanda presentada por los acreedores para que se declare en quiebra al deudor; por oposición al caso en que el propio deudor presenta voluntariamente la misma demanda.

irrevocable documentary credit, crédito comercial irrevocable.

irrevocable letter of credit, carta de crédito irrevocable.

issuance, emisión, suscripción.

issuance of capital stock, aportación de capital social.

issue, emitir, expedir.

issued stock, acciones emitidas.

issued to, a favor de.

issuer's financial strength and earning power, fuerza financiera y ganancial del emisor.

issues for consideration, problemas a considerar.

item counter, contador de operaciones (parte de la máquina que indica cuántos renglones u operaciones han pasado por la máquina).

itemized, pormenorizado.

itemized invoice, factura detallada.

items, artículos, asuntos, partidas.

J

jacket, cubierta (sobre exterior).

job breakdown, descomposición del trabajo.

job classification, clasificación de puestos, clasificación del trabajo.

job classification system, sistema de clasificación de puestos.

job costs, costos por órdenes de trabajo.

job data, datos laborales.

job description, descripción del trabajo, descripción del puesto.

job enlargement, ampliación del trabajo.

job evaluation, valuación de puestos, valuación de trabajos (la operación analítica completa para determinar el valor de un

trabajo sencillo en una organización, en relación con otros trabajos efectuados en la misma organización).

job-lot, órdenes de trabajo.

job or shop order, orden de trabajo.

job order cost accounting, contabilidad de costos por órdenes de trabajo.

job-order system, sistema de órdenes de trabajo.

job ranking system, sistema de establecimiento de rangos para los puestos.

job requirements, requisitos del trabajo.

job rotation, rotación de trabajos, rotación de puestos.

job time hours, horas de trabajo.

job time recording clock, reloj de control del tiempo de trabajo.

job time ticket, tarjeta de tiempo de trabajo.

job training, adiestramiento en el trabajo.

jobbers, comisionista, corredor, intermediario (entre el corredor y los demás).

jobbing, destajo.

joggling, sacudimiento (limpiamente arregladas las tarjetas después de registrarlas hacia el alimentador de tarjetas).

joint account, cuenta en participación mancomunada.

joint costs, costos mancomunados (existen cuando de cualquier unidad original, materia prima o proceso, se producen unidades de bienes o servicios que tengan distintos valores unitarios).

joint entreprise, empresa en participación.

joint liability, responsabilidad solidaria.

joint manager, cogerente.

joint obligation, obligación solidaria.

joint-product, coproducto (la distinción entre un coproducto y un subproducto tiende a estar basada sobre las ventas relativas del producto. Empleando este criterio, si los ingresos derivados de cada uno de los dos productos son más o menos iguales en cantidad o por lo menos significativos en relación al ingreso total, se tratan como coproductos).

joint proprietor, copropietario.

joint signature, firmas mancomunadas.

joint stock banks, nombre dado en Inglaterra a las sociedades anónimas bancarias, para distinguirlas del Banco de Inglaterra y de los bancos particulares; (término bancario).

joint stock company, sociedad en comandita por acciones.

joint ventures, cuentas de participación.

journal, diario, libro auxiliar (las cifras que usualmente se asientan en las cuentas del mayor se derivan de la información de un libro diario. Este es un registro cronológico de transacciones en el cual cada transacción se asienta en su totalidad. El diario se denomina libro de asientos originales, debido a que tradicionalmente es el primer registro en el cual se registra el análisis contable de una transacción. La forma tradicional del diario recibe el nombre de diario general).

journal, columnar, diario general tabular.

journal entries, asientos de diario.

journal, general, diario general.

journal voucher, comprobante de diario.

journalizing, contabilización (registrar una transacción en el diario).

judgment, juicio.

judgement sample, muestreo de opinión o razonado o de criterio (es uno en el cual los conceptos de una población o universo que se van a examinar, están seleccionados sobre la base del criterio del auditor. Por ejemplo, después de revisar las compras del inventario de un cliente, el auditor cree que el mes de marzo es representativo de dichas compras, en consecuencia, decide verificar las facturas de los vendedores y todos los datos y asientos relacionados del mes de marzo. Otro ejemplo, un auditor podría decidir verificar los datos originales de cada veinticinco facturas).

judicial decree, decreto judicial.

jump, jump instruction, instrucción de salto (una instrucción o señal la cual, condicional o incondicionalmente, especifica el emplazamiento de la siguiente instrucción y dirige a la computadora a esa instrucción).

junior, ayudante de auditor.

junior staff, auditores, ayudantes.

jural, jurídico.

juridical, jurídico.

juridical persons, personas morales (sociedades).

jurisprudence, jurisprudencia.

jurvey, estudio.

jury, jurado.

K

keep in touch with office, mantenerse en contacto con la oficina.

keeping track, llevar un control.

Key, referencia, guía, solucionario de problemas, clave, clavija [(a) grupo de caracteres normalmente formando un campo, usado para identificar o localizar un renglón de información, (b) palanca o botón que se oprime con un dedo para introducir un símbolo en la máquina de escribir, una perforadora manual o máquinas similares]. To key, comprobar con claves en publicidad.

key address, dirección (la dirección de conducción de un programa).

key card punch, key punch, card punch, punzón de perforación de tarjetas (un mecanismo que perfora tarjetas, o una máquina que perfora tarjetas según un programa).

key employee, empleado de confianza.

key instruction, instrucción clave (la principal instrucción de un programa, o instrucción que se da por medio de una tecla).

key job, trabajo clave.

key operated card-punch, key punch machine, perforadora con teclas (máquina de oficina que registra datos perforando las tarjetas. Existen máquinas con dos clases de teclados que registran datos, a) numéricos y b) alfa-numéricos).

key punch machine operator, operador de perforadora.

keyboard unit, unidad auxiliar de tablero.

keyman, hombre clave.

keysort card, tarjeta de perforación (a lo largo de las orillas. Las perforaciones hechas se utilizan como claves para agrupar datos).

keysort needle, aguja para tarjetas de perforación (para agrupar tarjetas que tengan perforaciones en las mismas columnas).

Keysort process, procedimiento Keysort (procedimiento para seleccionar y clasificar datos a fin de resumirlos y analizarlos).

Kilo-man-hour, mil horas-hombre.

kimograph, quimógrafo (registrador fotoeléctrico de los movimientos de manos de los operadores).

kiting, jineteo, traspaso (este término se usa: el traspaso de los cheques se presenta cuando un cheque girado contra un banco se deposita en un segundo banco para cubrir la escasez de dinero, pero se hace un asiento reduciendo el saldo en efectivo en el primer banco y aumentando el saldo en el segundo).

kiting checks, operar con cheques de valor dudoso; intercambio (el término **kiting** no tiene traducción al español y denota el procedimiento que consiste en que dos personas residentes en ciudades distintas, intercambien cheques entre sí, los depositen en los bancos locales, giren nuevos cheques contra los saldos así creados y hagan depósitos para cubrir los cheques depositados antes de que éstos se cobren).

knowledge, conocimiento.

L

label, etiqueta (para inventarios).

label coding, indicación de código (aplicar el lenguaje de código a un documento pasándolo en una tira o cinta que indica el código usado).

labeling machines, máquinas etiquetadoras (prepara etiquetas con direcciones en tiras de largo continuo).

labor agreement, contrato laboral, contrato colectivo de trabajo.

labor allowances and make up, pagos adicionales por mano de obra y compensaciones.

labor, cost, mano de obra.

labor, direct, mano de obra directa.

labor dispute, conflicto de trabajo.

Labour Exchange Act, Ley de Bolsas de Trabajo (1909).

labor foreman, jefe de producción, supervisor.

labor, indirect, mano de obra indirecta.

labor layoff, despido del trabajo, cese de empleo.

labor overhead, gastos propios de la mano de obra.

labor related costs, costos relacionados con la mano de obra.

labor relations, relaciones laborales.

labor turnover, rotación de personal, personal de reemplazo, movimiento de obreros, cambios en el personal para mantener un número fijo.

labor union, sindicato obrero, gremio obrero, asociación obrera.

laborer, trabajador, obrero, operario, jornalero.

labour, trabajo.

labour market, disponibilidad de mano de obra.

lack of delivery, falta de presentación (de un instrumento de crédito).

lack of dollar exchange, falta de cambio de dólares.

lading, embarque.

lag (of time), retraso, rezago.

laid-down cost, costo de entrega.

land, terrenos.

land tax, impuesto predial.

landed cost, costo total (de mercancías puesto en el almacén del comprador).

landlord, arrendador.

lapping, "jinetear" encubrimiento (los ingresos en efectivo impli-

can la retención de éstos sin hacer ningún asiento).

lapsed discount, descuento caducado.

larceny, latrocinio o hurto (es una forma de fraude en el que puede existir la violación de propiedades. Un cajero puede desfalcar dinero u otras propiedades).

larning power of the business, potencial de utilidad de los negocios (la relación entre la utilidad neta de operación y el activo neto de operación o sea:

$$\frac{\text{Utilidad neta de operación}}{\text{Ventas netas}} = \text{Margen de utilidad}$$

$$\frac{\text{Utilidad neta de operación}}{\text{Activo neto de operación}} = \text{Potencial de utilidad}$$

Mientras más hagamos con cada unidad monetaria de ventas y mientras más ventas efectuamos por cada unidad monetaria de activo de operación, mayor será nuestro porcentaje de devolución sobre cada unidad monetaria de activo de operación).

last in first out, últimas entradas, primeras salidas (las últimas unidades recibidas son siempre las primeras que se usan. Lifo tiende a uniformar la utilidad neta especialmente cuando se llevan grandes inventarios por periodos prolongados si ocurren amplias oscilaciones en los precios).

last year examined, último ejercicio calificado (impuesto sobre la renta).

latest year that income tax returns have been examined, el año que cubre la última declaración revisada por las autoridades fiscales.

law, ley.

law firm, firma de abogados.

lawsuit, pleito, causa, juicio pendiente.

lay a bill on the table, dar carpetazo a un proyecto de ley.

lay-day, día de descanso.

layoffs, suspensiones (en el trabajo).

laywer, abogado.

leadership, dirección.

leading schedules, cédulas sumarias, cédulas principales (es la que hace el resumen de conceptos similares o relacionados).

leakage, merma.

leapfrog test, comprobación interna (un programa que verifica la operación interna de la computadora, caracterizado por la propiedad que ejecuta una serie de operaciones aritméticas en una sección de posiciones de memoria, entonces se transfiere a otra sección, verifica si el transporte es correcto y empiezan las series de operaciones nuevamente).

lease, contrato de arrendamiento.

leasehold improvements, mejoras a propiedades arrendadas.

leaseholder, arrendatario.

leaseholds, contratos de arrendamiento [un contrato de arrendamiento traslada el derecho de usar una propiedad durante la duración de dicho contrato. Di-

cho mandato difiere de la propiedad efectiva debido a las limitaciones colocadas sobre la disposición y uso de la propiedad rentada y debido a la posibilidad de un periodo de uso limitado. Existen muchos tipos de contratos de arrendamiento, pero para propósitos de auditoría se pueden dividir en dos clases: (a) los que sólo representan el derecho a usar la propiedad durante la duración del contrato. Este tipo de contrato sólo aparecerá como activo si se han efectuado pagos por anticipado, o si el arrendatario original capitalizó los ahorros anticipados derivados de un subarriendo — esta última situación raramente se presenta. A este tipo de arrendamiento se le debe dar una total exposición en los estados financieros, o en notas a los mismos, en relación a los derechos y obligaciones bajo contrato, y (b) los que representan el derecho a usar la propiedad durante la duración del contrato y luego se adquiere la propiedad al término de dicho contrato o durante la vida de éste. Si el privilegio de la compra está en vigor al término del contrato, la cantidad que deba pagarse por adquisición, por lo general sólo es una cantidad nominal. Puesto que el adeudo total será a largo plazo, deberá presentarse en el balance general el pasivo circulante y fijo reduciéndose a medida que se hagan los pagos al arrendador.

Las mejoras a las propiedades tomadas en arrendamiento son activos fijos y deben depreciarse sobre la vida del activo o sobre la vida de la mejora, la que sea más corta. Si el contrato de arrendamiento contiene una cláusula de renovación, los pagos anticipados y los costos de las mejoras deberán amortizarse sobre un periodo no mayor que la del contrato de arrendamiento, ya que a la fecha de ejecución del contrato de arrendamiento original no existe la certeza de que dicho contrato sea renovado].

leasing, subarriendo.

leasing from the auditor's point of view, el arrendamiento desde el punto de vista de los auditores.

leasing of industrial equipment, arrendamiento de equipos industriales.

ledger, libro mayor.

ledger, balance, libro mayor de saldos.

ledger, factory, libro mayor de fábrica.

ledger, subsidiary, libro mayor auxiliar.

legal aid, amparo judicial.

legal and other professional services, gastos legales y servicios profesionales.

legal entity, entidad legal.

legal expenses, gastos legales.

legal means, medios legales.

legal reserve (each member bank is required by law to carry with its federal reserve bank a deposit balance equal to a certain percentage of its own deposit liabilities. Such balances are known as "legal reserves", an to avoid penalty, must be maintained at the required level by the member bank), reserva legal [cada banco incorporado está obligado por la ley a mantener con su banco de la reserva federal (el Banco de México, S. A., en México) un saldo de depósitos igual a un cierto porcentaje de sus depósitos pasivos. Tales saldos se conocen con el nombre de "reservas legales" y para evitarse multas y sanciones deben mantenerse por el banco incorporado a un nivel establecido (esta reserva de los bancos se denomina "encaje legal" en el Sistema Bancario Mexicano)].

legalisation, legalización.

lender, prestamista.

lessee, arrendatario.

lessor, arrendador.

let us assume, supongamos.

letter, carta.

letter heads, papel membretado.

letter of advice, carta de aviso.

letter of credit, carta de crédito.

letter of marque, patente.

level-premium plan, plan de prima nivelada [introduce un elemento enteramente nuevo en el esquema de operación, el fondo de inversión formado por los pagos excedentes. Este fondo se llama la *reserva*, el cual es un término más bien desafortunado puesto que en realidad no es una reserva en el sentido ordinario comercial que implica *superávit*, sino un fondo que la compañía debe mantener para que pueda pagar todas las reclamaciones por muerte y sin el cual sería insolvente. Comparando una póliza de prima nivelada con una póliza temporal renovable anualmente del mismo valor nominal, notamos que bajó la primera, cuando un tenedor de póliza muere, la reserva acumulada en esta póliza estará disponible como parte del "valor nominal" pagadero. Consecuentemente, a medida que la reserva aumenta, el seguro real, o como es llamado, la *cantidad neta en riesgo* (valor nominal *menos* la reserva), disminuye. Así la tasa de fallecimiento en aumento es compensada por un importe decreciente de seguro efectivo, y el costo se mantiene a una cifra razonablemente baja. La operación financiera del plan de prima nivelada involucrando la acumulación de pagos en exceso, o "reservas", es bastante complicada].

leverage, ventaja, influencia, poder, fuerza [en las decisiones administrativas sobre los bonos por pagar lo más importante son dos factores de efectos opuestos. Uno de ellos es la seguridad financiera de la empresa, y el otro es la posibilidad de mejorar el porcentaje de devolución a los propietarios utilizando préstamos a largo plazo. Se afecta la seguridad de la empresa debido a que tanto el interés sobre los bonos, como el capital, es una deuda que debe cubrirse sin tomar en cuenta las utilidades; la falta de ello puede ocasionar un juicio hipotecario en cualquier caso. Si se caen las ventas y las utilidades, la empresa no podrá pagar intereses. En consecuencia, debe observar su propio estado de pérdidas y ganancias y su balance general como lo haría un extraño que estuviera considerando la compra de sus bonos y la cantidad de bonos por pagar que pueda usar con seguridad debe de-terminarse a la luz de sus activos y utilidades. A favor de bonos por pagar, está el hecho de que en esta forma se puede obtener dinero a tasas menores de las que se obtienen con todos los fondos de la empresa. El exceso aumenta el porcentaje de la devolución a los propietarios. Este principio se llama ventaja (o una influencia para poder lograr preferencia en una operación con títulos de crédito en cuanto a intereses). En finanzas la ventaja se refiere a la posibilidad de aumentar la tasa de devolución para algunos valores, utilizando valores con prioridad o preferencia que rindan un porcentaje menor que el que se gane en total. Pueden venderse sobre la base de menor rendimiento debido a la mayor certeza de una devolución debida a su prioridad, se aplica igualmente al uso de las acciones preferentes].

levy, impuesto de cooperación.

liabilities, pasivos (son derechos de los acreedores en contra de la empresa para que sean liquidados mediante el desembolso o la utilización de recursos de la empresa).

liabilities, actual, pasivo real.

liabilities, capital, pasivo consolidado.

liabilities, contingent, pasivo contingente.

liabilities, current, pasivo circulante.

liabilities, fixed, pasivo fijo o consolidado.

liabilities, joint, pasivo mancomunado.

liabilities, matured, pasivo vencido.

liabilities, reserve, reserva de pasivo.

liabilities, secured, pasivo garantizado.

liabilities, unsecured, pasivo no garantizado.

liability, responsabilidad.

liability, insurance, seguro de daños.

liability, joint, pasivo mancomunado.

liability, joint and several, responsabilidad solidaria.

liability, limited, responsabilidad limitada.

liability of endorsers, responsabilidad de los endosantes.

liability, personal, pasivo u obligación personal.

license and royalty agreements, arreglos de franquicias y regalías.

licenses, licencias, permisos (a base de regalías por lo general se conceden bajo patentes o derechos literarios. Si el tenedor de una licencia paga una suma para la misma, ese costo deberá amortizarse sobre la vida de la licencia o sobre el período de utilidades anticipadas, el que sea más corto. Los pagos son sobre la base de producción o ventas).

licensing agreements, contratos de licencia.

lien, gravamen, hipoteca, obligación.

lien bonus, prima de compensación.

lien date, fecha de emplazamiento.

life annuity, renta vitalicia.

life insurance, seguro sobre la vida.

lift vendor's invoice from file, sacar la factura del proveedor del expediente.

lifts apps, partidas para elevación de precios.

light and power, luz y fuerza.

light senior, auditor de primera.

limited coinage, acuñación limitada (bancos).

limited company, sociedad anónima.

limited coverage endorsement, endoso de cobertura limitada (seguro de crédito).

limited liability company, Sociedad de Responsabilidad Limitada.

Limited Liability Society, Sociedad de Responsabilidad Limitada.

limited partnership, sociedad limitada, sociedad en comandita.

limited-payment life policy, póliza de vida de pagos limitados.

line-and-staff type of organization structure, estructura de organización tipo lineal y funcional.

line-a-time printing US, line printing GB, imprimir línea por línea (impresión de toda una línea de caracteres a un mismo tiempo normalmente por medio de una barra para cada espacio de caracteres en la línea).

line of samples, muestrario.

line organization, organización lineal.

line row, línea (una de las doce series horizontales de posiciones en una tarjeta de perforación).

line type of organization structure, estructura de organización tipo lineal.

linear memory, linear storage US, linear store GB, memoria lineal (memoria en la cual las posiciones se ordenan en un medio portador unidimensional, que normalmente está en reposo y se mueve sólo para tener acceso a la memoria).

linear program part, parte rectilínea del programa (la parte de un programa sin ramificaciones).

linear programming, programación lineal.

lines of business, giros de negocios.

link, conexión, unión (la parte de una subrutina que la conecta al resto del programa).

liquid assets, valores realizables, activo líquido (por lo general el activo circulante menos inventarios, o lo que es activo neto).

liquid capital, capital líquido o neto.

liquidating dividend, dividendo de liquidación.

liquidation, liquidación.

liquidation value, valor de liquidación (que es el monto de realización sobre una propiedad componente al disolverse el negocio).

liquidator, síndico, liquidador.

list of accounts, catálogo de cuentas.

listed stock price quotations, cotizaciones de precios.

loading, alimentación, carga (el proceso de alimentar información a la memoria por la unidad de entrada).

loan system of banks, sistema de préstamos de los bancos.

loans, préstamos, empréstitos.

loans and discounts, descuentos y préstamos (financieras).

loans, bank, préstamos bancarios.

loans department, departamento de cartera (bancos).

loans for purchasing and carrying securities, préstamos para compras y conservación de valores.

loans on bottomry, préstamos a riesgo marítimo.

loans outstanding, préstamos vigentes (bancos).

loans rediscounted, préstamos cedidos en descuentos (financieras).

loans secured by pledges, préstamos prendarios.

loans to business, préstamos a los negocios (comerciales e industriales).

local bill, letra sobre la plaza.

local business, negocios en plaza.

local custom, costumbre local.

local expenses, gastos de plaza.

local price, precio de plaza.

local trade, comercio local.

location, posición, localización (una posición de memoria en la memoria interna principal que almacena una palabra de computadora).

location of instruction, posición de la instrucción, localización de la instrucción (dirección de la posición en la cual la instrucción es o puede ser almacenada).

lockouts, paros provocados por la empresa.

lodging expenses, gastos de hospedaje.

log sheet, hoja de apuntes.

logger, registrador (dispositivo que automáticamente registra procesos físicos y eventos normalmente con la especificación del tiempo en el que ocurren).

logic of the computer, lógica de la computadora (el sistema de circuitos y partes componentes junto con sus conexiones en la parte central de la computadora).

logical diagram, functional diagram, diagrama lógico (un diagrama que consiste de símbolos funcionales y su conexión).

logical element, elemento lógico (en un sistema de procesamiento de datos o computadora, los bloques de construcción más pequeños que pueden representarse por operadores en un sistema apropiado de lógica simbólica).

logical operation, operación lógica (la operación de comparar, seleccionar, hacer referencias, igualar, clasificar, etc., donde en esencia los "unos" y los "ceros" correspondientes a "si" y "no" constituyen los elementos que se están operando).

London Stock Exchange, Bolsa de Valores de Londres.

long, el comprador o poseedor de acciones o bonos (cuando posee acciones en número mayor al que está obligado a entregar); (término bancario).

long bill, letra a largo plazo.

long-form report, informe largo o detallado.

long-range financial planning, planeación financiera a largo plazo.

long-range planning, planeación a largo plazo.

long-range profits, utilidades a largo plazo.

long-run capacity fixed costs, costos fijos de capacidad de larga duración (son costos expirados en la planta, maquinaria y de otras instalaciones utilizadas. Las erogaciones para estos activos fijos no se hacen con frecuencia, y se espera que sus beneficios se extiendan sobre un periodo relativamente grande. La depreciación y la amortización son ejemplos de este tipo de costo fijo).

long-term creditors, acreedores a largo plazo.

long-term debt, pasivo a largo plazo (incluye documentos y bonos con vencimientos mayores a un año. Las obligaciones con vencimientos inferiores a un año también se pueden incluir en el pasivo a largo plazo si éstas se liquidan de los fondos clasificados como activos no circulantes. Algunas veces estas obligaciones se denominan *pasivos fijos* o *pasivos consolidados.* La deuda a largo plazo puede estar garantizada o no mediante el gravamen de bienes inmuebles, equipo y otros bienes propiedad de la sociedad).

long-term debt financing, deuda financiera a largo plazo.

long-term debt for state highways, including tollroad facilities, deudas a largo plazo para carreteras estatales incluyendo servicios de caminos de cuota.

long-term deferred charges, gastos diferidos a largo plazo (se originan por servicios y artículos adquiridos, pero los gastos diferidos a largo plazo se convertirán en gastos en un periodo de tiempo mayor al ciclo de las operaciones normales, no representan artículos recuperables en el proceso de ventas a cuentas por cobrar a efectivo. Como ejemplos se incluyen los costos de reacondicionamiento de la planta y un descuento por un bono sin amortizar, si tal concepto no se ve como una cuenta de valuación de un bono por pagar).

long-term notes, pagarés a largo plazo.

long-term or secular fluctuations, fluctuaciones a largo plazo, variaciones permanentes.

loose-leaf, hojas movibles, intercambiables.

loss, gross, pérdida bruta.

loss, net, pérdida neta.

loss of accuracy, pérdida de exactitud (diferencia entre el número de cifras significativas de los datos de entrada y los resultados de una operación).

loss of interest, pérdida de intereses.

loss on exchange, pérdida en cambios.

loss on realization, pérdida en relación o en realización.

loss on retirement of fixed assets, pérdida por retiros de activos fijos.

loss on sale of securities, pérdida en venta de valores.

losses and gains on foreign exchange, utilidades o pérdidas en cambios.

losses and sundry charges, pérdidas y cargos diversos.

losses in value due to pricing change, pérdidas en valor debidas al cambio de precio.

losses must be both books losses and tax losses and, if different, only the lower figure shall be deductible, las pérdidas amortizables deberán ser tanto contables como fiscales, si su monto fuere diferente sólo será amortizable la cantidad menor (en el caso de pérdidas de operación ocurridas en ejercicios anteriores con base en la Ley del Impuesto sobre la Renta-México).

losses of prior period, pérdida de ejercicio.

losses of prior years, pérdida de ejercicios anteriores.

losses on bad notes and accounts (receivable), pérdidas en cuentas malas (por cobrar).

lot, partida.

low interest loans, préstamos a bajo interés.

lower brush, reading brush, escobilla de lectura, escobilla inferior (una escobilla metálica que lee información de las tarjetas perforadas).

lump sum contracts, contratos a precio alzado (constructoras).

M

machinable medium, medio mecanizable (medio de almacenamiento el cual puede ser operado por máquinas).

machine, máquina; **adding machine,** sumadora; **addressograph,** adresógrafo; **time recorder,** reloj marcador; **collator,** intercaladora; **ditto guatin,** dito de gelatina; **ditto spirit,** dito de alcohol; **interpreter,** interpretadora; **key puncher,** perforadora; **mimeograph,** mimeógrafo; **multiplying punch,** multiplicadora; **postage meter,** franqueadora; **sorter,** clasificadora; **check protector,** protectora de cheques; **verifier,** verificadora.

machine-available time, tiempo de máquina (tiempo durante el cual la computadora está encendida, no se le da mantenimiento y se sabe o se espera que funcione correctamente).

machine cycle, ciclo de máquina (el más pequeño periodo de tiempo o proceso completo de acción que se repite en forma ordenada).

machine equation, ecuación de máquina (ecuación escrita en forma que sea aceptable a la máquina en que va a ser resuelta).

machine hour, horas máquina.

machine language, lenguaje máquina, lenguaje mecanizado (información en la forma física que la computadora puede manejar).

machine programming, programación para máquina (la programación por la cual una posterior decodificación del programa del sistema tiene lugar según las instrucciones de máquina necesarias para que se efectúe ese programa y la conversión de estas instrucciones al lenguaje máquina apropiado).

machine reader or scanner, máquina lectora (realiza la lectura humana y la perforación manual laboriosa y consumadora de tiempo, requerida por algunos de los otros medios para la entrada de datos) (en máquinas electrónicas).

machine shop, taller mecánico.

machine word, palabra mecanizada, palabra (una unidad de información de un número estándar de caracteres, los cuales una máquina regularmente maneja en cada transferencia).

machinery, maquinaria.

machinery and equipment, maquinaria y equipo.

macro - marketing, macro-mercadotecnia.

made at a loss, hecho con pérdida.

magnetic card, tarjeta magnética (una tarjeta que consiste o está cubierta por una sustancia imantada).

magnetic core, núcleo magnético (parte componente de la memoria de núcleo magnético).

magnetic-core memory, magnetic-core storage US, magnetic-core store GB, memoria de núcleos magnéticos (una memoria que emplea pequeños anillos de material ferromagnético, cuya curva de histéresis es rectangular).

magnetic drums, tambores magnéticos o emisores de pulsos (en máquinas electrónicas).

magnetic ink character recognition, reconocimiento de caracteres por medio de tinta magnética.

magnetic tape ledger record, registro del mayor en cinta magnética (en máquinas electrónicas).

magnetic-tape reader, lectora de cinta magnética (un dispositivo capaz de restaurar a una serie o secuencia de pulsos eléctricos, información registrada en una cinta magnética en forma de series de manchas imantadas).

mail, correo.

mail-order, pedido hecho por correo.

main file, main record, master file, master record, registro básico, registro principal (el registro que contiene los datos básicos de un proceso para ser programado).

maintenance, mantenimiento.

maintenance of accounting ecuation, conservación de la ecuación contable.

maintenance of capital, conservación del capital.

maintenance of equilibrium in the balance of payments, mantenimiento del equilibrio en la balanza de pagos.

major defect, defecto mayor [que posiblemente origine fallas o que reduzca materialmente la capacidad de uso de la unidad de producto para el propósito intentado (en los sistemas AQL para

el muestreo de aceptación por atributos)].

major share of its total income, mayor participación en las acciones de la utilidad total.

majority interest, interés mayoritario (en la participación de los accionistas).

maker, fabricante, girador.

make a cash content of the petty cash fund in México City, practique arqueo del fondo fijo de caja chica en México, D. F.

make the bank reconciliations according with the general working program for cash and bank accounts, haga las conciliaciones bancarias de conformidad con el programa general de trabajo para las cuentas de caja y bancos.

making marketing work, hacer que la mercadotecnia produzca.

malfunction, funcionamiento defectuoso (una falla en la operación de los elementos componentes de una computadora).

man-hours, horas-hombre.

man-hours worked, horas-hombre trabajadas.

man power, fuerza de trabajo.

management, dirección, gerencia, administración.

management accountant, contador administrativo.

management accountant as a controller, contador administrativo como contralor.

management accountant's role in management, papel del contador administrativo en la administración.

management audit, auditoría administrativa.

management board, consejo de administración.

management consulting firms, firmas consultoras de negocios.

management employees, personal administrativo.

management information systems, sistemas informativos de administración.

management of investments by other, administración de inversiones por otras personas.

manager, director, gerente.

managerial information, informe administrativo.

managerial marketing, mercadotecnia administrativa.

managerial policy, política administrativa.

managerial skills for company managers, técnicas administrativas para gerentes en una empresa.

managing money, administración del efectivo.

managing partner, socio gerente.

managing the sales function, administración de la función de ventas.

manifold devices, dispositivos de copias múltiples.

manipulation, término genérico que indica en su más amplio sentido de la baja o el alza artificiales de los precios, provocados por quienes tienen la habilidad de hacerlo; (término bancario).

manual of accounts, catálogo de cuentas.

manual of office rules and regulations or handbook on employment, manual de reglas y reglamentos de oficina, o manual de empleo (para dar información concisa sobre los beneficios, reglas de operación, reglamentos de empleo) (sobre el manual de oficina).

manual of operations, or standard practices manual, or job instruction manual, manual de operaciones, o manual de prácticas estándar, o manual de instrucción sobre el trabajo (para informar a los empleados de los métodos, procedimientos y normas establecidas) (sobre el manual de oficina).

manual of policies, manual de políticas (para exponer las políticas de la empresa u oficina) (sobre el manual de oficina).

manufactory, fábrica.

manufacture, fabricación, manufactura.

manufacture in process, manufactura en proceso.

manufacture product, producto terminado.

manufacturing, fabricación.

manufacturing account, cuenta de fabricación.

manufacturing concern, empresa industrial.

manufacturing cost statement, estado de costo de fabricación.

manufacturing order, orden de fabricación; orden de trabajo.

manufacturing overhead, gastos indirectos de fabricación.

manufacturing process, proceso de fabricación.

manufacturing schedule, programa de fabricación.

manufacturing summary, manufactura en proceso (cuenta liquidadora en costos).

margin, margen, ganancia bruta, reserva para futuras contingencias.

margin and expense, utilidad y gastos (para el punto de equilibrio).

margin of liquid funds, margen de seguridad.

margin of safety, margen de seguridad.

marginal checking, marginal testing, comprobación de tolerancia, verificación de tolerancia (un sistema para diseñar circuitos electrónicos en una computadora de modo que algunos parámetros del circuito pueden variarse y comprobar estos circuitos para determinar si continúan funcionando satisfactoriamente).

marginal expenditure, gasto marginal.

marginal income, margen de utilidad.

marginal income concept-the team approach to profit planning, el concepto de la utilidad marginal-el enfoque en equipo de la planeación de utilidades.

marginal notched-card machines, máquinas de tarjetas perforadas con muescas en las orillas.

marginal utility, utilidad marginal.

mark, marca o clave (de auditoría).

mark-down, reducción en precios.

mark-on, margen, recargo.

mark-sensed punching method, método de perforación por marcas sensibles (sistema para registrar información original marcando las tarjetas con un lápiz de grafito).

mark-sensing punch card, tarjeta de perforación sensible a una señal (una tarjeta en la cual las perforaciones que se van a hacer están marcadas con un lápiz sensitivo a la perforación).

mark-up, sobreprecio (al costo), recargo adicional.

market, mercado, plaza.

market analysis, análisis del mercado.

market research, investigación de mercados.

market study, estudio del mercado.

market trends, tendencias del mercado.

market value, valor de mercado (que se basa en los precios reales cotizados entre los compradores reconocidos y los vendedores que forman algún tipo de mercado).

marketable and other security investments, inversiones y otros valores realizables.

marketable securities, valores cotizados.

marketing, mercadotecnia.

marketing concept, concepto de la mercadotecnia.

marketing counselor, consultor en mercadotecnia.

marketing department, departamento de ventas o de mercadotecnia.

marketing expenses, gastos de distribución.

marketing manpower planning and development, planeación y desarrollo del personal de mercadotecnia.

marketing research and forecasting, investigación y pronóstico de mercadotecnia.

mass production, producción en masa.

mass-production methods, métodos de producción en masa.

master card, tarjeta maestra (tarjeta que se pone de antemano en una perforadora manual y cuyas perforaciones se pasan automáticamente a todas las tarjetas que se deben perforar).

master tape, cinta maestra (la cinta magnética que contiene el registro principal).

matched orders, órdenes unidas, o sea, transacciones ficticias por dos o más personas, para crear un precio determinado sin que se produzca realmente un cambio de tenencia.

matching costs and revenue, asociación de ingresos y costos.

materiality, importancia relativa.

materials and supplies, materiales y suministros.

materials discarded, materiales desechados.

materials handling, movimientos de materiales.

materials salvaged, materiales rescatados.

materials stored in piles, materiales almacenados en montones.

materials waste, desperdicio de materiales.

mathematical check, comprobación matemática, prueba matemática, verificación matemática (una comprobación que utiliza identidades matemáticas u otras propiedades).

matrix, matriz (a) ordenamiento de cantidades en una forma dada, sujeta a operaciones matemáticas, (b) formación de elementos de circuito arreglados y diseñados para desarrollar una función específica).

matrix memory, matrix storage US, matriz store GB, memoria de matriz (una colección de núcleos magnéticos dispuestos en forma semejante a los elementos de una matriz).

mature account, cuenta vencida o pagadera.

maturity, vencimiento de una libranza o pagaré (término bancario).

maturity, averaging, plazo medio.

maturity date, fecha de vencimiento (letra o pagaré).

maturity of bills, vencimiento de las letras.

maturity of the issue, vencimiento de la emisión.

maturity value, valor al vencimiento (letra o pagaré).

maximum-fee basis, base de cuota máxima (con este método se utilizan las cuotas por día o por hora, entendiéndose que el costo del trabajo no excederá de un máximo fijado con anterioridad, y siempre que no se presenten circunstancias imprevistas o no se desarrollen durante el curso del examen).

means, medios.

mean life, duración media.

means of transport, medios de transporte.

measure, proyecto de ley, medida.

measurement of management, evaluación de la administración.

measurement of price changes, índices en las fluctuaciones de precios (bancos).

measurement of supervisory and administrative personnel, evaluación del personal supervisorio y administrativo.

mechanical methods for transmitting written messages, métodos mecánicos de transmisión de mensajes.

mechanical work, trabajo mecánico.

media reader, lectura de medios (tarjetero de precio preperforados y pone en acción la grabadora de cinta y produce un registro detallado de la parte vendida) (en máquinas electrónicas).

median, mediana (es la magnitud del caso medio o sea el valor que se encuentra con la mitad de las observaciones arriba y la mitad abajo de él) (estadística).

mediators, conciliadores.

medium-sized firms, firmas de tamaño mediano.

meet, pagar al vencimiento.

members news bulletin, boletín de los asociados.

membership, asociados, de los socios.

memorandum, memorándum.

memorandum account, (memoranda account), cuenta de orden, (cuentas de orden).

memorandum cash column, columna de cuentas de orden para caja.

memorandum re (regarding) taxes, memorándum en relación con impuestos.

memory and storage, memoria y almacenamiento (en máquinas electrónicas).

memory capacity, storage capacity US, store capacity GB, capacidad de memoria (la cantidad de información que una unidad de memoria puede almacenar).

memory cell, storage cell US, store cell GB, elemento de memoria (memoria para una unidad de información, normalmente un carácter de una palabra mecanizada).

memory contents, storage contents US, store contents GB, contenido de memoria (la información almacenada en cualquier parte de la memoria de la computadora).

memory location, storage location US, store location GB, posición de memoria, (posición de memoria que guarda una palabra mecanizada y normalmente con una dirección específica).

memory storage US, store GB, memoria (cualquier dispositivo al que se le puede meter información y sacarse posteriormente).

memory operation, storage operation US, store operation GB, operación de memoria (una de las siguientes operaciones: lectura, escritura, transferencia o retención de información).

memory register, storage register US, store register GB, registro de memoria (registro de la memoria de una computadora en contraste con un registro en una de las otras unidades de la computadora).

memory unit, unidad de memoria (en máquinas electrónicas).

merchandise, mercancía.

merchandise, finished, productos terminados.

merchandise inventory, existencias.

merchandise manager, jefe de almacén.

merchandise returned, mercancía devuelta.

merchandise "stunts", mercancías "gancho".

merchandise turnover or momentum of sales, la rapidez con que se mueve la existencia de mercancías de una casa comercial

$$\frac{\text{ventas anuales}}{\text{existencia media}}$$

merchandise, unfinished, productos en proceso.

merchandising, mercadotecnia.

merchandising margin, margen de ventas.

merchant, comerciante.

merge (to), entresacar, extraer, extrapolar, intercalar (producir una sola secuencia de renglones ordenados según cierta regla, de dos o más secuencias previamente ordenadas según la misma regla, sin cambiar renglones el tamaño, estructura ni el número total de renglones).

merged file, archivo embrollado.

merger, fusión.

merger of interests, fusión de intereses.

mergin practices, fusión de despachos.

merit rating, clasificación de méritos.

message, mensaje.

messenger, mensajero.

meter-mail machine, máquina franqueadora.

method of paired comparisons, método de comparaciones en parejas (comparar a cada individuo con todos los demás de su grupo).

methods of confirmation-positive and negative, procedimientos de confirmación—positivo y negativo (positivo, cuando se contesta al contador público titulado sobre la corrección del saldo o se indica el porqué no es correcto; negativo, cuando se contesta en el caso que la cantidad que se muestre sea incorrecta).

methods of financing, métodos de financiamiento.

methods of minimizing risk, métodos para reducir los riesgos al mínimo.

methods used in determining the rate of return, métodos para determinar la rentabilidad.

mexican commissioner of income tax, director del impuesto sobre la renta. (México.)

Mexican Corporate Law, Ley General de Sociedades Mercantiles.

micro-marketing, micro-mercadotecnia.

middleman, intermediario.

middle management, administración media.

middle occurrence, serie de clases y frecuencias (estadística).

minimize, reducir al mínimo.

minimized, minimizado.

minimum access routine, minimum latency routine, optimally coded program, programa óptimo (en una computadora con memoria en serie, una rutina codificada con prudente arreglo de datos e instrucciones de tal modo que el tiempo real de espera para obtener la información de la memoria es mucho menor que el probable de acceso casual).

minimum rate, salario mínimo.

Ministry of Finance and Public Credit, Secretaría de Hacienda y Crédito Público.

minor defect, defecto menor [que presenta posibilidades de reducir materialmente la capacidad de uso de la unidad del producto para el propósito intentado, o bien es una desviación de los estándares establecidos que tiene poca influencia en el uso efectivo u operación de la unidad (en los sistemas AQL para el muestreo de aceptación por atributos].

"minor" taxpayers, causantes menores.

minority interest, intereses minoritarios (en la participación de los accionistas).

minority interest in subsidiary common-stock and surplus, interés minoritorio en acciones comunes y superávit de la subsidiaria.

mint, casa de moneda.

minus asset account, cuenta que disminuye el activo.

minus balance, saldo negativo.

minute book, libro de actas.

minutes of a meeting, actas de asamblea.

miscellaneous. diversos.

miscellaneous expenses, gastos varios.

miscellaneous income, ingresos varios.

miscellaneous operating data, datos varios de operación.

mislay, traspapelar.

mistake, equivocación, error humano (error humano que da como resultado una incorrecta instrucción en un programa o en una codificación, un elemento incorrecto de información o una incorrecta operación manual).

mix variance. variación en cantidad (costos estándar).

mixed account, cuentas mixtas.

mixture variance = (actual quantities used @ standard prices extended at the standard prices for the separate materials) — (total actual quantity used X average standard price per pound), la variación en mezcla es = (cantidades reales usadas a precio estándar haciendo las extensiones a precio estándar, por separado para cada uno de los materiales)— (total de cantidad realmente usada X precio estándar del promedio por libra).

mode, modo (es el valor que ocurre más frecuentemente; en un histograma de frecuencias o en un polígono de frecuencias es el valor observado que corresponde al punto más alto de la gráfica).

modern EDP techniques for the financial executives, técnicas modernas de PED para los ejecutivos financieros.

modest gain, ganancia módica.

modifier, modificador (una cantidad, algunas veces al índice de ciclo, usado para alterar la dirección de un operando).

monetary equation, ecuación monetaria.

monetary liabilities = assets
   — (capital accounts
   +nonmonetary liabilities)

pasivo monetario = activo
   — (cuentas de capital
   + pasivo no monetario)

monetary reserves, reservas monetarias.

monetary standards, estándares o patrones monetarios.

monetary system, sistema monetario.

monetized, monetiza (cuando la plata se "monetiza", esto es, se usa como base para la emisión de certificados de plata).

money, dinero.

money at call, disponibilidades a la vista.

money balances, saldos en efectivo.

money-borrowed, préstamos de otros bancos.

money-order, giro postal.

money-rate risk, or risk of loss of principal due to changing interest rate, riesgo por el tipo de interés, o sea riesgo de pérdida del capital debido a cambio en estos tipos.

moneyed corporation, asociación capitalista.

monopoly, monopolio.

monopoly of banking, monopolio cambiario.

monopsony, monopolismo.

monthly balance, balance mensual.

monthly statement, estado mensual (cobranza).

moratorium, periodo durante el cual el deudor tiene el camino legal para suspender el pago de una obligación.

mortgage, hipoteca.

mortgage bonds, bonos hipotecarios, bonos con garantía hipotecaria.

mortgage credit, créditos hipotecarios.

mortgage loans, préstamos hipotecarios.

mortgage notes payable, documentos por pagar por hipoteca.

mortgage notes, documentos con garantía hipotecaria.

mortgage, receivable, hipoteca a cobrar.

mortgagee, acreedor hipotecario.

mortgager, deudor hipotecario.

motion study, estudio de movimientos.

motor carries, compañía de transportes de carga.

motorized card files, archivo de tarjetas motorizado.

movables, bienes muebles.

moving average, promedio variable.

moving in expenses, gastos por maniobras y traslados.

multi-purpose computer, calculador universal (computadora capaz de efectuar varias operaciones).

multi-unit machine, calculador de unidades múltiples (computadora construida de varias unidades).

multicolumn special journals, diario especial tabular.

multigraph, multígrafo (medio de duplicación).

multiple address code, multiple-address instruction, código de dirección múltiple, código de instrucción múltiple (instrucción o código en el cual se utiliza más de una dirección o posición de memoria).

multiple and sequential sampling, muestreo múltiple y en secuencia (la frase muestreo múltiple generalmente es usada cuando son permitidas tres o más muestras de un tamaño establecido y cuando la decisión sobre aceptación o rechazo debe ser alcanzada después de un número establecido de muestras. La frase *muestreo en secuencia* generalmente es usada cuando una decisión es posible después de que cada uno de los artículos ha sido inspeccionado y cuando no hay un límite especificado en cuanto al número total de unidades que se vayan a inspeccionar).

multiple printing machine, máquina impresora múltiple (máquina que imprime la misma información simultáneamente en varias formas).

multiple-purpose manual, manual de propósitos múltiples (para proporcionar partidas seleccionadas de cualquier área o materia que se estima deseable y útil para la ejecución del trabajo) (sobre el manual de oficina).

multiple stage, etapas múltiples.

multiple stage process costing, cálculo de costos por procesos con varias operaciones.

multiple-tray cabinet, kardex.

multiplexer traffic pilot, dispositivo de control de operaciones diferentes (dispositivo que permite las operaciones coincidentes dentro de las diversas unidades de una instalación de computadora).

multiplication by near number, multiplicación por un número aproximado.

multiplier, multiplicador (dispositivo que tiene dos o más entradas y cuya salida es una representación del producto de las cantidades representadas por las señales de entrada).

mutual savings bank accounts, cuentas en bancos de ahorro mutuo.

my principal, mi representada.

N

n-address code, código de n direcciones (forma de codificación en la cual cada instrucción se refiere a n direcciones).

n-address electronic computer, computadora electrónica de n direcciones, calculador electrónico de n direcciones (una computadora electrónica que funciona según un sistema por el cual cada instrucción tiene n direcciones).

name, nombre.

names and addressed of the incorporators, nombre y dirección de los accionistas.

narrow market, en la bolsa de valores, para indicar que el volumen de operaciones es pequeño, que no hay actividad, que muchos títulos no han tenido movimientos de ventas, aplicado a un solo valor, significa que éste no tiene demanda (término bancario).

narrow the gap, reducir la diferencia.

national accounting system, sistema de contabilidad nacional.

National Association of Cost Accountants, Asociación Nacional de Contadores de Costos.

national bank, banco nacional.

national debt, deuda pública (nacional).

national income, ingreso nacional.

natural business year, año comercial natural.

nature of accounting control, naturaleza del control contable.

near money, convertibles a dinero (en lo tocante a valores como bonos de ahorro de los Estados Unidos de Norteamérica).

needle sorting, clasificación por aguja (el método de clasificación por aguja; el método de clasificación de tarjetas perforadas en el margen insertando agujas).

negative goodwill, crédito mercantil negativo.

negotiable instruments, documentos negociables.

negotiation, negociación.

net, neto.

net book value, valor neto en libros.

net capital flow, afluencia neta de capital.

net earning or net income, utilidad neta (compañías de servicios públicos).

net income before federal income taxes, utilidad neta antes de impuestos sobre la renta (federales).

net income before tax, utilidad neta antes de impuestos.

net income for the year ended ——— is subject to the statutory requirement that at least 5% of the net income for each year must be segregated to the legal reserve until this reserve equals 20% of the capital stock, la utilidad neta por el año que terminó al ——— está sujeta al requisito estatutario que por lo menos un 5% de la utilidad neta de cada año deberá ser separada a la reserva legal hasta que esta reserva sea igual al 20% del capital social.

net income from operations, utilidad neta de operación.

net income per share of common stock, utilidad neta por cada acción común.

net investment, inversion neta.

net operating profit, utilidad neta de operación.

net premiums written, primas netas suscritas (seguros).

net price, precio neto.

net proceeds, valor neto de realización.

net profit, utilidad neta (para empresas comerciales e industriales).

net profit to sales ratio, relación de utilidad neta a ventas.

net profit to working capital, utilidad neta a capital de trabajo.

net receipts, entrada neta.

net return, ingreso neto.

net sales to inventory, ventas netas a inventario.

net sales to net worth, ventas netas a capital contable.

net sales to working capital, ventas netas a capital de trabajo.

net surplus, la parte que resta de las utilidades, después de haber pagado los dividendos.

net weight, peso neto.

net work analyzer, analizador de mallas (computadora analógica

que usa elementos de circuito eléctrico, que simula y resuelve problemas del comportamiento eléctrico de una malla de línea de potencia, cargas eléctricas y problemas afines).

net worth, capital contable (neto).

new balance, saldo actual.

new balance sheet credit balances, nuevos saldos acreedores del balance general.

new balance sheet debit balances, nuevos saldos deudores del balance general.

new directions in pension fund investment management, nuevos caminos en el manejo de las inversiones de los fondos de retiro.

new partnership formed, creación de una nueva sociedad en nombre colectivo.

new trends in organization of the EDP function, nuevas tendencias en la organización de la función de PED.

new trends in venture capital, nuevas tendencias en el capital de riesgo.

nine-tenths fine, ley de 900 (moneda).

"no bit", cero (notación binaria) (en máquinas electrónicas).

no charge machine-fault time, tiempo inútil por error de la máquina (tiempo no productivo por error de la computadora tal como los siguientes:

a) no duplicación
b) transcripción del error
c) funcionamiento defectuoso de entrada o salida

d) funcionamiento defectuoso de la máquina, dando como resultado una corrida incompleta).

no charge non-machine-fault-time, tiempo inútil no atribuido a la máquina [tiempo no productivo por error que no se le atribuye a la computadora, tal como:

a) buena duplicación

b) error en la preparación de los datos de entrada

c) error en el arreglo de la cubierta (**deck**) del programa

d) error en la instrucción de operación o mala interpretación de instrucciones

e) mala programación del tiempo de prueba corrida durante el periodo normal de producción cuando el mal funcionamiento de la máquina es probable, pero se demuestra que no existe].

no-par value common stock, acción común sin valor a la par.

no par value stock, acciones sin valor nominal.

no registration number for gross mercantile income tax purposes, sin cédula de empadronamiento.

nominal accounts, cuentas de resultados.

nominal basis, bases normales (al principio del año).

nominal value, valor nominal.

non accounting majors, neófito en contabilidad.

non auditing standards, normas profesionales ajenas a las de auditoría.

non-cash assets, activos no realizados.

non-cumulative preferred stock, acciones preferentes no acumulativas.

non-erasable storage, almacenamiento imborrable (almacenamiento que no puede ser borrado y vuelto a usar, tal como papel y tarjetas perforadas).

non-interest bearing, sin intereses.

non-operating expenses and income, ingresos y gastos indirectos.

non-participating preferred stock, acciones preferentes no participantes. Acciones privilegiadas sin participación estatal.

non-productive labor, mano de obra indirecta.

non-profit-making corporation, sociedad con fines no lucrativos.

non-recoverable expenses, gastos no recuperables.

non-recurring charges, gastos imprevistos, no periódicos.

non-registered bonds, bonos al portador.

non volatile memory, non-volatile storage US, non volatile store GB, permanent memory, permanent storage US, permanent store GB, memoria permanente (medios de almacenamiento que guarda la información en ausencia de energía, tal como cintas magnéticas, tambores o núcleos magnéticos).

nonbusiness loans of comercial banks, préstamos no mercantiles de los bancos comerciales.

nondeductible items, no serán deducibles.

nonspecialist majors, neófito en contabilidad.

normal band, grupo normal de pistas (banda de un tambor magnético, en el cual el tiempo de acceso no ha sido deliberadamente reducido por la aplicación de encabezados adicionales de lectura).

not included in the above detail balance, no incluido en el saldo detallado arriba.

notary, public, notario público.

note, nota.

notes and drafts, cuentas y documentos por cobrar.

notes and interest were collected as due, documentos e intereses fueron cobrados como vencidos.

notes and trade acceptances, documentos por cobrar.

notes dishonored at maturity, pagarés no aceptados a su vencimiento, o pagarés vencidos no cobrados a su vencimiento.

notes honored at maturity, pagarés aceptados a su vencimiento.

notes issued, billetes emitidos.

notes outstanding, billetes en circulación.

notes payable, documentos por pagar.

notes receivable, documentos por cobrar.

notes receivable discount, documentos descontados (por cobrar).

notes settlement of accounts, establecimiento de cuentas por cobrar.

notice deposits, aviso de depósitos.

notice of dishonor, aviso de falso cobro; (término bancario).

notice of termination of employment, despido.

notice, to give, dar aviso.

notice, to take, tomar nota.

nugatory opinion, negación de opinión.

number, número.

number dropped, dado de baja.

number of checks written, número de cheques expedidos.

number of orders placed, número de pedidos colocados.

number of stock holders required and their qualifications, número de accionistas requeridos y sus capacidades (en una sociedad mercantil).

number of times stock is turned over =

$$\frac{sales}{average\ (at\ sales\ price)\ inventory}$$

rotación de inventarios =

$$\frac{ventas}{inventarios\ (a\ precio\ de\ venta)\ promedio}$$

number period, periodo de números (el tiempo que necesita un tren de pulsos para pasar cierto punto).

number system numerical notation, positional notation, sistema numérico (cualquier sistema para la representación de números).

numbered cards, tarjetas numeradas (tarjetas numeradas en serie con fines de control).

numbering stamp, foliador.

numerical coding, numeric coding, codificación numérica (sistema de codificación o abreviación en

la preparación del lenguaje máquina de modo que toda la información se da en números).

numerical filing, archivo numérico.

numerical keyboard accounting machine, máquina de contabilidad de teclado numérico.

O

object, concepto.

object program, programa traducido por la máquina computadora, programa objeto (término en programación automática para el programa del lenguaje máquina producido por la computadora al traducir un programa fuente hecho por el programador en un lenguaje similar a la notación algebraica).

obligation, oficialmente comprende: bonos, certificados de adeudos, moneda en los bancos nacionales, cupones, billetes, certificados de oro o plata, certificados de depósito, libranzas o cheques girados por o contra funcionarios autorizados del gobierno, estampillas y títulos que representen valores; deuda; responsabilidad.

obligations of municipalities, obligaciones de municipalidades.

observance of consistency in the aplication of generally accepted accounting principles, except where conditions warrant, otherwise, consistencia en la aplicación de los principios de contabilidad generalmente aceptados,

excepto en los casos en que las circunstancias justifican lo contrario.

obsolescence, obsolecencia.

obsolete stock, mercancía "mula".

obtain a list of the company's lawyers and circularize them regarding fees commitments, lawsuits, etc., obtenga una lista de los abogados de la empresa y circularícelos en relación con honorarios, responsabilidades, juicios pendientes, etc.

obtain a list of all the basic personnel with their salaries and years that had been working with the company. Calculate the approximate maximum amount of contingent liabilities for indemnities payable to employees for injustified dismissal, obtenga una lista del personal de planta con sus sueldos y años de trabajo en la empresa. Calcule el monto máximo del pasivo contingente por las indemnizaciones a pagar a los empleados en el caso de despido injustificado.

obtain direct confirmations from the affiliated companies as of the data

of our final examination, obtenga confirmaciones directas de las compañías afiliadas como un dato de nuestra revisión.

obtain either a copy or a photostatic copy of each of the lists of accounts receivable balances, foot them and check them against the auxiliary cards, obtenga una copia al carbón o una fotostática de cada relación de los saldos de las cuentas por cobrar, súmelas y compruébelas contra las tarjetas auxiliares.

obtain excerpts from constitutions and modifications deeds to capital stock. Ascertain that the accounting records are in agreement with those deeds, obtenga copias de las escrituras de constitución y modificación del capital social. Verifique que los registros contables concuerdan con tales escrituras.

obtain excerpts from the shareholders' meetings and board of directors minutes, obtenga copias de las actas de asambleas de accionistas y juntas de consejo.

obtain general representation letter, obtenga la carta de representación general (denominada también certificado del cliente).

obtain lists of accrued balances in subaccounts of operating expenses and get the tapes of charges during the period of each one of the subaccounts, obtenga relaciones de los saldos acumulados en las subcuentas de los gastos de operación y formule tabulaciones (de la sumadora) de cada una de las subcuentas durante el periodo.

obtain lists of materials, spare parts and accesories on hand as at the end of the period in the different locations where the company is operating. If possible ask them directly from the holders of the stock, obtenga relaciones de materiales, partes de repuesto y accesorios en existencia al final del periodo de las diferentes ciudades donde la compañía opera. Si es posible obténgalas directamente de los tenedores de los mismos.

obtaining the support to top management, ganar el apoyo de la alta gerencia (administración).

off-period adjustments, ajustes después del periodo de cierre.

offer, 1, postura, ofrecimiento, el precio a que se está dispuesto a comprar; **2,** en la aceptación bursátil, es el precio a que se está dispuesto a vender.

office, oficina.

office equipment, equipo de oficina.

office expenses, gastos de oficina.

office fund voucher, comprobante de caja chica.

office furniture and fixtures, muebles y enseres (de oficina).

office manual, manual de oficina.

office repairs and maintenance, reparación y mantenimiento de oficinas.

office salaries and bonuses, sueldos y gratificaciones.

office supplies, materiales de oficina.

officers, funcionarios.

officer salaries, sueldos de funcionarios.

official, tipo oficial (cambio de las monedas).

offset, cancelación, compensación, contrapartida.

offset account, contracuenta; cuenta de compensación.

offset the losses, to, compensar las pérdidas.

offsetting of government advances, compensación de anticipos del gobierno.

ogive, ojiva (la distribución de frecuencias acumulativas puede ser presentada gráficamente debido a su similitud con la curva ojival del arquitecto y el diseñador de presas).

old-age benefit, prestación a la vejez.

old age benefit tax accrued, impuesto del seguro social a pagar.

old balance, saldo anterior.

old balance sheet credit balances, saldos anteriores acreedores del balance general.

old balance sheet debit balances, saldos anteriores deudores del balance general.

old Lady of Threadneidle street, apodo al Banco de Inglaterra puesto que la entrada principal es por la calle Threadneidle.

old machine salvage foregone, valor de desecho predeterminado de la vieja maquinaria.

oligopoly, oligopolio.

oligopsony, oligopolismo.

on a bid basis, basado en presupuestos.

on account of, a cuenta de, a favor de.

on buying an audit, la compra de una auditoría.

on call, refiriéndose al financiamiento de adquisiciones de acciones y obligaciones industriales por medio de reportos o préstamos. ON CALL (directos) anticipos eventualmente renovados en cada vencimiento.

on consignment, en comisión, en consignación.

on demand, a la presentación (letra o pagaré).

on hand, existencia.

on-line data reduction, on-line operation, operación directa, reducción de datos en línea (reducción de datos que es justamente tan rápida como el flujo de los datos en el proceso de reducción).

on the job training, aprendizaje por rutina, adiestramiento en el puesto.

one-address instruction, single-address instruction, instrucción de una sola dirección (una instrucción consistente en una operación y exactamente una dirección).

open account, cuenta corriente, cuentas abiertas.

open and sort incoming mail, abrir y clasificar el correo de entrada.

open-book account, cuenta corriente.

open-book credit, crédito abierto.

open-end companies, compañías de capital ilimitado.

open-end mortgage, hipoteca sin límite de importe.

open market operations, operaciones del mercado libre.

open salary, sueldo a convenir.

open-shelf file units, unidades de archivo de anaquel abierto (tipo de equipo para almacenar los registros).

open shop, programación preparada en casa (el modo de mantener la computadora en el cual los programas aplicados son escritos por miembros del grupo que originaron el problema), gremio abierto (formas de seguridad).

opened-end company, sociedad de capital ilimitado.

opening, apertura, hora en que empiezan a operar en la bolsa de valores de Nueva York (a las 10 a.m.).

opening entries, asientos de apertura.

opening inventory, inventario inicial.

operating cycle, ciclo operativo (el comité define un ciclo operativo como el tiempo promedio que interviene entre la adquisición de un inventario y su realización final en forma de dinero).

operating expenses, gastos de operación.

operating expenditure, gastos de operación (es aquel cuyos beneficios principales se obtienen dentro del año).

operating fixed costs, costos fijos de operación (son los que se requieren para mantener y operar los activos fijos, o para operar las instalaciones de la compañía. La calefacción, alumbrado, el seguro y los impuestos, son ejemplos de este tipo de costos fijos.

operating leverage, ventaja de operación (técnica para reducir el costo de las mercancías producidas y vendidas, de aumentar las utilidades y de aumentar el saldo del efectivo. Entre mayor sea el porcentaje de los costos fijos con relación a los costos totales, mayor y más poderosa será la ventaja).

operating losses sustained in prior taxable years, amortización de pérdidas de operación ocurridas en ejercicios anteriores.

operating management, gerencia de operación.

operating profit, utilidad de operación.

operating supplies, materiales de consumo.

operating cost, costo de operación.

operation, operación (la acción determinada por una instrucción de la computadora o seudoinstrucción).

operation number, número de operación (un número que indica la posición de una operación o su subrutina equivalente en la secuencia que forma un programa).

operation ratio, razón de operación (es la relación entre el porcentaje del total de los gastos de operación más el costo de los artículos vendidos y las ventas netas).

operation ratio, rendimiento (el rendimiento que se obtiene al dividir el número total de horas de operación correcta de máquina entre el número total de horas de operación programadas incluyendo el mantenimiento preventivo).

operations may be broken up into fiscal periods for reporting purposes and income and expenses allocated to them, principio del periodo contable (principio de contabilidad).

operational amplifier, amplificador operacional (un amplificador que se emplea en computadoras analógicas).

operational unit, unidad operacional (la parte de la computadora en la cual tienen lugar operaciones determinadas).

opportunity costs, costos de oportunidad (es la ganancia predeterminada como resultado de la exclusión de usos alternados de bienes, ya sea de materiales, mano de obra o gastos indirectos de producción).

opposite balances, saldos contrarios.

order book, libro de órdenes o pedidos.

order control, control de pedidos.

order department and cash collecting expense, gastos del departamento de órdenes y cobranzas.

order entry acknowledgment, acuse de recibo de pedido.

order production, orden de producción.

order scheduling, programación de pedidos.

order sequence, secuencia (la secuencia de las instrucciones en un programa).

ordinary-life policy, póliza ordinaria de vida (algunas veces conocida como una póliza de "Vida completa" en la que las primas se pagan durante la vida del asegurado).

ordinary reserve, reserva ordinaria (bancos).

ordinary reserve interest, intereses sobre reserva ordinaria (bancos).

organization chart, gráfica de organización; organigrama.

organization expense, gastos de organización, gastos de constitución.

organization and management of the purchasing function, organización y administración de la función de compras.

organization and perpetuating an accounting partnership, organización y perpetuación de una sociedad de contadores.

organizing, organización.

organizing and staffing, organización y asignación del personal.

organizing for profit planning, organización de la planeación de utilidades.

original capital, capital inicial.

original evidence, evidencia original (desde el punto de vista de auditoría, se refiere a datos tales como requisiciones, órdenes de compra, facturas de proveedores, informes de recepción, cheques pagados, órdenes de venta, facturas de venta, cintas de máquina registradora, registros de embarque, duplicados de fichas de depósito bancarias, actas de asambleas, etc.).

original records, registros originales (desde el punto de vista de auditoría, se refieren al diario general, diario de ventas, diario de compras, registro de ingresos y egresos de caja, mayores y todos los demás documentos financieros y no financieros que tienen efectos sobre la contabilidad financiera).

other assets, otros activos.

other delivery expenses, otros gastos por entrega de mercancías.

other general expense, otros gastos generales.

other memorandum accounts, cuentas de registros (financieras).

other reconcilement (reconciling) items, otras partidas de conciliación.

other revenue, otros ingresos.

other taxes and licenses, otros impuestos y derechos.

out, salidas (inventarios).

outbidding, mayor postura, puja, (término bancario).

"out folders", "expedientes de salida".

outflow, salida.

outgo, egresos.

outlay, gastos de operación, desembolso (gasto).

outlay capital, desembolso.

outlet, salida.

outline of the steps in braming and investment program, esquema de los pasos a dar para trazar un programa de inversión.

outlines, relaciones.

out of pocket, con pérdida.

out-of-stock costs, costos de existencias agotadas (representan las cantidades que se pierden por no poder efectuar una venta) (en la administración de inventarios).

output, información de salida, resultado de salida (1. información transferida a cualquier dispositivo fuera de la computadora; 2. información transferida de la memoria interna de una computadora a una memoria secundaria o externa; 3. producción).

output block, bloque de salida (segmento de la memoria interna reservado para recibir datos que se sacan).

output equipment, equipo de salida (el equipo usado para sacar la información de una computadora).

output index, índice de producción.

output routine, rutina de salida (programa de biblioteca para dar resultados de tal modo que se produzcan tablas reproducibles o listas para su uso).

output per man-hour, producción por hora-hombre.

output unit, unidad de salida (la unidad que reparte información fuera de la computadora en un lenguaje aceptable) (elemento de una computadora digital).

outstanding account, cuenta pendiente o atrasada.

outstanding capital, capital suscrito.

outstanding checks, cheques pendientes o expedidos y no pagados (son aquellos que han sido escritos, registrados y expedidos por el cliente, en la fecha de la conciliación o antes de ésta, pero que no han sido operados por el banco del cliente). Cheques para el próximo mes.

outstanding checks as of november 30, 19—, paid by bank in december 19—, cheques expedidos en noviembre 30 de 19— pagados por el banco en diciembre de 19—.

outstanding debts recovered, créditos pendientes recuperados.

outstanding stock, acciones en circulación.

outside service charges, cargos externos por servicios (en costos por agua, luz, calefacción, etc.).

overabsorbed burden, gastos de fabricación cargados de más.

overabsorbed expense, gastos sobreaplicados (de fabricación).

overage (cash), sobrante (de dinero).

overages, sobrantes (inventarios).

over-capitalization, una sociedad está "supercapitalizada" cuando el valor de las partidas de su activo neto es inferior al total nominal de las acciones; el factor determinante es su capacidad para producir utilidades, no la suma del activo líquido.

over-counter, mostrador.

overcharge, to, cobrar demasiado, sobrecargar.

over check, comprobación general.

overdrafts, sobregiros (bancos).

overdraw, girar en descubierto.

overdue, atrasado, vencido.

overfooting, sumando de más.

overfreight, sobrecargar.

overhead, gastos indirectos, gastos de fabricación.

overhead expenses, gastos generales de fabricación.

overload, to, sobrecargar.

overpayment, sobrepago.

overseer, capataz.

overstate, sobreestimar.

overstatement, sobreaplicación, sobreestimación, sobredeclaración, declarado de más, contabilizado de más.

overstock, sobreinversión en inventarios; exceso de existencias.

overtime premium, premio por tiempo extra.

overvaluation of a currency, sobrevaluación de una moneda.

owner, dueño, propietario.

owners' equity, capital contable.

ownership, propiedad; patrimonio.

P

packing expenses, gastos de empaque.

padded card, flimsy, tarjeta intercalada (papel delgado de distribu-

ción alternada con tarjetas de perforación).

page 1 of 2 pages, 1 de 2.

page 2 of 2 pages, 2 de 2.

page teleprinter, teleimpresora de páginas (aparato de impresión el cual está separado de la computadora o maquinaria de tarjetas de perforación).

paid check No., pagado con cheque No.

paid-in capital, capital pagado (se refiere a todas las cantidades pagadas por acciones o por concepto de donaciones).

paid-in surplus, superávit pagado (se refiere a la parte del pago en exceso del valor nominal o declarado).

paid up shares, acciones liberadas.

paper tape, cinta de papel (cinta de papel de cierta longitud usada en dispositivos para almacenamiento).

paper tape perforating, perforar cinta de papel.

paper tape reader, lectora de cinta de papel (dispositivo capaz de restaurar a un tren o secuencia de pulsos eléctricos, información perforada en una cinta de papel en forma de series de perforaciones normalmente para el propósito de transferir la información a algún otro medio de almacenamiento).

par, a la par, ciento por ciento (100%).

par, above, sobre-par.

par, below, bajo-par.

par clearances, cheques que pasan a la cámara de compensación "a la par", es decir, sin que el banco que los recibe cargue gastos de cobranza, al depositante; (término bancario).

par value, valor a la par (es el valor nominal de un título).

par value common stock, acciones comunes con valor nominal; acciones comunes con valor a la par.

parallel arithmetic unit, unidad aritmética paralela (unidad de computadora a la que se proporciona un equipo por separado para operar los dígitos en cada columna).

parallel digital computer, computadora digital paralela (computadora en la cual los dígitos se manejan en paralelo).

parallel memory, parallel storage US, parallel store GB, memoria paralela (memoria en la cual todos los **BITS,** caracteres o palabras tienen esencialmente el mismo espacio disponible sin ser el tiempo una de las coordenadas).

parallel operation, operación paralela (el flujo de información a través de la computadora o cualquier parte en la que se usen dos o más líneas o canales simultáneamente).

parallel transfer, transferencia paralela (un sistema de transferencia de datos en el cual los caracteres de un elemento de información se transmiten simultáneamente respecto a un conjunto de trayectorias).

parcel post, paquete postal.

parent company, casa matriz.

part-owner, copropietario.

part-paid, pagado en parte o parcialmente.

part payment, pago a cuenta.

part-time employment, jornada de horario incompleto.

part time worker, trabajador en jornada incompleta.

part-timer, empleado que trabaja por cuenta de varios patronos.

partial payment, pago parcial; pago a cuenta.

participating bonds, obligaciones en participación (en las ganancias netas de una compañía).

participating preferred stock, acciones privilegiadas con participación adicional.

particulars, conceptos.

partner, socio.

partner, dormant or special, socio comanditario.

partner, general, socio industrial.

partner, ostensible, socio conocido.

partner, secret, socio secreto.

partners' distributable shares of the partnership loss, las partes sociales distribuibles de los socios por la pérdida de la sociedad en nombre colectivo.

partnership, sociedad en nombre colectivo.

partnership books are retained, se conservan los libros de la sociedad en nombre colectivo.

partnership can sue or be sued, la sociedad en nombre colectivo puede demandar o ser demandada.

partnership is dissolved, sociedad en nombre colectivo se disuelve.

partnership, limited, sociedad en comandita.

pass book, libreta de banco, talonario de cheques.

pass judgment on, emitir juicio sobre.

passing orders for credit, autorización de órdenes a crédito.

past due account, cuenta vencida.

patent litigation, patentes y marcas.

patents, patentes [si son compradas, las patentes deberán registrarse al costo. Cuando son desarrolladas por una compañía, (1) todos los costos de desarrollo, experimentación, salarios de la planta, honorarios legales y todos los demás costos necesarios para la obtención de la patente pueden cargarse a la cuenta Patentes; o (2) todos estos costos pueden cargarse a gastos — que es la práctica comúnmente seguida en las compañías que continuamente están desarrollando patentes. Para que aparezcan como activos, las patentes deben producir utilidades. Los costos de las demandas legales ganadas al defender una inversión de patente, pueden aumentarse propiamente al costo de la patente. Si se pierde la demanda, el costo de la defensa y el costo remanente de la patente deberán sacarse de la cuenta de Patentes].

pattern in collection letters, modelos para cartas de cobranza.

pattern of trade, estructura del comercio.

patterns and dies, moldes y dados.

patterns and drawings, moldes y planos.

pawn, to, empeñar.

pawnbroker, prestamista.

pawnshop, casa de empeños.

pay-as-you-go policy, el contribuyente o causante pague los impuestos a medida que reciba sus ingresos, pago en partes.

pay-back period, periodo de reembolso, devolución, restitución, periodo de pago de recuperación.

pay-day, día de pago.

pay envelope, sobre con la paga.

pay off, to, pagar y despedir un empleado.

payable to bearer, pagadero al portador.

payable to order, pagadero a la orden.

payee, tenedor (de un documento).

payment, pago.

payment agreements, convenio de pago (cuando las liquidaciones entre dos cuentas de dos países se hacen en cambio extranjero).

payment in advance, pago por adelantado.

payment of duty, pago de derechos.

payment of interests, pago de intereses.

payment of the tax by "major" tax-payers, del pago de los causantes mayores.

payment under protest, pago bajo protesta.

payments in kind, pagos en especie.

payments of estimated tax, pagos provisionales (de impuestos).

payout period, periodo de recuperación (es el tiempo requerido para recuperar el desembolso de efectivo mediante los ingresos netos de efectivo. Se ha usado para las decisiones sobre si reparar o reemplazar el equipo También es la época en la cual puede recuperarse la inversión sobre un nuevo activo que también se denomina **"PAYOFF PERIOD"**, pago de recuperación).

payout ratio, razón de pago (la razón resultante de dividir los dividendos por acción entre las utilidades por acción. El mismo resultado se obtendría dividiendo el total de pagos de dividendos sobre acciones comunes entre la cantidad total de utilidades disponibles para las acciones comunes después de cualesquiera dividendos preferentes).

payroll, nómina, lista de raya.

payroll clerk, cajero pagador.

payroll distribution, distribución de la nómina.

payroll taxes, impuestos sobre sueldos y salarios, impuestos sobre nóminas, impuestos sobre productos del trabajo.

payrolls makeup, formulación de nóminas.

peak sales, ventas máximas.

pegboard and paper stups, tablero y tiras de papel (contabilidad de tablero o contabilidad de resumen en tiras).

pending balance for suscribed shares, saldo pendiente por acciones suscritas.

pending lawsuits, juicios pendientes.

pension fund contribution, contribución al fondo de pensión.

per diem allowances, viáticos por día.

per diem basis, base por día [con este método, el contador establece una cuota de cobro diaria para cada miembro de su personal (o por cada categoría del personal), basada en un número de horas normal (supongamos siete) por día. En una firma de contadores es posible que la misma cuota por día no se utilice para todos los clientes. En la actualidad, existe una creciente tendencia a usar la cuota diaria como el *único* factor para calcular los cobros. Otros factores incluyen la importancia del trabajo, la complejidad y los resultados logrados].

per exhibit, según anexo.

percent of proprietory investment, porcentaje de la inversión del capital (se calcula dividiendo el patrimonio o capital entre la suma total del pasivo y capital).

percentage, porcentaje.

percentage-of-completion, porcentaje de obra ejecutada (constructoras).

percentage of the gain to be accumulated, porcentaje de la ganancia que deberá acumularse.

perforated paper, cinta de papel perforado (en máquinas electrónicas).

performance evaluation, evaluación del desempeño del trabajo.

performance rating, calificación del desempeño del trabajo.

period costs, costos periódicos (o gastos periódicos, son gastos que no corresponden a la fabricación y se cancelan en cada periodo en el que se incurren. Incluyen la mercadotecnia y los gastos de venta, distribución, investigación y administrativos. Por otro lado, son los costos relacionados con los ingresos del periodo de tiempo; usado ampliamente se refiere a todos los costos con excepciones de costos de producto, que son cargados contra los ingresos de un periodo).

period to be covered, periodo a revisar.

periodic inventory, inventario periódico [consiste en primer lugar en contar y listar cada artículo en existencia, ponerles precio, multiplicar las cantidades por los precios (extensiones) y sumar estas extensiones para obtener la cifra del inventario. En segundo lugar, la cifra se registra por medio de un asiento de ajuste].

permanent disability, incapacidad permanente.

permanent file, archivo permanente.

permanent fixtures, instalaciones fijas.

permanent investments, inversiones a largo plazo, inversiones permanentes.

permit, permiso.

perpetual interest-bearing certificates, certificados perpetuos que reportan intereses.

personal accounts, cuentas personales.

personal assets, bienes muebles.

personal calls, participaciones personales.

personal data, "generales" (de una persona).

personal department, departamento de personal.

personal possessions, bienes personales (de un accionista).

personal property, propiedad personal.

personnel administration, administración del personal.

personnel application forms, formas de solicitud de personal.

personnel insurance, seguros sobre el personal.

personnel manager, jefe de personal.

personnel rating, calificación de personal.

personnel rating scales, escalas de clasificación de personal.

personnel roster, nómina de personal.

persons subject to tax, sujetos del impuesto.

persons with fixed incomes, personas con ingresos fijos.

persons who carry out occasional acts of commerce, personas que accidentalmente ejecuten actos de comercio.

petition, demanda.

petty cash, caja chica, fondo fijo de caja chica.

petty cash count, arqueo del fondo fijo de caja chica.

petty expenses, gastos menores.

phonetic indexing, índice fonético (basado en la pronunciación o sonido del nombre). Este se codi-fica por el uso de la "clave soundex" que es:

Número de clave	*Letras clave equivalentes*
1	b, f, p, v
2	c, g, y, k, q, s, t, x, z,
3	d, c,
4	l
5	m, n
6	r

Las letras a, e, i, o, u, w, h; no están codificadas. Además, se aplican las siguientes prácticas:

1. La letra inicial no se codifica sino que se usa como un prefijo para codificar un número que siempre tiene tres dígitos.
2. El cero se usa cuando no hay letra clave equivalente.
3. Las letras claves se codifican como una, es decir rr es r.
4. Una letra clave y su equivalente se codifican como una, es decir, CK como C.

Barnet B-653
(en máquinas electrónicas).

photocopy, fotocopia (medio de duplicación).

physical count, recuento físico (inventarios).

physical depreciation, depreciación física.

physical inventory, inventario físico.

physical inventory — taking by "weight, count or measure", toma de inventario físico por medio de "peso, recuento o medida".

physical stock-taking, inventario físico (de mercancías).

picker knife, cuchilla de sujeción (cuchilla que empuja un documento de una "pila" y la introduce a la máquina).

pickup (income), ingresos por honorarios (adicionales).

piece rate, precio unitario; precio por pieza.

piece rate wage payments, trabajo a destajo.

piece wage, salario por pieza.

piece work, trabajo por pieza o a destajo.

piece work price, precio por pieza; precio unitario.

piece worker, destajista, operario a contrato.

piecemeal opinions, opiniones parciales.

pigeon hole, pocket, cajetín (dispositivo que recibe las tarjetas clasificadas por las máquinas).

pignoration, pignoración.

pinboard programming, programación por clavijas (programación sobre un tablero, en el cual se forman las instrucciones por medio de clavijas).

pit, patio: sinónimo de **market** (mercado) con la salvedad de que en "patio" se opera exclusivamente con un solo artículo; el equivalente de **pit** en la bolsa de valores es **post** (puesto); en la bolsa de artículos de consumo se llama **pit traders**, a los corredores en la bolsa de valores **flor traders**.

pitfalls, huecos en la toma de inventarios.

place of business, domicilio social.

plaintiff, demandante.

planning, planeación.

planning and control of audit procedures, planeación y control de procedimientos de auditoría.

planning, cost, planeación de costos.

planning for assistance from client, programación de la ayuda que se recibe del cliente.

plant accounts, activo fijo.

plant and equipment, planta y equipo.

plant capacity (5-day-2-shift), capacidad de la planta (dos turnos de cinco días).

plant ledger, registro de propiedades (kardex).

plant, machinery and equipment, edificios, maquinaria y equipo.

plant maintenance, conservación de instalaciones.

plant modernization, modernización de equipo de fábrica.

plant output, producción o rendimiento de planta o fábrica.

plant personnel, personal de fábrica.

please be advised that this item has been presented to drawee with the following results marked with on X, tenemos el gusto de avisarles que esta cobranza ha sido presentada al girado con el siguiente resultado que marcamos con una X.

pledge, prenda, gravamen, pignoración, empeño.

pledge loan, préstamo pignoratorio.

pledge of the title, valor dado en prenda.

pledged accounts, cuentas pignoradas.

pledged assets, activo gravado.

pledged securities, valores dados en prenda.

pledgee, depositario, prendario.

pledger, depositante, deudor de un préstamo.

plough back profits, reinversión de utilidades (en el mismo negocio).

pointing off two decimal places to the left, corriendo el punto decimal dos lugares a la izquierda.

policies toward hiring "moonlighters", políticas hacia la contratación de "noctámbulos" (traducción libre con que se denomina, en inglés, a las personas que se contratan en más de un empleo).

policy, póliza.

policy, floating, póliza abierta.

policy of insurance, póliza de seguro.

poll tax, impuesto personal.

poller, escrutador.

polls, escrutinio, recuento.

pool, es la asociación temporal de varios especuladores profesionales que se proponen manipular el mercado, para hacer subir o bajar uno o varios títulos determinados; **cuque, sindicate y ring** son sinónimos. Consorcio, fondos comunes, sindicato industrial, concentración de empresas.

pool operations, operaciones conjuntas cuyo propósito es elevar el precio de un valor (o bajarlo mediante ventas cortas) por medio de actividades arregladas de los miembros del grupo, seguidos por la distribución de acciones al público a un precio influido por esa manipulación y acompañando a esa operación (informes sobre ese valor).

porter, mozo.

possession, patrimonio, propiedades, bienes.

post, pasar (a un libro o registro contable), asentar.

post, by return of, a vuelta de correo.

post closing trial balance, balanza de comprobación después del cierre (sólo contiene las cuentas del balance general).

post mortem routine, programa post mortem, rutina post mortem (una rutina de diagnóstico que ya sea automáticamente o cuando se le llama, imprime la información concerniente al contenido de todos los registros de la computadora o de una parte determinada de los mismos después que la cinta del problema haya salido de la computadora).

post office, correo.

post — statement disclosures, eventos subsecuentes a los estados financieros (antes de la redacción del informe de auditoría, el auditor debe revisar — y suele hacerlo — los eventos que ocurren con posterioridad a la fecha de los estados financieros. Estas revisiones se hacen principalmente para determinar si alguno de tales eventos es de suficiente magnitud para afectar materialmente la posición financiera informada o las operaciones del cliente. Los eventos posteriores a los estados de importancia financiera los constituyen:

1. Los que afectan directamente a los estados financieros y debe dárseles reconocimiento en los estados financieros de final de año, por medio de ajustes a dichos estados.

2. Los que no requieren ajuste de los estados financieros pero pueden necesitar un comentario, como notas al pie, o comentarios en los informes de auditoría.

3. Los que puedan caer en una categoría de dudosos (1) y (2), en cuyo caso la decisión para descubrirlos o no descubrirlos es difícil, y con referencia a los cuales puede haber desacuerdo entre los contadores.

En términos generales, los informes de auditoría deberán incluir comentarios sobre los eventos que se registren con posterioridad a la fecha de los estados financieros, y que:

1. Puedan afectar a los estados financieros a quienes se practica la auditoría.

2. Puedan afectar a las futuras operaciones y a los subsecuentes estados financieros.

3. Que no caigan dentro de los requisitos de la **Securities and Exchange commission**.

Con anterioridad a la preparación del informe de auditoría, pero después de haber terminado todo el trabajo rutinario después del periodo, el auditor deberá:

1. Leer las actas del nuevo ejercicio de las asambleas de ac-

cionistas, del consejo de directores y de los principales comités, con el fin de determinar si han ocurrido sucesos de importancia que puedan afectar lo adecuado de la presentación de los estados financieros del año bajo examen.

2. Revisar los estados financieros del cliente preparados entre la fecha del estado financiero y la fecha de presentación del informe de auditoría.

3. Estudiar los prospectos, si es procedente.

4. Revisar los estados registrados.

5. Discutir, con los funcionarios del cliente, los sucesos que tengan importancia.

6. Recabar del abogado del cliente una carta con relación a los litigios pendientes.

En opinión del autor, la presentación posterior a los estados deberá proceder (1) si la cantidad es de importancia, (2) si el suceso es importante y extraordinario, y (3) si el evento ocurre con posterioridad a la fecha de los estados financieros, pero antes del cierre de la auditoría. Las únicas excepciones son en los casos en los cuales *únicamente* están implicados los intereses del cliente y cuando los eventos son de naturaleza normalmente rutinaria. Los requisitos para la presentación dependen de las circunstancias de cada caso; en consecuencia, se requiere una opinión razonada para juzgar entre las ocurrencias ordinarias y extraordinarias y su efecto sobre la posición financiera, las operaciones financieras, acreedores, e inversionistas. Tanto los incidentes adversos como los ventajosos deberán recibir igual importancia en los estados financieros y en el informe de auditoría.

Lo siguiente es ilustrativo de las cuentas afectadas y de los suce-sos que pueden tener lugar con posterioridad a la fecha de los estados financieros, pero con anterioridad a la preparación del informe.

CONCEPTOS AFECTADOS

EVENTOS POSTERIORES A LOS ESTADOS

Caja:

Falla del banco.

Fondos confiscados por acción legal.

Robo, asalto o desaparición de dinero en exceso del cubierto por el seguro.

Cuentas y documentos por cobrar:

Moratoria del banco.

Falla de un cliente importante.

Grandes pérdidas imprevistas de documentos y cuentas.

Inversiones:

Declinaciones drásticas en el precio de mercado.

Dificultades financieras de las compañías emisoras.

Dejar de cumplir con los pagos de intereses y del capital.

Venta de valores a precios materialmente superiores o inferiores al de costo.

Inventarios:

Pérdidas por incendio no asegurados y otros accidentes.

Aumentos o disminuciones drásticos en los precios de mercado.

Cambio en los métodos de valuación de inventarios.

Uso desacostumbrado del inventario como garantía de un préstamo.

Activos fijos:

Pérdidas por incendio no aseguradas y otros accidentes.

Expansión propuesta o planes para reducción.

Valuaciones ascendentes o descendentes de activos.

Obsolescencia causada por cambios súbitos en los productos o en la demanda.

CUENTAS AFECTADAS	EVENTOS POSTERIORES A LOS ESTADOS
Pasivos Circulantes:	Promesas de compra desusadas, acompañadas por un descenso en los precios de venta.
	Cancelaciones de contratos de compra.
	Incumplimiento en los pagos de documentos.
Pasivos a Largo Plazo:	Grandes aumentos en un pasivo consolidado.
	Incumplimiento en el pago de intereses o de capital.
	Operaciones de devolución.
Capital Social:	Aumentos o disminuciones en el número de acciones.
	Operaciones desusadas con acciones en tesorería.
	Reorganización de la estructura del capital social.
	Cambios en la forma de organización, esto es, de una sociedad en nombre colectivo a una corporación, o viceversa.
Capital Pagado:	Traspasos del capital social o a éste, causados por cambios en el valor nominal o declarado.
	Cambios desusados en el capital pagado.
Utilidades Retenidas:	Dividendos desusados que perjudiquen al capital de trabajo.
	Aplicaciones desusadas.
	Utilidades o pérdidas importantes cargadas o abonadas directamente.
Otras:	Cambios en el personal ejecutivo clave.
	Cambios en la política administrativa.
	Cambios en la legislación.
	Gravámenes o devoluciones adicionales desusadas.
	Requisitos de la Securities and Exchange Comission.

Fallo de Juicios Legales

Los eventos que ocurren con posterioridad a la fecha de los estados financieros deberán ser de importancia suficiente para justificar una o más de las acciones siguientes

1. Enmienda de los estados financieros de final de año.
2. Notas al pie de los estados financieros.
3. Colocación de anotaciones entre paréntesis en los estados financieros.
4. Comentarios en el texto del informe de auditoría. Si algún concepto recibe un comentario en el texto del informe, el auditor deberá unir los estados financieros y el informe similar a la siguiente: "Estos estados financieros forman parte integrante del informe que se acompaña y están sujetos a los comentarios de su texto. El texto del informe deberá interpretarse en conjunto con estos estados."

post to T accounts, pase a las cuentas T; pase a los esquemas de mayor.

postage and sealing machines, máquinas franqueadoras y selladoras.

postage, telephone and telegraph, correos, teléfonos y telégrafos.

postal savings bonds, bonos del ahorro postal.

postdated checks, cheques postdatados.

posting, asiento, traspaso.

posting machine, franqueadora.

posting the ledger, pases al mayor (es el proceso de asentar en el mayor la información dada en el diario).

potential market, mercado potencial.

powers machines, máquinas powers (máquinas de tarjetas perforadas de la Remington Rand).

practical applications of professional selling skills, aplicaciones prácticas de técnicas profesionales de ventas.

practice should be valued as percent of income, la práctica debe valuarse como porcentaje de la utilidad.

pre-emptive right, derecho del tanto (derecho de prioridad en la compra de acciones en sociedades mercantiles).

pre-numbered sales invoices, facturas de venta prefoliadas.

pre-punch (to), preperforar (la pre-inserción de datos conocidos en la forma de agujeros en una tarjeta perforada).

preceding steps, puntos tratados con anterioridad.

preclosing trial balance, balanza de comprobación antes del cierre (desempeña las mismas funciones en el trabajo hecho para el registro y pase de las transacciones y para determinar los saldos antes del procedimiento de cierre).

prefatory note, prefacio.

preference shares, acciones preferentes.

preferred shares, acciones preferentes (son aquellas que incluyen derechos anteriores) (por lo general limitados) para las utilidades y para la liquidación de los activos).

preferred stock, acciones preferentes.

preliminary arrangements, arreglos preliminares (antes de la iniciación de cualquier auditoría entre el cliente y el auditor).

premium, 1, excedente sobre el valor nominal (premio); 2, pago periódico que hace el asegurado para mantener una póliza de seguros en vigor (prima); 3, es el precio que se paga por una opción o por un privilegio.

premium on bonds, prima sobre bonos.

premium on common stock, prima sobre acciones comunes.

premium overtime cost, costo del tiempo extra.

premium point plan, plan de premios por puntos [tal como al que se le dio el nombre de Be-deaux, la producción se mide en "puntos" (las B) que es la medida de un minuto de trabajo. El empleado gana, además del salario mínimo garantizado por hora, un bono por cada punto obtenido en exceso del estándar].

premium reserve, unearned, reserva para primas no devengadas, reserva técnica (en compañías de seguros).

premiums on sale of capital stock, primas en la venta de acciones de capital.

premiums paid, primas pagadas.

premiums reserves, reservas para riesgos en curso (seguros).

premiums written, primas cobradas.

prepaid expenses, gastos pagados por adelantado (deben considerarse como incluyendo todos los activos, de los cuales, una porción del costo o gasto será cargada contra los ingresos de futuros ejercicios, tales como inventarios, activos fijos depreciables, activos intangibles amortizables, así como los acostumbrados gastos pagaderos por anticipado y los gastos diferidos. Los estados de pérdidas y ganancias adecuados, incluyen la porción de pagos anticipados cargados a los ingresos del ejercicio en curso. La debida exposición de los pagos anticipados en el balance general, es el resultado de determinar la porción de los pagos anticipados que se pueden cargar contra ingresos periódicos. Las cantidades restantes del balance general se pueden cargar contra los ingresos de futuros ejercicios. *Los pagos anticipados a corto plazo* generalmente representan erogaciones por servicios y suministros que no están consumidos a la fecha del balance general, pero que se consumirán en unos cuantos ejercicios contables siguientes, en el proceso de invertir productos o servicios en cuentas por cobrar y efectivo. Por lo general, no representan cantidades importantes).

prepaid insurance expense, seguros pagados por adelantado (gastos).

prepaid interest expense, intereses pagados por adelantado (gastos).

prepaid rent expense, renta pagada por adelantado (gastos).

prepaid rental income, rentas cobradas por adelantado.

prepaid revenue, ingreso pagado por adelantado.

prepaid subscription, suscripciones pagadas por adelantado.

preparation of the general and administrative expense budgets, preparación de los presupuestos de gastos generales y de administración.

preparatory work, trabajo preliminar.

prepare a memorandum explaining the control of inventories, the pricing procedure, the control of receipts and issues from the warehouses, prepare un memorándum explicando el control de inventarios, el procedimiento de valuación, el control de las entradas y salidas de los almacenes.

prepare commodity tickets, preparar talones de mercancías.

prepared from the books without audit, formulados según libros sin haber practicado auditoría.

prepayment, pago adelantado o anticipado.

prerequisite function, función previa.

present capital, capital actual.

present fairly, presenta razonablemente.

present worth, valor actual.

prestore (to), preasignar (dar un valor inicial a la dirección de un operando o índice de ciclos). Prealmacenar (almacenar una cantidad en una posición conveniente o disponible antes que se necesite en una rutina).

pretax earnings, utilidad antes de impuestos.

price, precio.

price, average, precio promedio.

price, cash, precio al contado o de contado.

price, cost, precio de costo.

price-fixing authorities, autoridades reguladoras de precios.

price level changes and financial statements, cambios en los niveles de precios y su efecto sobre los estados financieros.

price list, lista de precios.

price memory, price storage US, price store GB, memoria de precios (es la memoria que contiene todos los precios de los artículos manejados en una firma grande).

price movements, fluctuaciones de los precios.

price policy, política de precios.

price policies and pricing practices, políticas de precios y costumbres para marcarlos.

price prevailing, precio que prevalece (en el mercado).

price, purchase, precio de compra.

price, sales, precio de venta.

price variance = actual quantities @ actual prices-actual quantities @ standard prices, variación en precio=cantidades reales a precios reales-cantidades reales a precios estándar.

prices setting, fijación de precios.

pricing, fijación de precios.

primarily liable, responsable en primer término.

primary materials, materias primas.

prime bankers' acceptances, aceptaciones bancarias de primera mano, 90 días.

prime commercial paper, documentos comerciales de primera mano 4-6 meses.

prime costs, costo primo (costos de mano de obra y material directamente aplicables a una unidad de producción total; antes equivalía a costos directos).

principal, auditor en jefe o socio (en firmas pequeñas); ayudantes, auditores, auditores jefes, supervisores, gerentes, administradores, socios (en una firma grande); capital.

principal of payment, capital pagado.

principal place of business of the corporation, domicilio social de la sociedad.

printer, impresora (mecanismo de salida que imprime o escribe caracteres a máquina).

printing alphabetic punch, perforadora impresora alfabética.

printing reader, lector impresor (lector que imprime lo que ha leído en una cinta o portador de información).

prior work week, trabajo realizado durante la semana.

prior year-to-date, de un año anterior a la fecha.

priority routine, programa de prioridad, rutina de prioridad (un programa que automáticamente tiene prioridad sobre otros programas).

private account, cuenta particular.

private accountant, contador privado.

privileged subscriptions, emisiones privilegiadas.

problem solving and decision making, cómo resolver problemas y tomar decisiones.

problems and trends in the control of money and credit, problemas y tendencias en el control de dinero y crédito.

proceeds, producto, réditos.

process-costing system, sistema de costos por procesos.

procuration, poder.

procurement, procuración (función que incluye el reclutamiento y selección de individuos calificados para ser empleados en la compañía).

procurement budgets, presupuestos de compras.

procurement department, departamento de compras.

produce document, exhibir documentos.

product cost, costo de producto (es el costo relacionado con las unidades de la producción total).

product planning and product management, planeación y administración del producto.

production available, producción a mano (en existencia).

production bonus, incentivo de producción.

production cost accounting, contabilidad de costos.

production order, orden de productos (costos).

production per man-hour, producción por hora-hombre.

production planning and development of the manufacturing plan, planeación de producción y desarrollo del plan de fabricación.

production record, registro de producción.

production run, tiraje de producción.

production schedule, programa de producción (costos).

production statistics, estadísticas de producción.

production units, unidades de producción.

productive department, departamento productivo.

productive labor, mano de obra directa.

products yielded, productos extraídos.

professional ethics of public accounting, ética profesional de la contaduría pública.

professional fees, honorarios profesionales.

professional goodwill, prestigio profesional.

professional incorporation, sociedades profesionales por acciones.

professional man, profesional.

professional partnership title, denominación profesional de una sociedad en nombre colectivo.

profit, utilidad, ganancia, beneficio.

profit and loss accounts, cuentas de pérdidas y ganancias.

profit and loss ratio: 50-50, proporción de utilidad y pérdida (en el patrimonio social de la sociedad en nombre colectivo).

profit by product line, utilidad por línea de productos.

profit concepts for marketing decision making, conceptos de utilidad para la toma de decisiones en mercadotecnia.

profit from opening of credits, trade acceptances, foreign services and goods, utilidades por apertura de créditos, aceptaciones mercantiles, mercancías y servicios extranjeros (bancos).

profit from operations, utilidad de operación.

profit from securities and stock exchange transactions, utilidad sobre valores y operaciones de bolsa (bancos).

profit leakages, fuga de utilidades.

profit-making enterprises, sociedad con fines lucrativos.

profit performance, utilidades obtenidas, beneficios obtenidos.

profit planning with budgetary control, planeación de utilidades con control de presupuestos.

profit-sharing trusts, fideicomisos.

profit sharing trust fund, fondo de participación de utilidades en fideicomiso.

profitability, productividad (es el disponer los usos y fuentes de fondos del negocio, en tal forma que los socios reciban el mayor rédito posible a largo plazo sobre su inversión, sin arrastrar riesgos indebidos).

profitable, lucrativo.

profitable enterprise, empresa mercantil.

profiteer, sobreprecio.

profits, accrued, utilidades no realizadas.

profits, accumulated, utilidades acumuladas.

profits and loss statement, estado de pérdidas y ganancias.

profits and loss surplus, superávit de operación.

profits, book, utilidades en libros.

profits, capitalized, utilidades capitalizadas.

profits, distributed, utilidades distribuidas o pagadas.

profits distribution account, cuenta de distribución de utilidades.

profits, gross, utilidades brutas.

profits, net, utilidades netas.

profits, non-operating, utilidades ajenas a las operaciones.

profits, operating, utilidades en (de) operaciones.

profits, realized, utilidades realizadas.

profits, selling, utilidades sobre ventas.

profits, sharing, participaciones en las utilidades.

profits, sharing interest, interés en la participación de utilidades.

profits, taxable, utilidad gravable.

profits, undivided, utilidades pendientes de aplicación. Utilidades por distribuir.

program (to), programar (hacer un programa).

program authorization, autorización de programa (permitir que se arregle un programa para usarse en fines contables, por ejemplo por los auditores).

program card, tarjeta de programa (tarjeta que se inserta en la unidad de programa de una perforadora. Las perforaciones de esta tarjeta controlan ciertas operaciones como el salto sobre columnas que no deben perforarse y la duplicación automática de información que se repite en las tarjetas que estén en la estación de perforaciones).

programmed checking, comprobación programada (un sistema de verificación por el cual:

a) las comprobaciones matemáticas o lógicas de operaciones, tales como la comparación de $A \times B$ con $B \times A$ que se incluyen en el programa P, y

b) tener confianza en una probabilidad bastante alta de lo que es correcto más bien que

en circuitos construidos aquí que detectan errores).

program display, representación del programa (la salida en perforación de instrucciones conforme se van realizando).

program elements, elementos de programa (las más pequeñas subrutinas que se programan).

program parameter, parámetro de programa (parámetro incorporado a una subrutina durante el cálculo).

program routine, programa, rutina (una secuencia precisa de instrucciones codificadas para que una computadora digital resuelva un problema).

program step, paso de programa (paso en un programa, normalmente una instrucción).

program stop-switch, tecla de parada del programa (una tecla determinada que está en la consola para parar la computadora).

program tape, cinta de programa (cinta que contiene la secuencia de instrucciones para que la computadora resuelva un programa).

programmer, programador (la persona que prepara secuencias de instrucciones para una computadora sin convertirlas necesariamente en un código detallado).

programmed fixed costs, costos fijos programados (son los costos de los programas especiales aprobados por la administración. El costo de un extenso programa de publicidad, o el costo de un programa para el mejoramiento de la calidad de los productos de la firma son ejemplos de los costos fijos programados).

programming, programación (el proceso de planear lo que se esté estudiando y el orden en que debe darse para obtener un inforforme o documento dados).

progressive or stepped-up commission rate, porcentaje o tipos de comisión progresiva.

progressive taxation, porcentaje de impuestos progresivo (porcentaje para aplicarse sobre excedente del límite inferior).

progresive wage, salario progresivo.

project sessions, sesiones de trabajo.

projected balance sheet, balance general dando efecto anticipado.

promissory note, pagaré (es una promesa por escrito, para pagar una suma determinada de dinero, a la vista o en una fecha futura determinada, al portador o a la orden de la persona designada, firmada por el librador).

promotion expenses, gastos de promoción.

promotional opportunity, oportunidades de ascensos.

prompt pay customers, clientes de pronto pago.

prompt payment, pago al contado.

proof of cash, prueba de caja, conciliación a cuatro columnas, conciliación cuadrada (la prueba relaciona, en forma sumaria para el periodo de prueba, los ingresos y egresos según los registros bancarios con los registros en libros. Normalmente se formula en cuatro columnas que muestran las conciliaciones de las operaciones de ingresos y egresos durante el periodo de prueba y la de los saldos de caja al principio y al final del periodo). A continuación se presenta un ejemplo:

	Saldos Iniciales al (Fecha)	Mes de la prueba Ingresos o Depósitos	Egresos o Cheques	Saldos Finales al (Fecha)
Saldo según estado de cuenta ...	$ xxxxx	$ xxxxx	$ xxxxx	$ xxxxx
Depósitos en tránsito:				
Inicial	SUMA	RESTA		
Final		SUMA		SUMA
Cheques pendientes:				
Inicial	RESTA		RESTA	
Final			SUMA	RESTA
Otras partidas:				
Cargo por servicio bancario en el periodo de la prueba registrado en libros al mes siguiente.			RESTA	SUMA
Cheque sin fondos del cliente depositado nuevamente sin asentarse en los libros		RESTA	RESTA	
Saldo según libros	$ xxxxx	$ xxxxx	$ xxxxx	$ xxxxx

proof of extension accuracy, pruebas de la exactitud de las extensiones (la prueba de la exactitud de las extensiones implica multiplicaciones en las facturas, registros de nóminas y otras pólizas. El objetivo de probar la exactitud de las extensiones debe ser la de verificar la exactitud más grande en dinero con el mínimo de trabajo. Los precios y las cantidades deberán expresarse en las mismas unidades. Ejemplo: Si 120 artículos a $1.00 docena se extendieran a $120, el error sería de $110; o si 10 docenas de artículos valuados a $1.00 cada uno fueran extendidos como $10, el error sería de $110. Asimismo, los puntos decimales mal colocados darían como resultado extensiones incorrectas.

Al probar la exactitud de las extensiones en las facturas de venta y de las facturas de los proveedores, el auditor (supongamos) puede seleccionar cada décima factura; o puede escoger todas las facturas que excedan de una cantidad determinada —$100 o $200—. Después podría revisar la exactitud de las extensiones de cada veinte facturas que muestren un total menor de $100.

Al probar las extensiones sobre los cálculos de nómina, el auditor puede seleccionar los datos completos de la nómina de un periodo para aproximadamente el 10% del número total de empleados, seguido por la revisión de la exactitud de las extensiones para un 5% adicional. O puede seleccionar los datos de la nómina al azar para todos los empleados por un número de semanas del año, y probar la exactitud de las extensiones.

Para probar la exactitud de las extensiones de inventarios, el auditor puede decidir probar todas las extensiones de $500 o más, seguido por pruebas al azar de aproximadamente todas las extensiones de $500 o menos. O puede elegir cada quinto artículo de una hoja de cuenta y valuación de inventario. Examinando las cantidades de extensión tanto grandes como pequeñas, se pueden descubrir errores de sobrevaluación de un inventario en el examen de las cantidades grandes, y en el examen de cantidades pequeñas se pueden descubrir los errores de subvaluación del inventario).

proof of footing accuracy, prueba de la exactitud de las sumas (la prueba de la exactitud de las sumas implica sumas verticales y horizontales. Dependiendo del sistema de control interno, los registros contables originales deben sumarse por uno, dos o tres meses no consecutivos del año. Puede variarse el mes o meses cada año. Otro plan consiste en sumar la última página de todos los diarios para todos los meses del año, sobre la teoría de que si existe algo malo, las páginas que lleven los totales que deban pasarse estarán alteradas. Al hacer las sumas, muchos auditores omiten la columna de los centavos, sobre la premisa de que la columna de los centavos variará desde $0.00 a $0.99, que el promedio será de $0.50 y que si la página tiene 40 líneas de alto, el error máximo no podrá exceder de unos cuantos dólares) (o de las unidades monetarias que se trate).

No existe ningún sustituto para la prueba de la exactitud de las sumas. Si un empleado sospecha el plan de prueba de un auditor, puede arriesgar prácti-

cas fraudulentas en los meses o en las páginas que crea que el auditor no va a probar, con la esperanza que el fraude no será descubierto. En consecuencia, el auditor no deberá indicar las páginas o periodos sumados.

Cada una de las cuentas del mayor general que no vaya a ser analizada deberá sumarse, sacando el saldo de la cuenta. Esto es necesario para determinar la exactitud del saldo de la cuenta. Ejemplo: Una persona roba $1 000 de un total de ventas al contado por $10 000 en el último mes del año. El registro de ventas al contado para el mes fue cargado con $10 000; y a las ventas se les abonó $10 000; se hicieron los pases a las dos cuentas del mayor general por la misma cantidad —$10 000. Entonces, a las cuentas de caja y ventas del mayor general se les puso $1 000 de menos en la suma a cada una de ellas. Por lo tanto, la conciliación bancaria parecerá adecuada. Sólo sumando las cuentas puede descubrirse el fraude.

proof of posting accuracy, prueba de la exactitud de los pases (la exactitud de los pases debe ser verificada en la misma proporción que se probaron las sumas de los registros originales. Los pases se recorren desde el registro del asiento original hasta las cuentas del mayor, o, si se desea, las cuentas hasta el registro del asiento original.

Dos personas trabajando juntas acelerarán el trabajo de comprobación de la exactitud de los pases, si una de ellas dice los datos del diario al que tiene el mayor.

Las correcciones a los pases se colocan en los papeles de trabajo de ajustes de auditoría. Si hay tendencia a ignorar los pases de las cuentas pequeñas a cuentas incorrectas, deberá juzgarse el total de los pases a cuentas incorrectas y su aplicación e importancia total en los estados financieros. Si un auditor tiene dudas respecto a la corrección de pases a cuentas incorrectas, deberá seguir la política de la corrección.

proof tape journal, diario de prueba de cinta (máquina de contabilidad).

proofreading, cotejo.

proper evaluation of the examinee's existing internal control for reliance thereon by the auditor, evaluación apropiada del control interno existente en la compañía que se examina para determinar hasta qué grado el auditor puede descansar en él.

property, propiedad.

property, other than cash dividend, propiedad, otra que no sea dividendo en efectivo.

property taxes, contribuciones.

proportion of alloy (in money), cantidad de liga (en la moneda).

proposed name of the corporation, razón o denominación social (para sociedades).

proprietary reserves, reservas de capital.

proprietor, propietario.

proprietor's equity, patrimonio.

proprietorship, patrimonio, capital contable (en una corporación).

proprietorship investment, inversión de los propietarios.

proprietorship, single, empresa individual.

prorated, prorrateado.

prosecute, consignar.

prospective sales, ventas anticipadas.

prospects for international currencies and monetary policies, perspectivas de las monedas internacionales y las políticas monetarias.

prospectus, prospecto.

protest, protesto.

protest charges, gastos de protesto.

protection of depositors, protección de los depositantes.

provident societies sociedades mutualistas.

provision for bad debts, provisión para cuentas malas.

provision for vacation day, provisión para pago de vacaciones.

provisions covering death, retirement, withdrawal, dissolution and related problems, provisiones relativas a muerte, jubilación, separación, disolución y problemas conexos.

proxy, poder, apoderado.

public accountant, contador público titulado.

public accounting, contaduría pública.

public accounting, a relatively new profession, la contaduría pública, una profesión relativamente nueva.

public, distribution, suscripción pública.

public expenditures, gastos públicos.

public funds, fondos públicos.

public utilities, empresas de servicios públicos.

pulse code, pulsos codificados (conjunto de pulsos a los cuales se les asigna un significado determinado; las representaciones binarias de un carácter).

pulse emitters, emisores de pulsos (en máquinas electrónicas) vea **MAGNETIC DRUMS).**

pulse repetition rate, rate of pulse repetition, relación de repetición de pulsos (el número de pulsos eléctricos por unidad de tiempo que experimenta un punto en una computadora).

punch-card accounting, contabilidad de tarjetas perforadas.

punch card machinery, máquinas de tarjetas perforadas (maquinaria que funciona por tarjetas perforadas).

punched-card machines, máquinas de tarjetas perforadas.

punch card, punched card, tarjeta perforada (tarjeta de tamaño y forma constante, adaptada para perforarse en una forma tal que tenga significado).

punch position, posición de perforación (en el caso de tarjetas de perforación de 80 columnas, la posición de una perforación en un renglón de la tarjeta).

punched cards, tarjetas perforadas (tarjetas de tamaño estándar perforada según un plan previo). Pueden emplearse dos claves:

a. HOLLERITH — Inventado por Herman Hollerith para representar datos por medio de perforaciones rectangulares en una tarjeta de 80 columnas. La característica esencial del Hollerith es que dado un formato (F. H.), el resultado está impreso en lenguaje común y no en clave. Sistema usado por la I.B.M., cada letra se identifica por una perforación hecha en una de las tres posiciones del margen superior de la tarjeta y otra en alguna de las columnas numeradas. Cada número se identifica por una perforación localizada específicamente en una columna.

b. POWERS — Inventado por James Powers, para representar datos por medio de perforaciones circulares en una tarjeta de 90 columnas. Sistema usado por la Remington Rand; cada letra del alfabeto y cada número se identifica por medio de una combinación de perforaciones hechas en sitios determinados de la tarjeta.

punched hole, perforación (un agujero hecho en una tarjeta al perforar, redondo o cuadrado, pequeño o grande).

punched tape, cinta perforada (cinta de papel perforada en una cierta forma para transmitir información).

punching station, estación de perforación (el sitio de la perforadora en el que se colocan las tarjetas para el proceso de perforación).

purchase, compras (los artículos terminados, o mercancías, que han sido *compradas* durante el ejercicio para su reventa por comerciantes y distribuidores, se describe en el estado de pérdidas y ganancias como *compras* o *compras de mercancías*).

purchase policy, política de compras.

purchase requisition, requisición de compra.

purchaser, comprador.

purchases book, libro de compras.

purchases discounts, descuentos sobre compras.

purchases from head office, compras a la casa matriz.

purchases, net, compras netas.

purchases rebates and allowances, descuentos y rebajas sobre compras.

purchases returns, devoluciones sobre compras.

purchases-returns and allowances, devoluciones y rebajas sobre compras.

purchasing power, poder adquisitivo.

purchasing power parity theory of exchange rate, teoría de la paridad del poder de compra de los tipos de cambio.

purchasing-power risk, or risk of loss of real value due to the changing of the dollar, riesgo de poder de compra, o sea riesgo de perder el valor real de la conversión, debido a cambios de valor de la moneda.

purpose or purposes for which the corporation is being formed, actividad o giro de la sociedad.

pursuit of reasons, búsqueda de razones.

Q

qualifications, salvedades.

qualifications for a professional career, requisitos para una carrera profesional.

qualified certificate, dictamen con salvedades.

qualified endorsement, endoso calificado (sin recurso, en el que el endosante declina su responsabilidad por falta de pago, traspasa el título y garantiza la validez del documento, pero elimina la garantía del pago del endosante).

qualified opinion, dictamen con salvedades.

qualified worker, obrero calificado.

qualities of the effective leader, cualidades de un lider efectivo.

quality, calidad.

quality control in the office, control de calidad en la oficina.

quality risk, or risk of loss of principal or income due to weakness in the investment itself, riesgo por calidad, o sea el riesgo de perder el capital o las utilidades, debilidad de la inversión misma.

quantified system analysis, análisis cuantitativo del sistema (un análisis para asegurar qué técnicas de entrada se usan para las diversas operaciones, qué capacidades de memorias se necesitan, etc.).

quantity, cantidad.

quantity variance = actual quantities @ standard prices-standard quantities allowed (for the production of the period) @ standard prices, variación en cantidad—cantidades reales a precios estándar-cantidades estándar autorizadas (para la producción del periodo) a precios estándar.

quantity variance = (actual quantity used-standard quantity allowed) × standard prices, variación en cantidad = (cantidad realmente usada-cantidad estándar autorizada) × precios estándar.

quarter, trimestre.

quarterly, (trimestralmente).

quasi-reorganization, semi-organización, quasi-organización.

questionnaire design, preparación del cuestionario.

questionnaires, cuestionarios.

queuing theory, teoría de las colas (aplicado al manejo de materiales, indica lo que sucedería si un flujo determinado de materiales con determinada pauta para su manejo o línea de tránsito se fuera a establecer. Una cola lleva un costo proporcionado a su tamaño con respecto a la depreciación e interés sobre el capital empleado en el manejo de las existencias).

quick-access memory, quick-access storage US, quick-access store GB, zero-access memory, zero-access storage US, zero-access store GB, memoria de acceso rápido (la memoria para la cual el tiempo latente o tiempo de espera es siempre despreciable).

quick ratio or, acid test, prueba de ácido o severa, activo rápido, razón rápida.

quota bonus, bonificación por cuotas.

quotation, citas, cotización.

quotient, cociente.

R

raising factor, factor de aumento.

random access, de libre acceso, de acceso casual, (acceso a la memoria en condiciones tales que el siguiente registro del cual se

va a obtener la información, se elige al azar).

random access memory, random access storage US, random access store GB,

1) almacenamiento de acceso casual, almacenamiento de libre acceso (memoria que da como resultado un almacenamiento en el cual cada posición de palabra es igualmente accesible).

2) memoria de acceso casual, memoria de libre acceso, (memoria para la cual las posiciones de memoria con libre acceso solamente difiere muy poco de un valor promedio).

random events, hechos fortuitos.

random number, número de acceso casual, número de libre acceso (número formado por un conjunto de dígitos que se seleccionan de una serie de dígitos al azar).

random sample, muestreo al azar, (una muestra al *azar* es una en la cual cada sujeto en una población tiene iguales oportunidades de convertirse en parte de la muestra seleccionada. Todos los sujetos restantes tienen igual oportunidad de ser elegidos como el segundo sujeto de la muestra, y así sucesivamente, hasta que se haya acumulado la muestra total. Cuando se elige una muestra al azar, no debe haber preferencia o falta de preferencia que tienda a incluir cualesquiera datos en la población. Muchos datos contables son buenos para un muestreo al azar, y una muestra al azar es buena si los datos están sujetos a ser elegidos al azar. El método al azar para la selección de una muestra puede utilizarse para la verificación del recuento físico y valuación del inventario, cheques pagados, facturas de ventas, y para muchos otros conceptos.

Para el análisis estadístico, sólo se pueden utilizar muestras al azar, porque se pueden computar estadísticamente los límites de errores al hacer las decisiones finales; deben establecerse los límites de errores aceptables y no aceptables con anticipación al examen, con el fin de determinar la aceptación o rechazo de los resultados de la muestra. Si los resultados del examen de una muestra no son satisfactorios, pueden seleccionarse muestras adicionales hasta que se alcance un nivel de aceptación o rechazo. Como ya se indicó, con objeto de aplicar fórmulas matemáticas a una muestra, dicha muestra debe ser al azar, exenta de determinados prejuicios, y representativa de la población. Por lo tanto, todos los componentes de una población deben ser homogéneos. Este principio básico es aplicable a la mayoría de las operaciones y datos contables; existen excepciones, como lo indican los resultados no concluyentes emanados de una muestra al azar de los asientos del diario general.

Se pueden usar varios métodos para seleccionar una muestra al azar. Uno de ellos es utilizar una tabla ya formada de números al azar, el otro es elegir cada décimo concepto—o el tercero u octavo, o cualquier otro orden consecutivo—, de una población arreglada en orden similar. Al seleccionar una muestra por medio de una tabla de números al azar, es necesario que todos los sujetos de la población estén numerados, y que todos ellos estén disponibles para una elección posible. En muchos casos, los individuos de una población ya están numerados, como acontece con las facturas de venta previamente numeradas, o con los cheques pagados. Un número inicial en una tabla de números al azar, es seleccionado como punto de partida y, de acuerdo con el número predeterminado de individuos que se van a seleccionar, se determinan los números necesarios para completar la muestra. De una tabla de números al azar, se pueden elegir los números en cualquier orden y en cualquier dirección en dicha tabla —en forma consecutiva, cada segundo o tercer número, transversalmente, o en cualquier otra forma sistemática predeterminada—. Cuando se utilizan números al azar para seleccionar una muestra, se les debe asignar a todos los individuos de la población un orden numérico.

Los individuos de una población en contabilidad que no lleven orden numérico, son los asientos en cualquier tipo de diario, pases, sumas, extensiones en el inventario y extensiones en las hojas de inventario físico y valuación de inventarios. La forma de aplicar la selección de un número al azar en individuos consecutivos no numerados, se puede ilustrar en la forma siguiente. Un registro de ingresos de caja contiene 30 páginas completas para el año bajo examen. Cada página tiene 25 líneas de alto con un asiento por línea; esto representa 750 cargos a ingresos de caja para el año. La decisión de preauditoría fue en el sentido de que debía examinarse el 10% o sean 75 individuos, en detalle. Se seleccionan 75 números al azar de la tabla de números al azar. Uno de los números esco-

gidos es 352; esto representaría el segundo asiento de la página 15 del diario de ingresos de caja (352 − 25 asientos = 14 páginas + 2 líneas) o sea (25 × 14 + 2 = 352).

Cada enésimo individuo puede ser la base para la selección de una muestra al azar. Por ejemplo, de una población de facturas de venta de 3 000 individuos, se van a examinar 150 (5%) para una verificación completa. Sobre la base de una relación de muestreo de 5%, se escoge un número del 1 al 20, inclusive de una tabla de números al azar; si este número es 4, la muestra que se retirará será el individuo (factura) 4, 24, 44, 64, etc., de las facturas de venta.

Se pueden retirar muestras al azar sobre la base de una muestra sencilla, doble muestra, muestra múltiple o muestra estratificada. La muestra sencilla implica tomar una sola muestra. El plan de la muestra doble existe cuando sólo se toma y se examina una porción de toda la muestra; si los resultados del examen son satisfactorios, no se toma lo restante de la muestra; en caso contrario se toma y se examina lo que resta de la muestra. Una muestra múltiple es una extensión de la muestra sencilla. Se divide una muestra en dos submuestras; se toma la primera submuestra y se examina, e inmediatamente después se decide si se acepta o rechaza la población, o se continúa el muestreo. Una muestra al azar estratificada, es la seleccionada sobre la base de subdivisiones de una población en subclases. Se toma y se examina una muestra sencilla al azar de *cada una* de las sub-clases. Se combinan los resultados del examen de todas las clases, y se puede llegar a una conclusión respecto a la calidad de la población. El muestreo al azar estratificado es aplicable al examen de cualesquiera individuos que pueden subdividirse en dinero, producto, tipo de cliente, y así sucesivamente. Por ejemplo un muestreo al azar estratificado aplicado a la confirmación de cuentas por cobrar, puede ilustrarse en la forma siguiente:

Saldo de la cuenta	Total (dólares)	Solicitudes de confirmación (porcentaje)	Solicitudes de confirmación (dólares)	Cantidad confirmada (dólares)	Porcentaje confirmado
$ 0.01–$ 99.99	$ 62 400	5%	$ 3 120	$ 2 246	72%
100.00– 499.99	31 500	10	3 150	2 520	80
500.00– 999.99	56 700	25	14 175	13 324	94
1 000.00– 9 999.99	44 800	75	33 600	20 160	60
10 000.00 en adelante	95 500	100	95 500	78 310	82
	$290 900		$149 545	$116 560	80%

range, amplitud (otra medida de dispersión usada particularmente en las gráficas de control. Es la diferencia entre el valor más grande observado y el más pequeño).

ranking method, método de categorías (para la evaluación de puestos que consiste en clasificar los puestos en un departamento individual y combinar todas las clasificaciones departamentales en una categoría compuesta).

rate, coeficiente, tasa, proporción, relación, tipo, razón, cuota, salario diario (en tarjetas de tiempo de mano de obra directa).

rate, efective interest, tasa real de interés.

rate, class, clase de tarifa, clase de salario.

rate cutting, reducción de tarifas.

rate fixing, fijación de tarifas.

rate of exchange, tipo de cambio.

rate of increase, tasa de aumento.

rate of interest, tasa de interés.

rate of output, coeficiente de producción.

rate of perforation, rate of punching, velocidad de perforación (número de tarjetas, caracteres, bloques, campos o palabras de información situadas en forma de distribución de agujeros en tarjetas, o cinta por unidad de tiempo).

rate of reading, velocidad de lectura (número de caracteres, palabras, campos, bloques o tarjetas examinadas por un dispositivo sensitivo de entrada por unidad de tiempo).

rate of return, porcentaje de devolución (es el porcentaje de intereses equivalente al ingreso que la inversión proporcionaría además de devolver el gasto original).

rate of return on average investment, porcentaje de devolución sobre la inversión promedio [es el ingreso neto promedio menos la depreciación dividido entre la cantidad promedio invertida sobre la vida del proyecto. La inversión promedio se calcula sumando la inversión al principio del primero y último año y dividiendo esta suma entre 2 (para este propósito, la inversión está valuada al costo menos la depreciación acumulada). Este método de promediar está basado sobre el supuesto de que una porción a prorrata de la inversión se recupera cada año *al final del año*. Por ejemplo, si $20 000 se invierten en cinco años y se recuperan $4 000 al final de cada año, $20 000 quedarán pendientes el primer año, $16 000 el segundo y $12 000, $8 000 y $4 000 en el tercero, cuarto y quinto años respectivamente. La suma de estas cantidades es $60 000, la cual dividida entre cinco años da una inversión promedio de $12 000 la cantidad obtenible sumando el saldo inicial del primero y último años y dividiéndolos entre dos. La inversión promedio para una máquina que cuesta $20 000 y tiene una vida de cinco años es $12 000, es decir ($20 000 + $4 000)/2. Si los ingresos netos de caja son $7 000 por año, la utilidad promedio sería $3 000, esto es, $7 000 de ingresos menos $4 000 de depreciación. Por lo tanto, el porcentaje de devo-

lución sobre la inversión promedio es igual a $3 000/$12 000, o sea 25%].

rate restriction clauses, cláusulas que limitan las tarifas.

rate variance = (actual hours $\times$ actual rate)—(actual hours $\times$ standard rate), variación en cuota = horas reales $\times$ cuota real) — (horas reales $\times$ cuota estándar).

rates chosen by the taxpayer are fixed, constant, and binding, however, they may be changed with the previous consent of the ministry of finance and public credit, los porcentajes elegidos por el causante serán fijos, constantes y obligatorios, pero podrán modificarse previa autorización de la Secretaría de Hacienda y Crédito Público.

ratio, coeficiente, relación.

ratio analysis, análisis de razones (Dun and Bradstreet).

ratio, estimate, estimación de la razón.

ratio of cost of goods sold to average inventory = inventory turnover, razón de costo de ventas a inventario promedio = rotación de inventarios.

costo de ventas	a 612 975
cost of goods sold	———
inventario inicial	50 025
beginning inventory	
inventario final	61 425
ending inventory	
suma de inventarios	b 111 450
total of inventories	
inventario promedio	b ÷ 2 c
average inventory	55 725
razón a ÷ c = d ; d =	11
rate	

ratio of cost of goods manufactured to plant investment, relación del costo de producción a la inversión de la planta.

ratio of cost of goods sold to average inventory or inventory turnover, razón del costo de ventas al inventario promedio o rotación de inventarios.

ratio of net debt to assessed value, relación de la deuda neta al valor fiscal.

ratio of net income after taxes to net assets, razón de utilidad neta antes de impuestos a activos netos.

ratio of net income to net worth, relación de la utilidad neta al capital contable.

ratio of net income to total assets, relación de la utilidad neta al activo total.

ratio of returns to sales, relación de devoluciones sobre ventas a ventas.

ratio of sales to accounts receivable, relación de ventas a cuentas por cobrar:

ventas netas	a 817 300

net sales

cuentas por cobrar al principiar el año	43 500

accounts receivable, beginning of year

cuentas por cobrar al final del año	38 675

accounts receivable, end of year

suma de cuentas por cobrar	b 82 175

total of account receivable

promedio de cuentas por cobrar

$$b \div 2 = c; \quad c = 41\,087$$

average accounts receivable

razón $\quad a \div c = d; \quad d = 19.9$

ratio

plazo promedio de cuentas por cobrar $\quad 365 \div d = e$

average age of accounts receivable

$$e = \frac{365}{19.9} = 18 \text{ días}$$

ratio of the ending capital balances, proporción de los saldos finales de las cuentas de capital (en una sociedad en nombre colectivo).

ratio of the partners' average capital balances, proporción de los saldos promedios de las cuentas de capital de los socios (en una sociedad en nombre colectivo).

ratio of the total debt to the owners' equity or "debt to worth", razón del pasivo total a capital contable.

raw material, materia prima.

re-arranging, reclasificación.

read (to), read out (to), leer, (copiar, por lo general de una forma de memoria a otra, particularmente de la memoria externa o secundaria a la interna).

read in (to), registrar (copiar, por lo general de una forma de memoria a otra, particularmente de la interna a la externa o secundaria).

reader, reading machine, lectora (una máquina o parte de la misma que lee la información y transfiere el resultado a otras partes de la máquina).

reading and marking for filing, leer y marcar para archivo.

reading station, estación de lectura (el sitio de la perforadora en el que se colocan las tarjetas para su lectura por medio de un dispositivo sensible con el fin de duplicar sus datos automáticamente en las tarjetas colocadas en la estación de perforación).

real depreciation, depreciación real.

real estate and other loans, préstamos hipotecarios y otros.

real estate firms, compañías de bienes inmuebles.

real estate group, grupo de bienes raíces.

real estate mortgages, hipotecas sobre bienes raíces.

real estate operation, explotación de bienes inmuebles.

real estate proper, propiedad raíz.

real property mortgage, hipoteca sobre bienes inmuebles.

real property movables, bienes inmuebles.

realization and liquidation statement, estado de realización y liquidación.

realization of the assets, realización de los activos (liquidación de sociedades).

realized profit on instalment sales, utilidad realizada sobre ventas a plazo.

realtor, corredor de bienes raíces que es miembro de la asociación de las juntas de bienes raíces.

realty (real state), inmuebles, bienes inmuebles.

reasons for variation, razones de la variación (costos).

rebate, rebaja, descuento, bonificación.

recap of items completed, resumen de artículos terminados.

recap of orders booked, concentración de pedidos facturados.

recap of sales shipped, concentración de mercancías embarcadas.

recapitulation, concentración.

recast the stockholders' equity section, formule la sección del capital contable.

recurring expenses, gastos periódicos.

recheck, nueva revisión (revisar de nuevo).

receipts, ingresos, entradas, recibos.

receipts and disbursements, entradas y salidas.

receipts in full, finiquito.

receipts of a day, entradas del día.

receipts of goods, recepción de bienes (mercancías).

receivables, cuentas y documentos por cobrar.

receivables from officers and employees, cuentas por cobrar a funcionarios y empleados.

receiver, depositario, síndico.

receivers' certificates, certificados de síndicos.

receiving report, remisión recibida o firmada.

reception stamp, sello de "recibido".

reciprocating files, archivos alternativos (conocidos también como archivo de tipos lateral "**LATERAL TYPE FILE**" ya que el trabajo se hace a un lado del operador).

reckless, ventas eventuales.

reclassifications, reclasificaciones.

recognition of expenses or losses, reconocimiento de gastos o pérdidas.

recognition of liabilities, reconocimiento del pasivo.

reconcile, conciliar [hacer que concuerden dos conjuntos de cifras relacionadas, separadas e independientes. P u e d e n prepararse (1) a una fecha anterior a la fecha del balance general, sólo si el cliente concilia sus cuentas bancarias cada mes y si es satisfactorio el control interno. Además deberán revisarse las conciliaciones del cliente, a continuación se revisarán las operaciones de ingresos y egresos de caja, desde la fecha anterior al balance general a la fecha de éste. Esta práctica reduce la presión del trabajo de fin de año; (2) a la fecha del balance general, el procedimiento normal es principiar con el saldo del estado de cuenta bancario y conciliar hacia el saldo según libros del cliente. Los depósitos en tránsito al final del año deberán agregarse al saldo del estado de cuenta bancario y el auditor debe confirmar los renglones en tránsito con el banco, o examinar un estado bancario de fecha posterior enviado directamente a él; (3) a una fecha posterior a la del balance general, el auditor debe recabar *directamente* de los bancos los estados bancarios]. (Ver **PROOF OF CASH.**)

reconciliation account, conciliación de cuentas.

record processor, procesadora de registros (máquina en el reconoci-

miento de caracteres por medio de cinta magnética).

record storage, almacenamiento de registros (colocar los registros en un gabinete o cuarto de almacenamiento).

records, registros, auxiliares.

recoup, resarcir.

recovery of principal, recuperación del capital.

recruiting and selecting retail employees, reclutando y seleccionando empleados para negocios de menudeo.

recruiting for overseas assignments, reclutamiento p a r a asignaciones en países extranjeros.

recruiting scientific an technical personnel, reclutamiento de personal científico y técnico.

recruiting, selecting and training sales personnel, reclutamiento, selección y entrenamiento del personal de ventas.

red tape, expediente, papeleo.

redeem, rescate (acciones).

redeemable bonds, obligaciones amortizables.

redeemable or callable preferred stocks, capital preferente en participación.

redemption, amortización de una deuda, reembolso, rescate.

rediscounts, redescuentos (bancos).

redraft, es una libranza que se gira sobre el librado de una letra de cambio, por el importe más los gastos de protesto de una libranza anterior que el librado debiera haber pagado, pero no lo hizo (según la Enciclopedia Bancaria y Financiera); la interpretación española de "resaca" es la letra de cambio que el tenedor de otra que ha sido protestada y gira a cargo del librador para reembolsarse.

reduction, rebaja, reducción.

reduction of freight, reducción del flete.

reduction of price, reducción del precio.

reduction of taxes, reducción de los impuestos.

reduction of value, reducción del valor.

redundant check, comprobación de redundancia, verificación de redundancia (comprobación que emplea dígitos adicionales en las palabras, pero que no se vuelven a duplicar, completamente para ayudar a detectar funcionamientos defectuosos y equivocaciones).

reference, referencia.

reference columns, columnas de folio.

reference record, registro de referencias (una salida del compilador que lista las operaciones y suposición en la rutina final específica y contiene información que describe la fragmentación y memoria asignada de la rutina).

refunding of duty, devolución de derechos.

refusal of goods, rechazo de mercancías.

refusal of payment, resistencia al pago.

refuse, desechos.

register, registro (los elementos para almacenar una palabra).

register accounts, cuentas de registro.

register length, capacidad de registro (el número de caracteres que puede almacenar un registro).

registered bonds, bonos nominativos.

regular dividend at minimum rate, dividendo regular a tipo mínimo.

regular dividend irrespective of current earnings, dividendo regular sin tomar en cuenta los ingresos reales.

regular dividend payable in stock, dividendo regular pagadero en acciones.

regular dividend payable partly in cash and partly in stock, dividendo regular pagadero parte en efectivo y parte en acciones.

regular dividend proportionate to current earnings, dividendo regular proporcionado a los ingresos corrientes.

regular workers, trabajadores de planta.

regulation, reglamentación.

reimbursement, reembolso.

reimbursement of freight, reembolso del flete.

reinvested profits, reserva para reinversión.

reinvestment of earnings, reinversión de utilidades.

reinvestment reserve arrising from revaluation, reserva para reinversión por valuación.

reissue, reventa.

reject pocket, cajetín de rechazo (el decimotercero cajetín de una clasificadora, los otros 12 se usan para recibir las tarjetas seleccionadas).

related companies, compañías afines.

relative address, dirección relativa (una etiqueta usada para identificar la posición de una posición de memoria en una rutina o subrutina).

relative coding, codificación relativa (codificación en la cual todas las direcciones se refieren a una posición seleccionada, arbitrariamente o en la cual todas las direcciones están representadas simbólicamente).

relative programming, programación relativa (programación que hace uso de direcciones relativas).

relay computer, calculador con relevadores (una computadora que funciona principalmente por medio de relevadores electromagnéticos o dispositivos electromagnéticos similares).

release, exención.

release key, tecla de liberación (una tecla de perforación que retiene los datos anotados hasta que el operador presiona la tecla).

reliability, veracidad, seguridad, confianza.

relining expense, gastos de recubrimiento del horno.

remainder, resto.

remark, observación.

remedies, prevenciones (se emplea para la prevención de posibles fraudes con base en un buen control interno).

reminding, recordatorio.

remittance, remesa, giro, letra de cambio.

remittance account, cuenta de remesas.

remittance advices, notificación de remesas.

remittances in transit, remesas en camino.

remitter (s), remitente (s) (bancos).

remuneration, remuneración.

remuneration for sundry banking services, remuneración por diversos servicios bancarios.

renegotiation, reapertura.

renewals, renovaciones, prórrogas.

rent, renta, alquiler, ingreso, producto.

rent collected in advance, renta cobrada por adelantado.

rent expense, gastos por renta.

rent of office, arrendamiento de la oficina.

rent of yard, arrendamiento del almacén.

rent paid in advance, renta pagada por adelantado.

rental income, ingresos por arrendamientos.

rental revenue, ingresos por arrendamientos.

rents received in advance, rentas recibidas por adelantado.

reorder point, punto de reorden [los niveles máximos y mínimos para varios artículos o grupos, pueden establecerse sobre la base de la experiencia y el criterio. No debe permitirse que el inventario caiga por abajo del mínimo y, si alcanza el máximo, no se colocan más pedidos hasta que el nivel desciende. Por lo general, este sistema incluye el "punto de reorden", nivel en el cual se hace un nuevo pedido para evitar que las existencias desciendan abajo del mínimo (en los controles tradicionales de la cantidad de inventario].

repairs, reparaciones.

repairs of equipment, reparación del equipo.

repayment, pago.

repetition rate, frecuencia de repetición (la mayor velocidad de los pulsos electrónicos normalmente usados en los circuitos de la máquina).

replacement cost, costo de reposición.

replacements, reposiciones, reemplazos.

replanishment of the petty cash fund, reposición del fondo fijo de caja chica.

replevin, acción reivindicatoria.

reply, respuesta, contestación.

reply received, confirmaciones recibidas (en confirmaciones de saldos).

report, informe, reporte.

reported income, ingreso declarado.

reporting and analyzing operating results for management, informe y análisis de resultados operacionales para la administración.

reporting on forecast and budget results, informe del pronóstico y resultado de los presupuestos.

reports of independent certified public accountants, informes de contadores públicos titulados independientes.

repossessed goods, mercancías rescatadas.

representative sample, muestra representativa (posee características similares a las de todos los datos en la población o universo en particular. De acuerdo con la teoría de la probabilidad, una muestra elegida al azar se supone que debe ser suficientemente representativa de una población).

reproducer, reproducing punch, perforadora reproductora (una máquina perforadora de tarjetas que transfiere parte o toda la información de las tarjetas perforadas a otras tarjetas en la misma secuencia o en otra).

reproducing, reproducir (es duplicar los juegos de datos relacionados en un solo juego) (máquinas electrónicas).

reproduction cost value, valor de reposición al costo.

reproduction value, valor de reproducción (que es esencialmente el costo calculado al duplicar la propiedad).

repudiate a covenant, desconocer un convenio.

reputation, crédito mercantil.

request stop, parada arbitraria (una parada que permite al operador detener el programa por medio de una instrucción).

requisition, requisición.

rerun point, rollback point, punto de repetición (uno de los conjuntos de los puntos que se planean en un programa tal s que si se detecta un error en medio de dos puntos como éstos, para volver a correr el problema solamente es necesario regresar al último punto de repetición, en lugar de regresar al inicio del problema).

rerun routine, rollback routine, programa de repetición (una rutina diseñada para usarse seguido de un funcionamiento defectuoso o una equivocación para reconstituir una rutina desde el último punto de repetición anterior).

rerun (to), roll back (to), repetir (correr nuevamente un programa o una parte del mismo).

resale, reventa.

rescind, to (a contract), rescindir (un contrato).

research staff, personal de investigación.

reserve, reserva.

reserve, bank, reserva bancaria.

reserve, contingent, reserva para contingencias.

reserve for amortization, reserva para amortización.

reserve for bad debts, reserva para cuentas malas.

reserve for depletion, reserva para agotamiento.

reserve for depreciation, reserva para depreciación.

reserve for depreciation of securities, reserva para baja de valores.

reserve for doubtful accounts, reserva para cuentas dudosas.

reserve for exchange fluctuation, reserva para fluctuaciones en cambios (de moneda).

reserve for federal excise tax, reserva para el impuesto sobre utilidades excedentes.

reserve for inter-company profits in construction, reserva para utilidades de compañías afiliadas en trabajos de construcción.

reserve for losses on purchase, reserva para pérdidas en contratos de compras.

reserve for market fluctuations, reserva para fluctuaciones en el mercado (por cotizaciones).

reserve for premium on shares, reserva por prima sobre acciones.

reserve for renewals and replacements, reserva para retiros y reemplazos (compañías de luz).

reserve for revaluation, reserva para revaluación.

reserve for sinking fund, reserva para fondo de amortización.

reserve for taxes, reserva para impuestos.

reserve for uncollectible accounts, reserva para cuentas incobrables.

reserve, hidden, reserva secreta, reserva oculta.

reserve, income-tax, reserva para impuestos sobre la renta.

reserve, legal, reserva legal.

reserve, liability, reserva de pasivo.

reserves deductibles from the assets, reservas complementarias de activo.

reserves, secret, reservas secretas.

reset (to), borrar (regresar un registro a cero o a una condición inicial determinada).

resign, renunciar (a un puesto).

resources, recursos.

respite for payment of freight, plazo para el pago del flete.

responsability, responsabilidad.

responsability accounting, contabilidad por responsabilidades, contabilidad de fideicomiso se refiere a un sistema de organización y reporte de los datos contables de acuerdo con las responsabilidades de los individuos (puede aplicarse a responsabilidades de grupo). Su objeto es presentar información acerca de los resultados obtenidos en cada una de las unidades de la empresa sobre la cual tiene control el ejecutivo responsable, y excluir (o reconocer por separado) las cifras que reflejen las condiciones en las cuales no puede hacerse responsable al ejecutivo. Implica un juego de reportes que principian con el capataz o supervisor a cargo de sólo unos cuantos trabajadores y continúa con reportes de cada nivel superior que incorpora de cada vez más reportes fundamentales, a medida que la pirámide se eleva. Entonces, un ejecutivo puede estudiar en cualquier nivel los resultados obtenidos en cada nivel inferior a él, incluyendo los de su oficina inmediata. Deben estar unidos dos principios fundamentales si se desea que la contabilidad por responsabilidades opere en una forma efectiva; 1) líneas de organización (responsabilidades y autoridad) las que deben estar claramente separadas; 2) los costos controlables y los no controlables deben separarse claramente en los informes].

rest, resta, saldo, diferencia.

restate, revaluar, reajustar.

restatement, nueva presentación; ratificación.

restatement and revision of accounting research bulletins, nueva presentación y revisión de los Boletines de Investigación Contable.

restitution, devolución, recuperación.

restoration, renovación.

restore (to), restaurar (retornar un índice de ciclos, una dirección variable, u otra palabra de computadora a su valor inicial).

restrictive covenants, convenios restrictivos.

restrictive endorsement, endoso restrictivo (lo firma el endosante acompañando alguna expresión que prohíbe la negociación posterior del instrumento) (es un endoso en procuración).

results of operation, resultados de sus operaciones (debe entenderse como todos los elementos que se incluyen en el estado de resultados o estado de pérdidas y ganancias y no a la cifra de la utilidad neta).

retably, a prorrata.

retail, menudeo.

retail dealer, comerciante de menudeo.

retail dealers, agentes financieros.

retail inventory, ventas de menudeo.

retail price, precio de menudeo.

retail sale, venta de menudeo.

retailer, detallista.

retained earnings, utilidades acumuladas (retenidas).

retained income, utilidades acumuladas.

retainer contracts, contratos a base de iguala.

retirement benefits, beneficios por retiros o jubilaciones.

retirement income, ingresos de retiro (a la edad de retiro).

retirement pension, jubilación.

retrench, ahorrar, economizar, abreviar.

return ticket, pasaje de ida y vuelta.

return (to), devolución, retornar (regresar a un punto determinado, planeado en un programa, normalmente cuando se detecta un error para propósitos de repetición del mismo).

$$\textbf{return on investment} = \frac{\textbf{net income}}{\textbf{net sales}} \times \frac{\textbf{net sales}}{\textbf{net assets}} = \frac{\textbf{net income}}{\textbf{net assets}}$$

(total assets — total liabilities)

$$\text{devolución de la inversión} = \frac{\text{utilidad neta}}{\text{ventas netas}} \times \frac{\text{ventas netas}}{\text{activo neto}}$$
$$= \frac{\text{utilidad neta}}{\text{activo neto}} \quad \frac{\text{(rendimiento de la inversión,)}}{\text{(utilidad sobre la inversión)}}$$

(total del activo — total del pasivo)

return-on-investment as a comprehensive mangement tool, la rentabilidad, herramienta de gran alcance para directivos.

return-on-investment as a tool for marketing management, la rentabilidad como herramienta en decisiones comerciales.

returnable containers, envases devueltos.

returnable freight, flete devuelto.

returns and allowances, devoluciones y rebajas.

returns and notices, declaraciones y avisos (de impuestos).

returns on investments, devolución o réditos de las inversiones.

revaluation surplus, superávit por revaluación.

revenue, rentas públicas, ingresos del erario.

revenue accounts, cuentas de ingresos (el ingreso es lo que la empresa obtiene de los clientes por las mercancías o servicios vendidos).

revenue earned, ingresos totales obtenidos.

revenue expenditures, desembolsos de ingresos.

revenue profits, utilidades de operación.

revenue received in advance, ingreso recibido (cobrado) por adelantado.

reversing, reapertura.

review carefully the internal control for cash operations and make test checks of its effectiveness preparing a memorandum to describe such internal control, revise cuidadosamente el control interno para las operaciones de caja y haga pruebas selectivas de su efectividad, preparando un memorándum que describa tal control interno.

revolving credit, crédito recurrente.

reward, gratificación.

rework costs, costos de reprocesado (los necesarios para hacer el producto aceptable).

rewrite (to), restaurar (en un dispositivo de memoria cuyo estado de almacenamiento de información puede destruirse durante la lectura, el proceso de restaurar el dispositivo a su estado previo a la lectura), reformas.

rigging the market, creación de una falsa apariencia de actividad y fuerza, por medio del alza artificial de los precios, para inducir al público a comprar; (término bancario).

right to share in the assets upon dissolution of the corporation, derecho de compartir con las acciones los activos en el caso de disolución de la sociedad.

rights and duties of the directors, derechos y obligaciones de los directores.

rise, alza.

rising and falling price levels as goals of monetary policy, niveles de precios de alza y baja como objetivos de la política monetaria.

risk, riesgo.

risk of changing money rates; bonds, riesgo de cambios en los tipos de intereses, obligaciones.

role of personnel management, papel de la administración de personal.

rolling stock, material rodante.

rolling total tabulator, tabulador de totales (tabulador especial para la aplicación del principio de totales).

rotary files, archivos rotatorios.

rotation of personnel, rotación de personal.

rough-typed report, informe en "borrador" (escrito a máquina).

rounded out, en cifras cerradas.

rounding error, round-off error, error de rendodeo (el error que resulta de la eliminación de cifras menos significativas en una cantidad y aplicar algún ajuste para las cifras más significativas que se retienen).

routine program, programa rutina (una secuencia precisa de instrucciones codificadas para que una computadora digital resuelva un problema).

row, renglón (una de las posiciones horizontales de la tarjeta de perforación en la cual aparecen dígitos, letras o símbolos formando columnas).

royalty, regalía.

rubber bands, ligas.
ruled, listados.

rules of professional conduct, reglas de conducta (ética) profesional.

ruling and balancing the accounts, corte y determinación del saldo de las cuentas o corte y cierre de las cuentas.

ruling balance sheet accounts, cierre o corte de las cuentas de balance.

run, corrida (1. Una ejecución del programa en una computadora,

2. Ejecución de una o varias rutinas durante la cual el operador no necesita hacer nada).

"run off" copies of a report, "hacer tiros" de copias de un informe.

running account, cuenta corriente.

running brokers, corredores (de bolsa).

running program, programa en funcionamiento (un programa disponible para su uso inmediato).

S

safe keeping of securities, protección de valores.

salaried personnel, empleados o personal de nómina.

salaried regular employee, empleado de planta.

salaries, sueldos.

salary, salarios, rayas.

salary plus commission on all net sales, sueldo más comisión sobre todas las ventas netas.

salary-plus-profit share, sueldo más participación en las utilidades.

sale force motivation, motivación del personal de ventas.

sale of services, prestación de servicios.

sales, ventas.

sales analysis sheet by products, hoja de análisis de ventas por productos (es la distribución de las cifras de ventas por mayoristas, detallistas y distribuidores locales, o por territorios, o por directo y agente, o por productos, o por artículos gravados y exentos, etc. Este análisis puede hacerse también en el Diario de Ventas y también puede ser registrado en el mayor).

sales and purchases, compra-venta.

sales, approval, ventas provisionales.

sales at break-even, punto de equilibrio de las ventas.

ejemplo:

ventas	$100 000
costos variables	(80 000)
saldo	$ 20 000
costos fijos	(10 000)
utilidad de operación antes de I. S. R.	$ 10 000
I. S. R. (50%)	(5 000)
utilidad neta	$ 5 000

punto de equilibrio de las ventas $=$ costos fijos
sales at break-even   **fixed costs**

$$\qquad\qquad\qquad\qquad\qquad\qquad \dfrac{}{1 - \dfrac{\text{costos variables}}{\text{variable costs}}}$$

$$\qquad\qquad\qquad\qquad\qquad\qquad\qquad \dfrac{\text{ventas}}{\text{sales}}$$

$$\dfrac{10\ 000}{1 - \dfrac{80\ 000}{100\ 000}} = \dfrac{10\ 000}{1 - .80} = \dfrac{10\ 000}{.20} = \$50\ 000$$

comprobación
proof

punto de equilibrio de las ventas **sales at break-even**	$50 000
costos variables **variable costs**	(40 000)
saldo **balance**	$10 000
costos fijos **fixed costs**	(10 000)
utilidad o pérdida neta **net profit or loss**	$— 0 —

sales at fixed rates, venta a precios fijos.

sales budget, presupuesto de ventas.

sales budgets and the marketing plan, presupuestos de ventas y la planeación de mercadotecnia.

sales check, nota de venta.

sales contest, concurso de ventas.

sales, cost of, costo de ventas.

sales discounts, descuentos sobre ventas.

sales, gross, ventas brutas.

sales, instalment, ventas a plazos.

sales, net, ventas netas.

sales per manhour, ventas por hora hombre.

sales per sales person, ventas por agentes.

sales quota, cuota de ventas.

sales rebates and allowances, descuentos y rebajas sobre ventas.

sales returns, devoluciones sobre ventas.

sales revenue, ingresos por ventas.

sales slip, notas de ventas.

sales tax, impuesto sobre ingresos mercantiles.

sales to receivable ratio, razón entre las ventas y los créditos al cobro.

sales to working capital ratio, razón entre las ventas y el capital de trabajo.

salesmanship, acto de vender (mercadotecnia).

salesmen's salaries, sueldos de agentes.

salvage, salvamento (minas), valor de desecho.

same rate of gross profit, mismo porcentaje de utilidad bruta (en empresas de ventas al menudeo).

sample, muestra.

sample-book, muestrario.

sample number, número de la muestra.

sampling, muestreo.

sampling inspection, muestreo de inspección.

saving, ahorro, economía.

saving deposits, depósitos de ahorro.

scale (to), cambiar de escala, hacer la conversión a escala (por ejemplo, las unidades, en las cuales una variable es expresada de manera que se pueda traer a la capacidad de la máquina o programa a mano).

scan, examinar (revisar e investigar *sin* una completa verificación. La verificación completa daría como resultado cierta cantidad de trabajo injustificado. Ejemplo: pueden inspeccionarse los comprobantes de caja chica buscando que sean razonables).

scanning, examinando.

scarcity, escasez.

scattergraph, diagrama de dispersión.

schedule, cédula (de trabajo, de impuesto sobre la renta), relación auxiliar.

schedule of work, programa de trabajo.

scheduling, programación (en máquinas elctrónicas).

scheduling equipment, programación de equipos.

scheduling the work of the office, programación del trabajo de la oficina.

scheme, plan, proyecto.

scientific management, administración científica.

scope limitation, limitación al alcance (en auditoría).

scope of the examination, alcance de la auditoría.

scope qualification, salvedad en el alcance (en auditoría).

scours the accounts, depurar las cuentas.

scrap, desperdicio, residuo.

scrap sale, venta de desperdicio.

screenning, depuración.

scrip, vales, certificado provisional.

scrutinize, escudriñar (revisar e investigar *sin* una completa verificación. La verificación completa daría como resultado cierta cantidad de trabajo injustificado. Ejemplo: pueden inspeccionarse los comprobantes de caja chica buscando que sean razonables).

scrutinizing the inventory figure, revisión de las cifras del inventario.

sea freight, flete marino.

seasonal exchange rate changes, fluctuaciones periódicas en el tipo de cambio.

seasonal worker, trabajador de temporada, trabajador estacional.

second sheet, hoja copia (segunda copia).

secondary memory o, secondary storage US, secondary store GB, memoria secundaria (memoria que no es parte integral de la computadora sino que está directamente unida y controlada por la misma).

secret reserve, reserva secreta.

secured business loans, préstamos comerciales garantizados.

secured liabilities, pasivos garantizados.

secured loans, préstamos prendarios.

secured promises, pagarés garantizados.

securities, acciones, bonos y valores.

Securities Act, Ley sobre Valores.

securities and credits given as guarantee, valores y créditos dados en garantía.

Securities and Exchange Commission. Comisión de Valores y Cambios.

securities in custody, valores en custodia.

securities market, mercado de valores.

securities over-the-counter, valores sobre el mostrador.

securities, owned, valores propios.

security, garantía, prenda, colateral, endoso.

security loans, préstamos sobre valores.

segment, segmento (en una rutina que es demasiado grande para la memoria interna, una parte es tan corta que se puede almacenar en forma total en la memoria interna y, además, contiene la codificación necesaria para llamar y saltar automáticamente a otros segmentos).

segmentation, fragmentación (el corte en segmentos de un programa muy grande para una memoria particular).

segment (to), segmentar (hacer segmentos).

segregating, segregar (es separar los juegos de datos relacionados en varios juegos) (máquinas electrónicas).

seigniorage, derechos de braceaje.

seizure, embargo.

select the major charges and examine the corresponding vouchers, approvals and tax requirements, seleccione los cargos de importancia y examine las pólizas respectivas, autorizaciones y requisitos fiscales (en la revisión de gastos).

select the most significant balances included in the accounts receivable list and send them requests for confirmation, seleccione los saldos más importantes incluidos en las listas de las cuentas por cobrar y mande solicitudes de confirmación.

selection wire, alambre de selección (parte componente de las memorias de núcleo magnético).

selective summarizing, totalización selectiva (el resumen de información que inicialmente estaba en muchas tarjetas, en comparación relativamente con pocas tarjetas de totalización).

selectron, selectrón (un tipo de tubo electrónico para la memoria de la computadora que almacena 256 dígitos binarios para una muy rápida selección y acceso).

self-liquidating commercial paper theory of bank assets, teoría del papel comercial de rápida liquidación del activo de los bancos.

self-correcting code, código de autocorrección (código binario, por ejemplo, dígitos decimales de tal modo que los errores específicos no sólo son reconocidos por una verificación de código sino que también son corregidos).

seller, vendedor.

selling expenses, gastos de venta.

selling off, liquidación.

selling price, precio de venta.

semi finished product, producto semiterminado.

semi-senior, auditor.

send requests for confirmation of the petty cash funds at the different locations in which the company operates, envíe solicitudes de confirmación de los fondos fijos de caja chica de las diferentes poblaciones en donde la compañía opera.

send requests for confirmation to the banks in which the company has its checking accounts, envíe confirmaciones bancarias en donde la compañía tiene sus cuentas bancarias.

sender, remitente.

senior, auditor en jefe.

seniority, antigüedad.

seniority provisions, cláusulas de antigüedad (de un trabajador).

sense (to), leer (las perforaciones en un papel).

separation or withdrawal from firm, separación o despido de la firma.

sequence alternator, alternador de secuencia (dispositivo que altera la secuencia de la instrucción).

sequence-checking routine, rutina de verificación de secuencia (que verifica en cada instrucción ejecutada, imprimiendo algunos datos).

sequence-control register, registro de verificación de secuencia (registro que retiene la dirección de la siguiente instrucción).

sequence, order, secuencia (de las instrucciones en un programa).

sequencer, máquina para establecer secuencias (un mecanismo que colocará los renglones de información en secuencia).

sequencing, secuencia (se refiere al orden cronológico en la ejecución de las instrucciones).

sequential control, mando de secuencia (la forma de mando de una computadora en la cual las instrucciones que se le dan se forman en una secuencia y se alimentan en la misma secuencia durante la solución de un problema).

sequential programming, programación secuencial (colocar las instrucciones de un programa en la memoria de tal manera que las instrucciones que se efectúen una detrás de la otra, tengan direcciones de memoria en el mismo orden).

sequential selection, selección secuencial (modo de operación en el cual las instrucciones se efectúan normalmente en el orden numérico de las direcciones en las cuales se mantienen en la memoria).

serial, en serie (que se maneja después de la otra en una parte del equipo).

serial bonds, bonos pagaderos en serie.

serial digital computer, computadora digital en serie (computadora en la cual los dígitos se manejan en serie).

serial operation, operación en serie (el flujo de información a través de la computadora o en cualquier parte de la misma usando solamente una línea o canal a un mismo tiempo).

serial selection, selección secuencial (modo de operación en el cual las instrucciones se efectúan normalmente en el orden numérico de las direcciones en las cuales se mantienen en la memoria).

serial storage, almacenamiento en serie (almacenamiento en el cual el tiempo es una coordenada que se usa para localizar un **BIT** dado, carácter o palabra).

serial transfer, transferencia en serie (sistema de transferencia de datos en la cual los caracteres de un elemento de información se transfieren en secuencia a una sola trayectoria en posiciones de tiempo consecutivas).

service department, departamento de servicio.

service parts, refacciones.

service rendered, servicio prestado.

service routine, rutina de servicio (rutina diseñada para ayudar en la operación real de la computadora).

service units method, método de unidades de servicio (se hace una estimación de las unidades de servicio que el activo producirá durante su tiempo de duración. Para los neumáticos de un camión éstas son las millas recorridas; para los aparatos de aviación, las horas de vuelo; para una máquina de estampado, el número de estampados) (método general para asignar a gastos el costo de los activos sujetos a depreciación).

service value, valor de utilización.

set of books, juego de libros.

set (to), ajustar (colocar un dispositivo de memoria en un estado determinado).

set up T accounts, formule en esquemas de mayor.

set up T accounts for, formular esquemas de mayor para.

settlement, arreglo, ajuste, liquidación.

settling day, día de liquidación.

several obligation, obligación mancomunada.

severity rate $=$
$$\frac{\text{time charged (in days)} \times 1\,000\,000}{\text{total number of man-hours worked}}$$

índice de gravedad [es el número de días cargados como resultado de lesiones por millón de horas hombre trabajadas =

Tiempo cargado (en días)
$\times$ 1 000 000
_____
Número total de horas
hombre trabajadas

share, acción.

share account, el término "cuenta por acciones", se deriva de la costumbre seguida en las primeras asociaciones de este mismo tipo cuando quienes deseaban un préstamo para construir una casa, suscribían acciones que una vez pagadas, serían suficientes para cancelar el préstamo (en asociaciones de ahorros y préstamos). Este tipo de acciones están ahora disponibles tanto para quienes solicitan préstamos, como para aquellos inversionistas que buscan alguna utilidad para sus ahorros.

shareholder, accionista.

shares, bonds and other securities, acciones, bonos y valores.

shares of no par common stock, acciones comunes sin valor nominal.

schedules, relaciones, cédulas (de auditoría, de trabajo).

shift premium, premio por turno.

shift register, registro de desplazamientos (registro en el cual la información contenida se puede desplazar, sin necesidad de quitarla del registro).

shift (to), desplazar, pasar de una posición a otra (mover los caracteres de una unidad de información en forma de columna a la derecha o a la izquierda).

shift unit, unidad de desplazamiento (dispositivo para desplazar números a posiciones adyacentes).

shingled clipped-corner-card file, archivo escalonado de tarjetas de esquinas recortadas (archivo visible).

shipment, embarque.

shipments to branches, embarques a sucursales.

shipping expenses, gastos de embarque.

short-cut methods of computing interest, métodos cortos para el cálculo del interés.

short-form report, informe breve o corto.

short-range profits, utilidades a corto plazo.

short run, a corto plazo.

short sale, venta al descubierto; la venta de un título (o artículo de consumo) que no se tiene en propiedad o en posesión; la venta precede a la compra; el operador al descubierto es un bajista (bear) que vende porque supone que el título (o el mercado en general) está llamado a bajar y, en consecuencia podrá recuperar (cubrirse) a un precio inferior al que él vendió; (término bancario).

short selling, una venta *corta* es la venta de acciones que el vendedor no posee, pero que espera adquirir en el futuro.

short taxable year, ejercicio irregular.

short-term borrowing, préstamos a corto plazo.

short-term debt financing, deuda financiera a corto plazo.

short term investments, inversiones transitorias.

shorthand, taquígrafa.

shortages, faltantes (de inventarios).

side-filing cabinets, gabinetes de archivo lateral.

sidestep a job, sacarle el bulto a un trabajo.

sight deposits, depósitos a la vista.

sight draft with negotiable bill of lading attached, letra a la vista con nota de embarque negociable adjunta.

sight obligations, obligaciones a la vista.

sign jointly, firmas mancomunadas.

sign, sign digit, signo (el uso de un uno o cero para designar el signo algebraico de una cantidad positiva o negativa).

signature, firma.

signer, firmante.

silent partnership, comandita.

silent partner, comanditario.

simplified paragraph, carta simplificada (todo el material comienza en el margen izquierdo, se omite el saludo, en su lugar se escribe el asunto de la carta y se omiten las frases de cumplimiento) (forma de carta).

simply random posted, simplemente se les da entrada.

simulated program, programa simulado (programa de la computadora que es interpretado por otro programa en la computadora que no reconoce las instrucciones del programa simulado).

single action printer, impresora de letra a letra (impresora que imprime un carácter a la vez).

single-address instruction, one address instruction, instrucción de una sola dirección (instrucción de una operación y exactamente una dirección).

single entry, partida sencilla en los registros.

single propietorship, empresa individual.

single purpose computer, special purpose computer, computadora de una sola aplicación (computadora solamente para propósitos especiales).

sinking fund, fondo de amortización.

sinking fund cash, fondo de amortización de efectivo.

sinking fund income, fondo de amortización de utilidades.

sinking fund investments, fondo de amortización de inversiones.

sinking fund investments in government bonds, fondo de amortización de inversiones en bonos del gobierno.

sinking fund principle of depreciation acceptance, principio del fondo de reposición en relación con la depreciación.

skilled labor, trabajadores especializados.

skilled worker, obrero calificado.

skip key, tecla de salto (se usa para saltar automáticamente de un campo a otro).

skip, skip instruction, blank instruction, instrucción de referencia, instrucción en blanco (instrucción que no opera la máquina sino que se refiere a la siguiente instrucción).

skips, fallas (en pagar cuentas).

skrinkage in process, encogimiento durante el proceso, merma.

skyrocketing, expresión que denota el alza rápida de un título o de todo un mercado.

slip, nota, ficha, volante.

slow pay customers, clientes de pago lento.

slow memory, slow storage US, slow store GB, memoria lenta (secciones de la memoria de la cual se puede obtener información automáticamente, pero no a la mayor velocidad de las diversas secciones).

small firm financing gap, empresas pequeñas con escasa o nula funcionalidad del mercado financiero.

small firms, firmas pequeñas (de contadores).

small, sundry expenditures, gastos menores.

smash, desastre; expresión que denota una brusca y considerable baja de valores o artículos de primera necesidad.

smoothing of income, nivelación o uniformidad de las utilidades.

social security, seguro social.

social security act, Ley del Seguro Social.

social security and unemployment insurance taxes, cuotas del seguro social.

social security taxes, cuotas obrero patronales al seguro social.

soft money, papel moneda, moneda blanda, moneda floja.

sold at loss, vendido con pérdida.

solicitor, abogado.

solvency, solvencia.

some companies take a whole month into account if the asset is acquired between the 1st and 15th of a month, algunas compañías toman en cuenta todo un mes si el activo se adquiere entre los días 1o. y 15 de algún mes (método de depreciación cuando los activos se adquieren durante el año).

some problems stated, algunos de los problemas presentados.

sort (to), clasificar (arreglar los renglones de información según las reglas dependientes de una clavija o campo contenido en los renglones).

sorter, clasificadora (máquina que clasifica tarjetas según las perforaciones en una columna determinada de la tarjeta. Esta clasificación deseada puede ser en secuencia alfabética o numérica).

sorter reader, clasificadora lectora (en máquinas de reconocimiento de caracteres por medio de cinta magnética).

sound practices, prácticas eficaces, buena práctica.

sound value, valor justo, valor firme.

sound vs generally accepted accounting principles, principios firmes de contabilidad vs principios de contabilidad generalmente aceptados.

source documents identified by departments, fuente de documentos identificados por departamentos.

source program, programa fuente (término de programación automática para el programa escrito en un lenguaje similar al álgebra para ser traducido a un programa objeto en un lenguaje máquina por la computadora).

sources and disposition of funds, origen y aplicación de fondos.

sources of funds for expenditure, fuentes de fondos para el gasto.

spare time, tiempo ocioso.

special assessment bonds, obligaciones con asignación especial.

special endorsement, endoso especial (que especifica la persona a cuya orden ha de ser pagado).

special guarantee, aval.

special injuction, amparo (revista "Time", junio 14-1954 Pág. 25).

special meeting, asamblea extraordinaria.

special sections current accounts, secciones especiales de cuentas corrientes.

specially designed fiberboard drawer files, cajones de archivo especialmente diseñados, hechos de fibra artificial (tipos de equipo para almacenar los registros).

specie, numerario; término genérico que se emplea para denotar dinero metálico de oro o plata

para diferenciarlo del papel moneda e instrumentos de crédito; también se aplica a los bancos de oro y plata; (término bancario).

specific address, absolute address, dirección absoluta (en programación de computadoras digitales el nombre que le asignan el diseñador de máquinas a un registro o posición determinado en la memoria).

specific coding, codificación específica (codificación en la cual todas las direcciones se refieren a registros y posiciones específicas).

specific routine, rutina específica (rutina expresada en una codificación específica para la computadora para resolver un problema particular, matemático, lógico o de manejo de datos).

speed letter, carta rápida.

spending variance, variación en consumo (costos estándar).

spiffs, gratificación (hablando de compensación; Slang Británico).

split ledgers, mayores seccionales.

spoilage, deterioro.

spoilage costs, costos de desperdicio (los gastos de producción de todo el producto desechado por no llenar las especificaciones, menos el valor que se obtenga al deshacerse de él).

spoilage report, reporte de desperdicio.

"spot" decisions, decisiones al momento.

spread, combinación de opciones de compra y de venta, en la cual el operador tiene derecho a comprar a un precio o de vender a otro (*ver straddle*); (término bancario).

sprocket channel, pista de situación (en una cinta magnética o perforada la traza en la cual están las perforaciones o manchas imantadas que se emplean para asegurar la posición en la cinta).

stabilize prices, estabilizar los precios.

staff, bastón o báculo que sirve de apoyo, apoyar la autoridad lineal (administración); personal.

staff selection and training, selección y adiestramiento del personal.

staffing, integración.

staffing table, tabla de integración.

stage, etapa.

stage of completion, etapa de acabado.

stamp, selo, timbre, estampilla.

stamp duty, impuesto del timbre.

stand by unattended time, tiempo inactivo (tiempo en el cual la máquina está en condición desconocida y no resolviendo problemas).

stand-by underwriting, suscripciones en firme.

standard clasification, clasificación uniforme (en comercio exterior).

standard costs, costos tipo.

standard costs as a basis for budgetary control, costos estándar como base para el control de presupuestos.

standard desviation, desviación estándar es la medida más útil de dispersión de un grupo de números (es la raíz cuadrada de la media de las desviaciones de los números observados con respecto a su media aritmética, elevados al cuadrado).

standard preprinted internal control questionnaire, cuestionario de control interno estándar impreso.

standard ratio, razón, tipo, norma.

standard-yield method, método del rendimiento estándar (en este método, los costos de la materia prima y de proceso se distribuyen a los coproductos sobre la base de los rendimientos estándar).

De acuerdo con el método de contabilidad de los subproductos, el valor estimado de mercado o de venta del producto secundario, se deduce del costo total de la producción incurrida en la fabricación de todos los productos, los principales y los secundarios. A continuación, esta cantidad residual se aplica a uno o a más productos principales empleando el método de los costos mancomunados (si existen coproductos, el producto secundario se lleva en el inventario a su valor de mercado estimado).

standardization, uniformidad.

standardize (to), normalizar, (ajustar el exponente y coeficiente de un resultado en punto flotante de modo que el coeficiente esté dentro del intervalo normal prescrito).

standards of field work, normas relativas a la ejecución del trabajo.

standards of reporting, normas relativas a la información y dictamen.

standby costs, costos confiables.

standly key punch, perforadora de reserva.

stapler, engrapadora.

starting an audit, iniciación de una auditoría.

state estate and inheritance taxes, impuestos estatales sobre propiedades y herencias.

State Society of Certified Public Accountants, Asociación de Contadores Públicos Titulados.

state unemployment tax expense, gastos por impuestos de desempleo estatal.

stated capital, capital declarado.

stated value, valor declarado.

statement, estado de cuenta, declaración, enunciado de problema de ley, fórmula, instrucción general (instrucción generalizada usada en programación automática).

statement, comparative, estado comparativo.

statement, condensed, estado condensado.

statement, consolidated, estado consolidado.

statement, daily cash, estado diario de caja.

statement, financial, estado financiero, balance general.

statement, manufacturing, estado de producción, estado de costos.

statement of account, estado de cuenta (formulario comercial que resume los cargos mensuales a la cuenta de un cliente, sus pagos y el saldo a su cargo o a favor).

statement of affairs, estado de situación.

statement of auditing procedure, procedimientos de auditoría de estados financieros.

statement of deficiency, estado de cuenta de déficit (complementario al de situación y que muestra, en menor o mayor detalle, las causas y los importes de las pérdidas sufridas por acreedores y accionistas).

statement of earning and expenses, estado de productos y gastos.

statement of goods manufactured and sold, estado de costo de fabricación.

statement of income and expense, estado de ingresos y gastos.

statement of loss and gain, estado de pérdidas y ganancias.

statement of partners'-capital account, estado de cuenta del capital de los socios.

statement of profit and loss, estado de pérdidas y ganancias.

statement of receipts and disbursements, estado de entradas y salidas de caja.

statement of resources and liabilities, estado de recursos y obligaciones.

statement of source and application of funds, estado de origen y aplicación de recursos.

statement, reconciliation, estado de conciliación.

statements and supporting schedules provide interested parties, estados y anexos por separado proporcionan a las partes interesadas...

statements used in applying for credit, estados usados para las solicitudes de crédito.

static budget, presupuesto estático (se refiere sólo a un nivel de actividad).

static memory, static storage US, static store GB, memoria estática (memoria tal que la información está fija en el espacio y disponible en cualquier momento siempre que esté encendida la computadora).

stationary and office supplies, papelería y efectos de oficina.

stationary inventory, inventario de papelería.

stationary supplies, artículos de oficina.

statistical control, control estadístico (es una expresión que describe el modelo de variabilidad en el proceso, más bien que el rendimiento pasado del proceso para llenar las especificaciones).

statistical quality control, control de calidad estadístico (deberá ser considerado como un grupo de herramientas que pueden influir en las decisiones relacionadas con las funciones de especificación, producción o inspección).

statistics, estadística (como sustantivo plural, se refiere a cualquier hecho establecido en términos numéricos, como sustantivo singular, se refiere a un cuerpo de métodos, mediante el cual pueden ser extraídas conclusiones útiles a partir de los datos numéricos).

statuting reserve, reserva legal.

stencil, mimeógrafo (medio de duplicación).

still on hand, por cobrar (un documento).

stipulation, convenio, contrato.

stock, acciones, existencias.

stock and bonds of other companies, acciones y bonos de otras compañías.

stock assessments, dividendos pasivos.

stock authorized, acciones autorizadas.

stock book, registro de acciones.

stock broker, corredor de bolsa.

stock certificate, certificado de acciones.

stock, certificate book, talonario de acciones.

stock, common, acciones comunes, acciones ordinarias.

stock control card, tarjeta de control de existencias (registro administrativo que muestra las unidades recibidas, vendidas y la existencia de las mismas, su costo unitario y el importe por cuanto a entradas, salidas y existencia de determinado artículo).

stock, cumulative preferred, acciones preferentes acumulativas.

stock discounts, descuento sobre acciones.

stock dividend, dividendo en acciones.

stock exchange, bolsa de acciones.

stock forfeited, acciones confiscadas.

stock, founders', acciones de fundador.

stock, guaranteed, acciones avaladas.

stock-in-trade, existencias, mercancías en almacén, mercancías generales.

stock issued, acciones emitidas.

stock issued for services, acciones de trabajo.

stock ledger, registro de acciones.

stock, non cumulative, preferred, acciones preferentes no acumulativas.

stock number, número del artículo (el que se destina a representar determinado artículo y sirve para economizar tiempo y espacio).

stock on hand, existencias, mercancías en almacén, mercancías generales.

stock owned, acciones propias.

stock ownership, patrimonio social (sociedad en nombre colectivo).

stock payment for which is in default, acciones desertoras.

stock pool, agrupación de acciones en fondo común.

stock, preferred, acciones preferentes.

stock premium, prima sobre acciones.

stock-purchase and stock option plans, planes de compra y opción de acciones.

stock register, registro de acciones.

stock right, derecho del tanto.

stock sales ratio, relación de existencias a ventas.

stock split, división de acciones.

stock split — ups, reparto de acciones.

stock subscribed, acciones suscritas.

stock subscription right, derecho del tanto.

stock transfer book, registro de traspasos de acciones.

stock turn for parts, new cars o used cars, rotación de inventarios de partes, carros nuevos o carros usados.

stockturn ratio, rotación de inventarios.

stock unissued, acciones por emitir.

stock values, valores de las acciones.

stock, voting, acciones con derecho de voto.

stockholder, accionista.

stockholder not an agent of the corporation or the other stockholders, accionista que no es agente de la sociedad o de los otros accionistas.

stockholders' equity, capital contable.

stockholders' equity section, sección de participación de accionistas.

stockholders meeting, asamblea de accionistas.

stockholdings of the stockholders, acciones en poder de los accionistas.

stocks arranged in a "helter-skelter" manner, existencias arregladas a la "trompa y talega" ("sin orden ni concierto", "en desorden").

stocks, bonds, and assigned mortgages, acciones, bonos e hipotecas en garantía.

stop payment, suspensión de pago (de un documento).

storage, almacenaje, almacenamiento (la retención de información con perspectiva a una referencia posterior).

storage boxes on shelving, cajas de almacenamiento sobre anaqueles (tipos de equipo para almacenar los registros).

store book libro de almacén.

store (to), almacenar (transferir parte de la información a un dispositivo del cual la información no alterada se puede obtener posteriormente).

stored program, programa almacenado (característica de algunas máquinas por medio de la cual las instrucciones en forma de números, letras o símbolos se retienen dentro de la máquina).

storeroom, bodega.

storing of goods, almacenaje.

straddle, combinación de una opción de compra y otra de venta (put and call) que concede al tenedor el derecho de comprar o de vender, a su arbitrio, un título determinado, al precio estipulado, dentro del plazo convenido (ver spread), (término bancario).

straight average, promedio directo.

straight bill of lading, documentos de embarque no endosables, conocimiento de embarque no endosable.

straight commission, comisión simple.

straight piecework with a guaranteed hourly minimum plan, plan de trabajo a destajo con un mínimo por hora garantizado (se paga al empleado una cantidad mínima por hora por producir un número estándar de piezas o unidades de producción. Por una producción que exceda al número estándar de piezas, el empleado percibe una cantidad adicional por pieza, calculada con la cantidad del salario por hora dividido entre el número estándar de piezas por hora).

straight profit share, simple participación en las utilidades.

strait jacketing, cartabón (sobre los procedimientos de contabilidad y auditoría).

stratified sampling, muestreo estratificado (sacar muestras proporcionales, o sea que los lotes de inspección, siempre que sea posible, deberán ser divididos en sublotes sobre la base de factores que sea probable que lleven a una variación en la calidad del producto. De cada uno de los sublotes en que se divide un lote de inspección, se deberá seleccionar una submuestra. El tamaño de la submuestra de cada sublote deberá ser proporcional al tamaño de ese sublote).

strike, huelga.

strike controls, controles de huelgas.

stub book, talonario (de facturas).

stub card, tarjeta con talón (tarjeta que tiene una extensión perforada, que sirve como talón impreso).

stuft premiums, premios (incentivos) por el turno.

style manual for report writers, typists and stenographers of a public accounting office, manual para redactores de informes, mecanógrafas y estenógrafas de la oficina de un contador público titulado.

subscribers, suscriptores.

subject filing, archivo por materias.

sublease revenue, ingresos por subarrendamiento.

submission of the financial statements, presentación de estados financieros.

subprogram, subroutine, subprograma, subrutina (la parte de un programa).

subscribed capital, capital suscrito.

subscription, suscripción, inscripción.

subscription book, registro de suscripciones.

subscription income, ingresos por suscripciones.

subscription ledger, diario de suscripciones.

subscription price, precio de suscripción (es el precio al cual acciones u obligaciones adicionales se venderán a los actuales accionistas).

subscriptions and advertising, suscripciones y publicidad.

subscriptions receivables, suscripciones por cobrar.

subsequent collections, pagos posteriores.

subsidiary company, compañía subsidiaria.

subsidiary ledgers, libros auxiliares, mayores auxiliares.

subsidy, subsidio.

subsistence, viáticos, gastos de viaje, mantenimiento.

substitution card, tarjeta de sustitución (cuando el documento removido es una sola tarjeta o pieza de papel; su lugar en el expediente puede ser ocupado por esta tarjeta).

sudden stoppage of income, suspensión repentina de ingresos.

suggestion, sugestión.

suggestion for improving the language of audit reports, sugestiones para mejorar el lenguaje de los informes de auditoría.

suit (at law), pleito, causa.

sum, suma.

sum-of-the-years'-digit method, método de la suma de las cifras anuales (la hipótesis fundamental de este método de calcular la depreciación es que la pérdida de la utilidad económica de un activo es mayor durante los primeros años de vida de servicio. Otros motivos son que un activo es más productivo y las reparaciones y el mantenimiento son menores durante los primeros años. En consecuencia, para lograr una afinidad adecuada de ingresos y costos, se deberá tomar una mayor depreciación durante los primeros años de la vida de un activo).

summary, resumen, sumario.

summary analysis, resumen analítico (es aquel que explica la naturaleza general de los cambios habidos en una cuenta, sin listar las operaciones en detalle).

summary and clearing accounts, cuentas de distribución y resumen.

summary punch, perforadora totalizadora (perforadora de tarjetas que se puede unir por medio de un cable de muchos alambres a otra máquina y que perforará en una tarjeta la información producida, calculada o totalizada por la otra máquina).

summation check, verificación totalizadora (verificación de redundancia en la cual se suman grupos de dígitos normalmente sin tomar en cuenta el exceso de la capacidad, y esa suma comparada respecto a una suma previamente calculada para verificar la exactitud de computación).

summon(es), convocatoria(s), citatorio(s).

summons (summoneses), citatorio, convocatoria.

sundry accounts, varias cuentas.

sundry credit column, varias cuentas (de crédito).

sundry debit column, varias cuentas (de cargo).

sunk costs, costos suprimidos (son costos históricos que en una situación específica son irrecuperables) (pozos petroleros), costos rebajados, costos con pérdida.

sundry debtors, deudores diversos.

sundry debtors and creditors, deudores y acreedores diversos.

superannuation, jubilación.

supersedes, reemplaza.

supervision and motivation of salesmen, supervisión y motivación de los vendedores.

supervision of subordinates, supervisión de los ayudantes.

supplementary statements, estados suplementarios.

supplier, proveedor.

supplies, suministros, abastecimientos.

supplies on hand, accesorios en existencia o a mano.

supplies, operating, materiales de consumo.

supplies used, accesorios empleados.

supply of investment funds, oferta de fondos para inversión.

supply of money, provisión u oferta del dinero; moneda circulante.

supporting documents, documentos comprobatorios.

supporting evidence, evidencia comprobatoria.

supporting "paperwork", "papeleo" de apoyo.

supporting schedules, cédulas analíticas (o cédulas de apoyo, apoyan o llevan el detalle de cada renglón que aparece en la cédula sumaria), anexos por separado.

surcharge, recargo.

surety bond, fianza.

surplus, superávit.

surplus adjustment account, cuenta de ajustes de superávit.

surplus, appraisal, superávit por revaluación.

surplus, books, superávit en libros.

surplus, capital, superávit de capital.

surplus, contributed, superávit pagado.

surplus, donated, superávit donado.

surplus, earned, superávit ganado.

surplus paid in, superávit pagado.

surplus, revaluation, superávit por revaluación.

surplus statement, estado de superávit.

surplus value, plusvalía.

surprise counts, arqueos por sorpresa.

surrender value, valor de rescate (seguros).

surtax, impuesto adicional.

survey, examen, investigación, encuesta, inspección.

surveyor, inspector.

suscriptions and advertising, suscripciones y publicidad.

suspension of payment, suspensión de pagos.

sweater, explotador.

swindler, estafador.

switching, conmutar; el operador de la bolsa de valores "conmuta" cuando liquida sus existencias de un título, para destinar el producto a la adquisición de otro título, cuyas perspectivas aparecen ser mejores, su rendimiento es mayor, o sencillamente porque cree fortalecer su posición; (término bancario).

swollen inventory, inventario inflado.

symbolic coding, codificación simbólica (codificación que emplea direcciones simbólicas).

syndicate, sindicato, asociación de capitalistas para emprender un negocio magno.

system analysis, análisis del sistema (un análisis cualitativo o cuantitativo del sistema de teneduría de libros).

system, continental, sistema continental.

system installations, instalación de sistemas.

system of accounts, catálogo de cuentas, sistema de contabilidad.

system of authorization and records, sistema de autorización y registros (lo constituyen los documentos y otros registros requeridos para ejecutar en forma fluida las operaciones y para acumular la información contable adecuada acerca de ellas. Es de primera importancia un catálogo de cuentas. En segundo lugar, es útil un manual de contabilidad, describe las operaciones que se registrarán en cada cuenta. El tercer requisito lo constituyen los registros originales y formas adecuadas. Tres características son deseables en los registros originales: simplicidad, uso múltiple y dispositivos de control automáticos) (elementos que determinan un sistema eficaz de control interno).

system programming, programación general (el diseño del procedimiento y el análisis, sin detallar las instrucciones de la máquina).

systems conversion, conversión de sistemas.

systems design, diseño de sistemas.

T

tab index card, tarjeta con índice (se usa cuando se debe conservar la secuencia de archivo existente de las tarjetas perforadas).

table 207 **tape**

table of contents, índice.

tables of random permutations, tablas de permutaciones al azar (en el uso de tablas convencionales de números al azar, tales como la tabla Z, o de dados japoneses al azar, una operación adicional se origina de identificar y desechar los números que salen más de una vez).

tabular interpretative program, programa intérprete tabular (programa similar al intérprete con la diferencia de que maneja vectores en lugar de matrices).

tabulating paper, papel tabular.

tabulations, outlines, lists, quotations and other indented material, cuadros, relaciones, listas, citas y otro material intercalado.

tabulator, tabuladora (perforadora de tarjetas que admite tarjetas perforadas e instrucciones y produce listas, totales y tabulaciones de la información en formas separadas o en papel).

tabulator or punched-card accounting machine, tabuladora o máquina de contabilidad de tarjetas perforadas (prepara informes impresos de los datos contenidos en las tarjetas perforadas y clasificadas).

tagged, etiquetado (inventarios físicos).

"take home" pay, expresión que en los Estados Unidos se refiere al dinero que le queda al trabajador después de hacer las deducciones por concepto de impuestos, sindicato, seguro social, etc.

taken into account, tomados en cuenta.

taking corrective action based on operating reports, acciones correctivas basadas en informes de operaciones.

tally or error data, apuntes de datos de errores.

tangible assets, activo tangible.

tape, tira de suma.

tape and wire recorders, grabadoras de cinta y de alambre (método mecánico de transmisión de mensajes escritos).

tape backspacing, retroceso de la cinta (el movimiento de retroceso de una cinta después de la lectura).

tape feed, alimentación de la cinta (cinta perforada de papel).

tape handling unit, unidad de manejo de cinta (aparato en el cual se usa cinta de papel o magnética).

tape-punch girl, perforista (operador femenino que perfora cintas).

tape to card converter, convertidoras de tarjetas a cinta [máquina para transferir automáticamente la información perforada en una tarjeta a una cinta magnética. Cuando se usa el dispositivo para trasladar automáticamente información de una tarjeta perforada a una cinta magnética se denomina **Card-to-tape converter** (convertidor de tarjeta a cinta). Si se emplea el dispositivo para transferir la información perforada de una cinta de papel a otra cinta de papel se denomina **Tape-to-tape reproducer** (reproductor de cinta a cinta). Si el dispositivo se emplea para transferir la información perforada de una tarjeta a tantas otras tarjetas como fuese necesario se le denomina **Card-to-card reproducer** (reproductor de tarjeta a tarjeta].

tape travel, dirección de lectura de la cinta (la dirección en la cual se lee la cinta magnética).

tape units, unidades de cinta (en máquinas electrónicas).

tare, tara.

tariff, tarifa aduanera, arancel.

tariff barriers, barreras de tarifas.

tariff, customs, arancel.

task work, trabajo a destajo.

tax, impuesto.

tax accounting, contabilidad gubernamental.

tax accounting for factors, contabilidad fiscal para comisionistas.

tax aspects of the partnership agreement, aspectos fiscales del contrato de sociedad.

tax basis, base para los impuestos.

tax bills, boletas de impuestos.

tax court, tribunal fiscal.

tax court says goodwill attaches to accounting practice, and may be sold, el tribunal fiscal opina que el prestigio profesional existe en la práctica de la contaduría y puede venderse.

tax examiner, inspector fiscal.

tax gimmick, malabarismo fiscal.

tax has been overpayment, si el pago (de impuestos) se hubiere hecho en cantidad mayor.

tax has been underpaid, si el pago (de impuestos) se hubiera hecho en cantidad menor.

tax is levy upon the employer, el impuesto se repercute al patrón.

tax may be paid in cash, or by money orders, or personal checks, el impuesto se pagará en efectivo, o mediante giros o vales postales o cheques de cuenta personal.

tax must be paid in revenue stamps when so ordered by the law, el impuesto se pagará en estampillas cuando la Ley lo disponga.

tax on global income of enterprises, impuesto al ingreso global de las empresas.

tax on global income of individuals, impuesto al ingreso global de las personas físicas.

tax on income from capital investments, impuesto sobre productos o rendimientos del capital.

tax on income from personal services, impuesto sobre productos del trabajo.

tax on income of associations and civil companies, impuesto al ingreso de las asociaciones y sociedades civiles.

tax on income of individuals, impuesto a los ingresos de las personas físicas.

tax refund, devolución de impuestos.

tax returns, declaraciones de impuestos.

tax stamps, timbres fiscales.

tax valuation, avalúo catastral.

tax withholding, impuestos retenidos.

tax year, año fiscal.

taxable, gravable.

taxable net income, utilidad neta gravable.

taxable pay, pagos gravables.

taxable wages paid, salarios gravados pagados.

taxable year, año fiscal.

taxation of insurance proceeds, annuities, and pensions, impuestos sobre rendimientos de seguros, pensiones vitalicias y pensiones en general.

taxes, impuestos, contribuciones.

taxes, income, impuesto sobre utilidades.

taxes on income, impuesto sobre la renta.

taxes, other than income, impuestos varios.

taxes, property, impuesto predial.

taxes, sale, impuesto sobre ingresos mercantiles.

taxpayer, causante de impuestos.

taxpayer is entitled to a refund of all overpayments of tax as shown in the final return, el causante o contribuyente tendrá derecho a que se le devuelvan las cantidades que según sus declaraciones definitivas, tuviere a su favor.

taxpayer may elect to apply the overpayment against future estimated or annual tax, or against any deficiency, el contribuyente podrá optar por compensar las cantidades que tuviere a su favor, cuando tenga que hacer pagos provisionales o definitivos o cubrir diferencias a su cargo.

taxpayer may elect to deduct a depreciation or amortization in the taxable year when the asset is placed in service or in the following year, la depreciación y amortización empezarán a deducirse, a elección del causante, a partir del ejercicio en que se inicie la utilización de los bienes o desde el ejercicio siguiente.

taxpayer may file amended returns, los causantes que al presentar sus declaraciones...

taxpayer must file, returns or notices, los causantes del impuesto deberán formular declaraciones o avisos.

taxpayer must make three payments of estimated tax during the first 15 days of the fifth, ninth, and twelfth month of the current year, el contribuyente deberá efectuar tres pagos provisionales durante los 15 primeros días de los meses quinto, noveno y duodécimo de su ejercicio (pagos provisionales de los causantes mayores).

Taylor differential piece rate plan, plan diferencial por pieza de Taylor (es un plan de pago por pieza, que únicamente usa una cuota por pieza por hora para las proporciones de producción inferiores y otro para las proporciones superiores de producción por hora).

technical society dues, honorarios por servicios técnicos.

technical training, preparación técnica.

techniques of record-keeping, técnicas de registro.

techniques used to evaluate management performance, técnicas para la evaluación de resultados en segmentos de un negocio.

telautograph, teleautógrafo (transmite mensajes manuscritos. La escritura se reproduce eléctricamente a distancias comparativamente cercanas).

telegraph, telégrafo (método mecánico de transmisión de mensajes escritos).

telegraphic transfers, traspasos telegráficos (bancos).

teleprinter code, código telex (la forma convenida internacionalmente para escribir decimales).

teletypewriter, teletipo o servicio TWX (método mecánico de transmisión de mensajes escritos).

teller, recibidor en un banco.

temporary investments, inversiones transitorias.

temporary storage, working storage, memoria temporal (posiciones de la memoria internas, reservadas para resultados parciales intermedios).

temporary workers, trabajadores temporales.

tender, 1, sinónimo de "bid" o sea el precio que el comprador ofrece pagar por el título; postura; 2, calificado por el adjetivo "legal" significa moneda de curso legal (**legal tender**) 3, tenedor (de un título).

tenor, plazo (bancos).

tentative statement of accounting principles underlying corporate financial statements, normas de contabilidad fundamentales de estados financieros proforma.

tentative statement of auditing standards, their generally accepted significance and scope, normas de auditoría de estados financieros proforma, su significado y alcance generalmente aceptados.

term, plazo (bancos).

terminal — digit filing, archivo dígito — terminal (se usan números, pero se leen de derecha a izquierda en lugar del modo acostumbrado de izquierda a derecha).

terminology, terminología.

terms, condiciones.

terms of sale, condiciones de venta.

test, probar, comprobar, examinar (verificar la exactitud de una *parte* de un total de datos similares. Ejemplo: Puede comprobarse la exactitud de cada diez facturas de ventas; los pases a las cuentas del mayor pueden verificarse por dos meses del año que no sean consecutivos. Si los resultados de las pruebas son satisfactorios, la suposición en otros datos similares contendrán el mismo porcentaje de confiabilidad).

test checks, pruebas selectivas.

test of records, pruebas de la documentación y registros.

test of total earning power (is measured by the percentage of such income to the average value of the assets held during the year), prueba de fuerza ganancial total (se mide por el porcentaje de tal utilidad en relación con el promedio del valor de los activos poseídos durante el año).

test procedures, pruebas selectivas.

test program, test routine, programa de prueba (programa diseñado para mostrar que una computadora está funcionando adecuadamente).

test quantity counts, comprobar el recuento en cantidad (de los inventarios).

testimonial, testimonio.

testing, verificación por pruebas selectivas.

tests of liquidity, pruebas de liquidez.

tests of solvency, pruebas de solvencia.

the accountant's index, directorio de miembros activos.

the accounting research bulletins, los boletines de investigación contable.

the all-inclusive income statement, el estado de ingresos que incluye la totalidad de partidas.

the amount of $..... (   ) represents the total funds of   and trusted to my custody and examined by a representative of   and retained to me complete, la cantidad de $ .... (   ) representa el total de los fondos de   y confiados a mi custodia y fueron examinados por un representante de   y devueltos a mi entera conformidad.

the business man type, el tipo "hombre de negocios".

the company has to pay every four months advances on account of the annual tax payable at the end of the period. During the first three next months after the closing date of the period the company has to file a tax return which subsequently may be reviewed by the tax authorities, la compañía tiene que pagar cada cuatro meses anticipos a cuenta del impuesto anual sobre la utilidad gravable al final del ejercicio. Durante el primer trimestre después de la fecha del cierre del ejercicio, la compañía tiene que presentar una declaración la cual puede ser revisada por las autoridades fiscales.

the company has to withhold each month for employees the tax on their salaries and deliver this amount to the tax authorities during the first fortnight, la compañía tiene que retener cada mes el impuesto sobre los sueldos y salarios de sus empleados y pagar esta cantidad a las autoridades fiscales durante la primera quincena del siguiente mes.

the company is contigently liable for possible indemnities to employees when dismissed under certain circumstances, according to the mexican labor law. This contingent liability amounted to approximately $ as of the company follows the policy of charging these indemnities to expenses of the year in which they are paid, la compañía tiene un pasivo de contingencia para posibles indemnizaciones al personal cuando renuncie bajo ciertas circunstancias, de acuerdo con la Ley Federal del Trabajo Mexicana. Este pasivo de contingencia asciende a la cantidad de $ al . La Cía. sigue la política de cargar estas indemnizaciones a los gastos en el año en que fueron pagadas.

the concept of independence in accounting, el concepto de independencia en la contaduría.

the course of balancing, el anatema del balance.

the course of investment yields, el rumbo de los rendimientos de inversión.

the crew variance from standard is (actual hours worked × actual wages rates)—(standard hours allowed for the expected volume × standard wage rates), la variación de mano de obra es (horas realmente trabajadas × cuotas reales de salario)—(horas estándar fijadas para el volumen anticipado × cuotas estándar de salarios).

the decision environment of the future, el ambiente en que se tomarán las decisiones en el futuro.

the drawee continues deferring payment without fixing a date, el girado continúa aplazando el pago sin fijar fecha (estado de cobranza exterior reportado por un banco).

the drawee promises to pay when he receives the customs manifest, el girado promete pagar cuando reciba el manifiesto de la aduana (estado de cobranza exterior reportado por un banco).

the drawee promises to pay when the exchange permit is granted, el girado promete pagar cuando se obtenga el permiso de remesa (estado de cobranza exterior reportado por un banco).

the entry numbers (so and so) are keyed, los asientos (x y z) están ligados.

the explanation of the diference is that we took the net balances to be depreciated in the beginning of the year and a lot of the fixed assets to be depreciated finished its depreciation without taking the whole year, on the other hand we took the 36% of one half of additions and retirements providing a greater amount that the company since the main part of additions took place in november and december, la explicación de la diferencia es que tomamos saldos netos por depreciar al principio del año y una gran parte de los activos fijos por depreciar terminan su depreciación sin tomar el año completo.

Por otro lado tuvimos un 36% sobre la mitad de las adiciones y retiros arrojando una cantidad mayor que la compañía, puesto que la mayor parte de las adiciones fueron en noviembre y diciembre.

the federal home loan banks, los bancos federales de préstamos a la vivienda

the federal housing administration, la administración federal de la vivienda.

The Federal Power Commission, la Comisión Federal de Electricidad (establecida en 1920) autoriza proyectos de fuerza en aguas navegables y controla las compañías que transmitan fuerza eléctrica y gas a través de los límites estatales).

the financial statements are to present fairly the financial condition of the company and the results of its operations for the year then ended, los estados financieros presentan razonablemente la posición financiera de la compañía al .... y los resultados de sus operaciones por el año terminado en esa fecha.

the human side of management, el aspecto humano en la administración.

the information we submit to you regarding collections is based on statements to us from drawees as we have on means of verifying its correctness, los informes que damos sobre los giros se basan en las manifestaciones que nos suministran los girados, pues no disponemos de medios de verificar su exactitud (acuse de recibo bancario-Caracas, Venezuela).

the internal revenue code, el Código Fiscal.

the job of the corporate controller, la función del contralor en la empresa.

the manager's responsability: developing a plan of action, la principal responsabilidad del gerente: desarrollar un plan de acción.

the marketing planning process, el proceso de la planeación de la mercadotecnia.

the natural business year-its advantages to business management, el año natural de los negocios-sus ventajas en la administración.

the nature of the financial function and the roles of the financial executive, la naturaleza de las finanzas y el papel del ejecutivo financiero.

the note is dishonored at maturity, el documento no es pagado a su vencimiento.

the note is honored at maturity, el documento es pagado a su vencimiento.

the over-the-counter market, el mercado "sobre el valor".

the planning process-short and long-range planning for top managers, el proceso de planeación-planeación a corto y a largo plazo para altos ejecutivos.

the prevalence of installment sales of subdividing real estate and housing projects, la popularidad del sistema de ventas en abonos de lotes y de casas-habitación.

the prime rate, tipo básico.

the principles of profit planning, principios fundamentales de la planeación de utilidades.

the "reporto" is a credit operation regulated by mexican law whereby a person or company called the "reporter" acquires securities for a sum of money and accepts the obligation of transferring to the "reported", that is, the original owner of the securities, the property of an identical quantity of securities of the same issue after an agreed period against the reimbursement of the same price plus the payment of a premium. Of on the first working day after the expiration of the stipulated period the original owner of the securities does not reimburse the stipulated price, and if the operation is not renewed, he has to pay the premium plus the difference between the stipulated price and the realizable value of the securities, and the "reporter" has the right to dispose freely of the securities with-out having to advise the original owner considering that the market trade value of the secu-

rities is usually quite higher than the price pay by the buyer, if the contract is not renewed, the seller usually decides to repurchase the securities and, therefore, for practical purposes the operation may be considered as a loan to the seller and the premium may be considered as interest, el "reporto" es una operación de crédito regulada por las leyes mexicanas por la cual una persona o compañía denominada "reportador" adquiere valores por una suma de dinero y acepta la obligación de transferir al "reportado" que es el primer propietario de los valores, la propiedad de una cantidad igual de valores, de la misma emisión después de un periodo acordado contra el reembolso al mismo precio más el pago de una prima. Si al primer día hábil después de la expiración del periodo estipulado el primer propietario de los valores no reembolsa el precio pactado y si la operación no es renovada, tiene (el reportado) que pagar la prima más la diferencia entre el precio estipulado y el de realización de los valores y el "Reportador" tiene el derecho de disponer libremente de los valores sin tener que avisar al primer propietario, considerando que el valor de mercado de los valores es ligeramente más alto que el precio pagado por el comprador. Si el contrato no es renovado el vendedor normalmente decide comprar nuevamente los valores y, por consiguiente, la operación para fines prácticos se considera como préstamo para el vendedor y la prima puede considerarse como interés.

the return-on-investment concept and its applications, el concepto de la devolución de la inversión y sus aplicaciones.

the role of the "assistant to" in management, el papel del "brazo derecho" en la administración (altos ejecutivos).

the span of control, el ámbito de control (número de subordinados que se reportan a un gerente individual).

the successful practice of accountancy, el éxito de la contaduría pública.

the volume variance is (standard hours allowed for the expected volume × standard wage rates) — (total actual input in pounds × average standard labor cost per pound), la variación en rendimiento es (total de libras realmente usadas × precio estándar de promedio por libra)—(total de la cantidad estándar de alimentación permitida × precio estándar de promedio por libra).

the work papers accumulated during the course of an independent audit are the property of the auditor, los papeles de trabajo acumulados durante el curso de una auditoría son propiedad del auditor (esta propiedad fue establecida por el caso legal de Ipswich Mills vs Dillon).

the yield variance is (total actual input in pounds × average standard labor cost per pound) — (standard pounds allowed for the goods produced × average standard labor cost per pound), la variación en rendimiento es (total en libras de la alimentación real × costo promedio de la mano de obra estándar por libra)—(libras estándar autorizadas por los artículos producidos $\times$ costo promedio de mano de obra estándar por libra).

theoretical depreciation, depreciación teórica.

theory of the value of money, teoría del valor de la moneda.

this receipt does not include a description of the expenses paid out by Mr. —— and in the other hand does not have any stamps for the corresponding tax in this amount, este recibo no incluye la descripción de los gastos pagados por el Sr. ——— así como tampoco tiene estampillas de Ley por el monto.

three-address instruction, instrucción de tres direcciones (una instrucción que contiene tres direcciones y una operación).

three-digit group, grupo de tres dígitos (grupo con tres dígitos).

tick-marks, marcas de auditoría.

tickler file, archivo de pólizas, libro borrador o diario, archivo de fichas venideras (en una adaptación del archivo cronológico).

tickler files and follow-up files, archivo recordatorio.

tickometer, ticómetro (automáticamente cuenta y/o imprime hasta 1 000 piezas por minuto). Muy usado en los bancos para contar papel moneda, cheques y demás. Las empresas de servicios las usan para contar boletos; las tiendas para las notas de venta y las fábricas para poner en clave etiquetas para sus productos, tarjetas de trabajo, etc.

tie vote, voto empatado.

tight money, dinero escaso.

time, época de pago (pagarés y letras de cambio).

time and motion study, estudio de tiempos y movimientos.

time and savings deposits, depósitos a plazos y de ahorros.

time budget, tiempo estimado.

time, deposits, depósitos a plazo.

time draft, giro a plazo.

time: estimated, actual, tiempo: estimado, real.

time limit, plazo.

time obligations, obligaciones a plazo (financieras).

time of departure, hora de salida.

time of inventory-taking, fecha de la toma de inventarios físicos.

time sharing systems, sistemas de tiempo compartido.

time ticket, tarjeta de tiempo (para mano de obra).

time variance = (actual hours $\times$ standard rate)—(standard hours in operations completed $\times$ standard rate), variación en tiempo = (horas reales $\times$ cuota estándar)—(horas estándar en operaciones terminadas $\times$ cuota estándar).

timing of the cash commitment, periodicidad en los compromisos de pago.

timing pulse generator, generador de intervalos prefijados (sirve para prefijar el intervalo de cómputo en las computadoras analógicas).

title, título.

to avoid running out of materials, evitar que se agoten las existencias.

to close the books, cerrar los libros.

to enable us to file the exchange application please send us by airmail unlegalized copies of consular invoice and bill of lading, para poder presentar la solicitud de cambio les rogamos enviarnos por correo aéreo copias no legalizadas de factura consular y conocimiento de embarque (estado de cobranza exterior reportado por un banco).

to gain the benefit of "leverage"— in financial parlance "leverage" means the use of funds bearing a fixed cost in the hope of earning a higher rate than that cost, para ganar el beneficio del "Diferencial" (en palabras financieras "Diferencial" significa el empleo de fondos que implican cierto costo fijo, con la esperanza de ganar con ellos mayor utilidad que ese costo al hablar de obligaciones).

to journalize, contabilizar.

to match, cotejar.

to open the books, abrir los libros.

to post the appropiate charges, cargar los asientos correspondientes.

to sue, demandar.

to tally, "cuadrar" (una suma).

to testcheck, hacer pruebas selectivas.

to whom paid, pagado a.

to wipe out, cancelar, borrar.

to write off (written off), dar de baja en contabilidad (almacén).

token identification, ficha de identificación.

tools, herramientas.

top management, alta gerencia, director general.

topogram, topograma (representación esquemática de las posiciones en una memoria interna).

total capital employed, capital total empleado (activo líquido menos pasivo líquido más activo fijo).

total collected, total cobrado.

total counter, contador de totales (cuenta los totales de uno o más contadores).

total debt to net worth, pasivo total a capital contable.

total deposits, depósitos totales.

total dispersed, total gastado.

total price, precio total (el importe total cargado por la cantidad específica de cierta partida).

total receipts, ingresos totales.

total rolling, total transfer, transferencia de los totales (la acumulación de totales al transferir cantidades de un mecanismo de suma a otro dentro de la máquina).

trace, investigar, descubrir, escudriñar (verificar que un renglón o cuenta está dispuesta propiamente de acuerdo con la autorización original).

trace (to), trazar (reproducir un registro de cada instrucción para ser desarrollado por la máquina, incluyendo tal información como la fuente de la instrucción y los factores usados en el cómputo).

tract of land, lote de terreno.

trade, comercio, negocio.

trade acceptance, aceptación mercantil.

trade accounts receivable, cuentas por cobrar de clientes.

trade commerce, comercio.

trade customers, clientes.

trade discount, descuento comercial (es un recurso para calcular, a partir de una lista de precios, el precio de venta que deberá cobrarse a un cliente determinado).

trade-in of fixed assets, cambio de activos fijos.

trade in value, valor de cambio.

trade cycle, ciclo de los negocios, ciclo económico.

trade marks, marcas de fábrica, marcas registradas (se aplica a un producto).

trade name, razón social, nombre comercial (se aplica a una empresa).

trade notes, pagarés comerciales.

trade paper, papel comercial (aceptaciones comerciales y pagarés).

trade union, sindicato.

trader, comerciante.

tradesman, comerciante.

trading, operaciones de compra-venta.

trading concern, empresa mercantil.

trading on equity, negociar en acciones.

traffic pilot, multiplexer, dispositivo de control de diferentes operaciones (dispositivo que permite las operaciones concurrentes dentro de las diversas unidades de una instalación de computadora).

training, adiestramiento.

transaction, transacción.

transactions equation (explain the application of the transactions demand for money) MV = PT,

M	is the quantity of money
V	is the average number of times is spent in a year's time
MV	is the total money spent during the period
T	is the total quantity of goods services, and financial instrument sold in the market during the market during the year
P	is the general or average price level of the items included in **T**.

ecuación de transacciones (explica la aplicación de la demanda de dinero).

$$MV = PT$$

M	es la cantidad de dinero
V	es el número de promedio de veces que el dinero se gasta en un periodo de un año
MV	es el total de dinero gastado durante el periodo
T	es la cantidad total de mercancías, servicios e instrumentos financieros vendidos en el mercado durante el año
P	es el nivel de precio general o promedio de los elementos que se incluyen en T.

transcribe (to), transcribir (copiar, con o sin traducción, de un medio de memoria externa a otro).

transfer agent, agente de bolsa.

transfer card, tarjeta de transferencia (tarjeta que se usa para finalizar el proceso de carga y para principiar la ejecución del programa).

transfer check, comprobación de transferencia, verificación de transferencia (verificación de la información transmitida por almacenamiento temporal, retransmisión y comparación).

transfer entries, asientos de traspaso.

transfer interpreter, intérprete de transferencia (interpretadora que permite que se reproduzcan los detalles seleccionados de un conjunto de tarjetas perforadas, en forma impresa sobre un grupo separado de tarjetas no perforadas).

transfer operation, operación de transferencia (operación que va de una posición de memoria o de un medio de almacenamiento a otro).

transfer taxes on securities, impuestos sobre transferencia de valores.

transfer, traspaso.

transfer (to), transferir, transferencia, salto (1. el acto de transferir, 2. copiar, intercambiar, leer registrar, almacenar, transmitir, transportar o escribir datos).

transferee, cesionario (de un documento).

transform (to), transformar (cambiar la información en estructura de composición sin alterar en forma significativa el significado o valor para normalizar, imprimir o sustituir).

transit goods, mercancías de tránsito.

translating machine, máquina traductora (máquina que traduce los textos de un lenguaje a otro por medio de la lectura de palabras y seleccionando de su sistema de memoria los equivalentes en otro lenguaje mientras se observa las reglas de la gramática).

transmit (to), transmitir (reproducir la información en una nueva posición sustituyendo lo que se haya almacenado previamente y borrado la fuente de información).

transmittal letter, carta remesa.

transport insurance, seguro de transporte.

transpositions, inversiones (de cifras o dígitos).

traveling and transportation expenses, gastos de viaje y transportación.

traveling expenses, gastos de viaje.

treasury bills, letras de tesorería.

treasury bonds, bonos de tesorería (excepto por los bonos que tienen vencimiento y por los préstamos privilegiados que están señalados en los contratos escrituras, una corporación no puede forzar a los tenedores de bonos a guardar sus valores. No obstante, la corporación puede comprar sus propios bonos en el mercado abierto. Si se compran bonos y no se venden, se denominan *bonos en tesorería*. Estos bonos se deberán registrar a la par y la utilidad o pérdida se deberá reconocer a su adquisición), bonos emitidos en cartera.

treasury certificate, certificado de tesorería.

treasury deposit receipts, certificados de depósito de la tesorería.

treasury note, billetes emitidos por la tesorería, bono de tesorería (a la vista).

treasury shares, treasury stock, acciones en tesorería (son acciones propiedad de una compañía compradas por una corporación y retenidas sin retiros. Se registran al costo y representan una reducción del capital contable).

trend of interest rates, tendencia de los tipos de interés.

trial balance, balanza de comprobación (es la lista de los saldos de las cuentas, tanto deudores y acreedores los cuales muestran sumas iguales).

trimmed total fees, total de honorarios ajustados.

trucks, camiones.

trust, fideicomiso.

trust accounts, bienes en fideicomiso o en mandato (financieras).

trust company, compañía de fideicomiso.

trust deed of a bond issue, contrato de financiamiento de una emisión de bonos.

trust indentures, contratos de fideicomiso.

trust receipt, recibo de depósito; el recibo que da un importador a un banco que le ha prestado dinero sobre la mercancía importada; en dicho documento se hace la cesión del derecho de propiedad al banco, aun cuando la mercancía queda en posesión del importador (término bancario).

trustee, fiduciario, síndico.

trustee bond interest fund, fondo de bonos fiduciarios con intereses.

trustee in bankruptcy, síndico de la quiebra.

trustee services, servicios de fideicomiso.

trusteed corporate pension funds, fondos de pensión de sociedades, en fideicomiso.

turnover, coeficiente de rotación.

turnover of accounts inventories, rotación de inventarios.

turnover of accounts receivables, rotación de cuentas por cobrar.

twelve-punch, y -punch, perforación de Y (una perforación en el segundo renglón respecto al renglón cero en una tarjeta IBM, que se emplea en cómputos científicos para representar el signo más).

twin check, verificación doble (verificación continua de las operaciones de una computadora que se logra al duplicar los elementos componentes para efectuarlas junto con la comparación automática).

twin tape transporter, transportador gemelo de cinta (tipo especial de unidad de transporte de cinta magnética).

two-address instruction, instrucción de dos direcciones (instrucción que contiene dos direcciones y una operación).

two-digit group, grupo de dos dígitos (grupo con dos dígitos).

two digits that have been transposed, dos dígitos que han sido invertidos.

two name, dos firmas (en el papel comercial).

type, mecanografía.

type error (listening error; misspelled word; typographical error; improper division; capitalization; omissions; strike overs; careless erasures and smudges; uneven capitals; soiled appearance; poor set-up; clogged or piled keys; carbon copies not legibly corrected), errores mecanográficos (error de oído; palabra con faltas de ortografía; error tipográfico; división impropia; mayúsculas; omisiones; golpes encimados; borrones y manchas; mayúsculas desiguales; mala presentación; mala colocación; letras encimadas; copias al carbón no corregidas legiblemente).

typed schedules for returns, esqueleto de las declaraciones mecanografiadas.

types of cost system, órdenes de producción y/o proceso.

types of equipment for storing records, tipos de equipo para almacenar los registros.

types of investment risk, tipos de riesgos en inversiones.

typing a stencil, escribir a máquina un esténcil.

U

unadjusted trial balance, balanza de comprobación no ajustada.

unallocated costs, costos no distribuibles.

unamortized bond discount, descuento sobre bonos no amortizados.

unamortized bond premium, primas sobre bonos no amortizados.

unamortized discount and expense on first mortage note, descuentos y gastos no amortizados de documentos de primera hipoteca.

unamortized discount, issue cost and redemption premium on bonds refunded, descuentos no amortizados, costos de emisión y bonificaciones de rescate sobre bonos reembolsados.

unanswered positive requests, solicitudes no contestadas.

unappropriated profits, utilidades no distribuidas.

unappropriated retained earnings, utilidades retenidas no distribuidas.

unapproved progress estimates, trabajos ejecutados no facturados (constructoras).

unbilled receivables, cuentas por cobrar no facturadas.

unchanging, inmutables (al hablarse de los principios de contabilidad).

unclaimed wages, sueldos no reclamados.

unconditional, incondicional (que no está sujeto a condiciones externas a la instrucción específica).

uncollectible accounts, cuentas incobrables.

unconditional jump, unconditional transfer, salto incondicional (en una computadora digital que ordinariamente obtiene sus instrucciones en serie de una secuencia ordenada, una instrucción que motiva que la siguiente instrucción se tome de una dirección que no es la siguiente en secuencia).

uncontrollable costs, costos incontrolables (costos no sujetos a control en algún nivel de supervisión administrativa).

undeposited cash receipts, ingresos de caja no depositados.

under-absorbed expense, gastos subaplicados (de fabricación).

under escalator clauses, cláusulas de escalonamiento (se preveen ajustes a los precios por aumentos futuros en costo de mano de obra, materiales, etc.)

under price redetermination contracts, contratos de redeterminación de precios (en los cuales se establece la posibilidad de alterar los precios aceptados originalmente).

under protest, bajo protesta.

under target contracts, contratos de precio base (se utilizan en los casos de contratos en los que se establecen incentivos y castigos que dependen de la cantidad y calidad del trabajo y la prontitud de la entrega).

under the caption, bajo el rubro.

underabsorbed burden, costos o gastos indirectos aplicados.

underabsorbed expense is idle capacity loss, los gastos no absorbidos representan pérdida por capacidad desperdiciada.

undercoring or circling a word, subrayando o circulando una palabra.

underlying records and book of account, registros fundamentales y libros auxiliares.

undersigned, antefirma.

understatement, subaplicación, subestimación, subdeclaración, declarado de menos, contabilizado de menos.

understanding, acuerdo, arreglo.

understate, subestimar.

understatements of income in excess of 3% of the income stated in the return, omisión de ingresos que excedan del 3% de los declarados.

undertaking, empresa.

undervaluation and overvaluation of currencies, devaluación y revaluación de las monedas.

underwriter, 1, la persona o sociedad dedicados al negocio de seguros; 2, la persona o sociedad que suscriben bonos o acciones de una compañía y se encarga de colocarlos entre el público; 3, empresa; 4, intermediario.

underwriters, asegurador (persona o entidad que toma a su cargo el riesgo que cubre el seguro).

undistributed expenses, gastos no distribuidos.

undistributed manufacturing overhead, costos y gastos indirectos no distribuidos.

undistributed profits, utilidades no repartidas.

undisturbed, inalterados (principios de contabilidad).

undivided profits, utilidades por distribuir.

underwriting, suscripciones, seguros.

underwriting expense, gastos de suscripción (que hacen los banqueros inversionistas).

unearned discounts, descuentos no devengados.

unearned interest, intereses no devengados.

unearned rental income, ingresos por arrendamientos no ganados.

unearned revenue, ingreso no ganado.

unequal ratio (net income), proporción desigual (utilidad neta) (en una sociedad en nombre colectivo).

unexpired insurances, seguros no devengados.

unexpired rent expense, gastos por renta no devengada.

unfavorable balance of trade, balanza comercial desfavorable.

unintentional error, error sin intención (es aquel en el cual se apli-

caron incorrectamente los principios de contabilidad, o uno que tenga un error aritmético o alguna omisión — en cuyo caso se ha dejado de hacer un asiento contable).

union dues, cuotas sindicales.

union fees and expenses, honorarios y gastos del sindicato.

union membership, sindicato.

union security and recognition, seguridad y reconocimiento del sindicato.

unionization, sindicato.

unissued capital stock, acciones no emitidas; acciones por suscribir.

unissued common stock, acciones comunes por emitir.

unissued preferred stock, acciones preferentes por emitir.

unissued stock, acciones no emitidas.

unit, unidad (parte o subconjunto de una computadora que constituye los medios para lograr alguna operación o función incluida).

unit-assembly, unidad departamental.

unit conversion, conversión de unidades.

unit price, precio unitario (al cargado por cada unidad de determinada partida).

unit price contract, contrato precios unitarios (constructoras).

unit record, registro de unidad (tarjeta en la que se perforan todos los datos relativos a cada partida de una operación).

unit replacement cost, costo unitario ajustado.

unit revenue, ingreso unitario.

unit stacker, unidad apiladora (en máquinas electrónicas).

unit value index, índice de valores unitarios.

units-of-production method, métodos de unidades de producción (depreciación).

unpack (to), separar (separar conjuntos de renglones de información, cada uno en una palabra independiente).

unpaid principal balance, saldo del capital no pagado (inversionistas).

unqualified certificate, dictamen sin salvedades.

unqualified opinion, dictamen sin salvedades.

unqualified report, informe sin salvedad.

unrealized profits, utilidades no realizadas.

unrecorded liabilities, pasivos no registrados.

unrecorded operating losses, pérdidas en operaciones.

unruled, tabular.

unsatisfactory — product costs, costos de producto no satisfactorio (se usa para referirse a aquellos costos provenientes de aceptar el producto que resulta no ser satisfactorio para el objeto que se pretendía).

unsecured business loans, préstamos comerciales sin garantía.

unsecured liabilities, pasivos no garantizados.

unsecured short — term notes payable, documentos por pagar sin garantía.

unsolicited applications, solicitudes no requeridas.

upkeep, conservación.

use of idle time, empleo del tiempo ocioso.

use of random numbers to select a sample, uso de números al azar para seleccionar una muestra (cifras al azar que pueden ser producidas en cualquier forma que dé a cada uno de los dígitos del 0 al 9 una oportunidad igual de ser seleccionados).

use of rate-of-return on lease-versus-purchase decisions, uso de la rentabilidad en decisiones de arrendamiento vs compra.

use of rate-of-return on project evaluation, uso de la rentabilidad en la evaluación de proyectos.

use tax, impuesto sobre servicios.

useful life of depreciable property, vida útil del activo depreciable.

using financial data for marketing decisions, utilización de datos financieros en decisiones de mercadotecnia.

utilizing the work of other independent auditors, utilización del trabajo de otros auditores independientes.

V

v-shaped notch, entalladura en forma de V (corte en una tarjeta de perforación hecha por la verificadora como una señal de que la tarjeta ha sido verificada).

vacancy, baja, vacante.

valuation, avalúo, valuación.

valuation of inventory-cost or market, valuación del inventario-costo o mercado [mercado se define como el costo actual de reposición del inventario. De cualquier modo, hay un precio máximo y uno mínimo fijado en moneda. Se define al *precio máximo* como el precio de venta de la mercancía menos el costo de su terminación (si se requiere posteriormente el procesamiento) y su venta. Se define al *precio mínimo* como el precio de venta de la mercancía menos el costo de la terminación y venta, menos un margen normal de utilidad].

value, valor.

value, actual, valor actual.

value, appraised, valor estimado, valor de avalúo.

value, assay-office, valor de ensaye (laboratorio).

value, assessed, valor catastral.

value at maturity, valor a su vencimiento.

value, book, valor en libros.

value, break-up, valor de realización inmediata.

value, cost, valor de costo.

value, depreciated, valor depreciado.

value, going, valor de negocio en marcha.

value, insurance (insurable), valor asegurable, riesgo cubierto (seguros).

value, junk, valor de desecho.

value, liquidation, valor de liquidación.

value, market, valor de mercado.

value of insurance protection, valor de la protección del seguro (mientras todos pagan primas, muy pocos relativamente cobran reclamaciones, esto es, sufren pérdidas en cualquier año particular. Sin embargo, todos han tenido el beneficio de la *protección* contra la pérdida).

value of training, valor de la capacitación.

value, par, valor a la par.

value, residual, valor de desperdicio.

value, sales, precio de venta.

value, scrap, valor de desecho.

value, surrender, valor de rescate.

value, trade-in, valor de cambio.

variable address, dirección variable (dirección que puede cambiar mientras se efectúa el programa).

variable annuties, pensiones vitalicias variables.

variable budget, presupuesto variable (indica los costos indirectos *permitidos o aplicados* al nivel real de operaciones).

variable connector, punto de conexión de salidas variables (un punto de unión entre programas en los que se pueden seleccionar varias rutas optativas).

variable costs, costos variables (varían totalmente con los cambios en los niveles de producción).

variable overhead budget, presupuesto variable de costos indirectos.

variance, variación (otra medida de dispersión. Esta es la suma de las raíces de las desviaciones con respecto a la media aritmética dividida por el número de observaciones *n*. En otras palabras, la variación es el cuadrado de la desviación estándar).

variance from estimated cost, variación de costo estimado.

vault, caja.

vendee, comprador (en una sociedad en nombre colectivo cuando se compra la participación de un socio).

vendor, proveedor, vendedor (en una sociedad en nombre colectivo, cuando se vende la participación de un socio).

venture capital, capital riesgoso.

venture capital gap, especulación de capital con escasa o nula funcionalidad del mercado financiero.

verification, verificación (1. El proceso de verificar los resultados de una transcripción de datos respecto a los resultados de otra, 2. el proceso de probar un instrumento con proceso de asesorar los errores de indicación).

verifier, verificadora (dispositivo auxiliar sobre el cual un manual previo de transcripción de datos puede verificarse comparando un manual de transcripción actual, carácter por carácter, durante el proceso actual).

verifier operator, operadora verificadora (un miembro del personal capaz de verificar el trabajo del perforista).

verify, verificar (probar la exactitud, ejemplo: verificar la exactitud de las sumas y pases de los diarios; puede verificarse la propiedad de los activos mediante la prueba de la propiedad).

verify (to), verificar (1. verificar normalmente con una máquina automática, una impresión de registro de datos contra otra para minimizar el número de errores humanos en la transcipción de datos, 2. en la preparación de información para una computadora, tener la seguridad de que la información preparada es correcta).

vigilance officer, comisario.

visible files, archivos visibles.

visible index cards, tarjetas de índice visible.

vital statistics, "generales" de una persona.

volatile memory, volatile storage US, volatile store GB, memoria no permanente (memoria que tiene la propiedad de que al apagarse, se borra la información).

volume variance, variación en volumen (costos estándar).

voting shares, acciones de voto.

vouch, confirmar, avalar (las operaciones en bonos de tesorería).

voucher, póliza (este término se refiere a un comprobante, a cualquier documento que apoye a una transacción. En el sistema de pólizas, éstas consisten de varios documentos usados en llevar a cabo la transacción, tales como la factura del proveedor, la orden de compra, el reporte de recepción y quizás otros).

voucher index, índice de comprobantes.

voucher reference, póliza de referencia.

voucher system, sistema de pólizas.

vouchers checked or examined, verificado contra comprobante original.

vouchers included as part of fund, comprobantes incluidos como del fondo (de caja chica).

vouchers payable, cuentas por pagar.

vouchers register, registro de pólizas.

vouching, comprobación (el examen que fundamenta la evidencia que apoya a una operación o la comprobación de un asiento demostrando autoridad, propiedad, existencia y exactitud).

W

wage earner, asalariado.

wage scale, tabulador de salarios.

wage tax, impuesto sobre salarios

wages, salarios, sueldos, jornales.

wages and salaries payable, sueldos y salarios por pagar.

wages, productive, mano de obra directa.

wages scale, tabulador de salarios (en contratos colectivos de trabajo).

wages, unproductive, mano de obra indirecta.

waiting time, tiempo de espera (el tiempo de acceso menos el tiempo de lectura o escritura).

warehouse, almacén, bodega.

warehouse expenses, gastos de almacén.

warehouse issues, salidas de almacén.

warehouse rent, almacenaje.

warrant, certificado, bono de prenda, vale, resguardo.

warrant, to, avalar.

warranty and service contracts, contratos de garantía y servicios.

wash rates, ventas de arrastre en las que una persona "engaña" comprando y vendiendo falsamente una acción al mismo tiempo, haciendo con ello que se observe un precio, pero nuevamente sin ningún cambio real en la tenencia.

waste, desperdicio.

waste allowances, estimación para desperdicios.

waste assets, activos obsoletos.

waste-book, borrador.

water, light and power, agua, luz y fuerza motriz.

wats of wide-area telephone service, wats o servicio telefónico de área amplia que proporciona comunicación interestatal ilimitada dentro de áreas específicas por una tasa mensual fija.

way-bill, boleta de expedición.

wear and tear, uso y desgaste (deterioro, demérito).

we do not accept merchandise on consignment and decline all responsability on the matter if you consign it, including the possibility of public auction by the customhouse, no aceptamos mercancías en consignación y declinamos toda responsabilidad en el particular si así lo hiciere, incluyendo la responsabilidad de remate de la mercancía en la aduana (acuse de recibo bancario—Caracas, Venezuela).

week, semana.

weight and standard of coins, peso y tipo normales de monedas.

weighted average cost, costo promedio pesado (el inventario inicial se considera como primer lote. El costo promedio unitario se puede redondear hasta el centavo más próximo).

wharfage, derechos de muelle.

white-collar worker, oficinista.

whiteprint, impresión blanca (Copyflex Bruning) (medios de duplicación).

wholesale, mayorista.

wholesaling, mayoreo.

wild costs, costos exorbitantes.

wildcat banks, bancos emisores de billetes sin valor.

wildcat securities, son títulos muy azarosos, fraudulentos o sin valor; son generalmente las acciones de compañías organizadoras para explotar la credulidad y codicia del público; (término bancario).

window envelopes, sobres con ventana.

window-posting accounting machine (type cash register), máquina de contabilidad por ventana (tipo caja registradora).

with exchange, estas palabras escritas en la libranza significan que además del importe del documento, el librado deberá pagar los gastos de "cambio" o de cobranza; (término bancario).

with no downtime, tiempo perdido.

withdrawal, separación.

withholding, percentages, retención de porcentajes (constructoras).

withholding tables, tablas para retenciones.

witness, testigo.

witnesseth that, dar testimonio.

word, palabra, (conjunto ordenado de caracteres que tienen cuando menos un significado, se almacena y transfiere por los circuitos de la computadora como unidad).

word time, tiempo de palabra (especialmente con referencia a palabras almacenadas en serie, el tiempo necesario para transferir una palabra a máquina de un dispositivo de almacenamiento a otro).

work crews, cuadrillas de trabajo (hombres).

work done by, trabajo hecho por.

work flow, flujo del trabajo.

work force, fuerza de trabajo.

work for wages, asalariado.

work in process, trabajo en proceso.

work in process clearing account, cuenta liquidadora para producción en proceso.

work schedule, programa de trabajo.

work unit, unidades de producción o trabajo.

work volume, volumen de trabajo.

workbook, libro de trabajo, auxiliar.

working capital, capital de trabajo.

working capital ratio, razón de capital de trabajo.

working capital turnover, rotación de capital de trabajo.

working expenses, gastos de explotación.

working hours, horas de trabajo.

working papers, papeles de trabajo.

"working" partners, socios de "trabajo".

working program, programa de trabajo.

working reserves of banks, reservas de operación de los bancos.

working with outside consultants, el trabajo del consultor.

workmen's compensation, compensaciones de trabajadores.

workmen's insurance, seguro de trabajadores.

worksheet, hoja de trabajo.

worksheet reconstructions, reformulación de la hoja de trabajo.

workshop, taller.

worth, valor.

worth, net, valor neto, capital contable.

worth, present, valor actual.

wrecking expenses, gastos de demolición.

write—down assets, devaluar.

write—down of inventory, inventario de mercancías obsoletas.

write—offs, pérdidas, cancelaciones.

write (to), escribir (copiar información de un medio de almacenamiento a otro).

write—ups and monthly closings, llevar los libros y hacer los cierres mensuales.

written—out program, programa impreso, programa transcrito (programa o partes de él, que se imprimen con propósitos de verificación).

X

X-punch, eleven—punch, perforación de X (una perforación en el primer renglón respecto al renglón cero en una tarjeta IBM, que se emplea en cómputos científicos para representar un signo menos).

xerography, xerografía (es un proceso de combinación eléctrica y mecánica que usa polvo, pero no tinta o papel sensibilizado) (medios de duplicación).

Y

Y—punch, twelve—punch, perforación de Y (una perforación en el segundo renglón respecto al renglón cero en una tarjeta IBM, que se emplea en cómputos científicos para representar un signo más).

yardage variance = actual yards, used–standard yards allowed for the product units cut, variación en metraje = metros realmente usados–metros estándar autorizados para las unidades del producto que se hayan cortado.

year, año.

year—end prices, precios de fin de año.

year to date, de un año a la fecha.

yearly depreciation, depreciación anual.

yearly-renewable-term, seguro temporal renovable anualmente (el contrato o póliza, emitido por la compañía a la persona asegurada bajo este plan provee seguro por un número específico de años y contiene la lista de los pagos sucesivos de primas, que aumentan cada año. Si los sobrevivientes de aquellos que solicitaron seguro por un año, a la edad de treinta años, desean continuar el arreglo durante otro año, solamente será necesario que cada uno pague otra prima basada en la tasa de muerte a la edad de treinta y un años en vez de a la edad de treinta).

yield, producto, rendimiento, renta, ingreso.

you are asked to prepare, se requiere.

Z

zero, cero (el concepto de cero en las computadoras).

zero-access memory, zero-access storage US, zero-access store GB, memoria de acceso rápido (la memoria para la cual el tiempo latente o tiempo de espera es siempre despreciable).

zero-address instruction, instrucción de dirección cero (una instrucción especificando una operación en la cual la posición de los operandos la define el código de computadora de manera que no se necesita dar explícitamente una dirección).

zero-suppression, supresión de ceros (la eliminación de los ceros no significativos a la izquierda de la parte entera de una cantidad antes de empezar su impresión).

zone, zona, memoria especial (1. cualquiera de las tres posiciones superiores 12, 11 y 0 de una tarjeta de perforación, 2. una parte de la memoria interna asignada para un propósito particular).

zone punching area, campo de perforación de zona (es la parte superior de una tarjeta perforada en la que se encuentran las posiciones 12, 11 y 0. Una perforación en una de estas posiciones, junto con otra perforación en la posición de dígitos, permite registrar información alfabética en la tarjeta).

zone tracks, zonas de pista (cinta magnética).

ABBREVIATIONS - ABREVIATURAS

ABREVIATURAS

a/c., **account,** cuenta.

a/c., **account current,** cuenta corriente.

Acc., **acceptance, accepted,** aceptación.

Acct., **account,** cuenta.

a/cs., **pay accounts payable,** cuentas por pagar.

A/cs., **rec accounts receivable,** cuentas por cobrar.

act., **accounting,** contaduría.

Ad., **advertisement,** anuncios.

a/d., **after date,** después de la fecha.

adj., **aj adjustment,** ajuste.

admr., adms., admstr., **administrator,** administrador.

Ad val., **according to value,** de acuerdo con el valor.

afft., **affidavit,** declaración.

Agt., **agent,** agente.

Amt., **amount,** cantidad.

a/o., **account of,** cuenta de.

AOG., **arrival of goods,** arribo de bienes (mercancías).

A/P., **additional premium,** prima adicional.

Apd., **assessment paid,** obligación pagada.

appd., **approved,** aprobado.

Arts., **articles,** artículos.

asd., asstd., **assented,** aprobado.

Asso., **association,** asociación.

Asst. **assistant,** ayudante.

Atty., **attorney,** abogado, apoderado.

Av., **average,** promedio.

A/V., **according to value (ad valorem),** de acuerdo con el valor.

Bal., **balance,** saldo, balance, diferencia.

B.B.A., **Bachelor of Business Administration.**

B/C., **bill of collection,** boleta de entrega.

B/D., **bank draft,** giro bancario.

B/E., **bill of exchange, bill of entry,** letra de cambio; recibo de entrada.

BEP., **break-even point,** punto de equilibrio.

B/F., **brought forward,** saldo anterior.

B.F., **Bachelor of Finance.**

B/G., **bonded goods,** mercancías en depósito.

bkpt., **bankrupt,** bancarrota.

Bk. Val., **book value,** valor en libros.

B/L., **bill of lading,** conocimiento de embarque.

bnr., **bankruptcy,** quiebra, bancarrota.

B.O., **branch office,** sucursal, oficina filial.

B/P., **bills payable; bill parcels,** cuentas por pagar; factura de mercancías.

B. Pay., *bills payable,* facturas por pagar.

B/R., *bills receivable,* facturas a revisión.

B.S., *Bachelor of Science.*

B/S. *bill of sale; bill of store,* nota de venta; nota de almacén.

B's., *buyers,* compradores.

BS. L., *bills of lading,* conocimientos de embarque.

B/St., *bill of sight,* letra a la vista.

bull; *bull bulletin,* boletín.

Bus. Mgr., *business manager,* gerente general.

B/v., *book value,* valor en libros.

C., *one hundred,* cien.

c., cou., coup., *coupon,* cupón.

C., a/c., *current account,* cuenta corriente.

C., *punched card,* tarjeta perforada.

cap., *capital,* capital.

cart., *cartage,* acarreo.

C/B., *cash book,* libro de caja.

CBD., *cash before delivery,* pago en efectivo antes de la entrega.

C. D., *cash disbursements,* egresos de caja.

C/D., *certificate of deposit,* certificado de depósito.

c/d., *carried down,* saldo arrastrado.

Cert., *certificate,* certificado.

Cf., *compare,* comparar.

C & F., *cost and freight,* costo y flete.

c.f.i., *cost, freight and insurance,* costo, flete y seguro.

Chap., *chapter,* capítulo.

C.I., *consular invoice,* factura consular.

C.I.F., *cost, insurance and freight,* costo, seguro y fletes.

ck., *check,* cheque.

CK.R., *check register,* registro de cheques.

C/L., *cash letter,* letra a la vista.

clt., col., col. tr., *collateral trust,* fideicomiso colateral.

cm. pf., *cumulative preferred (stocks),* (acciones) preferentes acumulativas.

C/N., *credit note; consignment note,* nota de crédito, nota de consignación.

Co., *company,* compañía.

c/o., *in the care of,* al cuidado de...

c/o., *carried over (bookkeeping) in care of,* arrastrar un saldo (contabilidad); a cargo de.

C/O., *cash order,* nota de cobro.

C.O.D., *collect on delivery,* C.O.D. (cobrar o devolver), pago contra entrega.

col., *column,* columna.

coll. tr., clt. *collateral trust (bonds),* fideicomiso colateral (bonos).

com., *common,* común.

con., *cons consolidated,* consolidado.

consgt., *consignment,* consignación.

co-op., *co-operative,* cooperativa.

c.o.s., *cash on shipment,* cobrar al embarcar.

C.P.A., *certified public accountant,* C.P.T. (contador público titulado).

C.P.A.S., *certified public accountants,* CC.PP.TT. (contadores públicos titulados).

CPC., *computer process control,* proceso de control con computadora (en máquinas electrónicas).

Cr., *creditor, credit,* acreedor, crédito.

C.R., *cash receipts,* ingresos de caja.

cry., *currency,* circulación.

ct., ctfs., vtc., *voting trust certificates,* certificados de voto (fideicomiso).

ctge., *cartage,* acarreo.

cts., *cents,* centavos.

cum. pref., cu. pf., *cumulative preferred (stocks),* (acciones) preferentes acumulativas.

cus., *custom house,* aduana.

c.v., *chief value,* valor principal.

C.W.O., *cash with order,* páguese con orden.

d/a., *days after acceptance,* días después de la aceptación.

D/A., deposit account; *documents against acceptance,* depósito en cuenta; documentos contra aceptación.

db., rts., *debenture rights (securities),* derechos de bonos (valores).

d/b/a., *doing business as,* comerciar como negociar como.

dbk., *drawback,* retirar.

d/d., *days after date,* días después de la fecha.

deb., *deben debenture,* cédula de hipoteca, obligación preferente.

def., *deferred,* diferido.

deg., *degree,* grado.

Dep'n., *depr depreciation,* depreciación.

Dept., *department,* departamento.

dft., *draft,* giro, letra de cambio.

diff., *difference,* diferencia.

dis., disct., *discount,* descuento.

D/L., *demand loan,* préstamo pagadero a solicitud.

Dls. *dollars,* dólares.

D.M., *debit memorandum,* nota de cargo.

D/N., *debit note,* nota de débito, nota de cargo.

D/O., *delivery order,* orden de entrega.

do., *document,* documento.

D/P., *documents against payment,* documentos contra pago.

D/R., *deposit receipt,* recibo de depósito.

dr., *debt, debit, debtor, drawer,* deuda, debe (cargo), deudor (saldo), girador.

drft., *draft,* letra de cambio.

D/S., *days after sight,* días después de la presentación.

61 *due in 1961,* vencimiento en 1961.

dv., *or age average,* promedio.

D/Y., *delivery,* entrega.

ea., *each,* cada uno.

ed., *editor, edition,* editor, edición.

eff., *effective,* efectivo.

e.g., *for instance,* por ejemplo.

enc., *enclose,* adjunto.

end., *endorse; endorsement,* endoso; endosar.

e.o.e., *errors, and omissions, excepted,* salvo error u omisión.

e.o.m., *end of month (payments),* fin de mes (pagos).

equ., *equip, equipment,* equipo.

est., *established,* establecido.

est., *estate; estimated,* declarado; estimado.

exch., *exchange,* cambio, tasa de cambio.

exd., *examined,* examinado.

exd., xd., *without dividend,* sin dividendos.

exr. xr., *ex rights,* sin derechos.

f., *flat,* a nivel.

f., *folio,* folio.

F.A.S., *free along side,* libre al costado del barco (muelle).

f.b., *freight bill,* conocimiento de carga.

FC., *fixed costs,* costos fijos.

f. & d., *freight and demurrage,* carga y demora.

ff., *following,* siguientes.

FICA., *Federal Insurance Contributions Act.* Ley de Contribuciones sobre Seguros Federales (Seguro Social).

fig., *figure,* número, esquema, diagrama.

fin., *financial,* financiera.

f.i.t., *free of income tax,* libre de impuestos.

F.O., *firm offer; free overside,* oferta firme; libre en costado.

F.O.B., *free on board,* libre a bordo (L.A.B.)

f.o.c., *free of charge,* libre de cargos.

fol., *folio,* folio.

F.P., *floating (or open) policy,* póliza fluctuante (o abierta).

frt., *freight,* flete o carga.

F.U.I., *Federal Unemployment Insurance,* Seguro Federal de Desempleo.

f.v., *(folio verso) on the back of the page,* al reverso de la página.

F.X., *foreign exchange,* cambio extranjero.

G.A., *general assembly,* asamblea general.

gen., *general,* general.

gen., *general mortgage,* hipoteca general.

Gov't., *go. government,* gobierno.

gr., *gross,* bruto.

G.S., *general statutes,* estatutos generales.

gu., guar., gtd., *guaranteed,* garantizado.

I.B., *invoice book,* talonario de facturas.

I.B.I., *invoice book inwards,* talonario de facturas, interno.

I.B.O., *invoice book, outwards,* talonario de facturas, externo.

IDP., *integrated data processing,* procesamiento de datos integrados (en máquinas electrónicas).

imp., *improvement,* aumento.

imp., *imported, importer,* importado, importador.

inc., *incorporated,* incorporado.

ins., *insurance,* póliza de seguro, seguro.

int., ctfs., *interim certificates,* certificados provisionales.

inv., *invoice,* factura.

invt., *inventory,* inventario.

inv'ty, *inventory,* inventario.

I.O.U. *I owe you,* le debo a Ud., pagaré, abonaré, vale.

I.R.C., *International Revenue Code,* Código de la Renta Interior; Ley del Impuesto sobre la Renta.

I.V., *invoice value,* valor de factura.

J. *journal,* diario.

J/A., *joint account,* cuenta mancomunada.

J.D., *Doctor of Laws,*

J/E., *journal entry,* asiento de diario.

jnt. stk., *joint stock,* valores mancomunados.

jour., *journal,* diario.

jr., *junior,* ayudante.

jt., *joint.* mancomunada.

Jur. D. *Doctor of Law.*

K., *keyboard,* tablero (de una máquina electrónica).

L., *listed (securities) laws,* enlistado (valores); leyes.

L/C., *letter of credit,* carta de crédito.

leg., *legal,* legal.

L.F., *ledger folio,* folio del mayor.

L.H.D., *Doctor of Humanities.*

L.I.P., *life insurance policy,* póliza de seguro de vida.

liq., *liquid,* líquido.

Litt. D., *Doctor of Letters.*

LL. B., *Bachelor of Laws.*

LL. D., *Doctor of Laws.*

LR., *long range,* largo plazo.

lst. 4's., *first mortgage 4 percent bonds,* obligaciones al 4% primera hipoteca.

ltd., *limited,* sociedad de responsabilidad limitada.

lv., *leave,* licencia.

m., mtg. *mortgage,* hipoteca.

m/a., *my account,* mi cuenta.

M.B.A., *Master in or of Business Administration.*

M/D., *memorandum of deposit,* memorándum de depósito.

mdse., *merchandise,* mercancía.

memo., *memorandum,* memorándum.

mfg., *manufacturing, manufacturer,* manufactura, fabricante.

mfr., *manufacturer,* fabricante.

mgr., *manager,* gerente, principal, apoderado.

MICR., *magnetic ink character recognition,* reconocimiento de caracteres por medio de tinta magnética.

misc., *miscellaneous,* diversos, varios.

mise., *miscellaneous,* varios.

M.O., *money order,* giro postal.

M/S., *months after sight,* meses después del vencimiento.

M.S., or M. Sc., *Master of Science.*

MT., *magnetic tape,* cinta magnética (para una computadora electrónica).

mt. ct. cp., *mortgage certificate coupon (securities),* cupón de certificado de hipoteca (valuadas).

mtg., *mortgage,* hipoteca.

m.v., *market value,* valor de mercado.

n/a., *no account (banking),* sin cuenta (bancario).

N/A., *no advice (banking),* sin aviso (bancario).

N.C.V., *no commercial value,* sin valor comercial.

n.d., *no date,* sin fecha.

n/f., *no funds (banking),* sin fondos (bancos).

N.G., *no good,* no válido, sin efecto.

N/O., *no orders (banking),* sin órdenes (bancos).

No., n., *number,* número.

nom., *nominative,* nominativo.

N.P., *no protest (banking),* sin protesto (bancos).

n/p., *net proceeds,* productos o réditos netos.

N.P.L., *nonpersonal liability,* sin responsabilidad personal.

n.r., *net register,* registro neto.

N/S., or N.S.F., *not sufficient funds (banking),* sin fondos suficientes (bancos).

nv., *nonvoting (stocks),* sin voto (acciones).

o/a., *on account of,* por cuenta de.

obs., *obsolete,* obsoleto.

o/c., *overcharge,* sobrecargo.

O.K., *all correct,* todo correcto.

O/o., *order of,* orden de.

O.P., *open, or floating policy,* póliza abierta.

O.R., *operational research,* investigación de operaciones.

ord., *order,* pedido.

P., *purchase,* compras.

P/A., *power of attorney, purchasing agent,* poder general, agente de compras.

P. a C., *put and call (stock market),* colocar y recoger (acciones en la Bolsa de Valores).

Pat. Off., *patent office,* oficina de patentes y marcas.

payt., *payment,* pago.

P/C., *petty cash; per cent,* caja chica; por ciento.

pd., *paid,* pagado.

per an., *by the year,* por año.

perp., *perpetual,* perpetuo.

Ph. B., *Bachelor of Philosophy.*

Ph. D., *Doctor of Philosophy.*

p.l., *partial loss,* pérdida parcial.

P. & L., *profit & loss,* pérdidas y ganancias.

P/N., *promissory note,* pagaré.

P.O., *post office,* oficina de correos.

P.O.D. *pay on delivery,* pagar al entregar.

P.O. No., *order production number,* orden de producción No.

P.O.R., *payable on receipt,* pagadero al recibirse.

P.P., *parcel post,* paquete postal.

ppd., *prepaid,* pagado por anticipado; pagado por adelantado.

PR., *printer,* impresora (máquina electrónica).

P.R., *returns and allowances purchase,* devoluciones y rebajas sobre compras.

pr. ln., *prior lien,* garantía primera (básica).

pr. pf., *prior preferred,* primera preferencia.

prox., *next month,* mes próximo.

P.S., *post script,* posdata.

PT., *perforated tape,* cinta perforada (para una computadora electrónica).

pt., *preferred,* preferente.

pub., *publisher,* editor.

R., *requisition,* requisición.

r., reg., *registered,* registrado, inscrito.

R/A., *refer to acceptor,* remitir al aceptante.

R/D., *refer to drawer,* remitir al girador.

R. & D., *research and development,* investigación y desarrollo.

R.E., *real estate,* bienes raíces.

re., *in regard to,* en relación con.

re., real est., *real estate,* bien raíz—bienes raíces.

ref., rfg., *refunding,* reembolso.

reg. *regular,* regular.

rep., *report,* reporte; informe.

retd., *returned,* devuelto.

rev., A/C., *revenue account,* cuenta de ingresos.

rf., rfg., *refunding (bonds),* devolución (valores).

R.I., *reinsurance,* reaseguro.

R.O.G., *receipt of goods,* recibo de mercancía.

R.S.V.P., *please answer,* conteste por favor.

Rt., *right (s) (stock),* derecho (s) (valores).

S., *sales,* ventas.

S., S.B. *Senate Bill,* Proyecto de Ley.

S.B., *Bachelor of Science.*

SBA., *small business administration,* administración de negocios pequeños.

s.c., *same case (legal),* mismo caso (en leyes).

Sc. D. S.D., *Doctor of Science.*

S/D., *sight draft,* letra a la vista.

SD-BL., *sight draft with negotiable bill of lading attached,* letra a la vista con nota de embarque negociable adjunta.

SEC., *Securities and Exchange Commission,* Comisión de Valores y Cambios.

ser., *series,* serie—series.

ser., *securities*, acciones, bonos y valores.

S.F., *sinking fund*, fondo de amortización.

S. & F. A., *shipping and forwarding*, embarcar y enviar.

sgd., *signed*, firmado.

shpt., *shipment*, embarque.

S.J.D., *Doctor of Juridical Science.*

S.M., *Master of Science.*

S/N., *shipping note*, nota de embarque.

S.O., *shipping order*, orden de embarque.

soc., *society*, sociedad.

S.O. No., *sales order number*, orden de trabajo No.

S.P., *supra protest*, aceptación por una tercera persona de una cuenta protestada por falta de pago.

S.R., *returns and allowances sales*, devoluciones y rebajas sobre ventas.

SR., *short range*, corto plazo (crédito).

Sr., *senior*, auditor en jefe.

stat., *statute (s)*, estatuto (s).

stk., *stock*, valores.

SUI., *state unemployment insurance*, seguro estatal de desempleo.

sup't., *superintendent*, superintendente.

t.b., *trial balance*, balanza de comprobación.

T.E., *trade expenses*, gastos del negocio.

tel'., *telegram*, telegrama.

T/o., *transfer order*, orden de traspaso.

T/R., *trust receipt*, recibo de depósito.

treas., *treasurer*, tesorero.

tx., *taxation*, imposición.

V., *voucher*, póliza.

VC., *variable costs*, costos variables.

via., *by the way; by way out*, por conducto.

Vo. No., *voucher number*, póliza No.

vol., *volume*, volumen.

V.R., *voucher register*, registro de pólizas.

vt., *voting (stock)*, con derecho de voto (acciones).

war., *warrants*, órdenes de compra.

w/d., *warranted*, garantizado.

w.i., *when, as, and, if issued*, cuándo, cómo y si se emiten,

W.T., *wage tax*, impuestos sobre salarios.

W.W. w.w., *with warrants (securities)*, con garantías (valores), con órdenes de compra.

x.w., *without warrants*, sin órdenes de compra.

yr., *year*, año.

ESPAÑOL - INGLES
SPANISH - ENGLISH

A

abandono, abandonment.

abastecimientos, supplies.

abogado, counsel, lawyer, solicitor.

abonar, to credit.

abonar en cuenta; descontar; reducir; rebajar, allow, to.

abono; asignación; descuento; rebaja; indemnización; concesión; gratificación; retribución; prima; pensión, allowance, credit, instalment.

abreviado, abbreviated.

abrir los libros, to open the books.

abrir una cuenta, to open an account.

abrir y clasificar el correo de entrada, open and sort incoming mail.

a cargo de (bancos), drawn on.

acarreo, cartage.

aceptación, acceptance.

aceptación al descubierto, blank or uncovered acceptance.

aceptación bancaria, bank acceptance.

aceptación comercial, trade acceptance, acceptance, acceptances receivable, trade.

aceptación de mercancías, acceptance of goods.

aceptación de una letra después del protesto, acceptance supra-protest.

aceptación del trabajo, getting the work accepted.

aceptación mercantil, trade acceptance.

aceptaciones bancarias, bankers' acceptances.

aceptaciones bancarias de primera mano, 90 días, prime bankers' acceptances.

aceptaciones de cuentas por cobrar, —clientes, acceptances receivable, trade.

accesorios, appurtinances.

accesorios de archivo (guías, pestañas, carpetas de archivo, señales de plástico, etiquetas, tarjetas impresas), filing supplies (guides, tabs, file folders, plastic signals, labels, printed cards).

accesorios empleados, supplies used.

accesorios en existencia o a mano, supplies on hand.

accidente de trabajo, industrial accident.

accidentes de trabajo, industrial injuries.

acción, share of capital-stock, lawsuit-share, action.

acción común sin valor a la par, no — par value common stock.

acción, pleito, proceso, action.

acción reivindicatoria, replevin.

acciones acumulativas, cumulative stock.

acciones amortizables, redeemable shares.

acciones amortizadas, amortized or redeemed shares.

acciones autorizadas, authorized stock.

acciones bancarias, bank stock.

acciones, bonos e hipotecas en garantía, stocks, bonds, and assigned mortgages.

acciones, bonos y valores, shares, bonds and other securities.

acciones, bonos y valores aprobados, securities approved for investments, securities.

acciones comunes, ordinary shares, common stock, equities.

acciones comunes con valor nominal; acciones comunes con valor a la par, par value common stock.

acciones comunes por emitir, unissued common stock.

acciones comunes sin valor nominal, shares of no par-common stock.

acciones comunes suscritas, common stock subscribed.

acciones confiscadas, forfeited stock.

acciones con derecho de voto, voting stock.

acciones con valor nominal, par value stock.

acciones correctivas basadas en informes de operaciones, taking corrective action based on operating reports.

acciones de o en tesorería, capital stock, treasury, treasury shares.

acciones desertas o desertoras, shares in default of payment, stock payment for which is in default.

acciones de fundador, founders' stock.

acciones de trabajo, shares assigned to the workers of a corporation as a participation on its profits, stock issued for services.

acciones de voto, voting shares.

acciones de voto limitado, preferred stock.

acciones de voto ilimitado, common stock.

acciones emitidas, issued stock.

acciones en circulación, outstanding stock.

acciones en poder de los accionistas, stockholdings of the stockholders.

acciones garantizadas, guaranteed stocks.

acciones liberadas, paid-up shares.

acciones no emitidas; acciones por suscribir, unissued capital stock.

acciones o capital suscrito, capital stock, suscribed.

acciones ordinarias, ordinary shares, common stock, common capital stock.

acciones pagadas, full-paid shares.

acciones pagadoras, called-up capital stock.

acciones por emitir, unissued stock.

acciones preferentes, preferred capital stock, preferred stock, preferred shares.

acciones preferentes acumulativas, cumulative preferred stock.

acciones preferentes no participantes, non-participating preferred stock.

acciones privilegiadas con participación estatal, participating preferred stock.

acciones privilegiadas sin participación, estatal, non-participating preferred stock.

acciones sin valor nominal, no par-value stock.

acciones suscritas, suscribed capital stock.

acciones y bonos de otras compañías, stock and bonds of other companies.

accionista, stockholder, shareholder.

accionista disidente, dissenting stockholder.

accionista que no es agente de la sociedad o de los otros accionistas, stockholder not an agent of the corporation or the other stockholder.

aclaración, clarification.

aclaración en el informe cuando se omite la opinión, clarification of report when opinion is omitted.

acondicionador de tarjetas, carditioner, card reconditioner.

a corto plazo, short run.

acreditar, abonar, credit, to.

acreditar una cuenta, to credit an account.

acreedor, creditor.

acreedor hipotecario, mortgagee.

acreedores a largo plazo, long-term creditors.

acreedores diversos, sundry creditors.

acta constitutiva, incorporation papers, incorporation agreement.

acta de asamblea, minutes of a meeting.

actas, libro de, minute book.

actividad o giro de la sociedad, purpose or purposes for which the corporation is being formed.

actividad remunerada, gainful occupations.

actividades iniciales de la auditoría, initial audit actions.

activo, assets.

activo acumulado, accrued assets.

activo amortizable, diminishing assets, wasting assets.

activo asignado para uso especial, earmarked assets.

activo circulante, current assets, circulating assets.

activo computable, admisible assets.

activo congelado, frozen assets, slow assets.

activo contingente, contingent assets.

activo de fácil realización, liquid assets.

activo de realización inmediata (disponibilidades), quick assets.

activo diferido (cargos), deferred charges.

activo disponible, cash in hand and in banks, cash assets.

activo dudoso, doubtful assets.

activo en libros, assets, ledger.

activo en rotación, circulating assets.

activo en trabajo, working assets.

activo eventual, contingent assets.

activo ficticio, fictitious assets.

activo fijo, fixed assets, capital assets.

activo fijo a pasivo consolidado, fixed assets to funded debt.

activo fijo intangible, fixed intangible assets.

activo fijo tangible, fixed tangible assets.

activo flotante, floating assets.

activo gravado, pledged assets.

activo improductivo, non-productive assets.

activo intangible, intangible assets.

activo líquido, activo neto, liquid assets, net worth.

activo menos cuentas de capital = pasivo, assets minus capital accounts = debt liabilities.

activo neto, net assets.

activos no realizados, non-cash assets.

activo = pasivo más cuentas de capital o capital contable, assets = debt liabilities plus capital accounts or net worth.

activo permanente, permanent assets.

activo pignorado, hipothecated assets, pledged assets.

activo productivo, productive assets.

activo productivo de los bancos, bank earning assets.

activo realizable, available assets, circulating assets, liquid assets, quick assets.

activo social, company's assets.

activo tangible, tangible assets.

activos, assets.

activos aplicados de más, activos sobreaplicados, assets to be overstated.

activos aplicados de menos, activos subaplicados, assets to be understated.

activos circulantes a pasivos circulantes, current assets to current liabilities.

activos en divisas, assets foreign.

activos fijos a capital contable, fixed assets to net worth.

activos financieros, finantial assets.

activos físicos, assets, physical.

activos gananciales, earning assets.

activos obsoletos, waste assets.

activos productivos (bancos), earning assets.

acto de vender (mercadotecnia), salesmanship.

actuario, actuary.

a cuenta, on account, in partial payment.

a cuenta de, on account of.

acuerdo, understanding.

acumulación anticipada de gastos de fabricación aplicados de más o de

menos; por meses, expected cumulative under-and overapplied factory expense; by months.

acumulación de capital, accumulation of capital.

acumulación de mercancías, accumulation of goods.

acumulaciones, accruals.

acumulaciones básicas en contabilidad, accrual basis of accounting.

acumulaciones por pagar, accruals payable.

acumulado hasta la fecha, cumulative to date.

acumular, acumulado, accrue, accrued.

acumulativo (procesamiento de datos para el control de inventarios), cum.

acuñación libre (bancos), free coinage.

acuñación limitada (bancos), limited coinage.

acuse de recibo, acknowledgment of receipt.

acuse de recibo de su pedido, acknowledgment of your order, order entry acknowledgment.

a destajo, by the job.

adelanto, advance.

adeudar, to debit, to charge, to owe.

adeudo, indebtedness.

adiestramiento, training.

adiestramiento en el puesto, on the job training.

adiestramiento en el trabajo, job training.

adjudicación del contrato al mejor postor, adjudication of the contract to the lowest bidder.

administración, administration.

administración científica, scientific management.

administración de inversiones por otras personas, management of investments by other.

administración de primera línea, front — line management.

administración del efectivo, managing money.

administración del efectivo en una empresa, corporate cash management.

administración del personal, personnel administration.

administración del presupuesto de costos de distribución, budgeting distribution costs.

administración del presupuesto de gastos de capital, budgeting capital expenditures requirements.

administración del programa de desarrollo, administering the development program.

administración de la distribución, distribution management.

administración de la función de ventas, managing the sales function.

administración efectiva de la función de producción, effective management of manufacturing functions.

administración financiera, financial management.

administración funcional, functional management.

administración media, middle management.

administrador, administrator.

admisión de sentencia por parte del demandado, cognovit note.

adquisición de los activos de la sociedad en nombre colectivo, acquisition of the partnership assets.

adquisiciones a precio alzado, acquisitions for lump sum.

aduana, custom-house.

aduana principal, chief custom-house.

a favor de, in behalf of, issued to, on account of.

afianzamiento de empleados, bonding of employees.

afiliar, to affiliate.

afluencia neta de capital, net capital flow.

agencia u oficina de colocaciones, employment exchange.

agente, agent.

agente aduanal, custom-house officer, forwarding agent.

agente de bolsa, transfer agent.

agente de plaza, city salesman.

agentes financieros, retail dealers.

agente representante, agent.

agotamiento, depletion.

agotamiento interno, internal drain.

agrupación profesional, foyer table.

aguja para tarjetas de perforación, keysort needle.

ahorro, saving.

ahorro bruto, gross savings.

ajustar, set (to).

ajuste, adjustment, settlement.

ajustes después del periodo de cierre, off-period adjustments.

a la par, at par.

a la presentación (letra o pagaré), on demand.

a la vista, at sight.

a la vuelta, carried, forward.

a plazo fijo, at a fixed.

alambre de selección, selection wire.

al corriente del pago de sus cuotas, dues currently paid.

al precio de mercado, at market.

alcista, bull.

algunas compañías toman en cuenta todo un mes si el activo se adquiere entre los días 1o. y 15 de algún mes (método de depreciación cuando los activos se adquieren durante el año), some companies take a whole month into account if the asset is acquired between the 1st. and 15th. of a month.

alimentación, carga, loading.

alimentación de la cinta (cinta perforada de papel), tape feed.

alimentación de tarjetas, card feeding.

alimentador, feed US, feeder GB.

almacén, store, warehouse, storing of goods.

almacén de artículos terminados, finished good stores.

almacén general de depósito, depósito de aduana, bonded warehouse.

almacén, libro de, inventory records.

almacenaje, storage, warehouse rent.

almacenamiento, storage.

almacenamiento borrable, erasable memory, erasable storage US, erasable store GB.

almacenamiento de acceso casual, almacenamiento de libre acceso, random access memory o, random access storage US, random access store GB.

almacenamiento de registros, record storage.

almacenamiento en serie, serial storage.

almacenamiento imborrable, non-erasable storage.

almacenar, store (to).

alquiler, rent.

alta gerencia, top management.

alteración, alteration.

alternador de secuencia, sequence alternator.

alza, revaluación, appreciation, rise.

alza artificial de precio, ballooning.

amortización, amortization.

amortización de activos fijos intangibles y cargos diferidos, amortization of fixed intangible assets and deferred charges.

amortización de pérdidas de operación ocurridas en ejercicios anteriores, operating losses sustained in prior taxable years.

amortización de una deuda, redemption.

amparo, special injuction.

amparo judicial, legal aid.

ampliación del catálogo de cuentas, expansion of the chart of accounts.

ampliación del trabajo, job enlargement.

amplificador operacional, operational amplifier.

amplitud, range.

análisis cuantitativo del sistema, quantified system analysis.

análisis de cuentas, account, analysis.

análisis de estados financieros, analysis of financial statements.

análisis de razones (Dun and Bradstreet), ratio analysis.

análisis de tendencias horizontales, horizontal trend analysis.

análisis de las cifras, break down of figures.

análisis de las transacciones, analysis of transactions.

análisis de las variaciones en la utilidad bruta, analysis of changes in gross profit.

análisis del costo de distribución, distribution cost analysis.

análisis del costo por productos, cost analysis by products.

análisis del mercado, market analysis.

análisis del sistema, system analysis.

análisis horizontal, horizontal analysis.

analizador de mallas, net work analyzer.

analizador diferencial, differential analyser.

analizador diferencial digital, digital differential analyzer.

analizar, analyze.

analizar la antigüedad de las cuentas, aging of accounts.

anexos, enclosures, exhibit.

anexos por separado, supporting schedules.

anotado con anterioridad, a la vuelta, de la vuelta, al frente del frente, de la hoja anterior, brought forward.

antedicho, susodicho, above mentioned.

antefirma, undersigned.

anticipación, retrotraer, antedate.

anticipo, advance, loan.

anticipo a contratistas, advance to contractors.

anticipo en efectivo, cash advance.

anticipo para gastos administrativos para comprobarlos posteriormente, advance for administrative expenses to be supported by voucher subsequently.

anticipos a empleados para gastos, expense advances to employees.

anticipos a proveedores, advances to suppliers.

anticipos a proveedores y contratistas, advances to contrators and to suppliers.

anticipos de clientes, advances from customers.

anticipos de sueldos, advances to employees.

anticipos directos a los bancos, direct advances to banks.

anticipos para gastos administrativos para comprobarlos posteriormente, advances for administrative expenses to be supported by voucher subsequently.

anticipos para gastos de viaje y representación, expenses advances to employees.

anticipos varios, sundry advances.

anticipos y préstamos a sucursales, advances and loans to affiliates.

antigüedad, seniority.

antigüedad de ingreso (en el trabajo), age at entry (into labor force).

antigüedad de las cuentas por cobrar, age of receivables.

anualidad, annuity.

anualidad diferida, deferred annuity.

anualidad vitalicia, life annuity.

anualidades vitalicias diferidas, deferred life annuities.

anulación, abatement.

anuncio, advertisement.

año comercial, business year.

año comercial natural, natural business year.

año fiscal, taxable year.

año natural, fiscal period.

apelación, appeal.

apertura de crédito, advance in current account.

apertura de libros, to open the books.

apilación de lotes, "banking" lots.

aplicación, appropriation, allocation, disposition.

aplicación de dividendos decretados, dividend appropriations.

aplicación de utilidades, distribution of profits.

aplicaciones prácticas de técnicas profesionales de ventas, practical applications of professional selling skills.

apoderado, proxy.

aportación de capital social, issuance of capital stock.

aportaciones de capital, paid-in capital.

apreciación, appreciation.

aprendizaje, apprenticeship.

aprendizaje por rutina, on-the-job training.

aprobación, approval.

à prorrata, retably.

apuntes de datos de errores, tally or error data.

arancel, customs tariff.

arancel de importación, import tariff.

aranceles aduaneros, customs tariffs.

arbitraje, arbitration.

archivador electrónico, electronic filing cabinet.

archivar, file away.

archivado por "nombre de cliente" filey by "customer name".

archivero, filing tray.

archivista, file clerk.

archivo alfabético, alphabetical filing.

archivo cronológico, chronological filing.

archivo cruzado de papeles de trabajo, cross filing of working papers.

archivo de copias, files copies.

archivo de fichas venideras (en una adaptación del archivo cronológico), tickler file.

archivo de pólizas, libro borrador o diario, tickler file.

archivo de tarjetas motorizado, motorized card files.

archivo dígito — terminal, terminal — digit filing.

archivo embrollado, merged file.

archivo escalonado de tarjetas de esquinas recortadas, shingled clipped-corner-card file.

archivo geográfico, geographical filing.

archivo numérico, numerical filing.

archivo permanente, permanent file.

archivo por materias, subject filing.

archivo recordatorio, tickler files and follow-up files.

archivos alternativos, reciprocating files.

archivos rotatorios, rotary files.

archivos visibles, visible files.

arquear, to gauge.

arqueo de caja, cash count.

arqueo del fondo fijo de caja chica, petty cash count.

arqueos por sorpresa, surprise counts.

arrastrar un saldo, carried over.

arreglo, arrangement.

arreglos de franquicias y regalías, license and royalty agreements.

arreglos preliminares, preliminary arrangements.

arrendador, landlord, lessor.

arrendamiento, leasehold.

arrendamiento de equipos industriales, leasing of industrial equipment.

arrendamiento del almacén, rent of yard.

arrendamiento de la oficina, rent of office.

arrendatario, leaseholder, lessee.

arribo de bienes, arrival of goods.

artículos de oficina, stationary supplies.

artículos terminados, finished goods or products, goods completed.

asalariado, bradwinner, wage earner, work for wages.

asamblea de accionistas, stockholders' meeting.

asamblea extraordinaria, special meeting.

asamblea inicial (de accionistas), initial metting.

asamblea ordinaria (de accionistas), formal meeting.

asegurador, underwriters.

asentados, anotados, accounted.

asentar, to post.

asiente las operaciones en cuentas de mayor o cuentas T, enter the transactions in skeleton accounts.

asiento, entry.

asiento confuso, blind entry.

asiento correlativo, correlative entry.

asiento cruzado, cross entry.

asiento de abono, credit entry.

asiento de ajuste, adjustment or adjusting entry.

asiento de apertura, opening entry.

asiento de caja, cash entry.

asiento de cargo, debit, charge entry.

asiento de complemento, complementing entry.

asiento de concentración, recapitulating entry.

asiento de diario, journal entry.

asiento de diario compuesto, compound journal entry.

asiento de mayor, ledger entry.

asiento de traspaso, transfer entry.

asientos de cierre, closing entries.

asientos de diario, journal entries.

asientos que amparan comprobantes expedidos y pagados, entries for vouchers issued and vouchers paid.

asignación, assignment, distribution, allotment.

asignar, allocate (to).

asistencia diaria de un trabajador, daily attendance.

asociación, association.

Asociación Americana de Arbitraje, American Arbitration Association.

Asociación Americana de Contabilidad, American Accounting Association.

Asociación Americana de Contadores Públicos, American Association of Public Accountants.

asociación capitalista, moneyed corporation.

Asociación de Contadores Públicos Titulados, State Society of Certified Public Accountants.

asociación de ingresos y costos, matching costs and revenue.

Asociación Nacional de Contadores de Costos, National Association of Cost Accountants.

asociado, associate, partner.

asociados, de los socios, membership.

asunto, negocio, interés, empresa, concern, item.

asuntos comerciales, commercial affairs.

atención a clientes, entertainment.

atrasado, overdue.

atraso de trabajo, backlog accumulations.

auditar, to audit.

auditor, revisor de cuentas, auditor, semi-senior, senior.

auditor de primera, light senior.

auditor en jefe (firmas pequeñas; grandes), senior auditor (principal; senior).

auditor externo, external auditor.

auditor fiscal, fiscal auditor.

auditor interno, internal auditor.

auditoría, audit, auditing.

auditoría administrativa, management audit.

auditoría completa, complete audit.

auditoría continua, continuous audit.

auditoría de asociaciones de ahorro y préstamo, audit of savings and loan associations.

auditoría de asociaciones de ahorro y préstamos por contadores públicos titulados, audit of savings and loan associations by independent public accountants.

auditoría de balance (de estados financieros), balance sheet audit.

auditoría, de caja, cash audit.

auditoría de costos, auditing, cost.

auditoría detallada, detailed audit, audit of details.

auditoría del costo de ventas, cost auditing of sales.

auditoría especial, special audit.

auditoría externa, external audit.

auditoría interna, internal audit.

auditoría parcial, partial audit.

auditoría privada, internal audit.

auditoría pública, public audit.

aumento, increase.

aumentos de capital, cambios de capital, capital improvements.

aumento del flujo del efectivo mediante el arrendamiento, increasing cash flow through leasing.

ausentismo, absenteeism.

auto judicial que autoriza el embargo; también el embargo mismo de propiedades del demandado, hecho por el actuario, attachment.

automación, automatización, automation.

automación industrial, automatización industrial, automation, industrial.

automóviles y camiones, automobiles and trucks.

autoridad, authority.

autoridades reguladoras de precios, price-fixing authorities.

autorización de órdenes a crédito, passing orders for credit.

autorización de programa, program authorization.

auxiliar, auxiliary, workbook.

auxiliar de cuentas por cobrar, accounts receivable ledger.

auxiliar de cuentas por pagar, accounts payable ledger.

auxiliares, ancillary, records.

aval, indorsement, guarantee by endorsements, special guarantee.

avalar, to warrant, to indorse.

avalúo, justiprecio, tasación, valuación, appraisal, appraisement, apprizement, valuation.

avalúo catastral, assessment, assessed valuation of real estate, tax valuation.

avalúo de propiedades inmuebles o personales para fines de impuestos fiscales, assessed valuation.

avería, average.

averiguación de preferencias, ascertainment of preferences.

averiguar, ascertain.

aviso de depósitos, notice deposits.

aviso de falso cobro, notice of dishonor.

avisos, advices.

ayudante de auditor, (firmas pequeñas; grandes), junior auditor, (principal; junior auditor).

B

baja, decline, fall.

baja brusca y pronunciada de precios en la bolsa de valores o de artículos de consumo; break or break in the market.

bajista, bear.

bajo el rubro, under the caption.

bajo par, below par.

bajo protesto, under protest.

balanceando, balancing.

balancear, to balance.

balance, saldo, diferencia, existencia, balance.

balance analítico, balance analytical.

balance anual, annual balance.

balance general, balance sheet, general balance.

balance general anticipado, projected balance sheet.

balance general combinado, combined balance sheet.

balance general combinado, combined balance sheet.

balance general condensado, condensed balance sheet.

balance general consolidado, consolidated balance sheet, amalgamated balance sheet.

balance general dando efectos retroactivos a una reorganización financiera por llevarse a cabo, balance sheet giving effect to proposed financing.

balance general dictaminado, certified balance sheet.

balance general en forma de cuenta, balance sheet, account form.

balance general en forma de reporte, balance sheet, report form.

balance general no dictaminado, uncertified balance sheet.

balance general por fondos, fund balance sheet.

balance general proforma, pro-forma balance sheet, suggested balance sheet.

balance general-relación con el estado de pérdidas y ganancias, balance sheet-link between income statements.

balance general tentativo, tentative balance sheet.

balance mensual, monthly balance.

balances consolidados, aggregated balance sheet.

balanza comercial desfavorable, unfavorable balance of trade.

balanza de comprobación, trial balance.

balanza de comprobación antes del cierre, preclosing trial balance.

balanza de comprobación después del cierre de libros, post-closing trial balance.

balanza de comprobación no ajustada, unadjusted trial balance.

balanza de pagos, balance of payments.

balanza de pagos desfavorable, adverse balance of payments.

banca, banking.

banco, bank.

banco corresponsal, correspondent bank.

banco de ahorros mutuos, bank mutual savings.

banco de crédito agrícola, farm bank loan.

bancos de inversión, investment banking.

banco del interior, country bank.

bancos condensados, chartered banks.

bancos emisores de billetes sin valor, wildcat banks.

bancos estatales, banks, state.

bancos filiales; cadena bancaria, chain banking.

bancos foráneos, banks outside.

banco nacional, national bank.

bancos y corresponsales, banks and correspondents.

barra, bullion.

barras colectoras, bus, highway.

barras de oro y plata, bullion.

barrera a la inflación (inversionistas), hedge against inflation.

barreras de tarifas, tariff barriers.

basado en presupuestos, on a bid basis.

base, base, radix.

base de cuota fija, flat — fee basis.

base de cuota máxima, maximum — fee basis.

base de valor devengado; base acumulada, accrual basis.

base de valor en efectivo; base de contado, cash basis.

base del impuesto, base of the tax.

base para los impuestos, tax basis.

base por día, per diem basis.

bases normales (al principio del año), nominal basis.

bastón o báculo que sirve de apoyo, apoyar la autoridad lineal (administración), staff.

beneficiario de un fideicomiso, cestui que (qui) trust.

beneficio líquido o neto, clear benefit.

beneficio por incapacidad (seguro social), desability benefits.

beneficios, profits.

beneficios ajenos a las operaciones, non-operating profits.

beneficios por retiros o jubilaciones, retirement benefits.

bienes, properties.

bienes de capital, capital goods.

bienes de capital fijo, fixed capital goods.

bienes de consumo, consumer goods.

bienes de producción, capital equipment.

bienes en custodia o en administración (financiera), custody accounts.

bienes en fideicomiso o en mandato (financieras), trust accounts.

bienes hipotecarios, mortgaged properties.

bienes inmuebles, real estate, real property movables.

bienes muebles, chattel, inmovables, movables, personal assets.

bienes no hipotecados, clean states.

bienes personales (de un accionista), personal possessions.

bienes raíces, real estate, realty, inmovables.

bienes y servicios, goods and services.

billete de banco, banknote.

billetes de circulación legal que tenían un dibujo con tinta verde al dorso, greenbacks.

billetes en circulación, notes outstanding.

billetes emitidos, notes issued.

billetes emitidos por la tesorería, treasury note.

billetes en circulación, current notes.

bloqueamiento, blocking.

bloque de entrada, input block US, input buffer GB, input store GB.

bloque de salida, output block.

boceto o borrador o muestra del nuevo manual de oficina propuesto, dummy copy or sample of a proposed new office manual.

bodega, warehouse, stores, storeroom hold (of a stup).

boleta de expedición, way-bill.

boleta de impuestos, tax receipt.

boleta de pago predial, real estate tax receipt.

boletas de impuestos, tax bills.

boletín de comercio, bulletin of commerce.

boletín de la renta interior (de impuestos), internal revenue bulletin.

boletín de los asociados, members news bulletin.

boletines de investigación contable, accounting research bulletin.

bolsa de acciones, stock exchange.

bolsa de valores, change.

Bolsa de Valores de Londres, London Stock Exchange.

bonificación, compensación, indemnización, allowance, discount, compensation, rebate.

bonificación por cuotas, quota bonus.

bonificación sobre fletes, freight allowances.

bonificación sobre ventas, allowance, trade discount.

bono colateral o de garantía colateral, bond, collateral trust.

bono no garantizado, bond indenture, debentures.

bono, obligación hipotecaria, bond.

bonos, bonds.

bonos al portador, coupon bonds, non-registered bonds.

bonos con garantía hipotecaria, mortgage bonds.

bonos convertibles, bonds, convertible.

bonos de caja, cash warrant.

bonos definitivos, bonds, definitive.

bonos de fondo de amortización, bonds, sinking fund.

bonos de prenda, warrant.

bonos de renta o sobre utilidades, bonos de interés sobre utilidades, bonos de rendimientos, bonds, income.

bonos de tesorería, treasury bonds, treasury note.

bonos del ahorro postal, postal savings bonds.

bonos del banco agrícola y del banco ganadero federales, federal land bank and joint stock land bank bonds.

bonos de la tesorería, exchequer bonds.

bonos descontados, discount bonds.

bonos garantizados, bonds, guaranteed.

bonos hipotecarios, mortgage bonds.

bonos nominativos, registered bonds.

bonos pagaderos a la vista, callable bonds payable.

bonos pagaderos en serie, serial bonds.

bonos por pagar, bonds, payable.

bonos provisionales, bonds, interim.

bonos que se entregan sin el cupón correspondiente al próximo pago de interés, ex-coupon.

bonos sin garantía hipotecaria, debenture bonds.

bonos son pagarés a largo plazo los que se emiten por lo general para abrir una empresa comercial, bonds are long-term promissory notes usually issued under seal by a business enterprise.

borrador, blotter, waste-book.

borraduras, erasures.

borrar, reset (to).

braceaje, brassage.

breve, brief.

brinco, bumping.

bruto, gross.

búsqueda de razones, pursuit of reasons.

C

caja, cash, vault.

caja chica, petty cash.

cajas de almacenamiento sobre anaqueles, storage boxes on shelving.

cajero (a), cashier.

cajero pagador, payroll clerk, paying teller.

cajero recibidor, receiving teller.

cajetín, pigeon hole, pocket.

cajetín de rechazo, reject pocket.

cajones de archivo especialmente diseñados, hechos de fibra artificial, specially designed fiberboard drawer files.

calculador, computadora, computer, computing machine.

calculador electrónico, calculating punch.

calculador de relevadores, relay computer.

calculador de unidades múltiples, multi-unit machine.

calculador universal, multi-purpose computer.

calculadora, calculator.

calculadora eléctrica, electric calculating machine.

calculadora electrónica con programa por tarjetas, card-programmed electronic, calculator.

calculadora electrónica de tarjetas, electronic calculating punch.

calculadora electrónica digital en serie, electronic serial digital computer.

calculadora electrónica digital paralela, electronic parallel digital computer.

cálculo, calculation.

cálculo con punto flotante, floating-point calculation.

cálculo de costos por procesos con varias operaciones, multiple stage process costing.

cálculo del costo promedio del capital, calculation of average cost of capital.

cálculo del margen comercial acumulativo, cumulative-markup calculation.

cálculos verificados, checked computations.

calendario de compras, buying calendar.

calendario de fechas en que deban presentarse las declaraciones, calendar of dates when returns are due.

calificación de eficiencia, efficiency rating.

calificación de méritos, merit rating.

calificación de personal, personnel rating.

calificación del desempeño del trabajo, performance rating.

calificación fiscal, assessment.

cámara de comercio, chamber of commerce.

cámara de compensación, clearinghouse.

cámaras de compensación, clearinghouse associations.

camarillas (agrupaciones de individuos), cliques.

cambiar, exchange (to).

cambiar de escala, hacer la conversión a escala, scale (to).

cambio, exchange.

cambio de activos fijos, trade-in of fixed assets.

cambios en el nivel del gasto monetario, changes in the level of money spending.

cambios en los niveles de precios y su efecto sobre los estados financieros, price level changes and financial statements.

campo, field.

campo de claves, code field.

campo de perforación de zona, zone punching area.

campo del número de cuenta, account number field.

cancelación, write off, cancelling, offset.

cancelar, to wipe out.

cansancio de comprar, buying fatigue.

cantidad de liga (en la moneda), proportion of alloy.

cantidad fija como viáticos, flat travelling per diem allowance.

cantidad total del capital, aggregate principal amount.

cantidades globales, aggregates.

capacidad de compra, buying power.

capacidad de memoria, memory capacity, storage capacity US, store capacity GB.

capacidad de registro, register length.

capacidad de la memoria interna, internal storage capacity.

capacidad de la planta (dos turnos de cinco días), plant capacity (5-day-2-shift).

capacidad, longitud de palabra, capacity.

capacidad productiva (de la planta o el equipo), capacity of plant or equipment.

capataz, overseer.

capital, capital.

capital, acciones de, capital stock, share capital.

capital actual, present capital.

capital ajustado, capital adjustment.

capital aportado, invested capital.

capital autorizado, authorized capital, registered capital.

capital circulante, circulating capital, current assets, working capital.

capital contable, capital account (bancos), net assets, net worth, proprietorship, owners' equity.

capital declarado, stated capital.

capital departamental, departmental capital.

capital de trabajo, working capital, capital at work.

capital emitido, issued capital.

capital emitido por la compañía, company's issued capital.

capital exhibido, paid-in capital.

capital fijo (financieras), fixed capital.

capital flotante, circulating capital, floating capital.

capital improductivo, improductive capital.

capital inflado, watered capital.

capital inicial, initial capital, original capital.

capital invertido, invested capital.

capital líquido, capital, liquid.

capital muerto, capital sunk.

capital neto, net capital, net worth.

capital no emitido, unissued capital stock.

capital no exhibido, subscribed capital, not paid.

capital nominal, nominal capital.

capital, obligaciones de, debenture capital.

capital original, original capital.

capital pagado, paid-in capital, capital receipts, principal of payment.

capital preferente en participación, redeemable or callable preferred stocks.

capital prestado, borrowed capital.

capital riesgoso, venture capital.

capital social, acciones de capital, capital stock, paid-in capital.

capital social autorizado, authorized capital stock.

capital social en compañías afiliadas, capital stock of subsidiaries.

capital social suscrito, capital stock subscribed.

capital suscrito, subscribed capital stock, outstanding capital.

capital suscrito, no exhibido, uncalled capital.

capital total empleado, total capital employed.

carácter, character.

característica, characteristic.

cargado a gastos, charged to expense.

cargar, to charge, to debit, to post.

cargar los asientos correspondientes, to post the appropiate charges.

cargo, charge, debit.

cargo del banco por comisión, bank charge for commission.

cargo por cambio, exchange charge.

cargo por cobranza, collection charge.

cargos, débitos, charges.

cargos bancarios, bank charges.

cargos departamentales, departmental charges.

cargos diferidos, deferred charges, deferred debit.

cargos directos, direct charges, direct expenses.

cargos externos por servicios, outside service charges.

cargos fijos, fixed charges.

cargos fijos son aquellos gastos que no varían con la cantidad de producción, fixed charges are those expenses that do not vary with the amount of production.

cargos por manejo, activity charges.

cargos variables, contingent charges.

carpeta (cubierta interior), folder.

carpeta para expedientes, binder cover for files.

cartabón (sobre los procedimientos de contabilidad y auditoría), strait jacketing.

carta de aviso, letter of advice, advice note.

carta de crédito, letter of credit.

carta de crédito auxiliar, ancillary letter of credit.

carta de crédito comercial, commercial letter of credit.

carta de crédito irrevocable, irrevocable letter of credit.

carta de crédito simple, clean letter of credit.

carta de observaciones, expostulatory letter.

carta de pago, acquittance.

carta para cobros atrasados, delinquent collection letter.

carta rápida, speed letter.

carta remesa, transmittal letter.

carta simplificada, simplified paragraph.

cartas de confirmación de los clientes, clients' written representations.

cartas de crédito, letters of credit.

cartas forma, form letters.

cartera de los bancos, bank's portfolio.

casa de asistencia, boarding house.

casa de moneda, mint.

casa matriz, chief office, home office, holding company, head office, parent company.

catálogo de cuentas, list of accounts, plan of accounts, chart of accounts, classifications of accounts, system of accounts.

causante de impuestos, taxpayer.

causante moroso, delinquent taxpayer.

causantes menores, "minor" taxpayers.

causantes que hubieran prestado servicios a dos o más personas o patrones, employees working for more than one employer.

cedente, assigner.

cédula de registro, charter.

cédulas, schedules, exhibit.

cédulas analíticas, supporting schedules.

cédulas hipotecarias, mortage debentures.

cédulas sumarias, leading schedules.

celda binaria, elemento binario, binary cell, binary element, bistable unit.

celo profesional, care.

cerciorarse, averiguar, ascertain.

cerciorarse o verificar de que es adecuada la valuación del inventario, ascertain that the pricing of the inventory as proper.

cero (notación binaria), cero (en las computadoras), "no bit", zero.

cerrar los libros, to close the books.

certificado, certificate, warrant.

certificado con salvedades, qualified certificate.

certificado de acciones, stock certificate.

certificado de adeudo, indebtedness certificate.

certificado de auditoría, audit certificate.

certificado de depósito, certificate of deposit.

certificado de necesidad, certificate of necessity.

certificado de tesorería, treasury certificate.

certificado provisional, script.

certificado sin salvedades, unqualified certificate.

certificados de acciones en blanco, blank stock certificates.

certificados de depósito de la tesorería, treasury deposit receipts.

certificados de síndicos, receivers' certificates.

certificados perpetuos que reportan intereses, perpetual interest-bearing certificates.

cesión, assignment, cession.

cesionario (de un documento), transferee.

checar, to check.

cheque, check, cheque.

cheque alterado, altered check.

cheque bancario, bank check.

cheque cancelado, cancelled check.

cheque certificado, check, certificate.

cheque cruzado, crossed check.

cheque de caja, cash check, cashier's check.

cheque de viajero, traveler's check.

cheque devuelto por fondos insuficientes, check returned for insufficient fund.

chequera o libreta de cheques, check book.

cheques, cheques.

cheques correspondidos en el mes, checks collected during the month.

cheques expedidos en noviembre 30 de 19— pagados por el banco en diciembre de 19—, outstanding checks as of november 30 19— paid by bank in december 19—.

cheques expedidos por la compañía según libros, checks drawn by company as recorded in books.

cheques no pagados, outstanding checks.

cheques pagados según estado de cuenta, checks paid by bank as per statement of account.

cheques pendientes o expedidos y no pagados, outstanding checks.

cheques posdatados, postdated checks.

cibernética, cybernetics.

ciclo cerrado, closed loop.

ciclo económico, business cycle.

ciclo de los negocios, trade cycle.

ciclo de máquina. machine cycle

ciclógrafo, cyclograph.

ciclo operativo, operating cycle.

ciento por ciento (100%), par.

cierre del inventario final, closing stock inventory.

cierre o corte de las cuentas de balance, ruling balance sheet accounts.

cifra decimal, decimal digit.

cifrar, digital coding, digitize (to).

cifras comparativas en los estados, comparative figures in statements.

cifras funcionales, dígitos funcionales, function digits.

cifras remarcadas o itálicas entre paréntesis representan números rojos, boldface italics indicate red figures.

cinta de cambio, change tape.

cinta de papel, paper tape.

cinta de papel perforado, perforated paper.

cinta de programa, program tape.

cinta maestra, master tape.

cinta para sumadora, adding machine ribbon.

cinta perforada, punched tape.

cintas de máquina registradora, cash register tapes.

circulación, currency.

citatorio(s), summon(es).

clase de tarifa, clase de salario, rate, class.

clasificación de cuentas, accounts classification.

clasificación de documentos, documentary classification.

clasificación de gastos por el objeto de la erogación, classification of expenses by object of expenditure.

clasificación de las cuentas de gastos, expenses account classification.

clasificación de los departamentos, departmental classification.

clasificación de instrucciones, instruction classification.

clasificación de méritos, merit rating.

Clasificación de puestos, classification of positions, job classification.

clasificación del trabajo, job classification.

clasificación por aguja, needle sorting.

clasificación uniforme (en comercio exterior), standard classification.

clasificadora, sorter.

clasificadora electrónica, electronic sorter.

clasificadora lectora, sorter reader.

clasificar, sort (to).

cláusula, clause.

cláusula para el vencimiento anticipado de una deuda, acceleration clause.

cláusulas de antigüedad (de un trabajador), seniority provisions.

cláusulas de escalonamiento, under escalator clauses.

cláusulas que limitan las tarifas, rate restriction clauses.

clausura de libros, to close the books.

clave, clavija, key.

claves de la computadora, código de la computadora, computer code.

claves de los cuentas departamentales, departmental accounts symbols.

cliente, client, customer, trade customer.

clientela, conection.

clientes de pago lento, slow pay customers.

clientes de pago pronto, prompt pay customers.

cobertura, cover, coverage.

cobertura de seguros, insurance coverage.

cobrabilidad (cuentas por cobrar), current validity.

cobrable, collectible.

cobranzas comerciales, collections, trade.

cobrar demasiado, to overcharge.

cobro, collection (of drafts).

cobro dudoso (cuentas por cobrar), doubtful collectibility.

cobro por adelantado, advanced collections.

cobros a clientes, collections on accounts receivable.

cociente, quotient.

codificación, catálogo de cuentas secuencia de instrucciones codificadas, coding.

codificación de estados financieros relativos a procedimientos de auditoría, su significado y alcance generalmente aceptados, codification of statements on auditing procedure, their generally accepted significance and scope.

codificación específica, specific coding.

codificación numérica, numerical coding, numeric coding.

codificación relativa, relative coding.

codificación simbólica, symbolic coding.

codificador, coder.

codificar, code (to), encode (to).

código alfabético, alphabetic code (GB), alphabetic coding (US).

código binario-cíclico, cyclical binary code, modified binary code, reflected binary code.

código binario, modo binario, binary code, or binary mode.

código de autocorrección, self-correcting code.

código de barras, bar code.

código de dirección múliple, código de instrucción múltiple, multiple-address code, multiple-address instruction.

código de n direcciones, n- address code.

código de ética, code of ethics.

código de instrucciones, instruction code, order code.

código digital, digital code.

código intérprete, interpreter code.

código por exceso de tres, excess-three code.

código telex, teleprinter code.

coeficiente, tasa, proporción, relación, tipo, razón, rate, index.

coeficiente de producción, rate of output.

coeficiente de rotación, turnover.

co-gerente, joint manager.

colateral, security.

colegiado americano de escuelas de comercio, american collegiate school of business.

columna, column.

columna de cuentas de orden para caja, memorandum cash column.

columna de la tarjeta, card column.

columnas de folio, reference columns.

comandita, silent partnership.

comanditado, active partner.

comanditario, silent partner.

combinación de métodos, combination of approaches.

combinación de negocios-intereses mancomunados, business combinations-pooling of interests.

comerciante, trader, tradesman, dealer

comercio, trade, trade commerce.

comercio bilateral, bilateral trade.

comercio exterior, external trade.

comercio internacional, international trade.

comisario, vigilance officer.

comisión, commission.

Comisión de Valores y Cambios, Securities and Exchange Commission.

comisión de venta, selling commission.

comisión simple, straight commission.

comisionado, commissioner.

comisiones por corretaje, brokerage commissions.

comisiones por pagar a agentes, commissions due sales agent.

comisionista, commission agent, commission merchant, factor.

comisionista, corredor, jobbers.

como cuenta dentro del balance general, balance sheet category.

cómo resolver problemas y tomar decisiones, problem solving and decision making.

compaginación y encuadernación, collating and binding.

compañía, company, corporation.

compañía afianzadora, bonding company

compañía afiliada, affiliated company, affiliated corporation.

compañía asociada, allied company.

compañía cerrada, closed corporation.

compañía controlada, controlled corporation.

compañía de capital ilimitado, open-end company.

compañía de capital limitado, closed-end company.

compañía de fideicomiso, trust company.

compañía de servicios públicos, public service corporation.

compañía de transportes de carga, motor carries.

compañía filial, sub-company, subsidiary company, afiliated company, controlled company, subsidiary corporation, controlled corporation, affiliated corporation.

compañía financiera, financial corporation.

compañía fusionada, merged company.

compañía inactiva, non-operating company.

compañía industrial, industrial company.

compañía matriz, parent company, holding company, propietary company, controlling corporation.

compañía mercantil, commercial company, business corporation.

compañía por acciones, stock company.

compañía principal, parent company.

compañía privada, private corporation

compañía propietaria, proprietary company.

compañía pública, public corporation.

compañía que se ocupa de transportes por riel, vapor, camión, etc.; en particular esta palabra se refiere a los ferrocarriles, carrier.

compañía subsidiaria, subsidiary company.

compañía tenedora de acciones, hoding company.

compañías afines, related companies.

compañías de bienes inmuebles, real estate companies.

compañías de capital limitado, closed-end companies.

compañías de seguros contra incendio, casualty and surety companies.

compañías de seguros contra incendio y accidentes, fire and casualty companies.

comparar, compare.

compensación, offset.

compensación adicional, fringe compensation.

compensación de anticipos del gobierno, offsetting of government advances.

compensación familiar; asignación familiar, family allowance.

compensaciones bancarias, clearings.

compensaciones de trabajadores, workmen's compensation.

compensar, clear.

compensar las pérdidas, offset the losses, to.

compilador, compiler, compiling, routine, generating routine.

complementar las cuentas, to complements the accounts.

complete el programa general de trabajo de auditoría, complete the general auditing working program.

compra al mayoreo, bulk purchase.

compra a plazo, big-ticket items, installment purchase.

compra de técnica industrial, purchase of industrial technique.

compra de un despacho, buying a practice.

comprando valores de comisiones antiguas en circulación con una tasa de rendimiento fija, buying old outstanding securities bearing a fixed rate of return.

comprador (en una sociedad en nombre colectivo), vendee, buyer.

comprar a plazos, buy on time, to.

comprar al mayoreo, buy wholesale, to.

comprar la parte de un socio, buy out, to.

compras, purchases.

compras a la casa matriz, purchases from head office.

compras a plazo, hire — purchase.

compras efectivas, actual purchases.

compras netas, net purchases.

compraventa, bargain and sale.

comprobación, vouching, checking.

comprobación de tolerancia, verificación de tolerancia, marginal checking, marginal testing.

comprobación de transferencia, verificación de transferencia, transfer check.

comprobación del presupuesto, budgetary control.

comprobación de redundancia, verificación de redundancia, redundant check.

comprobación general, over check.

comprobación interna, leapfrog test.

comprobación matemática, prueba matemática, verificación matemática, mathematical check.

comprobación programada, programmed checking.

comprobado contra comprobante original, vouchers checked, vouchers examined.

comprobado contra copia de factura, invoice copy examined.

comprobado contra el mayor, in agreement with general ledger.

comprobante, voucher.

comprobante de caja; póliza de caja, cash voucher, cashbook voucher.

comprobante de caja chica, office fund voucher.

comprobante de diario, journal voucher.

comprobante de gastos, expense voucher.

comprobante en ejemplar completo, complete voucher copy.

comprobantes incluidos como parte del fondo (de caja chica), vouchers included as part of fund.

comprobantes o pólizas del fondo de caja requeridos para cada salida de efectivo, firmados por la persona que recibió el efectivo, llenados con números y letras la cantidad, aprobados por la persona responsable, adecuadamente cancelados (con el sello fechador de pagado) junto con los documentos de apoyo de manera que no puedan utilizarse otra vez, cash fund vouchers, required for each fund disbursement, signed by the person who receives the cash, filled in with numerals and spelled—out amounts, approved by a responsible person, properly cancelled together with supporting documents, so that they cannot be used again.

comprobar, test, check.

comprobar el recuento en cantidad, test quantity counts.

compromiso vencido, no pagado, arrears.

computadora central, central computer.

computadora de alta velocidad, high-speed computer.

computadora de propósito general, computadora universal, general purpose computer.

computadora de una sola aplicación, single purpose computer, special purpose computer.

computadora digital, digital computer.

computadora digital en serie, serial digital computer.

computadora digital paralela, parallel digital computer.

computadora electrónica, calculadora electrónica, electronic computer.

computadora electrónica de n direcciones, calculador electrónico de n direcciones, n-address electronic computer.

computadora e integradora numérica electrónica, electronic numeri cal integrator and computer.

computadora híbrida, hybrid computer.

computerese (es lenguaje que la máquina puede comprender y actuar sobre él, de acuerdo con el proceso deseado. El hombre inventó el "computerese" para utilizar las máquinas, computerese (it is lenguaje that machine can understand and act upon in keeping with the desired processing. Man invented "computerese" to utilize the machines.

comunicación de datos, data communications.

con arreglo a la tarifa, conformably to tariff.

con intereses, interest-bearing.

concentración, recapitulation.

concentración de mercancías embarcadas, recap of sales shipped.

concentración de pedidos facturados, recap of orders booked.

concentrar datos contables, assembly accounting data.

concepto, for what, particulars.

concepto de la mercadotecnia, marketing concept.

conceptos contables y normas fundamentales de estados financieros, acounting concepts and standards underlying corporate financial statements.

conceptos de contabilidad administrativa, concepts of managerial accounting.

conceptos de utilidad para la toma de decisiones en mercadotecnia, profits concepts for marketing decision making.

conceptos sobre datos base, data base concepts.

concesión, allowance, rebate, discount, concession.

concesiones fijas, fixed allowances.

concesiones o franquicias, franchises.

conciliación, reconciliation.

conciliación bancaria, bank reconciliation (reconcilement).

conciliación de cuentas, reconciliation account.

conciliadores, mediators.

conciliar, reconcile.

conclusión, concluding comment.

conclusión o terminación de una auditoría, completing an audit.

concordato, bankrupt's certificate.

concurso de ventas, sales contest.

condicionalmente, conditionally.

condición de expedición, condition of forwarding.

condiciones, terms.

condiciones de venta, terms of sale.

conexión, unión, link.

confirmación, confirmation.

confirmación de inventarios, inventory certificate.

confirmación directa, direct confirmation.

confirmaciones recibidas (en confirmaciones de saldos), reply received.

confirmar, avalar, vouch.

conflictos de trabajo, industrial disputes, labor disputes.

confirmación de inventarios, certificate, inventory.

confrontar, to check-up.

conocimiento de embarque aéreo, air waybill.

con pérdida, out of pocket.

consejo, council.

consejo de administración, board of administration, board of directors, management board.

conservación, upkeep, maintenance.

conservación de instalaciones, plant maintenance.

conservación del capital, maintenance of capital.

conservación de la ecuación contable, maintenance of accounting ecuation.

conservación diferida, deferred maintenance.

consignación, comisionista o destinario o consignatario, comitente o remitente, consignment, consignee, consignor.

consignación porte pagado, consignment prepaid.

consignar, prosecute.

consignatario, consignee, consignor.

consistencia, consistency.

consistencia en la aplicación de los principios de contabilidad generalmente aceptados, excepto en los casos en que las circunstancias justifican lo contrario, observance of consistency in the aplication of generally accepted accounting principles, except where conditions warrant otherwise.

consolidación, consolidation.

consolidación de empresas, merging.

consorcio, fondos comunes, sindicato industrial, concentración de empresas, pool.

construcciones en proceso, construction in progress.

consultoría, counselling.

consultor en mercadotecnia, marketing counsellor.

consumidor, consumer.

contabilidad, accounting.

contabilidad administrativa, administrative accounting.

contabilidad comercial o mercantil, business accounting.

contabilidad de capital elegido, accounting for stock options.

contabilidad de c o s t o s, production cost accounting.

contabilidad de costos de distribución, distribution cost accounting.

contabilidad de costos por órdenes de trabajo, job order cost accounting.

contabilidad de costos y su relación con el presupuesto de costos de fabricación, cost accounting and its relation to budgeting manufacturing costs.

contabilidad de fideicomiso, responsability accounting.

contabilidad de la fábrica, factory cost.

contabilidad de sociedades, corporation accounting.

contabilidad de sucesiones, estate accounting.

contabilidad de sucursales, branch accounting.

contabilidad de tarjetas perforadas, punch-card accounting.

contabilidad — el lenguaje de los negocios y las finanzas, accounting — the language of business and finance.

contabilidad fideicomisaria, trust accounting.

contabilidad fiduciaria, fiduciary accounting.

contabilidad financiera, financial accounting.

contabilidad fiscal, government accounting, tax accounting.

contabilidad fiscal para comisionistas, tax accounting for factors.

contabilidad g e n e r a l o financiera, general or financial accounting.

contabilidad gubernamental, tax accounting.

contabilidad industrial, manufacturing accounting, factory accounting.

contabilidad manual, hand account — keeping.

contabilidad mercantil, mercantile accounting.

contabilidad para admisiones y retiros de socios, accounting for the admissions and retirements of partners.

contabilidad para la emisión de acciones de capital con valor a la par, accounting for issuance of par value capital stock.

contabilidad para la emisión de acciones sin valor a la par, accounting for issuance of no-par value stock.

contabilidad para transacciones comerciales, accounting for business transactions.

contabilidad por responsabilidades, responsability accounting.

contabilidad pública; contabilidad gubernamental, accounting, government.

contabilización, journalizing.

contabilizar, to journalize.

contable, accountable.

contablemente, in accounting.

contacto, contact.

contador, accountant.

contador administrativo, management accountant.

contador administrativo como contralor, management accountant as a controller.

contador ayudante, junior accountant.

contador de ciclos, cycle counter.

contador de costos, production cost accountant.

contador de operaciones, item counter.

contador de tarjetas, card counter, card counting attachment.

contador de totales, total counter.

contador en jefe, senior accountant, chief accountant.

contador general, general accountant.

contador privado, private accountant.

contador público, public accountant.

contador público titulado, certified public accountant.

contador senior, senior accountant.

contadora de moneda fraccionaria, coin counting machine.

contaduría (la profesión del contador), accountancy.

contaduría pública, public accounting.

contar, to count.

contenido de memoria, memory contents o, storage contents US, store contents GB.

contestación, reply.

contracuenta, cuenta de compensación, contra account, offset account.

contracuentas, accounts per contra.

contralor, controller.

contraloría, controllership.

contrapartida, cancelling entry, adjusting entry, correcting entry, contra debit, offsetting entry.

contratación de trabajadores, hiring of labor.

contratante, contractor.

contrato, agreement, contract, stipulation, indenture.

contrato a destajo, agreement by the job.

contrato a largo plazo para compras al mayoreo, bulk purchase long-term contract.

contrato colectivo, closed shops, collective bargaining.

contrato colectivo de trabajo, collective bargaining agreement.

contrato de aprendizaje, apprentice's indenture.

contrato de compra, buying agreement.

contrato de compraventa, contract of bargain and sale.

contrato de entrega, contract for delivery.

contrato de fideicomiso, trust indentures.

contrato de financiamiento de una emisión de bonos, trust deed of a bond issue.

contrato de mercancías, commodity agreement.

contrato de servicio, agreement of service.

contrato de trabajo, contract job.

contrato individual, individual contract.

contrato laboral, contrato colectivo de trabajo, labor agreement.

contrato pignorado, contract, incumbered; contract, pledged.

contrato por administración (constructoras), cost type of contract.

contratos a base de iguala, retainer contracts.

contratos a futuro, future contracts.

contratos a precio alzado, fixed price contracts, lump sum contracts.

contratos de arrendamiento, lease, leaseholds.

contratos de costos más honorarios fijos, cost-plus-fixed-fee contracts.

contratos de garantía y servicios, warranty and service contracts.

contratos de licencia, licensing agreements.

contratos de precio base, under target contracts.

contratos de precios unitarios, unit price contracts.

contratos de redeterminación de precios, under price redetermination contracts.

contratos de sociedades de contadores, accountants' partnership agreements.

contratos de venta, sale contracts, contracts of bargain and sale.

contratos pignorados, incumbered contracts, pledged contracts.

contratos por administración, cost type of contracts.

contribución, property tax, contribution.

contribución al fondo de pensión, pension fund contribution.

controlar, check.

control, control.

control a través de la división de trabajo, control through división duties.

control de calidad en la oficina, quality control in the office.

control de calidad estadístico, statistical quality control.

control de cambios, exchange control.

control de los costos de trabajo, controlling labor costs.

control de faltantes en existencias, control of stock shortages.

control de formato, format control.

control de pedidos, order control.

control de trabajos atrasados, control backlog.

control estadístico, statistical control.

control interno, internal control, internal check.

control interno adecuado para las ventas a crédito y los documentos por cobrar resultantes, internal control over credit sales and resultant receivables.

control sobre los medios de anotación del recuento (de inventarios), control over the count-recording media.

controles de cambio con monedas sobrevaluadas, exchange controls with overvalued currencies.

controles de huelgas, strike controls.

convención, convention.

convenio, agreement.

convenio de liquidación, clearing agreement.

convenio de pago, payment agreements.

convenio verbal, gentleman agreement.

convenios restrictivos, restrictive covenants.

conversión, conversion.

conversión binaria a decimal, binary to decimal conversion.

conversión decimal-binario, decimal —to— binary conversion.

conversión de sistemas, systems conversion.

conversión de unidades, unit conversion.

conversor de código, code converter.

convertibilidad monetaria, currency convertibility.

convertibles a dinero (en lo tocante a valores como bonos de ahorro de los Estados Unidos de Norteamérica), near money.

convertidor de fórmulas, fortran translator, formula translator.

convertidoras de tarjeta a cinta [máquina para transferir automáticamente la información perforada en una tarjeta a una cinta magnética. Cuando se usa el dispositivo para trasladar automáticamente información de una tarjeta perforada a una cinta magnética se denomina card to-tape converter (convertidor de tarjeta a cinta). Si se emplea el dispositivo para transferir la información perforada de una cinta de papel a otra cinta de papel se denomina tape to-tape reproducer (reproductor de cinta a cinta] si el dispositivo se emplea para transferir la información perforada de una tarjeta a tantas otras tarjetas como fuese necesario se le denomina card-to-card reproducer (**reproductor de tarjeta a tarjeta**), tape-to-card converter.

convertir un cheque en efectivo (término bancario), cash a check.

convocar a asamblea, convene a meeting.

convocatoria(s), summon(es).

copia de las actas de las autoridades fiscales, copies of revenue agents' reports.

copiadora, copying machine.

copia para archivo, file copy.

coproducto, joint-product,

copropietario, joint proprietor, part-owner.

corporación de servicios públicos, public service corporation, public utility corporation.

corporación municipal, municipal corporation.

corporación mutualista, non-stock moneyed corporation.

corredor, broker.

corredor de bolsa, stock broker.

corredor de cambios, bill broker.

corredor de comercio, commercial broker.

corredor de piso, floor broker.

corredores (de bolsa), running brokers.

corregir, eliminar defectos, debug (to) US, rectify (to) GB, repair (to) GB.

correo, post office.

correos, teléfonos y telégrafos, postage, telephone and telegraph.

correspondencia, correspondence.

corresponsal, correspondent.

corretaje, brokerage.

corrida, run.

corrida de tarjetas, card run.

corriendo el punto decimal dos lugares a la izquierda, pointing off two decimal places to the left.

corrimiento aritmético, arithmetical shift (GB), arithmetic shift (US).

corte de apelación, court of appeals.

corte (de inventarios, ventas, etc.), cut-off.

corte del estado del banco, cutoff bank statement.

corte y determinación del saldo de las cuentas o corte y cierre de las cuentas, ruling and balancing the accounts.

costear, defray.

costeo de absorción, absorption costing.

costeo directo o variable, direct, or variable costing.

costo, cost.

costo o mercado, el que sea más bajo, cost or market whichever is lower.

costo actual, current cost.

costo comparativo, comparative cost

costo con pérdida, sunk cost.

costo dado, cost attached.

costo derivado, derived cost.

costo de artículos fabricados y embarcados, cost of goods manufactured and shipped.

costo de artículos terminados, cost of goods completed.

costo de capital, cost of capital.

costo de contrato (constructoras), cost of contract.

costo de conversión o costo de procesamiento, conversion cost, or processing cost.

costo de distribución, distribution cost.

costo de entrega, laid-down cost.

costo de fabricación, es el costo total de la materia prima directa (material directo), mano de obra directa (trabajo directo) y gastos indirectos de fabricación, factory cost is the total cost of the direct material, direct labor, and indirect factory expenses; cost of goods manufactured and sold.

costo de la frustración del cliente, cost of disappointing a customer.

costo de mercado, market cost.

costo de montaje, assembly cost.

costo de operación, operation cost.

costo de periodo, period cost.

costo de producción, es el costo total de fabricación, más el inventario inicial, menos el inventario final de producción en proceso, cost of goods manufactured, is the total of the factory cost, plus the beginning inventory of the work in process, minus the ending inventory of work in process.

costo de producto, product cost.

costo de reemplazo menos depreciaciones, actual cash value.

costo de reposición, cost of replacement.

costo de urbanización (constructoras), cost of improvements.

costo de ventas, es el total del costo de producción, más el inventario inicial, menos el inventario final de productos terminados, cost of goods sold, is the total of the cost of goods manufactured plus the beginning inventory of finished goods, minus the ending inventory of finished goods; cost of sales.

costo del tiempo extra, premium overtime cost.

costo del tiempo perdido, idle time labour cost.

costo directo, direct cost.

costo estimado, estimated cost.

costo identificado, identified cost.

costo indirecto, indirect cost.

costo por órdenes de producción, cost on a production.

costo, precio de, price cost.

costo primo, prime cost.

costo promedio pesado, weighted average cost.

costo total (de mercancías puesto en el almacén del comprador), all-in cost; landed cost.

costo unitario, cost each.

costo unitario ajustado, unit replacement cost.

costo unitario identificado, identified-unit cost.

costo unitario de producción, unit production cost.

costos administrativos, costs clerical.

costos confiables, standby costs.

costos controlables, controllable costs.

costos de aceptación, acceptance costs.

"costos de conjunto", "full shot costs".

costos de desperdicio, spoilage costs.

costos de existencias agotadas, out-of-stock costs.

costos de manejo del inventario, inventory carrying costs.

costos de oportunidad, opportunity costs.

costos de producto no satisfactorio, unsatisfactory-product costs.

costos de reprocesado, rework costs.

costos del producto, product costs.

costos diferenciales, differential costs.

costos directos, direct costs.

costos discrecionales, discretionary costs.

costos estándar, standard costs.

costos estándar como base para el control de presupuestos, standard costs as a basis for budgetary control.

costos estimados, estimated costs.

costos exorbitantes, wild costs.

costos extraordinarios, after costs.

costos fijos, fixed costs.

costos fijos de capacidad de larga duración, long-run capacity fixed costs.

costos fijos de operación, operating fixed costs.

costos fijos programados, programmed fixed costs.

costos generales indirectos de fabrición, general factory overhead.

cos.os históricos, cost historical.

costos imputados, imputed costs.

costos incontrolables, uncontrollable costs.

costos indirectos, indirect costs.

costos indirectos aplicados de más, overabsorbed burden.

costos indirectos aplicados de menos, underabsorbed burden.

costos indirectos sin distribuir, undistributed manufacturing overhead.

costos irregulares o excesivos de activos fijos, abnormal or excessive costs of fixed assets.

costos mancomunados, joint costs.

costos no distribuibles, unallocated costs.

costos o gastos indirectos, burden; overhead charges.

costos o gastos indirectos aplicados de más, burden overabsorbed.

costos o gastos indirectos aplicados de menos, burden underabsorbed.

costos periódicos, period costs.

costos por órdenes de producción, cost on a production.

costos por órdenes de trabajo, cost on a job, job cost.

costos por procesos, process costs.

costos predeterminados, standard costs.

costos que pertenecen al inventario, inventoriable costs.

costos relacionados con la mano de obra, labor related costs.

costos suprimidos, sunk costs.

costos tipo, standard costs.

costos variables, costs that vary with sales; variable costs.

costoso, chargeable.

costumbre, custom.

cotejado con el año anterior, cheked to prior year.

cotejar, to check-up, to match.

cotejo, proofreading.

cotización, quotation.

cotización de cierre (bolsa), closing quotation or rate.

cotizaciones de precios, listed stock price quotations.

cotizaciones para entrega futura, forward quotations.

covertura, cover, coverage.

creación de una nueva sociedad en nombre colectivo, new partnership formed.

creación o incremento de la reserva para pensiones o jubilaciones del personal, complementarias a la que establece la ley del seguro social, creation or increase of the reserve for employees' pension plans supplementary to social security pensions.

crédito, haber, abono, credit, claims (debt).

crédito abierto, open credit.

crédito a la pequeña y mediana industria, credit to medium - size and small industries.

crédito bancario, bank credit.

crédito comercial irrevocable, irrevocable documentary credit.

crédito diferido, ingreso diferido, credit, deferred.

crédito documentario, documentary credit.

crédito documentario comercial, commercial documentary credit.

crédito e instrumentos de crédito, credit and credit instruments.

crédito industrial, credit for industry; factoring.

crédito mercantil, goodwill, reputation.

crédito mercantil negativo, negative goodwill.

crédito por cheques, check credit.

crédito recurrente, revolving credit.

créditos confirmados abiertos, confirmed credits opened.

créditos congelados, frozen credits.

créditos diferidos, deferred credits.

créditos hipotecarios, mortgages receivable.

créditos pendientes recuperados, outstanding debts recovered.

créditos quirográficos, clean credits.

créditos vigentes, credits outstanding.

créditos y préstamos, credits and loans.

"cuadrar" una suma, to tally.

cuadrar o sumar en forma cruzada, crossfoot.

cuadrilla (para la toma de inventarios físicos), crew.

cuadrillas de trabajo (hombres), work crews.

cuadros, tabulations.

cualidades de un líder efectivo, qualities of the effective leader.

cuando los precios medios llegan a nivel más bajo de un movimiento importante se dice que el mercado está "tocando fondo" (touching or dragging bottom), generalmente se llega al fondo poco antes de que una depresión económica alcance su peor punto; es rasgo característico del mercado que la gráfica de las cotizaciones muestre dos declinaciones bruscas una en cada extremo del nivel bajo; esto es lo que se denomina doble fondo (double bottom) y constituye el indicio de que la tendencia hacia abajo ha concluido y es precursor del movimiento de alza (término bancario), bottom.

cuando no se presenten los libros de contabilidad, documentación comprobatoria de los renglones de las declaraciones, o no proporcionan los informes que se les soliciten, failure to produce the books of account, the documentary evidence supporting individual items on the return, or other data requested by the government.

cubierta (sobre interior), jacket.

cubrir sus gastos fijos, cover fixed charges.

cuchilla de sujeción, picker knife.

cuenta, account, bill.

cuenta abierta, open account.

cuenta auxiliar, subcuenta, account, subsidiary.

cuenta conforme, stated account.

cuenta control, control account.

cuenta controladora, controlling account.

cuenta corriente, current account, checking account, drawing account, running account.

cuenta corriente, carguen a mi cuenta, charge account.

cuenta de ajustes de superávit, surplus adjustment account.

cuenta de aportación, account capital.

cuenta de balance, balance account.

cuenta de caja, cash account.

cuenta de capital (persona física), account proprietor's, proprietorship account.

cuenta de cheques, cuenta corriente, checking account

cuenta de cierre, closing account.

cuenta de descuentos, discounts account.

cuenta de distribución de utilidades, profit distribution account.

cuenta de embargos, attached account.

cuenta de explotación, trading account.

cuenta de fabricación, manufacturing account.

cuenta de gastos, expense account.

cuenta de ingresos, income account.

cuenta de liquidación, realization account.

cuenta de mercancías generales, merchandise account.

cuenta de orden, memorandum account.

cuenta de pérdidas y ganancias, profit and loss account.

cuenta de remesas, account, remittance.

cuenta de resultado, account, economic.

cuenta de saldo permanente, cuenta de rayado común, cuenta de rayado tipo, balance-column accout form.

cuenta de ventas, sales account.

cuenta de fideicomiso, acount in trust.

cuenta en participación, joint account.

cuenta entre compañías, inter-company accounts.

cuenta garantizada, account secured.

cuenta-habientes (bancos), holders.

cuenta, letra de cambio, estado de cuenta o deuda vencida, billetes en Inglaterra. I.O.U. (I owe you), vale, abonare, bill.

cuenta liquidadora para producción en proceso, work in process clearing account.

cuenta nueva, after account.

cuenta particular, private account.

cuenta pendiente o atrasada, outstanding account.

cuenta personal, account, personal.

cuenta pignorada, account, pledged.

cuenta por cobrar, account, receivable.

cuenta por cobrar clientes, account, receivable-trade.

cuenta por cobrar descontada, account, receivable-discounted.

cuenta por cobrar-facturada, account, receivable-billed.

cuenta por cobrar neta, account, receivable-net.

cuenta por cobrar, sin facturar (consiste en cargos por tiempo acumulado y gastos pendientes de facturar al cliente), account, receivable-unbilled (consists of accumulated charged time expense not yet billed to clients).

cuenta por pagar, account payable.

cuenta por pagar proveedores, account, payable-trade.

cuenta puente, clearing account.

cuenta que disminuye el activo, minus asset account.

cuenta resumida, bulk account.

cuenta sin comprobantes, book account.

cuenta sin movimiento, inactive account.

cuenta vencida o pagadera, mature account, past due account.

cuentas, accounts.

cuentas bancarias, bank accounts.

cuentas canceladas, closed banks.

cuentas contingentes, contingent accounts.

cuentas de cheques de bancos, bank checking accounts.

cuentas colectivas, controlling accounts.

cuentas de ahorro en bancos comerciales, commercial bank savings accounts.

cuentas de distribución y resumen, summary and clearing account.

cuentas de ingresos, revenue accounts.

cuentas de orden, contra accounts, memoranda accounts.

cuentas de pérdidas y ganancias, profit and loss accounts.

cuentas de registro, register accounts.

cuentas de registros (financieras), other memorandum accounts.

cuentas de remesas, remittance accounts.

cuentas de resultados, nominal accounts.

cuentas del balance general, balance sheet accounts.

cuentas dudosas, doubtful accounts.

cuentas dudosas canceladas, bad debts charged off.

cuentas endosadas al cobro, commission accounts receivable.

cuentas en bancos de ahorro mutuo, mutual savings bank accounts.

cuentas en participación, joint accounts-joint ventures.

cuentas garantizadas, secured accounts.

cuentas impersonales, impersonal accounts.

cuentas incobrables, uncollectible accounts.

cuentas incobrables, cuentas malas, cuentas de cobro dudoso, bad debts.

cuentas malas, bad debts, doubtful accounts.

cuentas malas canceladas, bad debts charged off.

cuentas mixtas, mixed accounts.

cuentas nominales, nominal accounts, economic accounts.

cuentas personales, personal accounts, drawing accounts.

cuentas pignoradas, pledged accounts.

cuentas por cobrar, accounts receivable.

cuentas por cobrar de compañías afiliadas, affiliates, receivables from.

cuentas por cobrar netas, net accounts receivable.

cuentas por cobrar sin facturar, unbilled accounts receivable.

cuentas por pagar, accounts payable, vouchers payable.

cuentas por pagar auditadas (representan operaciones realizadas que han sido auditadas por el contralor y puestos de acuerdo con su pago en un tiempo específico). audited vouchers payable.

cuentas por pagar-proveedores, trade accounts payable.

cuentas y documentos por cobrar, receivables.

cuestionario de control interno estándar impreso, standard preprinted internal control questionnaire.

cuestionarios, questionnaires.

cuota de gastos, burden rates.

cuota de gastos de fabricación por nivel de producción, factory expense rates by level of production.

cuota de ventas, sales quota.

cuota fija (en las tarifas de impuestos) fixed rate.

cuotas arancelarias, custom quotas.

cuotas del seguro social, social security and unemployment insurance taxes.

cuotas fiscales, contribution, fiscal.

cuotas patronales del seguro social, company's share of social security.

cuotas sindicales, union dues.

cuotas y suscripciones, dues and suscriptions.

cupón, coupon.

cupón de interés, interest coupon.

cupones adheridos al bono, coupons affixed to the bond.

curva de frecuencias, frecuency curve.

custodia, custodianship.

D

dado de baja, number dropped.

dar aviso, to give notice.

dar carpetazo a un proyecto de ley, lay a bill on the table.

dar de baja en contabilidad (almacén), to write off (written off).

dar testimonio, witnesseth.

data, credit entry.

data-phone, data-phone.

datar, to credit.

datos, data.

datos comprobatorios; datos de verificación, check data.

datos contables, accounting, data.

datos laborales, job data.

datos que ayudan a descubrir estados financieros falsos en la investigación de una quiebra, aids in the discovery of false financial statements in a bankruptcy investigation.

datos varios de operación, miscellaneous operating data.

"... de acuerdo con principios de contabilidad generalmente aceptados, aplicados sobre bases semejantes a las del año anterior" "... in conformity with generally accepted accounting principles applied on a basis consistent with that of the preceding year".

de las obligaciones diversas de los causantes mayores, duties and obligations of "major" taxpayers.

de las obligaciones diversas de los causantes **menores**, duties and obligation of "minor" taxpayers.

de libre acceso, de acceso casual, random access.

debe, debit.

debitar, cargar, to debit.

débito, cargo, debit, charge.

decimal codificado, coded decimal.

decisiones al momento, "spot" decisions.

decisiones de invertir, investment decisions.

declaración a revisión, amended return.

declaración ante la aduana, entry at the customhouse.

declaración ante notario público, o cónsul, o funcionario competente, por el cual el interesado firma bajo juramento de decir verdad, atestado, affidavit.

declaración del valor, declaration of value.

declaración fraudulenta, fraudulent declaration.

declaraciones de impuestos, tax returns.

declaraciones de impuestos retenidos por el patrón sobre nóminas, employers' payroll tax reports.

declaraciones federales sobre utilidades excedentes, federal excess profits tax returns.

declaraciones mensuales federales de impuestos retenidos por el patrón, employers' monthly federal tax return.

declaraciones y avisos (de impuestos), returns and notice.

declinación brusca de los precios que ocurre cuando se creía que el mercado estaba ya "tocando fondo" y crea una situación de pánico, bottom dropped out.

decreto, decree.

decreto judicial, judicial decree.

deducción, deduction.

deducción permisible, allowable deduction.

deducciones de los ingresos, deductions from income.

deducidos todos los gastos, all charges deducted.

defecto crítico, critical defect.

defecto mayor, major defect.

defecto menor, minor defect.

deflación, deflation.

deficiencia en, inadequate in.

déficit, deficit, deficiency.

déficit presupuestal, budget deficit.

del frente, de la vuelta, de la hoja anterior, brought forward.

del impuesto al ingreso global de las empresas, tax on global income of enterprises.

del inventario de activo fijo al _____, obtenga una tabulación de los activos y haga sobre ella una breve descripción de los equipos principales. Verifique la tabulación contra las tarjetas auxiliares e indique sobre aquélla las pólizas de egresos o diario en donde se pueden localizar las facturas que cubren la adquisición de los más importantes equipos,

from the inventory of fixed assets as of —————————, obtain a tape of the assets and make on that tape a brief description of the main equipments. Check the tape against the auxiliary cards of fixed assets and indicate on such tape the cash or journal vouchers where we can find the invoices covering acquisition of the more significant equipments.

del objeto y del sujeto, income and persons to tax.

del pago de los causantes mayores, payment of the tax by "major" taxpayers.

de la base del impuesto de los causantes mayores, base of the tax for "major" taxpayers.

demanda, application, petition.

demanda del dinero, el ingreso y el nivel de precios, demand for money, income and the price level.

demandado, defendant.

demandante, plaintiff.

denominación del bono, denomination of the bond.

denominación profesional de una sociedad en nombre colectivo, professional partnership tittle.

denuncia, indictment.

departamento bancario, banking department.

departamento de archivo, file department.

departamento de cartera (bancos), loan department.

departamento de cobranzas, cash collecting department.

departamento de compras, procurement department.

departamento de crédito y cobranzas, credit and collection department.

departamento de facturación, billing department.

departamento de personal, personal department.

departamento de prestaciones, benefits department.

departamento de servicio, service department.

departamento de ventas, marketing department.

departamento productivo, productive department.

depositante, depositor.

depositante, deudor de un préstamo, pledger.

depositar, poner en depósito, bond, to.

depositario, consignatario, prendario, bailee, bonder, pledgee, receiver

depósito, deposit, depot.

depósito de la aduana, custom warehouse.

depósito (de mercancías); "dumping" (inundación del mercado con artículos de bajo precio); rebaja desleal de precios; venta abajo del costo, dumping.

depósito de tarjetas, colector de tarjetas, card hopper, card stacker.

depósitos (bancos), deposits.

depósitos a la vista, sight deposits, demand deposits.

depósitos a la vista y en efectivo, currency and demand deposits.

depósitos a plazos, time deposits.

depósitos a plazos y de ahorros, time and savings deposits.

depósitos bancarios, bank deposits, bank debits.

depósitos correspondidos, credited deposits.

depósitos de ahorro, saving deposits.

depósitos de la aduana, customs warehouse.

depósitos en tránsito, deposits in transit.

depósitos especiales a corto plazo, special deposits-short term.

depósitos para el próximo mes, deposits in transit.

depósitos según estado de cuenta, deposits per banks statement of account.

depósitos suficientes de efectivo para saldar el pasivo del interés del bono, deposit sufficient cash to meet the bond interest liability.

depósitos totales, total deposits.

depreciación, depreciation.

depreciación (cálculo con porcentaje fijo), fixed rate depreciation method.

depreciación (cálculo decreciente sobre saldos), fixed percentage of disminishing value depreciation method.

depreciación (cálculo en línea directa), straight-line depreciation method.

depreciación (cálculo por el método de anualidades), annuity depreciation method.

depreciación acelerada, accelerated depreciation.

depreciación acumulada, accumulation of depreciation, accrued depreciation.

depreciación acumulada de equipo para construcción, depreciation of construction equipment.

depreciación anual, yearly depreciation.

depreciación combinada, composite depreciation.

depreciación contable, accounting depreciation.

depreciación de edificios y construcciones, depreciation of buildings and other structures.

depreciación equipo para casas de asistencia, depreciation of camp equipment.

depreciación física, physical depreciation.

depreciación por doble disminución del saldo, double declining balance depreciation.

depreciación real, actual depreciation, real depreciation.

depuración, screenning.

"depuración" de la deuda, "cleanup" of debt.

depurar las cuentas, scours the accounts.

derecho comercial, commercial law.

derecho de compartir con las acciones los activos en el caso de disolución de la sociedad, right to share in the assets upon dissolution of the corporation.

derecho del tanto, stock right, stock subscription right. pre-emptive right.

derecho en uniones de crédito, claims against credit unions.

derecho mercantil, commercial law.

derechos, dues, duties.

derechos aduanales sobre exportaciones, export duties.

derechos de aduana, custom-house duty.

derechos de aduana pagados, custom duties, paid.

derechos de autor, propiedad literaria, copyright.

derechos de braceaje (ver brassage), seigniorage.

derechos de entrada, entrance duty.

derechos de exportación, export duty.

derechos de importación, import duty.

derechos de muelle, wharfage.

derechos, fletes y acarreos, duties, freight and haulage.

derechos industriales, royalties.

derechos y obligaciones de los directores, rights and duties of the directors.

derogar (una ley), abrogate, repeal.

derrama, apportionment.

desaprobar, culpar, declarar, confiscado, condemnation.

desarrollo de la empresa en gran escala, growth of large-seale enterprise.

desarrollo de los objetivos de la administración y el plan de presupuestos, development of management objectives and the budget plan.

desarrollo económico, economic development.

desbalanceamiento, disbalance.

descensos, demotions.

descodificar, decode (to).

descomposición del trabajo, job breakdown.

desconocer un convenio, repudiate a covenant.

descontar, to discount.

descripción del trabajo, descripción del puesto, job description.

descubrimiento o averiguación de errores, detection of error.

descubrimiento de problemas financieros, disclose financial issues.

descubrir, trace.

descubrir (un error), detect (an error).

descuento, bonificación, discount, rebate, allowance.

descuento bancario, bank discount.

descuento caducado, lapsed discount.

descuento comercial, commercial discount, trade discount.

descuento de caja, cash discount, cash dismint.

descuento de un documento por pagar, discounting a note payable.

descuento no amortizado, unamortized discount.

descuento por cantidades acumuladas o diferidas, cumulative or deferred quantity discount.

descuento por pronto pago, cash discount.

descuento por pronto pago concedidos, cash discount allowed.

descuento por pronto pago recibidos, cash discount taken.

descuento sobre acciones, stock discounts.

descuento sobre bonos, discount on bonds.

descuento sobre bonos no amortizados, unamortized bonds discount.

descuento sobre compras, purchase discount.

descuento sobre ventas, allowance in sales, sales discounts.

descuento verdadero, true discount.

descuentos y gastos no amortizados de documentos de primera hipoteca, unamortized discount and expense on first mortgage note.

descuentos (bancos), discounts.

descuentos de letras, discounting of bills.

descuentos no devengados, unearned discounts.

descuentos perdidos, discounts lost.

descuentos y anticipos, discounts and advances.

descuentos y préstamos (financieras), loans and discounts.

descuentos y préstamos directos, clean loans and discounts.

descuentos y rebajas sobre compras, purchases rebates and allowances.

descuentos y rebajas sobre ventas, sales rebates and allowances.

desembolso, disbursement, revenue outlay.

desembolso de capital, capital expenditures, outlay capital.

desembolso para adquisición de activo fijo, capital outlay.

desembolsos de ingresos, revenue expenditures.

desfalco, desfalcation, embezzlement.

desk-fax, desk-fax.

despachar, clear, to.

despacho de contadores, accounting firms.

despedida, complementary close.

desperdicio, scrap, waste.

desperdicio de materiales, materials waste.

despido, notice of termination of employment.

despido del trabajo, cese de empleo, labor layoff.

desplazar, pasar de una posición a otra, shift (to).

destajista, operario a contrato, piece worker.

destajo, piecework, jobbing.

destinación l.a.b., f.o.b. destination.

destinatario, addresee.

desviación estándar, standard desviation.

deterioro, spoilage, damage, wear and tear.

deterioro o baja de valores antes buenos, deterioration at once-sound securities.

determinación de la muestra, drawing the sample.

determinación de las metas y objetivos del inversionista, determination of the investor's goals and objectives.

determinar o verificar el corte adecuado de las compras y ventas, determine proper cutoff of purchases and sales.

determinar estimativamente el ingreso gravable de los causantes, determine by estimate the taxable income of taxpayers.

determine los saldos de los esquemas de mayor, balance the T accounts.

deuda, debt, liability, indebtedness, obligation, debenture.

deuda a largo plazo, funded indebtedness, long-term debt.

deuda circulante (flotante), floating debt, floating liabilities.

deuda consolidada, funded debt, bonded debt.

deuda financiera (uso del capital prestado), "debt" financing.

deuda financiera a corto plazo, short-term debt financing.

deuda financiera a largo plazo, long-term debt financing.

deuda nacional, debt, national.

deuda pública, public debt.

deuda pública exterior, external national debt.

deuda pública nacional, national debt.

deudas a largo plazo para carreteras estatales incluyendo servicios de caminos de cuota, long-term debt for state highways, including tollroad facilities.

deudas de funcionarios y empleados, due from officers and employees.

deudas de propiedades rurales, farm debt.

deudas o pasivo a largo plazo de una compañía, representadas por las emisiones de acciones y bonos; pasivo fijo, capital liabilities.

deudor, debtor.

deudor hipotecario, mortgager.

deudores diversos, sundry debtors.

deudores morosos, bad debts.

deudores por ventas a plazos, instalment sales customers.

deudores y acreedores diversos, sundry debtors and creditors.

de un año a la fecha, year to date.

de un año anterior a la fecha, prior year —to— date.

devaluación y revaluación de las monedas, undervaluation and overvaluation of currencies.

devaluaciones en los cambios y monedas extranjeras, exchange depreciation.

devaluar, write-down assets.

devolución, return, restitution.

devolución de derechos pagados (arancelarios), drawback (refunding of duty).

devolución de impuestos, tax refund.

devolución de la inversión, return on investment.

devolución o réditos de las inversiones, returns on investments.

devoluciones sobre compras, purchase returns, returns on purchases.

devoluciones sobre ventas, sales returns, returns on sales.

disposición del contrato de arrendamiento, disposition of office lease.

disposición del nombre de la firma, disposition of firm name.

dispositivo de control de diferentes operaciones, traffic pilot, multiplexer.

dispositivos de copias múltiples, manifold devices.

distribución alternada, interlacing US, interleave GB.

distribución conveniente, conveniently allocable.

distribución de la mano de obra, allocation of labor.

distribución de la nómina, payroll distribution.

distribución del ingreso, income distribution.

distribución del personal, distribution of staff.

distribución de utilidades, distribution of profit.

distribución de utilidades acumuladas, appropriations of retained income.

distribuir trabajo a los empleados, allocate work to clerks.

diversos, miscellaneous.

dividendo, dividend.

dividendo de capital, capital dividend.

dividendo de liquidación, liquidating dividend.

dividendo en efectivo, cash dividend.

dividendo por pagar, dividend payable.

dividendo regular a tipo mínimo, regular dividend at minimum rate.

dividendo regular pagadero en acciones, regular dividend payable in stock.

dividendo regular pagadero parte en efectivo y parte en acciones, regular dividend payable partly in cash and partly in stock.

dividendo regular proporcionado a los ingresos corrientes, regular dividend proportionate to current earnings.

dividendo regular sin tomar en cuenta los ingresos reales, regular dividend irrespective of current earnings.

dividendos acumulados, accrued dividends.

dividendos acumulativos, cumulative dividends.

dividendos atrasados, dividends in arrears.

dividendos complementarios, equalizing dividends.

dividendos decretados, declared dividends.

dividendos distribuidos, declared dividends.

dividendos de liquidación, liquidating dividens.

dividendos diferidos, deferred dividends.

dividendos en acciones, stock dividends.

dividendos en bonos u obligaciones, bonds dividends.

dividendos en efectivo, cash dividends.

dividendos en suspenso, deferred dividends.

dividendos entre compañías, intercompany dividends.

dividendos extraordinarios, extra dividends.

dividendos no decretados, passed dividends.

dividendos no decretados que aún no se vencen o se pagan, accrued dividends.

dividendos no reclamados, unclaimed dividends.

dividendos omitidos, passed dividends.

dividendos ordinarios, ordinary dividends.

dividendos pagaderos en vales, scrip dividends.

dividendos pagados, dividends paid.

dividendos pasivos, stock assessments.

dividendos por cobrar, dividends receivable, dividends to collect.

dividendos por pagar, dividends payable, dividend account.

dividendos preferentes, dividends on preferred stock, preferred dividends.

dividendos provisionales, interim dividends.

dividendos sobre inversiones, dividends from investments.

división, division.

division de acciones, stock split.

división del trabajo, division of labor.

doble perforación, double punch.

"doble tributación"; "doble imposición", "double tax".

documento, document, note, voucher.

documento avalado, accomodation note.

documentos a cargo de clientes, customers' notes receivable.

documentos a cargo de funcionarios y empleados, notes receivable from officers and employees.

documentos comprobatorios, supporting documents.

documentos comerciales de primera mano 4-6 meses, prime commercial paper.

documentos comerciales, papel comercial (USA) instrumentos negociables, obligaciones mercantiles o comerciales, commercial paper.

documentos con garantía hipotecaria, mortgage notes.

documentos de cobro inmediato, sight notes, drafts and bills.

documentos de embarque no endosables, conocimientos de embarque no endosable, straight bill of lading.

documentos de impuestos para la contabilidad de la Tesorería de los Estados Unidos, accounting for United States Treasury tax notes.

documentos descontados, notes receivable discounted, bills discounted.

documentos e intereses fueron cobrados como vencidos, notes and interest were collected as due.

documentos falsificados, forge documents.

documentos negociables, negotiable instruments.

documentos por cobrar, notes receivable, notes and trade acceptances, bills receivable, bills for collection.

documentos por cobrar descontados, discounted notes receivable.

documentos por pagar, notes payable, bills payable.

documentos por pagar (equipo), equipment notes.

documentos por pagar por hipoteca, mortgage note payable.

documentos por pagar por hipoteca a plazos, installment on mortgage note payable.

documentos por pagar sin garantía, unsecured short-term notes payable.

domicilio de los contribuyentes, domicile of the taxpayer.

domicilio social, place of business.

domicilio social de la sociedad, principal place of business of the corporation.

domicilios donde se guardan los registros, addresses where records are kept.

donativo, contribution.

donativos, contributions, donations.

dos dígitos que han sido invertidos, two digits that have been transposed.

dos firmas (en el papel comercial), two name.

dueño, owner.

duplicado, duplicate.

duplicar, copiar, reproducir, repetir (máquinas electrónicas), duplicate.

dupolio, duopoly.

dupolismo, duopsony.

duración de la sociedad, duration of the corporation.

duración del aprendizaje, apprenticeship, duration of.

duración media, mean life.

E

economía del mercado de inversión, economics of the investment market.

economizar, retrench.

ecuación contable, accounting, equation.

ecuación de máquina, machine equation.

ecuación de saldo monetario (se basa en que la causa de la demanda de dinero es la de retener poder adquisitivo para mercancías, servicios y otras transacciones).

$$M = PKT$$

M = es la cantidad de dinero

T = son las transacciones anuales

K = es la proporción de las transacciones anuales sobre las cuales el público necesita poder adquisitivo en forma de dinero

P = es el nivel de dinero.

cash balance equation (is based that the reason for demanding money is to hold purchasing power over goods, services and other transactions).

$$M = PKT$$

M = is the quantity of money

T = is the annual transactions

K = is the fraction of the annual transactions that the public requires purchasing power over in money form

P = is the price level.

ecuación de transacciones (explica la aplicación de la demanda de dinero)

$$MV = PT$$

M   es la cantidad de dinero

V   es el número de promedio de veces que el dinero se gasta en un periodo de un año

MV es el total de dinero gastado durante el periodo

T   es la cantidad total de mercancías, servicios e instrumentos financieros vendidos en el mercado durante el año

P   es el nivel de precio general o promedio de los elementos que se incluyen en T.

transactions equation (explain the application of the transactions demand for money)

$$MV = PT$$

M   is the quantity of money

V   is the average number of times
is spent in a year's time

MV is the total money spent during the period

T   is the total quantity of goods services, and financial instrument sold in the market during the market during the year.

P   is the general or average price level of the items included in T.

ecuación monetaria, monetary equation

pasivo monetario = activo — (cuentas de capital + pasivo no monetario)

monetary liabilities = assets — (capital accounts + nonmonetary liabilities)

ecuaciones de la moneda, equations of exchange.

edificios, buildings.

edificios, maquinaria y equipo, plant, machinery and equipment.

efectivo, cash.

efectivo, caja, case, cash, cash box, cash office.

efectivo depositado en pensiones, cash deposited in pension.

efectivo en bancos, cash in bank.

efectivo en caja, cash on hand.

efectivo en fideicomiso, cash held in trust.

efectivo ocioso, idle cash.

efectivo pagado, cash paid.

egresos, pagos, disbursements, outgo.

ejemplar, copy (of a book).

ejemplo de un programa para la revisión supervisoria en el lugar de trabajo de oficina, example of a program of supervisory spot-checking of clerical work.

ejercicio, fiscal year.

ejercicio contable, period accounting.

ejercicio fiscal, annual fiscal period.

ejercicio irregular, short taxable year.

ejercicio o periodo contable, accounting, period.

ejercicio social, financial year.

el ambiente en que se tomarán las decisiones en el futuro, the decision environment of the future.

el ámbito de control, the span of control.

el anatema del balance, the curse of balancing.

el año que cubre la última declaración revisada por las autoridades fiscales, latest year that income tax returns have been examined.

el año natural de los negocios—sus ventajas en la administración, the natural business year-its advantages to business management.

el arrendamiento desde el punto de vista de los auditores, leasing from the auditor's point of view.

el aspecto humano en la administración, the human side of management.

el causante o contribuyente tendrá derecho a que se le devuelvan las cantidades que según sus declaraciones definitivas, tuviere a su favor, taxpayer is entitled to a refund of all overpayments of tax as shown in the final return.

el código fiscal, The Internal Revenue Code.

el concepto de independencia en la contaduría, the concept of independence in accounting.

el concepto de la devolución de la inversión y sus aplicaciones, the return-on-investment concept and its applications.

el concepto de la utilidad marginal-el enfoque en equipo de la planeación de utilidades, marginal income concept-the team approach to profit planning.

el contribuyente o causante pague los impuestos a medida que reciba sus ingresos, pago en partes, pay-as-you-go policy.

el contribuyente deberá efectuar tres pagos provisionales durante los 15 primeros días de los meses quinto, noveno y duodécido de su ejercicio (pagos provisionales de los causantes mayores), taxpayer must make three payments of estimated tax during the first 15 days of the fifth, ninth, and twelfth month of the current year.

el contribuyente podrá optar por compensar las cantidades que tuviere a su favor, cuando tenga que hacer pagos provisionales o definitivos o cubrir diferencias a su cargo, taxpayer may elect to apply the overpayment against future estimated or annual tax, or against any deficiency.

el costo del capital a las metas de utilidades a largo plazo, cost of capital and long-range profit goals.

el dinero que no produce interés ni utilidades, barren money.

el documento es pagado a su vencimiento, the note is honored at maturity.

el documento no es pagado a su vencimiento, the note is dishonored at maturity.

el estado de ingresos que incluye la totalidad de partidas, the all-inclusive income statement.

el éxito de la contaduría pública, the successful practice of accountancy.

el girado aplazó el pago para (bancos), drawee postponed payment for.

el girado continúa aplazando el pago sin fijar fecha, the drawee continues deferring payment without fixing a date.

el girado dijo que avisará al banco cuando esté listo para pagar (bancos), drawee promised to let us know when he is ready to pay.

el girado dijo que la factura no está de acuerdo con su pedido (bancos), drawee states invoice, is not in accordance with his order.

el girado dijo que no ha recibido la mercancía (bancos), drawee states that he has not received the merchandise.

el girado exige una rebaja (bancos), drawee demand a deduction.

el girado informa que ha pagado directamente a los giradores y nos pide devolvamos el giro (bancos), drawee states he has paid this item directly to drawers and ask us to return draft.

el girado ofreció pasar por el banco a pagar (bancos), drawee states he will call at the bank to settle.

el girado promete pagar cuando reciba el manifiesto de la aduana, the drawee promises to pay when he receives the customs manifest.

el girado promete pagar cuando se obtenga el permiso de remesa (bancos), the drawee promises to pay when the exchange permit is granted.

el girado rehúsa pagar los gastos bancarios (bancos), drawee refuses to pay bank charges.

el impuesto se pagará en efectivo, o mediante giros o vales postales o cheques de cuenta personal, tax may be paid in cash, or by money orders, or personal checks.

el impuesto se pagará en estampillas cuando la ley lo disponga, tax must be paid in revenue stamps when so ordered by the law.

el impuesto se repercute al patrón, tax is levy upon the employer.

el impuesto sobre la renta grava... (ley), Income Tax is imposed...

el mercado "sobre el valor", the over-the-counter market.

el papel del "brazo derecho" en la administración, the role of the "assistant to" in management.

el patrón debe presentar una declaración que manifieste los salarios

sujetos a **impuestos**, employer must file a report setting forth the taxable wages.

el **proceso de la planeación de la mercadotecnia**, the marketing planning process.

el **proceso de planeación-planeación a corto y a largo plazo para altos ejecutivos**, the planning process-short and long-range planning for the top managers.

el **"reporto" es una operación de crédito regulada por las leyes mexicanas por la cual una persona o compañía denominada "reportador" adquiere valores por una suma de dinero y acepta la obligación de transferir al "reportado", que es, el primer propietario de los valores, la propiedad de una cantidad igual de valores, de la misma emisión después de un periodo acordado contra el reembolso al mismo precio más el pago de una prima.**

Si al primer día hábil después de la expiración del periodo estipulado el primer propietario de los valores no reembolsa el precio pactado y si la operación no es renovada, tiene (el reportado) que pagar la prima más la diferencia entre el precio estipulado y el de realización de los valores y el "reportador" tiene el derecho de disponer libremente de los valores sin tener que avisar al primer propietario, considerando que el valor de mercado de los valores es ligeramente más alto que el precio pagado por el comprador. Si el contrato no es renovado normalmente decide comprar nuevamente los valores y, por consiguiente, la operación para fines prácticos se considera como préstamo para el vendedor y la prima

puede considerarse como interés, the "reporto" is a credit operation regulated by Mexican Law whereby a person or company called the "Reporter" acquires securities for a sum of money and accepts the obligation of transferring to the "reported", that is, the original owner of the securities, the property of an identical quantity of securities of the same issue after an agreed period against the reimbursement or the same price plus the payment of a premium.

Of on the first working day after the expiration of the stipulated period the original owner of the securities does not reimburse the stipulated price, and if the operation is not renewed, the operation is not renewed, he has to pay the premium plus the difference between the stipulated price and the realizable value of the securities, and the "Reporter" has the right to dispose freely of the securities without having to advise the original owner considering that the market trade value of the securities in usually quite higher than the price pay by the buyer. If the contract is not renewed, the seller usually decides to repurchase the securities and, therefore, for practical purposes the operation may be considered as a loan to the seller and the premium may be considered as interest.

el **rumbo de los rendimientos de inversión**, the course of investment yields.

el **signo de pesos deberá aparecer a la izquierda de la primera cantidad de la subcuenta**, a pesos sign should appear to the left of the first amount beneath an underline.

el término "cuenta por acciones", se deriva de la costumbre seguida en las primeras asociaciones de este mismo tipo cuando quienes deseaban un préstamo para construir una casa, suscribían acciones que una vez pagadas serían suficientes para cancelar el préstamo (en asociaciones de ahorro y préstamos) este tipo de acciones están ahora disponibles tanto para quienes solicitan préstamo como para aquellos inversionistas que buscan alguna utilidad para sus ahorros, share account.

el tipo "hombre de negocios", the business man type.

el trabajo del consultor, working with outside consultants.

elaboración de los datos, procesamiento de datos, data processing.

eléctrico seco (medio de duplicación), dry electrical.

elemento de memoria, cell, memory cell o, storage cell U.S. store cell G.B.

elementos de programa, program elements.

elemento lógico, logical element.

elementos componentes, material, hardware.

eliminación de centavos, cents elimination.

embargo, seizure.

embarque, lading, shipment.

embarques a sucursales, shipments to branches.

embotellamiento de la marcha de la producción, botticneck.

emisión, issue, issuance.

emisión de billetes de banco, emission of bank notes.

emisión de bonos, bond issue.

emisiones privilegiadas, privileged subscriptions.

emisores de pulsos, pulse emitters.

emitir juicio sobre, pass judgment on.

empeñar, to pawn.

empeño, pledge.

emplazamiento (de un juicio), garnishment.

empleado de confianza, key employee.

empleado de planta, salaried regular employee.

empleado que trabaja por cuenta de varios patronos, part-timer.

empleados de la fábrica, factory clerical.

empleados o personal de nómina, salaried personnel.

empleados públicos, government employees.

empleo del tiempo ocioso, use of idle time.

empresa, enterprise, concern, company, undertaking.

empresa comercial, business concern, trading concern.

empresa en participación, joint enterprise.

empresa filial o auxiliar, ancillary undertaking.

empresa individual, single, proprietorship.

empresa industrial, industrial company, manufacturing concern.

empresa mercantil, trading concern, profitable enterprise.

empresas constructoras, construction accounting.

empresas de propiedad estatal, government-owned enterprises.

empresas de servicios públicos, public utilities.

empresas nacionales, domestic concerns.

empresas pequeñas con escasa o nula funcionalidad del mercado financiero, small firm financing gap.

empréstito, loan.

en cifras cerradas al dólar inmediato, figures rounded to nearest dollar.

en cifras redondas, rounded out.

en consignación, on consignment.

en depósito, en consignación, bond, in.

en dinero en efectivo; al contado, in cash.

en efectivo, in cash.

en el mercado de futuros de algodón, la base del contrato es "el middling 15/16"; la entrega de grados y longitudes es facultativa del vendedor; por consiguiente, si todas las pacas que recibe el comprador son de "middling 15/16", está obligado a pagar el precio exacto del contrato; pero como generalmente, tal no es el caso, el comprador debe pasar más o menos el precio contratado; existe una tabla diferencial de precios reconocida oficialmente, ésta sirve para determinar las primas que debe pagar el comprador por la entrega de grados y longitudes superiores a la base o los descuentos que está obligado a hacer el vendedor cuando entrega grados inferiores al del contrato; (término bancario), basic grade.

en el orden de su adquisición, in the order of their acquisition.

en marcha (fabricación), in gear.

en plena producción, in full swing.

en relación, in regard.

en serie (fabricación), in gangs, serial.

encuadernación cosida con alambre, tornillos, o postes, pinzas, carpeta de argollas, con filo de plástico o alambre, binding side of saddle wire stitching, screw post, prong fasteners, ring binder, and wire of plastic edge.

encubrimiento, lapping.

encubrir, conceal.

encuesta, survey.

endosante, indoser.

endosatario, indorsee.

endoso, endorsement, to endorse, guaranty, indorsement, security.

endoso anticipado, antedate, endorsement.

endoso bancario, bank endorsement.

endoso calificado, qualified endorsement.

endoso condicional, conditional endorsement.

endoso de cobertura abierta, available coverage endorsement.

endoso de cobertura extraordinaria, extraordinary coverage endorsement.

endoso de cobertura limitada (seguro de crédito), limited coverage endorsement.

endoso en blanco, blank endorsement.

endoso en procuración, full endorsement.

endoso especial, special endorsement.

endoso restrictivo (en un endoso en procuración), restrictive endorsement (is a full endorsement).

endosos por aval, accomodation endorsements.

enganche (ventas en abonos o a plazos), down payment.

engrapadora, stapler.

engrapadoras eléctricas, electric staplers.

enseres, fixtures.

enseres para exhibición, display fixtures.

entablar y decidir un juicio hipotecario, to foreclosure.

entalladura en forma de v, v-shaped notch.

entidad contable, accounting entity.

entidad legal, legal entity.

entidades públicas, gubernamentales u oficiales, government authorities.

entrada, entry, inflow, input.

entrada directa, direct input.

entrada indirecta, indirect input.

entrada neta, net receipts.

entradas, receipts, income, in (inventarios).

entradas del día, receipts of a day.

entradas y salidas, receipts and disbursements.

entrega al señor... por cuenta de... cash delivery.

entrada de efectivo, cash inflow.

entrega de mercancías, delivery of goods.

entresacar, extraer, extrapolar, intercalar, merge (to).

entrevistas a fondo, depth interviewing.

envases, containers.

enviar circulares (circularización), circularize.

envíe confirmaciones bancarias en donde la compañía·tiene sus cuentas bancarias, send requests for confirmation to the banks in which the company has its checking accounts.

envíe solicitudes de confirmación de los fondos fijos de caja chica de las diferentes poblaciones en donde la compañía opera, send requests for confirmation of the petty cash funds at the different locations in which the company operates.

época de pago (pagarés y letras de cambio), time.

época del inventario físico, time of inventory-taking.

equilibrio del presupuesto, budget balance.

equipo, equipment.

equipo de entrada, input equipment.

equipo de oficina, office equipment.

equipo de salida, output equipment.

equipo de transporte, automotive equipment.

equitativa determinación de impuestos, equitable tax assessment.

equivale a la expresión "según aviso", as per advise.

equivocación, error humano, mistake.

erogación, outgo, disbursements.

erogaciones (gastos), expenditure.

error, error.

error de compensación, compensating error.

error de redondeo, rouding error, round-off error.

error intencional, intentional error.

error sin intención, unintentional error.

errores mecanográficos (error de oído; palabra con faltas de ortografía; error tipográfico; división impropia; mayúsculas; omisiones; golpes encimados; borrones y manchas; mayúsculas desiguales; mala presentación; mala colocación; letras encimadas; copias al carbón no corregidas legiblemente), type error (listening error; misspelled word; typographical error; improper division; capitalization; omissions; strike overs; careless erasures and smudges; uneven capitals; soiled appearance; poor set up; clogged or piled keys; carbon copies not legibly corrected).

escala de sueldos según productividad, incentive wages.

escalas de clasificación de personal, personnel rating scales.

escobilla de lectura, escobilla inferior, lower brush, reading brush.

escribir, write (to).

escribir a máquina un esténcil, typing a stencil.

escritura constitutiva, certificate of incorporation.

escritura o título de propiedad, escritura de traspaso, partida, documento, contrato bilateral, deed, indenture, conveyance.

escrutador, poller.

escrutinio, recuento, polls.

escudriñar, scrutinize, trace.

escuela de comercio, commercial school.

esfuerzos para vender bonos, bond drives.

espacio vacío (inventarios en bloques sólidos, por barriles, cajas o bolsas), hollow square.

especulación, adventure.

especulación de capital con escasa o nula funcionalidad del mercado financiero, venture capital gap.

especulador al alza, bull speculator, bull the market.

esqueleto, blank.

esqueletos de las declaraciones, typed schedules for returns.

esquemas de los pasos a dar para trazar un programa de inversión, outline of the steps in braming and investment program.

estabilización interior bajo un patrón internacional, domestic stabilization under an international standard.

estabilizar los precios, stabilize prices.

establecimiento de controles financieros para los sistemas de PED, establishing financial controls for EDP systems.

establecimiento de cuentas por cobrar, notes settlement of accounts.

establecimiento de necesidades de efectivo por medio del presupuesto de efectivo, determining cash requirements through cash budgeting.

estación de lectura, reading station.

estación de perforación, punching station.

estación principal, chief station.

estadísticas, statistics.

estadísticas comerciales, business statistics.

estadísticas de producción, production statistics.

estado, statement.

estado anual, annual statement.

estado bancario, bank return.

estado comparativo, comparative statement.

estado condensado, condensed statement.

estado consolidado, consolidated statement.

estado contable, accounting, statement.

estado de aplicación de fondos, statement of funds received and applied.

estado de cámara de compensación, clearing house statement.

estado de concentración, recapitulation statement.

estado de conciliación, reconciliation statement.

estado de costo, manufacturing statement.

estado de costo de fabricación, manufacturing cost statement, statement of goods manufactured and sold.

estado de cuenta, statement of account, bill.

estado de cuenta bancario, bank statement.

estado de cuenta de déficit, statement of deficiency.

estado de cuenta del capital de los socios, statement of partners'-capital account.

estado de egresos, expenditure account.

estado de entradas y salidas (de caja), statement of receipts and disbursements.

estado de gastos y productos, statement of earnings and expenses.

estado de ingresos, income account.

estado de ingresos y egresos, statement of income and expense.

estado de manufactura, manufacturing statement.

estado de operación, operating statement.

estado de origen y aplicación de fondos, application of funds statement.

estado de origen y aplicación de recursos, statement of source and application of funds.

estado de pérdidas y ganancias, profit and loss statement, statement of loss and gain, income account.

estado de producción, manufacturing statement.

estado de productos y gastos, statement of earnings and expenses.

estado de realización y liquidación, realization and liquidation statement.

estado de recursos y obligaciones, statement of resources and liabilities.

estado de superávit, surplus statement.

estado de situación, statement of affairs.

estado de trabajo, work sheet.

estado diario de caja, daily cash statement.

estado estimado de liquidación, statement of affairs.

estado general de trabajo, working trial balance.

estado mensual (cobranza), monthly statement.

estado proforma, proforma statement.

estados complementarios, expository statements.

estados financieros, financial statement.

estados financieros-acumulación de la compensación de utilidades, financial statements-avoid of income equalization.

estados financieros a fechas intermedias, interim financial statement.

estados financieros de municipalidades, financial statements of local municipalities.

estados financieros de sociedades, corporate statements.

estados suplementarios, supplementary statements.

estados usados para las solicitudes de crédito, statements used in applying for credit.

estados y anexos por separado proporcionan a las partes interesadas, statements and supporting schedules provide interested parties.

estafador, swindler.

estándares de costo, cost standards.

estándares o patrones monetarios, monetary standards.

estatutos, reglamentos, by-laws.

este estado se formuló de acuerdo con las reglas dictadas por la Comisión Nacional Bancaria, this statement was prepared in accordance with the grouping of accounts required by the National Banking Commission.

este pasivo es pagadero bimestralmente sobre los sueldos y salarios de empleados regulares y la compañía tiene que retenerle a cada empleado $\frac{1}{3}$ **y pagar las** $\frac{2}{3}$ **del monto total. Este impuesto es pagadero a las autoridades fiscales durante la primera quincena del**

tercer mes. (**Cuotas obrero-patronales del seguro social**), this lien is payable bimonthly on the salaries recurred by regular employees and the company has to withhold $\frac{1}{3}$ of it from the employee and they will pay the other $\frac{2}{3}$ of the total amount. This tax is payable to the authorities during the first fortnight of the third month.

este recibo no incluye la descripción de los gastos pagados por el Sr.——— así como tampoco tiene estampillas de ley por el monto, this receipt does not include a description of the expenses paid out by Mr ——— and in the other hand does not have any stamps for the corresponding tax in this amount.

estimación, estimate, esteem.

estimación de la razón, ratio, estimate.

estimación de los ingresos brutos, determination of gross income by estimate.

estimación para desperdicios, waste allowances.

estimaciones; pronósticos, forecasting.

estimaciones de obras terminadas, completion estimates.

estimaciones por cobrar (constructoras), contracts receivable.

estructura de la unidad comercial, form of the business unit.

estructura del capital, capital structure.

estructura del comercio, pattern of trade.

estructura de organización tipo funcional, functional type of organization structure.

estructura de organización tipo lineal, line type of organization structure.

estructura de organización tipo lineal y funcional, line-and-staff type of organization structure.

estudio, survey.

estudio analítico, analytic study.

estudio de movimientos, motion study.

estudio del mercado, market study.

estudio detallado, detail survey.

estudio de tiempos y movimientos, time and motion study.

etapa, stage.

etapa de acabado, stage of completion.

etapas múltiples, multiple stage.

ética profesional de la contaduría, professional ethics of public accounting.

etiqueta de almacén que se fija en las cajas, indicando su contenido; marbete, bin tag.

etiqueta para inventario, inventory tagg, label.

etiquetado (inventarios físicos), tagged.

evaluación apropiada del control interno existente en la compañía que se examina para determinar hasta qué grado puede el auditor descansar en él, proper evaluation of the examinee's existing internal control for reliance thereon by the auditor.

evaluación de la administración, measurement of management.

evaluación de puestos, job evaluation.

evaluación del desempeño del trabajo, performance evaluation.

evaluación del personal supervisorio y administrativo, measurement of supervisory and administrative personnel.

eventos subsecuentes a los estados financieros, post-statement disclosures.

evidencia comprobatoria, evidential matter, supporting evidence.

evidencia original, original evidence.

evitar que se agoten las existencias, to avoid running out of materials.

evolución de (cambios en) la estructura del comercio internacional, changing patterns of international trade.

examen de estados financieros, financial examination.

examen de la actividad total de mercadotecnia, auditing the total marketing activity.

examen superficial, cursory examination.

examinado, scanning.

examine los cobros posteriores de cuentas por cobrar, examine subsequent collections of accounts receivable.

examine si hay pólizas no registradas en los libros al momento de terminar nuestra revisión para determinar los pasivos no registrados, examine any vouchers not recorded in books at the time of finishing our examination in order to ascertain unrecorded liabilities.

examinar, examine, test, scan.

excepciones a las prácticas (salvedades), exceptions to practices.

exceso de gastos sobre el presupuesto, excess spending over budget survey.

exclusión de utilidades, exclusion from income.

exención, exemption, release.

exhibición, call.

exhibición de una sociedad anónima impone a sus accionistas, para aumentar el capital o hacer frente a una dificultad económica (término bancario); avalúo catastral; impuestos de cooperación municipal; calificación fiscal, assessment.

exhibir documentos, produce documents.

exigir el pago, cobrar, call.

existencia base, base stock.

existencia de caja, cash in hand.

existencia en caja y bancos (financiera), cash and due from banks.

existencias, stock on hand, stock in trade, stock, merchandise inventory.

existencias arregladas a la "trompa y talega", "sin orden ni concierto", "en desorden", stocks arranged in a "helter-skelter".

expedición, forwarding.

expediente, file, red tape, docket file.

"expedientes de salida", "out fold-ers".

expedir, draw out, expedite, issue.

experiencias con reaperturas de con-tratos gubernamentales, experien-ces with renegotiation of govern-ment contracts.

expiración, expiration of term.

explotación de bienes inmuebles, real state operation.

explotador, sweater.

expresión empleada en la bolsa de valores para indicar la brusca y extremada debilidad de un títu-lo determinado, fuera de propor-ción con el resto de valores que cotizan, air pocket.

expresión que en los Estados Unidos se refiere al dinero que le queda al trabajador después de hacer las deducciones por concepto de

impuestos, sindicatos, seguro so-cial, etc., "take home" pay.

expresión vernácula con la que se designa a la moneda de plata de un dólar en Estados Unidos, cart-wheel.

extensión, extension.

extensión de la auditoría, scope of examination.

extensiones, extentions.

extracción del material, charging material out.

extracto, excerpt.

extracto de cuenta, statement of ac-count.

extracto de cuenta corriente, abs-tract of account current.

extraer la raíz (cube, cúbico), ex-tract (to) the root.

F

fábrica, factory.

fabricación, manufacture, manufac-turing.

fabricación en proceso, manufactur-ing in process.

fabricante, manufacturer.

factor de aumento, raising factor.

factor de negociabilidad, factor of marketability.

factor determinante para la evalua-ción del inventario, indicator of size of inventory.

factura, invoice, bill of sale.

factura, comprobante de venta, bill of sale.

factura consular, consular invoice.

factura detallada, itemized invoice.

factura proforma, invoice proforma.

facturación cíclica, cycle billing.

facturadora, billing machine.

facturas de venta prefoliadas, pre-numbered sales invoices.

facturas pendientes por materiales recibidos, materials received not invoiced.

facultades de personas jurídicas, corporate powers.

falsificación, forgery, dummy work.

falsificación de documentos, falsification of documents.

falsificar cuentas, doctor accounts, to.

falta de asistencia al trabajo, absence from work.

falta de cambio de dólares, lack of dollar exchange.

falta de presentación (de un instrumento de crédito), lack of delivery.

faltantes de inventario, inventory shrinkage, shortages.

faltantes y sobrantes en arqueo de caja, cash short and over account.

fallas (en pagar cuentas), skips.

fallo (de un juicio), dictum (dicta).

fecha de constitución, incorporated in.

fecha de emplazamiento, lien date.

fecha de expedición, issued date.

fecha de presentación, filed date.

fecha de vencimiento (letra o pagaré), due date, expiry date, maturity date.

fecha del documento, date of paper.

fecha del giro, date of bill.

fecha de la audiencia, hearing date.

fecha de la toma de inventarios, time of inventory—taking.

fecha en que se celebró, held date.

fechado, dated.

fe de erratas, corregendum, erratum.

fiador, co-maker.

fianza, bail, surety bond.

fiador, guarantor.

fianza de grupo, blanket bond.

ficha azul, blue chip.

ficha de depósito, deposit ticket.

ficha de identificación, token identification.

ficha o volante de depósito, deposit slip.

fichero; archivo, legajo; registro, file, card file.

fideicomiso, trust.

fideicomisos, profit-sharing trusts.

fideicomisos fijos y otras formas secundarias, fixed trust and other lesser forms.

fiduciaria, fiduciary.

fiduciario, trustee.

fijación de costos, cost determination.

fijación de precios, prices setting, pricing.

fijación de tarifas, rate fixing.

financiamiento de patrimonio, equity financing.

financiar, to finance.

finanza, bond.

finanzas de grupo, blank bond.

fin de plazo, dead line.

financiamiento del negocio, financing the business.

financiamiento de la operación de arrendamiento, financing the lease venture.

firma, signature.

firma de abogados, law firm.

firma mancomunada, joint signature, any two jointly, sign jointly, dual signature.

firma social, company name.

firmas consultoras de negocios, management consulting firms.

firmas de tamaño mediano, medium — sized firms.

firmas pequeñas, small firms.

firmante, signer.

finiquito, receipt in full.

flete, freight.

flete a cargo del vendedor, outward freight.

flete a pagar, payable freight.

flete adicional, additional freight.

flete de entrada, in freight.

flete de salida, out freight.

flete devuelto, returnable freight.

flete marino, sea freight.

flete por cobrar, collect freight.

fletes y acarreos, freight and cartage.

fluctuaciones a largo plazo, variaciones permanentes, long-term or secular fluctuations.

fluctuaciones de los precios, price movements.

fluctuaciones periódicas en el tipo de cambio, seasonal exchange rate changes.

flujo de documentación, flow of paperwork.

flujo del trabajo, work flow.

folio, folio.

folletos de contabilidad No., accounting series release No.

fondo, fund.

fondo a cargo del Sr. ..., funds in charge of Mr. ...

fondo de amortización, sinking fund, redemption fund.

fondo de amortización acumulativo, accumulative sinking fund, cumulative sinking fund.

fondo de amortización de acciones preferentes, preferred stock sinking fund.

fondo de amortización de efectivo, sinking fund cash.

fondo de amortización de inversiones, sinking fund investments.

fondo de amortización de inversiones en bonos del gobierno, sinking fund investments in government bonds.

fondo de amortización de utilidades, sinking fund income.

fondo de amortización no acumulativo, non-accumulative sinking fund.

fondo de anticipos para gastos, advance expense fund.

fondo de beneficencia, endowment fund.

fondo de bonos fiduciarios con intereses, trustee bond interest fund.

fondo de caja chica, petty cash fund.

fondo de fideicomiso, trust fund.

fondo de habilitación, working fund.

fondo de huelga, strike fund.

fondo de participación de utilidades en fideicomiso, profit sharing trust fund.

fondo de pensiones, pension fund; superannuation fund.

fondo de pensiones de vejez, superannuation fund.

fondo de reposición, renewal fund.

fondo de reserva, reserve fund.

fondo de seguro propio, self-insurance fund.

fondo de trabajo, working fund.

fondo equilibrado (compañías de inversiones diversificadas), balance fund.

fondo fijo, imprest fund.

fondo fijo de caja, cash imprest.

fondo general, general fund.

fondo para contingencias, contingent fund.

fondo para gastos, expense fund.

fondo para pensiones de personal, employees' pension fund.

fondos de inversión, investments trusts.

fondos de pensión de sociedades, en fideicomiso, trusteed corporate pension funds.

fondos de previsión, emergency funds.

fondos disponibles, available funds.

fondos extrapresupuestales, extra-budgetary funds.

fondos públicos, public funds.

fondos según convenios de re-aseguro, funds held under reinsurance treaties.

forma de carta (en mecanografía), form of letter.

forma de financiamiento de importaciones y exportaciones, acceptance, credit.

forma de solicitud, application blank.

forma de solicitud de empleo, application form.

formación y conservación de la clientela, building and keeping a clientele.

formas de contabilidad, bookeeping forms.

formas de solicitud de personal, personnel application forms.

fórmula, instrucción general, statement.

formulación de nóminas, payrolls makeup.

formulados según libros sin haber practicado auditoría, prepared from the books without audit.

formule esquemas de mayor para.., set up T accounts for ...

formule la sección del capital contable, recast the stockholders' equity section.

fotocopia (medio de duplicación), photocopy.

fraccionamiento y venta, development and disposition.

fragmentación, segmentation.

franqueadora, posting machine.

franquicia, exemption, franchise.

fraude, embezzlement, fraud.

fraude y abuso de confianza, fraud and embezzlement.

frecuencia de repetición, repetition rate.

fuente de documentos identificados por departamentos, source documents identified by departments.

fuentes de fondos para el gasto, sources of funds for expenditure.

fuerte salida de divisas, drain of foreign exchange.

fuerza de trabajo, work force, man power.

fuerza financiera y ganancial del emisor, issuer's financial strength and earning power.

fuga de utilidades, profit leakages.

fugas (en general en cualquier empresa), fight.

función previa, prerequisite function.

funcionamiento defectuoso, malfunction.

funcionario, functionary.

funcionario público, government official.

funcionarios, officers.

fundación, endowment.

fusión, merger, amalgamation.

fusión de despachos, merging practices.

fusión de intereses, merger of interests.

fusiones (bancos), combinations, consolidations.

fusiones bancarias, bank mergers.

futuras necesidades financieras de los negocios, future financial needs of business.

futuro de las relaciones entre bancos y corporaciones y compensación de cuentas, future of the bank-corporate relationship and account compensation.

G

gabinetes de archivo; fichero, filing cabinets.

gabinetes de archivo lateral, side-filing cabinets.

ganancia módica, modest gain.

ganancias, profits, income, earnings, gains, yield.

ganancias brutas, gross earning, gross profits.

ganancias económicas, economic gains.

ganancias extraordinarias, extraneous earnings.

ganancias gravables, taxable income.

ganancias netas, net earnings, net income.

ganancias realizadas, earned profits.

ganar el apoyo de la alta gerencia (administración), obtaining the support to top management.

garantía, guaranty, security, indorsement, collateral, hipothecation.

garantía subsidiaria o colateral, collateral.

gasto, expense, expenditure, outgo, outlay, charge.

gasto de capital, capital expenditure.

gasto marginal, marginal expenditure.

gastos acumulados por pagar, accrued expenses.

gastos aduanales pagados, forwarding frees paid.

gastos al cobro, charges for collecting.

gastos anticipados, prepaid expenses.

gastos bancarios, banking expenses.

gastos capitalizados, capitalized expenses.

gastos de administración, administrative expenses.

gastos de agencias aduanales, custom broker expenses.

gastos de almacén, warehouse expenses.

gastos de alojamiento, lodging expenses.

gastos de cobranza, collection expenses.

gastos de corresponsales (bancos), correspondent's charges.

gastos de demolición, wrecking expenses.

gastos de distribución, delivery expenses, marketing expenses.

gastos de embarques, shipping expenses.

gastos de empaque, packing expenses.

gastos de explotación, revenue expenses, working expenses.

gastos de fábrica, factory expenses, overhead burden.

gastos de fabricación, manufacturing expenses, factory expenses.

gastos de fabricación aplicados, factory expense applied.

gastos de fabricación cargados de más, overabsorbed burden.

gastos de financiación, financial expenses.

gastos de instalación, installation expenses.

gastos de mantenimiento de la familia, family living expenditures.

gastos de manufactura, manufacturing expenses.

gastos de oficina, office expenses.

gastos de operación, operating expenses, outlay.

gastos de organización, capital costs.

gastos de plaza, local expenses.

gastos de promoción, development expenses, promotion expenses.

gastos de propaganda (publicidad), advertising expenses.

gastos de protesto, protest charges.

gastos de reembarque, charges for reloading.

gastos de recubrimiento del horno, relining expenses.

gastos subaplicados (de fabricación), under — absorbed expense.

gastos de suscripción, underwriting penses.

gastos de venta, selling expenses.

gastos de viaje, travelling expenses, subsistence.

gastos de viaje y transportación, travelling and transportation expenses.

gastos del departamento de órdenes y cobranzas, order department and cash collecting expenses.

gastos diferidos a largo plazo, long-term deferred charges.

gastos directos, direct expenses.

gastos financieros, financial expenses.

gastos generales, general expenses.

gastos generales de fabricación, factory overhead, overhead expenses.

gastos generales y de administración, administrative and general expenses.

gastos imprevistos, incidental expenses.

gastos imprevistos, no periódicos, non-recurring charges.

gastos indirectos, indirect expenses, overhead burden, overhead charges.

gastos indirectos de fabricación, comprende todos los gastos incurridos en la fabricación. Estos gastos son esenciales al proceso de fabricación, pero son difíciles de identificar con un producto terminado, indirect factory expense or manufacturing overhead, comprises all the other expenses incurred within the factory. These expenses are essential to the manufacturing process, but they are difficult to identify directly with a manufactured product.

gastos indirectos generales en fabricación o producción, general factory overhead.

gastos legales, legal expenses.

gastos legales y servicios profesionales, legal and other professional services.

gastos menores, petty expenses, small sundry expenditures.

gastos no aplicados, not allocated expenses.

gastos no distribuidos, undistributed expenses.

gastos no recuperables, non-recoverable expenses.

gastos pagados por adelantado, prepaid expenses.

gastos pagados por anticipado; pagos anticipados, prepaid expenses.

gastos periódicos, recurring expenses.

gastos por impuestos de desempleo estatal, state unemployment tax expense.

gastos por impuestos de desempleo federal, federal unemployment tax expense.

gastos por impuestos del seguro social, FICA tax expense.

gastos por intereses; intereses pagados, interest expense.

gastos por intereses sobre bonos, bond interest income.

gastos por renta, rent expense.

gastos por renta no devengada, unexpired rent expense.

gastos por seguros, insurance expense.

gastos propios de la mano de obra, labor overhead.

gastos públicos, public expenditures, government expenditures.

gastos reales (mes a mes), actual basis.

gastos sobreaplicados, over-absorbed expense.

gastos varios, miscellaneous expenses.

generador de intervalos prefijados, timing pulse generator.

"generales", personal data, vital statistics.

gerencia; dirección; administración, management.

gerencia de operación, operating management.

gerente, manager.

gerente administrativo, general manager administrative.

gerente de fábrica, plant manager.

gerente de piso, floor manager.

gerente de producción, production manager.

gerente de ventas, sales manager.

girador, maker.

girar en descubierto, overdraw.

giro, draft, bill, remittance.

giro o letra a la vista, demand draft.

giro o plazo, time draft.

giro a la vista, sight draft.

giro bancario, bank draft.

giro comercial, commercial draft.

giro documentado, documentary bill.

giro negociado, negociated draft.

giro postal, money-order.

giros bancarios, bankers' bills.

giros comerciales, commercial drafts.

giros de negocios, lines of business.

giros de préstamo o financiamiento, finance or loan bills.

giros sin documentos, clean draft.

gobierno, government.

grabadoras de cinta y de alambre, tape and wire recorders.

gráfica, graphic, graph.

gráfica de barras de frecuencias, frecuency bar chart.

gráfica de organización; organigrama, organization chart.

gratificación, reward bonus, gratuity.

gratificación (hablando de compensación; slang británico), spiffs.

gravable, taxable.

gravamen, lien, hypothecation, encumbrance.

gremio abierto (formas de seguridad), open shop.

grupo de bienes raíces, real estate group.

grupo de dos dígitos, two-digit group.

grupo de productos, commodity groups.

grupo de tres dígitos, three-digit group.

grupo normal de pistas, normal band.

guantes, goodwill.

H

haber, credit.

hacer pruebas selectivas, to test-check.

hacer que la mercadotecnia produzca, making marketing work.

"hacer tiros" de copias de un informe, "run off" copies of a report.

haga las conciliaciones bancarias de conformidad con el programa general de trabajo para las cuentas de caja y bancos, make the bank reconciliations according with general working program for cash and bank accounts.

hecho con pérdida, made at a loss.

hechos fortuitos, random events.

herramientas, tools, implements.

hilo de bloqueo, inhibit wire,

hilo de información, information wire.

hipoteca, mortgage, hypothecation, lien.

hipoteca por cobrar, mortgage receivable.

hipoteca sin límite de importe, open-end mortgage.

hipoteca sobre bienes inmuebles, real property mortgage.

hipoteca sobre bienes muebles, chattel mortgage.

hipotecas sobre bienes raíces, real estate mortgages.

hipoteca sobre toda la propiedad o grupo de propiedades de una sociedad anónima que garantiza un solo préstamo; tiene el mismo significado que "general or first or refunding mortgage" (hipoteca general, o primera, o consolidada); se emplea para compañías de ferrocarriles, teléfonos, luz, fuerza motriz, etc., blanket mortgage.

hoja copia, second sheet.

hoja de análisis de ventas por productos, sales analysis sheet by products.

hoja de apuntes, log sheet.

hoja de costos, cost sheet.

hoja de trabajo, work sheet, working sheet.

hoja de trabajo consolidada, consolidated working sheet.

hoja de verificación, check-sheet.

hoja membretada, head sheet.

hojas movibles, loose-leaf.

hombre clave, key man.

honorarios, fees.

honorarios cobrados por anticipado, fees billed in advance.

honorarios de directores, directors' fees.

honorarios por servicios técnicos, technical society dues.

honorarios por trabajos específicos (por día, fijos, contingentes), fees for specific engagements (per diem, flat, or fixed).

honorarios profesionales, professional fees.

honorarios y gastos del sindicato, union fees and expense.

honorarios y utilidades del contador, accountant fees and profits.

horas de máquina, machine hours.

horas de salida, time of departure.

horas de trabajo, hours of work, job time hours, working hours.

horas-hombre, man-hours.

horas extras, after hours.

horas-hombre trabajadas, man-hours worked.

huecos (en la toma de inventarios), pitfalls.

huelga, strike.

huelga general, general strike.

I

identificación y definición de problemas, identification and definitions of issues.

igualdad de utilidades, equalization of income.

igualdad del riesgo, equality of the risk.

impacto de la computadora en las dicisiones a tomarse en mercadotecnia, impact of the computer on marketing decision making.

importancia de la contabilidad administrativa, emphases of management accounting.

importancia relativa, materiality.

importe, amount.

importe asegurable, insurance value, insurable.

importe del fondo, amount of fund.

imposición por parte de sindicatos de trabajadores innecesarios, featherbedding.

impresora, printer.

impresión blanca (medio de duplicación), whiteprint.

impresora de letra a letra, single action printer.

imprimir línea por línea, line-a-time printing US, line printing GB.

imprimir por medio de clavijas, imprint (to).

impuesto(s), tax(es), duty.

impuesto adicional, surtax.

impuesto a los ingresos de las personas físicas, tax on income of individuals.

impuesto al ingreso de las asociaciones y sociedades civiles, tax on income of associations and civil companies.

impuesto al ingreso global de las personas físicas, tax on global income of individuals.

impuesto causado, tax incurred.

impuesto de cooperación, levy.

impuesto del seguro social, social security tax.

impuesto del seguro social a pagar, old age benefit tax accrued.

impuesto del seguro social por pagar, FICA tax payable.

impuesto del timbre, stamp duty.

impuesto municipal sobre la renta, city income tax.

impuesto personal, poll tax.

impuesto por pagar estatal (federal) acumulado por desempleo, accrued state (federal) unemployment tax payable.

impuesto predial, land tax, property tax.

impuesto sobre consumos; impuestos excedentes, excise tax.

impuesto sobre ganancias distribuibles, capital gains tax, distributable profits tax.

impuesto sobre la renta, income revenue tax, federal tax on income, tax on income, income tax.

impuesto sobre la renta federal, personal sobre dividendos, federal personal income taxes on dividends.

impuesto sobre la renta retenido, income tax withhold.

impuesto sobre productos o rendimientos del capital, tax on income from capital investments.

impuesto sobre productos del trabajo, tax on income from personal services.

impuesto sobre servicios, use tax.

impuesto sobre utilidades excedentes, excess profits tax.

impuestos aduanales pagados bajo protesto, custom duties paid under protest.

impuestos directos, assessed taxes.

impuestos estatales sobre propiedades y herencias, state estate and inheritance taxes.

impuestos federales sobre donaciones, federal gift taxes.

impuestos federales y estatales en timbres que deben estar adheridos a los certificados de acciones, federal an state stamps taxes which must be affixed to the stock certificates.

impuestos indirectos, indirect taxes.

impuestos por pagar, accrued taxes.

impuestos prediales, property taxes.

impuestos prediales acumulados, accrued property taxes.

impuestos retenidos, tax withholding.

impuestos sobre ingresos mercantiles, mercantile revenue tax, gross income, sales tax.

impuestos sobre nóminas, payroll taxes.

impuestos sobre la renta retenido a empleados, employees' income tax withholding.

impuestos sobre rendimientos de seguros, pensiones vitalicias y pensiones en general, taxation of insurance proceeds, annuities, and pensions.

impuestos sobre salarios, wage tax.

impuestos sobre sueldos y salarios, payroll taxes.

impuestos sobre transferencia de valores, transfer taxes on securities.

impuestos sobre utilidades, income taxes.

impuestos varios, taxes, other than income.

inalterados (principios de contabilidad), undisturbed.

incapacidad permanente, permanent disability.

incentivo al ahorro, incitement to saving.

incentivo de producción, production bonus.

incentivo progresivo, accelerated incentive.

incentivos de fábrica (compensación), factory incentives.

inciso, paragraph.

incondicional, unconditional.

incorporación de una sociedad en nombre colectivo, incorporation of a partnership.

indagación, inquiry.

indemnización, compensation, indemnification, indemnity.

indemnizaciones y gratificaciones al personal, indemnities and bonuses to personnel.

independencia desde el punto de vista del contador público titulado, independence from the viewpoint of the certified public accountant.

indicación de código, label coding.

indicaciones para sistemas efectivos de administración de PED y control de proyectos, guidelines for effective EDP systems project management and control.

índice(s), index, ratio, table of contents, indexing.

índice de comprobante, voucher index.

índice de convertibilidad, convertibility index.

índice de frecuencia, frequency rate.

índice de gravedad, severity rate.

índice de libros, accountants index.

índice de producción, output index.

índice de valores unitarios, unit value index.

índice del archivo, file indexing.

índice fonético, phonetic indexing.

índices en las fluctuaciones de precios (bancos), measurement of price changes.

inflación, inflation.

información basada en hechos, factual information.

información completa, full disclosure.

información de salida, resultado de salida, output.

información por gráficas, graphic reporting.

información procesada, data processed.

informe, report.

informe administrativo, managerical information.

informe breve o corto, short-form report.

informe confidencial, confidential advise.

informe de auditoría, audit report.

informe de correspondencia recibida, incoming mail report.

informe de hechos (crédito), factbilt report.

informe del pronóstico y resultado de los presupuestos, reporting on forecast and budget results.

informe diario de explosivos, daily ticket for explosive.

informe en "borrador" (escrito a máquina), rough-typed report.

informe financiero anual, annual financial report.

informe largo o detallado, long-form report.

informe sin salvedad, unqualified report.

informe sobre el presupuesto y su revisión, budget reporting and revision.

informe sobre gastos, expenses report.

informe y análisis de resultados operacionales para la administración, reporting and analyzing operating results for management.

informes de cierre, interlocking reports.

informes de contadores públicos titulados independientes, reports of independent certified public accountants.

informes en el intervalo de ejercicios, interim reporting.

informes financieros esenciales, formal financial reports.

infracción, infringement.

infracción de contratos, breach of contracts.

ingreso, income, earning, cash received, yield, receipt rent, revenue.

ingreso bruto, gross receipt, gross revenue.

ingreso declarado, reported income.
ingreso devengado, earned surplus.
ingreso gravable, taxable income.

ingreso nacional, national income.

ingreso neto, net income, net return.

ingreso no ganado, unearned revenue.

ingreso pagado por adelantado, prepaid revenue.

ingreso personal, individual income.

ingreso personal disponible, diposable personal income.

ingreso por intereses, interest income.

ingreso recibido (cobrado) por adelantado, revenue received in advance.

ingreso unitario, unit revenue.

ingresos acumulables, aggregate income.

ingresos acumulados, accrued income.

ingresos brutos, gross income.

ingresos brutos medios por semana, gross average weekly earnings.

ingresos de caja no depositados, undeposited cash receipts.

ingresos del erario, revenue.

ingresos de retiro (a la edad de retiro), retirement income.

ingresos derivados del arrendamiento de inmuebles, income derived from lease of real property.

ingresos en periodos menores de un año —compensaciones por antigüedad, retiro, indemnizaciones por separación, income for periods of less than one year —separation and retirement pay.

ingresos por arrendamientos, rental revenue, rental income.

ingresos por arrendamientos no ganados, unearned rental income.

ingresos por comisiones, commissions income.

ingresos por honorarios (adicionales), pick-up income.

ingresos por hora, hourly earnings.

ingresos por intereses, interest income.

ingresos por subarrendamiento, sublease revenue.

ingresos por suscripciones, subscription income.

ingresos por ventas, sales revenue.

ingresos provenientes de inversiones en valores, investments from income.

ingresos provenientes de las exportaciones, export earnings.

ingresos públicos (fiscales), government revenues.

ingresos totales, total receipts.

ingresos totales obtenidos, revenue earned.

ingresos varios, miscellaneous income.

ingresos y gastos, income and expenditures.

ingresos y gastos indirectos, non-operating expenses and income.

iniciación conjunta, aggregative aproach.

iniciación de una auditoría, starting an audit.

inicialar, to cross index.

inmuebles, realty, real estate.

inmutables, unchanging.

insistencia, follow-up.

insoluto, unpaid, outstanding.

insolvencia, insolvency.

insolvente, quebrado, bankrupt, defaulter.

inspeccionar, inspect.

inspector fiscal, tax examiner.

instalación para la recuperación de los subproductos, by-product recovery plant.

instalaciones, facilities.

instalaciones de sistemas, system installations.

instalaciones fijas, permanent fixtures.

instalaciones y mejoras, leasehold improvements.

institución financiera y fiduciaria, investment banking and trust co.

instituciones financieras, financial institutions, financial companies.

Instituto Americano de Contadores Públicos Titulados, American Institute of Certified Public Accountants.

Instituto Americano de Contralores, Comptroller Institute of America.

instrucción, instruction, instruction order, instruction word, order.

instrucciones iniciales, bootstrap.

instrucción clave, key instruction.

instrucción de dirección cero, zero-address instruction.

instrucción de dos direcciones, two-address instruction.

instrucción de referencia, instrucción en blanco, blank instruction; skip instruction; skip.

instrucción de salida, exit instruction.

instrucción de salto, jump, jump instruction.

instrucción de tres direcciones, three-address instruction.

instrucción de una sola dirección, single-address instruction, one-addres instruction.

instructivo de contabilidad, plan of accounts.

insuficiencia, inadequacy.

integración, staffing.

intercaladora, interpoladora, compaginadora, collator.

intercalar, collating.

interés, interest, concern.

interés acumulado vencido a más de un año, acrued interest due beyond one year.

interés causado, pero todavía no vencido ni pagadero; interés acumulado, accrued interest.

interés compuesto, compound interest.

interés devengado en bonos, bonds interest accrued.

interés en la participación de utilidades, sharing interest profits.

interés legal, legal interest.

interés mayoritario, majority interest.

interés minoritario en acciones comunes y superávit de la subsidiaria, minority interest in subsidiary common stock and surplus.

interés sobre capital propio, interest on owned capital.

intereses acumulados o devengados por cobrar, accrued interest receivable.

intereses acumulados o devengados por pagar o no vencidos, accrued interest payable.

intereses acumulados por bonos por pagar, accrued bond interest payable.

intereses acumulados por cobrar, accrued interest income.

intereses, descuentos y diferencias en cambios, interests, discounts and exchange losses.

intereses devengados, accrued interest, payable interest.

intereses devengados en bonos, bonds, interest accrued.

intereses devengados por cobrar, accrued interest receivable.

intereses devengados sobre inversiones, interest on investments.

intereses financieros, financial interests.

intereses ganados, earned interest.

intereses gravados con la tasa del 10%, interest subject only to the 10% tax.

intereses minoritarios, minority interest.

intereses no devengados, unearned interest.

intereses pagados, paid interest.

intereses pagados por adelantado, prepaid interest.

intereses pagados por adelantado (gastos), prepaid interest expense.

intereses sobre anticipos (bancos), interest on advances.

intereses sobre cuentas corrientes y de depósito, y sobre cuentas de provisión para el personal (bancos), interest on deposit and current accounts, and on staff provident accounts.

intereses sobre el capital invertido, interest on capital invested.

intereses sobre fondos recibidos en préstamo, interest on borrowed funds.

intereses sobre reserva ordinaria (bancos), ordinary reserve interest.

intereses y descuentos pagados, discount and interest paid.

intermediario, underwriter.

intermediarios, jobbers, middlemen.

interpretadora (máquina electrónica), interpreter machine.

interpretar, interpreting.

intérprete de transferencia, transfer interpreter.

interrupción de alimentación, dump.

intervalo de cálculo, tiempo de cálculo, computing interval, computing time.

interventor, receiver.

introducción, introduction.

introducir, carry in (to).

inventario, inventory.

inventario a capital de trabajo, inventory to working capital.

inventario de existencias, stock in trade, stock on hand.

inventario de mercancías obsoletas, write-down of inventory.

inventario de productos terminados, finished products inventory.

inventario de papelería, stationery inventory.

inventario de refacciones, spareparts inventory.

inventario en libros, book inventory.

inventario final, closing inventory.

inventario final de materia prima directa, ending inventory-direct material.

inventario final de producción en proceso, ending inventory-working in process.

inventario final de productos terminados, ending inventory-finished products.

inventario físico, physical inventory.

inventario físico (de mercancías), physical stock-taking.

inventario global, pool inventory.

inventario inflado, swollen inventory.

inventario inicial, opening inventory.

inventario inicial de materia prima directa, beginning inventory, direct material.

inventario inicial de producción en proceso, beginning inventory working in process.

inventario inicial de productos terminados, beginning inventory, finished goods.

inventario periódico, periodic inventory.

inventario perpetuo, perpetual inventory.

inventario según libros, book inventory.

inventario valorado, valued inventory.

inventarios-bases incluidas, inventories-carrying basis.

inventarios-concepto amplio, income-long-run.

inventarios inflados, inflated inventories.

inversión, investment.

inversión bruta, gross investment.

inversión de los propietarios, proprietorship investment.

inversión extranjera, foreign investment.

inversión neta, net investment.

inversiones de capital, capital investments.

inversiones (de cifras o dígitos), transpositions.

inversiones directas, direct investments.

inversiones en acciones, investments in shares.

inversiones en capital fijo, investment in fixed capital.

inversiones en compañías afiliadas, investment in affiliated companies.

inversiones en valores, current investments.

inversiones permanentes, permanent investments.

inversiones transitorias, short-terns investments, temporary investments.

inversiones y otros valores realizables, mraketable and other security investments.

inversionista, investor.

investigación, investigation survey

investigación de mercados, market research.

investigación y pronóstico de mercadotecnia, marketing research and forescasting.

investigue el procedimiento seguido para la valuación de inventarios de materiales, productos en proceso y productos terminados, y haga pruebas selectivas de sus aplicaciones, investigate the procedure followed for pricing the inventories of materials, work in process and finished products and make significant testchecks of its applications.

investigue todos los impuestos que la compañía tiene que pagar, ascertain all the taxes that the company has to pay.

investigar, trace.

J

jefe de almacén, head storekeeper, merchandise manager.

jefe de cuadrilla (en la toma de inventarios) foreman.

jefe de personal, personnel manager.

jefe de producción, supervisor, labor foreman.

jinetear, lapping.

jineteo, kiting lapping.

jornada, working day.

jornada de horario completo, full-time employment.

jornada de horario incompleto, part-time employment.

jornal, day wages, salary.

jornales a destajo, piece rate wages payments.

jubilación, retirement pension, superannuation.

juego de libros, set of books.

juicio, judgment.

juicio pendiente, lawsuit.

juicios pendientes, pending lawsuits.

junta, meeting.

junta de arbitraje, arbitration board.

junta de consejo, board of directors meeting.

jurado, jury.

jurídico, jural, juridical.

jurisconsulto, jurist, lawyer.

jurisprudencia, jurisprudence, body of laws.

justo valor de mercado, fair market value.

K

kardex, multiple-tray cabinet.

L

la administración federal de la vivienda, the federal housing administration.

la cantidad en efectivo que da derecho a aplazar la entrega de títulos, backwardation.

la Comisión Federal de Electricidad (establecida en 1920) autoriza proyectos de fuerza en aguas navegables y controla las compañías que transmitan fuerza eléctrica y gas a través de los límites estatales, The Federal Power Commission.

la compañía tiene que pagar cada cuatro meses anticipos a cuenta del impuesto anual sobre la utilidad gravable al final del ejercicio. Durante el primer trimestre después de la fecha del cierre del ejercicio, la compañía tiene que presentar una declaración la cual puede ser revisada por las autoridades fiscales, the company has to pay every four months advances on account of the annual tax payable at the end of the period. During the first three next months after the closing date of the period the company has to file a tax return which subsequently may be reviewed by the tax authorities.

la compañía tiene que retener cada mes el impuesto sobre los sueldos y salarios de sus empleados y pagar esta cantidad a las autoridades fiscales durante la primera quincena del siguiente mes, the company has to withhold each month for employees the tax on their salaries and deliver this amount to the tax authorities during the first fortnight.

la compañía tiene un pasivo de contingencia para posibles indemnizaciones al personal cuando renuncie bajo ciertas circunstancias, de acuerdo con la Ley Federal del Trabajo Mexicana. Este pasivo de contingencia asciende a la cantidad de $ al . La Cía. sigue la política de cargar estas indemnizaciones a los gastos en el año en que fueron pagadas, the company is contigently liable for possible indemnities to employees when dismissed under certain circumstances, according to the Mexican Labor Law. This contingent liability amounted to approximately $ as of . The company follows the policy of charging these indemnities to expenses of the year in which they are paid.

la compra de una auditoría, on buying an audit.

la contaduría pública, una profesión relativamente nueva, public accounting, a relatively new profession.

la depreciación acelerada sólo se referirá a inversiones que se efectúan con posterioridad a las resoluciones que las autoridades fiscales deberán emitir en cada caso, accelerated depreciation will apply only to investments make after the tax authorities have issued the pertinent resolutions.

la depreciación y amortización empezarán a deducirse, a elección del causante, a partir del ejercicio en que se inicie la utilización de los bienes o desde el ejer-

cicio siguiente, taxpayer may elect to deduct a depreciation or amortization in the taxable year when the asset is placed in service or in the following year.

la empresa en marcha, continuity of the business unit.

la explicación de la diferencia es que tomamos saldos netos por depreciar al principio del año y una gran parte de los activos fijos por depreciar terminan su depreciación sin tomar el año completo. Por otro lado tuvimos un 36% sobre la mitad de las adiciones y retiros arrojando una cantidad mayor que la compañía, puesto que la mayor parte de las adiciones fueron en noviembre y diciembre, the explanation of the diference is that we took the net balances to be depreciated in the beginning of the year and a lot of fixed assets to be depreciate finished its depreciation without taking the whole year. On the other hand we took the 36% of one half of additions and retirements providing a greater amount than the company since the main part of additions took place in November and December.

la función del contralor en la empresa, the job of the corporate controller.

la naturaleza de las finanzas y el papel del ejecutivo financiero, the nature of the financial function and the roles of the financial executive.

la parte que resta de las utilidades, después de haber pagado los dividendos, net surplus.

la popularidad del sistema de ventas en abonos de lotes y de casas- habitación, the prevalence of installment sales of subdivided real estate and housing projects.

la práctica debe valuarse como porcentaje de la utilidad, practice should be valued as percent of income.

la principal responsabilidad del gerente: desarrollar un plan de acción, the manager's responsability: developing a plan of action.

la razón del circulante o de capital de trabajo expresa el monto en pesos o el número de veces que el pasivo circulante se podría pagar a la fecha del balance general, si las cuentas por cobrar se cobran y el inventario se vende, current ratio expresses the number of pesos or the number of times the current liabilities could be paid as of the date of the balance sheet, if the receivable are collected and the inventory sold.

la rentabilidad como herramienta en decisiones comerciales, return-on-investment as a tool for marketing management.

la rentabilidad, herramienta de gran alcance para directivos, return-on-investment as a comprehensive management tool.

la sociedad en nombre colectivo puede demandar o ser demandada, partnership can sue or be sued.

la utilidad neta por el año que terminó al——— está sujeta al requisito estatutario que por lo menos un 5% de la utilidad neta de cada año deberá ser separada a la reserva legal hasta que esta reserva sea igual al 20% del capital social, net income for the year ended ——— is subject to the statutory requirement that at least 5% of the net income for each year must be segregated to the legal reserve until this reserve equals 20% of the capital stock.

las partes sociales distribuibles de los socios por la pérdida de la sociedad en nombre colectivo, partners' distributable shares of the partnership loss.

las pérdidas amortizables deberán ser tanto contables como fiscales, si su monto fuere diferente sólo será amortizable la cantidad menor, losses must be both books looses and tax looses and, if different, only the lower figure shall be deductible.

latrocinio o hurto, larceny.

lector impresor, printing reader.

lectora, reader, reading machine.

lectora de cinta de papel, paper tape reader.

lectora de cinta magnética, magnetic-tape reader.

lectora de tarjetas, card reader.

lectura de medios, media reader.

lectura eléctrica, electrical sensing.

lectura indestructiva, mantener, retener, hold (to) US, non-destructive reading GB.

leer, read (to), read out (to).

leer (las perforaciones en un papel), sense (to).

leer y marcar para archivo, reading and marking for filing.

legado, bequest.

legajo, file.

legalización, legalisation.

legalmente, lawfully.

legislación mercantil, commercial law.

lenguaje máquina, machine language.

lenguaje para computadora, computer language.

letra a la vista con nota de embarque negociable adjunta, sight draft with negotiable bill of lading attached.

letra a la vista o a plazo, sin colaterales, clean credits, clean draft.

letra a largo plazo, long bill.

letra aceptada, accepted draft.

letra de cambio, bill of exchange, bill, draft, remittance.

letra de cambio; libramiento; orden de pago; giro; anteproyecto; esquema; borrador; minuta; trazado; diseño, draft.

letra girada; carta de cobro, collection letter.

letra sobre la plaza, local bill.

letras o giros, bills.

letras de cambio comerciales, commercial bills of exchange.

letras de cambio giradas por un banco contra una sucursal o agencia, house bills.

letras de cambio para financiamiento de ventas de mercancías, bills of exchange to finance sales of goods.

letras de tesorería, treasury bills.

levantar la sesión, adjourn the meeting.

ley, law, enactment, decree, legal standard of quality weight or measure.

Ley de Bolsas de Trabajo (1909), Labour Exchange Act.

Ley de Estándares de Trabajos Justos, Fair Labor Standard Act.

Ley de Sociedades Mercantiles, Companies Act.

ley de 900 (moneda), nine-tenths fine.

Ley del Impuesto sobre la Renta, Internal Revenue Code.

Ley del Seguro Social, Social Security Act.

ley económico-coactiva para pago de impuestos, garnishee law for taxes.

Ley Federal del Impuesto sobre Ingresos Mercantiles, Federal Gross Receipts Tax Law.

Ley Federal Sobre Ingresos Mercantiles, Gross Commercial Revenue Tax Law.

Ley General de Sociedades Mercantiles, Mexican Corporate Law.

Ley sobre Valores, Securities Act.

Leyes Federales sobre Inversiones, Federal Securities Act.

liberación de derechos, release of rights.

liberación parcial, partial release.

librado, drawee.

librado por, drawn by.

librador, drawer.

libranza que no va acompañada de documentos de embarque, clearing bill of exchange.

libre cambio, free trade.

libre de defectos (en los ciclos del procesamiento de datos), debugged.

libre de derechos, duty free.

libre de derechos de aduana, custom free.

libre de todo gasto, clear of all expenses.

libreta de banco, pass book.

libro borrador, libro de apuntes, blotter.

libro de actas, minute book.

libro de almacén, store book.

libro de caja; diario de caja; registro de caja, cashbook.

libro de compras, purchase book.

libro de cuentas o de letras de cambio, bill book.

libro de egresos de caja, cash disbursements book.

libro de facturas, invoice book.

libro de ingresos de caja, cash receipts book.

libro de órdenes, order book.

libro de trabajo, workbook.

libro mayor, general ledger, ledger.

libro mayor auxiliar, subsidiary ledger.

libro mayor de fabricación, factory ledger.

libro mayor de propiedades, plant ledger.

libro mayor de saldos, balance ledger.

libros auxiliares, subsidiary books, journals, books of account.

libros de contabilidad, books of account.

libros de ingresos, books of original entry.

licencia, license.

ligas, rubber bands.

limitación al alcance, scope limitation.

línea, line row.

línea de crédito, credit rating.

línea de instrucción codificada, coding line.

liquidación, liquidation, settlement, selling off.

liquidación de comisiones, comission statement.

liquidación y cobranza de cheques, clearing and collection of cheks.

liquidador, liquidator.

liquidez, circulating capital.

líquido neto, net.

líquido gravable (ingreso), taxable income.

lista de artículos exentos de derechos, lista de personas exentas de pago, free list.

lista de asistencia, list of attendance.

lista de materiales, bill of materials.

lista de precios, price list.

lista de raya, payroll.

lista verificable para una auditoría administrativa (alfabética y numerada), cheklist for a management audit.

lista de verificación, checklist.

listados, ruled.

llevar los libros y hacer los cierres mensuales, write-ups and monthly closings.

llevar un control, keeping track.

locución empleada en las órdenes que se dan a los corredores; si se trata de una compra, significa que pague al precio especificado o uno menor; en caso de venta, que se dé al precio señalado o a uno mayor, at or better.

lógica de la computadora, logic of the computer.

los asientos (x y z) están ligados, the entry numbers (so and so) are keyed.

los bancos federales de préstamos a la vivienda, the federal home loan banks.

los boletines de investigación contable, the accounting research bulletins.

los causantes del impuesto deberán formular declaraciones o avisos, taxpayer must file, returns or notices.

los causantes que al presentar sus declaraciones..., taxpayer may file amended returns.

los conceptos variables de los ingresos de un negocio, changing concepts of business income.

los estados financieros presentan razonablemente la posición financiera de la compañía al —— y los resultados de sus operaciones por el año terminado en esa fecha, the financial statements are to present fairly the financial condition of the company and the results of its operations for the year then ended.

los gastos no absorbidos representan pérdida por capacidad desperdiciada, underabsorbed expense is idle capacity loss.

los informes que damos sobre los giros se basan en las manifestaciones que nos suministran los girados, pues no disponemos de medios de verificar su exactitud, the information we submit to you regarding collections is based on statement to us from drawees as we have on means of verifying its correctness.

los papeles de trabajo acumulados durante el curso de una auditoría son propiedad del auditor (esta propiedad fue establecida por el caso legal de Ipswich Mills vs Dillon), the work papers accumulated during the course of an independent audit are the property of the auditor.

los porcientos elegidos por el causante serán fijos constantes y obli- gatorios, **pero podrán modificarse previa autorización de la Secretaría de Hacienda y Crédito Público,** rates chosen by the taxpayer are fixed, constant and finding, however, they may be changed with the previous consent of the Ministry of Finance and Public Credit.

los recursos provinieron de, funds were provided by.

los términos contables "efectivo en caja" y "efectivo en bancos" expresan la disponibilidad de dinero en los estados financieros de los negocios (una ficha de depósito contiene espacio para el "efectivo" depositado para distinguirlo de los 'cheques' depositados), cash.

lote de prueba, batch proof.

lote de terreno, tract of land.

lucrativo, profitable.

lugar, bench.

M

macromercadotecnia, macro-marketing.

malabarismo fiscal, tax gimmick.

mandar, control (to).

mando de operación, function code GB, function number GB, operational code US, operation code US.

mando de secuencia, sequential control.

manejar la correspondencia que entra y sale, handle incoming and out going mail.

manejo de quejas, grievance handling.

manifestación, tax return.

mano de obra, cost labor.

mano de obra contratada a largo plazo, indentured labor.

mano de obra directa o trabajo directo es una clase de trabajo de fábrica que cambia el tamaño, la forma del material directo dentro del producto terminado, direct labor is a class of factory labor that changes the size, shape or form of direct material into a finished product; productive labor.

mano de obra improductiva, unproductive labor.

mano de obra indirecta, indirect labor, non-productive labor.

mano de obra productiva, productive labor.

mantenerse en contacto con la oficina, keep in touch with office.

mantenimiento, maintenance, upkeep.

mantenimento del equilibrio en la balanza de pagos, maintenance of equilibrium in the balance of payments.

manual, handbook.

manual de finanzas, financial handbook.

manual de métodos de contabilidad de costos, handbook of cost accounting methods.

manual de oficina, office manual.

manual de políticas (sobre el manual de oficinas), manual of policies.

manual de operaciones, o manual de prácticas estándar o manual de instrucción sobre el trabajo, manual of operations, or standard practices manual, or job instruction manual.

manual de propósitos múltiples, multiple-purpose manual.

manual de reglas y reglamentos de oficina, o manual de empleo, manual of office rules and regulations or handbook on employment.

manual del contador, accountant's handbook.

manual del contador de costos, cost accountant's handbook.

manual histórico, historical manual.

manual para redactores de informes, mecanógrafas y estenógrafas de la oficina de un contador público titulado, style manual for report writers, typists and stenographers of a public accounting office.

manufactura, manufacture.

manufactura en proceso, working in process, manufacture in process, manufacturing summary.

maquila (mineral), custom ore.

máquina de contabilidad, bookeeping machine.

máquina de contabilidad de teclado numérico, numerical keyboard accounting machine.

máquina de contabilidad por ventana (tipo caja registradora), window-posting accounting machine (type cash register).

máquina eléctrica contable de tarjetas perforadas, electric punched card accounting machine.

máquina electrónica de contabilidad, electronic bookkeeping machine.

máquina franqueadora, franking machine, meter-mail machine.

máquina impresora múltiple, multiple printing machine.

máquina lectora, machine reader or scanner.

máquina para establecer secuencias, sequencer.

máquina para resolver ecuaciones lineales, equation solver.

máquina protectora de cheques, checkwriter.

máquina registradora sumadora, cash registering and adding machine.

máquina traductora, translating machine.

maquinaria, machinery.

maquinaria y equipo, machinery and equipment.

máquinas, machines; **adresógrafo, clasificadora,** sorter; **dito, de alcohol,** spirit dito; **dito, de gelatina,** guatin dito; **foliador,** numbering stamp; **franqueadora,** postage meter; **franqueadora y selladora,** postage and sealing; **intercaladora,** collator; **interpretadora,** interpreter; **mimeógrafo,** mimeograph; **multiplicadora,** multiplying punch; **perforadora,** key puncher; **protectora de cheques,** check protector; **sumadora,** adding machine, **verificadora,** verifier; **reloj marcador,** time recorder.

máquinas de tarjeta perforadas, punched-card machines, punch card machinery.

máquinas de tarjetas perforadas con muescas en las orillas, marginal notched-card machines.

máquinas etiquetadoras, labeling machines.

máquinas Hollerith, Hollerith machines.

máquinas Powers, Powers machines.

marbete; minuta; sumario; etiqueta; ficha, docket.

marbetes de cobro, collection stickers.

marca. mark.

marca registrada, nombres industriales, brand name.

marcas de auditoría, tick-marks.

marcas de fábrica, trade marks.

marcas registradas, trade marks.

margen, margin, mark-on.

margen bruto, gross margin.

margen comercial acumulativo, cumulative mark on; acumulative markup.

margen de contribución, contribution margin.

margen de ganancia bruta, gross profit margin.

margen de seguridad, margin of safety, contribution margin, margin of liquid funds.

margen de utilidad, margin income.

margen de ventas, merchandising margin.

materia prima directa o materiales directos son aquellos que se identifican físicamente con un producto terminado, direct materials are those materials that are physically identified with a finished product.

material rodante, rolling stock.

materiales almacenados en montones, materials stored in piles.

materiales auxiliares, factory supplies.

materiales de conservación, engineering supplies.

materiales de consumo, operating expenses, operating supplies.

materiales de empaque, packing materials.

materiales de oficina, office supplies.

materiales desechados, materials discarded.

materiales en curso de fabricación, in process materials.

materiales rescatados, materials salvaged.

materiales y suministros, materials and supplies.

materias primas, raw materials, primary materials.

matriz [(a) ordenamiento de cantidades en una forma dada, sujeta a operaciones matemáticas, b) formación de elementos de circuito arreglados y diseñados para desarrollar una función, específica)], matrix.

matriz (casa, compañía), home office holding company.

mayor, ledger.

mayor auxiliar, subsidiary ledger.

mayor participación en las acciones de la utilidad total, major share of its total income.

mayor postura, outbidding.

mayores seccionales, split ledgers.

mayorista de toda la línea, full-line

mayoreo, wholesale, wholesaling. wholesaler.

mecanografía, type.

media anual, annual mean.

media aritmética, arithmetic mean.

mediana (estadística), median.

medio mecanizable, machinable medium.

medios, means.

medios de duplicación, duplicating processes.

medios de transmisión de datos, data-transmitting media.

medios de transporte, means of transport.

medios legales, legal means.

medios para poner en práctica las recomendaciones, implementing the recomendations.

mejor postor, highest bidder.

mejoras, betterments, improvements.

mejoras a edificios, building improvements.

mejoras en edificios rentados, leasehold improvements.

mejoras en propiedades arrendadas, improvements on leased properties, leasehold improvements.

memorándum, memorandum.

memorándum en relación con impuestos, memorandum regarding taxes.

memoria, memory, storage US, store GB.

memoria adicional, backing memory, backing storage U.S., backing store G.B.

memoria cíclica, cyclic memory, cyclic storage US, cyclic store GB.

memoria de acceso casual, memoria de libre acceso, random access memory, random access storage US, random access store GB.

memoria de acceso rápido, high-speed memory GB, high-speed store GB, quick-access memory, quick access storage US, quick-access store GB, rapid memory, rapid storage US, zero-access storage US, zero-access store GB.

memoria de mando, control, memory, control storage US, control store GB.

memoria de matriz, matrix memory, matrix storage US, matrix store GB.

memoria de núcleos magnéticos, magnetic-core memory, magnetic-core storage US, magnetic-core store GB.

memoria de precios, price memory, price storage US, price store GB.

memoria dinámica, dinamic memory, dynamic storage US, dynamic store GB.

memoria dirigida, addressed memory, adressed storage (US), addressed store (GB).

memoria estática, static memory, static storage US, static store GB.

memoria externa, external memory, external storage US, external store GB.

memoria intermedia, buffer, buffer memory, buffer storage U.S. buffer store G.B.

memoria interna, internal memory, internal storage US, internal store GB.

memoria lenta, slow memory, slow storage US, slow store GB.

memoria lineal, linear memory, linear storage US, linear store GB.

memoria no permanente, volatile memory, volatile storage US, volatile store GB.

memoria paralela, parallel memory parallel storage US, parallel store GB.

memoria permanente, non volatile memory, non-volatile storage US, non-volatile store GB, permanent memory, permanent storage US, permanent store GB.

memoria secundaria, secondary memory, secondary storage US, secondary store GB.

memoria temporal, temporary storage, working storage.

memoria y almacenamiento, memory and storage.

menoscabo del capital de la sociedad, impairment of the capital of the corporation.

menudeo, retail.

mercaderías (en comercio exterior), commodities (in foreign trade).

mercado de inversión, investment market.

mercado de valores, securities market.

mercado negro, black market.

mercado potencial, potential market.

mercadotecnia, merchandising marketing.

mercadotecnia administrativa, managerial marketing.

mercancía, commodity.

mercancía "mula", obsolete stock.

mercancías, merchandise, goods, commodities.

mercancías en consignación (recibidas; mercancías en comisión), consignment-in.

mercancías devueltas, merchandise returned.

mercancías en comisión, consignment-in.

mercancías en consignación (entregadas), consignment—out.

mercancías en prenda, commodity collateral.

mercancías en tránsito, goods in transit.

mercancías exentas de derechos, free goods.

mercancías "gancho", merchandise "stunts".

mercancías generales, merchandise account, stock on hand.

mercancías rescatadas, repossessed goods.

merma, shrinkage, leakage, abrasion.

método de análisis de multiplicación, break down method of multiplication.

método de categorías, ranking method.

método de clasificación, classification method.

método de clasificación digital, digital sorting method US, radix sorting GB.

método de comparaciones en parejas, method of paired comparisons.

método de copias al carbón, carbon copy method.

método de disminución de saldo, declining-balance method.

método de financiamiento con reservas (en retiros de personal), funded methods of financing.

método de la suma de las cifras anuales, sum of the years' digit method.

método de perforación por marcas sensibles, mark-sensed punching method.

método de unidades de servicio, service units method,

método del costo unitario promedio ·(la premisa que lo fundamenta es que como los costos comunes no pueden ser identificados con facilidad con productos específicos, los costos promedios por unidad resultan tan satisfactorios como cualquier otra base para la medición de la utilidad, siempre que se empleen consistentemente), average unit cost method.

método del rendimiento estándar, standard-yield method.

método directo, direct method.

método indirecto, indirect method.

método numérico gráfico, graphical-numerical method.

métodos cortos para el cálculo del interés, short-cut methods of computing interest.

métodos de financiamiento, methods of financing.

métodos de producción en masa, mass-production methods.

métodos de unidades de producción (depreciación), units-of-production method.

métodos de valuación de inventarios, inventory princing methods **inventario perpetuo,** perpetual inventory; **método de detallistas,** retail method (detail); **método de utilidad bruta,** gross profit method; **precio de costo,** cost price; **precio de costo o mercado el que sea más bajo,** cost or market whichever is lower; **precio promedio,** moving average; **primeras entradas—primeras salidas,** first in—first—out; **simple promedio aritmético,** simple average; **últimas entradas—primeras salidas,** last in—first out.

métodos mecánicos de transmisión de mensajes, mechanical methods for transmitting written messages.

métodos para determinar la rentabilidad, methods used in determining the rate of return.

métodos para reducir los riesgos al mínimo, methods of minimizing risk.

micromercadotecnia, micro-marketing.

mimeógrafo, stencil.

minimiza, minimized.

mi representada, my principal.

mismo porcentaje de utilidad bruta (en empresas de ventas al menudeo), same rate of gross profit.

modelos para cartas de cobranza, pattern in collection letters.

modernización de equipo de fábrica, plant modernization.

modificación de costos, costs alteration.

modificador, modifier.

modo, mode.

moldes y dados, patterns and dies, moulds.

moneda bancaria, bank money.

moneda blanda; moneda floja, soft money.

moneda bloqueada y control de cambios, blocked currencies and exchange controls.

moneda circulante, current money.

moneda fraccionaria, coins, hard money.

monetiza, monetized.

monopolio, monopoly.

monopolio cambiario, monopoly of banking.

monopolismo, monopsony.

monto, amount.

monto de impuestos sobre salarios pagados, monto de salarios gravados pagados, amount of taxable wages.

monto y clases de acciones de capital social, amount and classes of capital stock.

mostrador, over-counter.

motivación del personal de ventas, sale force motivation.

movimiento contable, book entries.

movimientos de materiales, materials handling.

mozo, porter.

muebles e inmuebles, furniture and real estate, bank premises.

muebles y enseres, furniture and fixtures, housefurnishings.

muerte o retiro de un socio (sociedad en nombre colectivo), death or retirement of a partner.

muestra, sample.

muestra adecuada, adequate sample.

muestra defectuosa, defective sample.

muestra representativa, representative sample.

muestrario, line of samples.

muestreo, sampling.

muestreo al azar, random sample.

muestreo de aceptación, acceptance sampling.

muestreo de bloque, block sample.

muestreo de inspección, sampling inspection.

muestreo de opinión, judgement sample.

muestreo directo, direct sampling.

muestreo doble, double sampling.

muestreo estratificado, stratified sampling.

muestreo múltiple y en secuencia, multiple and sequential sampling.

muestreo razonado o de criterio, judgment sample.

multa, fine.

multiplicador electrónico, electronic multiplier.

multígrafo (medio de duplicación), multigraph.

multiplicación por un número aproximado, multiplication by near number.

multiplicador, multiplier.

N

naturaleza del control contable, nature of accounting control.

necesidades de capital, capital requirements.

necesidades de inversión, capital investment needs.

negación de opinión, nugatory opinion, denials of opinion, disclaimers.

negociable, negotiable.

negociación, negotiation, horse trading.

negociar en acciones, trading on equity.

negocio, business, concern, trade.

negocio en marcha, going business.

negocios bancarios, banking business.

negocios de ventas en abonos, installment house.

negocios propios, business for own account.

neófito en contabilidad, non accounting majors, nonspecialist majors.

neto, net.

nivelación o uniformidad de las utilidades, smoothing of income.

niveles de precios de alza y baja como objetivos de la política monetaria, rising and falling price levels as goals of monetary policy.

no aceptamos mercancías en consignación y declinamos toda responsabilidad en el particular si así lo hiciere, incluyendo la responsabilidad de remate de la mercancía en la aduana, we do not accept merchandise on consignment and decline all responsability on the matter if you consign it, including the possibility of public auction by the customhouse.

no incluido en el saldo detallado arriba, not included in the above detail balance.

no llenaba los requisitos, failed to meet the requirements.

no necesita totalizarse, does not need to be balanced.

no serán acumulables (ingresos gravables sujetos a impuestos), income excluded from accumulation.

no serán deducibles, nondeductible items.

nombramiento, appointment.

nombre comercial, trade name.

nombre y dirección de los accionistas, names and addressed of the incorporators.

nombres industriales, brand names.

nómina, payroll.

nómina de personal, personnel roster.

norma o patrón comercial, commercial standard.

normalizar, standardize (to).

normas básicas para fijar honorarios, basic patterns in setting fees.

normas de auditoría, auditing standards.

normas de auditoría de estados financieros proforma, su significado y alcance generalmente aceptados, tentative statement of auditing standards, their generally accepted significance and scope.

normas de conducta, behavior patterns.

normas de contabilidad fundamentales de estados financieros proforma, tentative statement of accounting principles underlying corporate financial statements.

normas de trabajo, working standards.

normas generales o personales, general standards.

normas internacionales, international standards.

normas profesionales ajenas a las de auditoría, non auditing standards.

normas relativas a la ejecución del trabajo, standards of field work.

normas relativas a la información y dictamen, standards of reporting.

normas y documentación de **PED**, EDP standards and documentation.

nota, note, slip, footnote.

nota de cargo o de débito, debit note, debit memorandum

nota de cargo o de débito, debit note, debit memorandum.

nota de crédito, credit memorandum, credit note.

nota de embarque, bill of lading.

nota de liquidación, receipt of payment.

nota de venta, sales check.

notación binaria, binary notation.

notación decimal, decimal notation.

notación decimal codificada, coded-decimal notation.

notario público, notary public.

notas aclaratorias, disclosures, informative disclosures.

notas bancarias, bank note currency.

notas de ventas, sales slip.

notificación, notice.

notificación de remesas, remittance advices.

núcleo magnético, magnetic core.

nueva presentación; ratificación, restatement.

nueva presentación y revisión de los boletines de investigación contable, restatement and revision of Accounting Research Bulletins.

nueva revisión (revisar de nuevo), recheck.

nuevas tendencias en el capital de riesgo, new trends in venture capital.

nuevas tendencias en la organización de la función de **PED**, new trends in organization of the EDP function.

nuevos caminos en el manejo de las inversiones de los fondos de retiro, new directions in pension fund investment management.

nuevos saldos acreedores del balance general, new balance sheet credit balances.

nuevos saldos deudores del balance general, new balance sheet debit balances.

número, number.

número binario, binary number.

número decimal, decimal number.

número de acceso casual, número de libre acceso, random number.

número de accionistas requeridos y sus capacidades (en una sociedad mercantil), number of stockholders required and their qualifications.

número de cheques expedidos, number of checks written.

número de cuenta, account number.

número de dígitos binarios equivalentes, equivalent binary digits.

número de doble longitud, double-length-number, double-precision-number.

número de factura, invoice number.

número de la muestra, sample number.

número de muestras promedio, average sample number.

número de operación, operation number.

número de orden, consecutive number.

número de pedidos colocados, number of orders placed.

número del artículo, stock number.

número índice de un producto, commodity index number.

número sobrepasando la capacidad, inifinity US, capacity exceeding number GB, out-of-range-number GB.

O

objetivos de la auditoría, audit objectives.

objetivos de la auditoría de caja, cash audit objectives.

objetivos de la auditoría de las inversiones en valores, audit objectives of investment securities.

objetivos de la auditoría del examen de cuentas y documentos por cobrar, audit objectives of the examination of the receivables.

objetivos de la auditoría en la verificación de la depreciación, audit objectives in the verification of depreciation.

objeto depositado, bailment.

objeto de la inversión, investment outlet.

obligación, obligation, debenture, debt, lien, liability, indebtedness.

obligación contingente, contingent liability.

obligación limitada, limited liability.

obligación mancomunada, joint liability, several obligation.

obligación personal, personal liability.

obligación solidaria, joint and several liability.

obligaciones, floating debentures.

obligaciones a la vista, sight obligations, demand obligations.

obligaciones a plazo (financieras), time obligations.

obligaciones amortizables, redeemable bonds.

obligaciones beneficiarias o participantes de utilidades, profit sharing debentures.

obligaciones con asignación especial, special assessment bonds.

obligaciones con órdenes de pago, bonds with warrants.

obligaciones convertibles, bonos convertibles en acciones, convertible bonds.

obligaciones **de ganancia,** income bonds.

obligaciones de municipalidades, obligations of municipalities.

obligaciones emitidas sin garantía específica, simple or naked debentures.

obligaciones en participación, participating bonds.

obligaciones financieras, debentures.

obligaciones garantizadas con un gravamen de carácter general sobre las propiedades de la compañía emisora, floating debentures.

obligaciones garantizadas con un gravamen real sobre bienes inmuebles, mortgage debentures.

obligaciones hipotecarias, mortgage debentures, bonds.

obligaciones preferentes, debentures stock.

obligaciones provisionales, interim bonds.

obligacionista, holder of debentures.

obras ejecutadas no estimadas, cost taken out on uncompleted jobs.

obras en proceso, construction in progress.

obrero calificado, skilled worker, craftsman, qualified worker.

obrero eventual, casual worker.

obreros industriales, factory workers.

observación, remark.

obsolescencia, obsolescence.

obsoleto, obsolete.

obtenga confirmaciones directas de las compañías afiliadas como un dato de nuestra revisión, obtain direct confirmations from the affiliated companies as of the data of our final examination.

obtenga copias de las actas de asambleas de accionistas y juntas de consejo, obtain excerpts from the shareholders' meetings and board of directors minutes.

obtenga copias de las escrituras de constitución y modificación del capital social. Verifique que los registros contables concuerdan con tales escrituras, obtain excerpts from constitutions and modifications deeds to capital stock. Ascertain that the accounting records are in agreement with those deeds.

obtenga la carta de representación general, obtain general representation letter.

obtenga relaciones de los saldos acumulados en las subcuentas de los gastos de operación y formule tabulaciones de cada una de las subcuentas durante el periodo, obtain lists of accrued balances in subaccounts of operating expenses and get the tapes of charges during the period of each one of the subaccounts.

obtenga relaciones de materiales, partes de repuesto y accesorios en existencia al final del periodo de las diferentes ciudades donde la compañía opera. Si es posible obténgalas directamente de los tenedores de los mismos, obtain lists of materials, spare parts and accesories on hand as at the end of the period in the different locations where the company is operating. If possible ask them directly from the holders of the stock.

obtenga una copia al carbón o una fotostática de cada relación de los saldos de las cuentas por cobrar, súmelas y compruébelas contra las tarjetas auxiliares, obtain either a copy or a photostatic copy of each of the lists of accounts receivable balances, foot them and check them against the auxiliary cards.

obtenga una lista de los abogados de la empresa y circularícelos en relación con honorarios, responsabilidades, juicios pendientes, etc., obtain a list of the company's lawyers and circularize them regarding fees commitments, lawsuits, etc.

obtenga una lista del personal de planta con sus sueldos y años de trabajo en la empresa. Calcule el monto máximo aproximado del pasivo contingente por las indemnizaciones a pagar a los empleados en el caso de despido injustificado, obtain a list of all the basic personnel with their salaries and years that had been working with the company. Calculate the approximate maximum amount of contingent liabilities for indemnities payable to employees for injustified dismissal.

obtenido por medios ilegales, bootleg.

ocupación, empleo, employment.

oferta, puja, bid.

oferta de fondos para inversión, supply of investment funds.

oferta y demanda, demand and supply.

ofertas en competencia, competitive bidding.

ofertas y demandas, bids and offers.

oficina, office.

oficina de informes, inquiry office.

oficina de los censos, bureau of the census.

oficina federal de hacienda, federal treasury office, income tax division.

oficina matriz, head office.

oficina privada, private office.

oficinista, white-collar worker.

ofrecer el trabajo de puerta en puerta, hawking of labor from door to door.

ofrecimiento, offer.

ojiva, ogive.

oligopolio, oligopoly.

oligopolismo, oligopsony.

omisión de ingresos que excedan del 3% de los declarados, understatements of income in excess of 3% of the income stated in the return.

omisión de presentar declaraciones (de impuestos), failure to file returns.

omisión del registro de facturas de compras, failure to enter invoices for purchases.

operación, operation.

operación a ciclo fijo, fixed-cycle operation US, synchronous operation.

operación binaria (a) operación con dos variables (b) operación con variables en notación binaria, binary operation.

operación completa, complete operation.

operación de memoria, memory operation, storage operation US, store operation GB.

operación de transferencia, transfer operation.

operación de una computadora, computer operation.

operación directa, reducción de datos en línea, on-line data reduction, on-line operation.

operación en serie, serial operation.

operación lógica, logical operation.

operación paralela, parallel operation.

operaciones accesorias, house keeping US, non-productive operations US, overhead US, red-tape operations.

operaciones conjuntas cuyo propósito es elevar el precio de un valor, pool operations.

operaciones de compra-edificación venta-y-arrendamiento, buy-build-sell and lease transactions.

operaciones de compra-venta, trading.

operaciones del mercado libre, open market operations.

operaciones entre sucursales, inter-branch transactions.

operaciones falseadas, dummy transactions.

operaciones para el procesamiento de datos, data processing operations.

operador de perforadora, key punch machine operator.

operadora verificadora, verifier operator.

operar con cheques de valor dudoso, kiting checks.

opiniones parciales, piecemeal opinions.

oportunidades de ascensos, promotional opportunity.

orden de compra, buying order.

orden de embargo, distress-warrant.

orden de entrega, delivery order.

orden de fabricación, orden de trabajo, manufacturing order, factory order.

orden de producción, order production, types of cost system.

orden de productos (costos), production order.

orden de trabajo, job or shop order.

orden que se da al corredor para que cumpla al mejor precio asequible, at the market.

órdenes, orders.

órdenes a crédito (para llevar), charge "take" orders.

órdenes a crédito (para mandar), charge "send" orders.

órdenes de contado (para llevar), cash "take" orders.

órdenes de contado (para mandar), cash "send" orders.

órdenes de trabajo, work orders, job-lot.

órdenes pendientes, órdenes no despachadas, pedidos no surtidos, backlog.

órdenes unidas, o sea, transacciones ficticias por dos o más personas, para crear un precio determinado sin que se produzca realmente un

cambio de tenencia, matched orders.

organigrama, diagram.

organismo o dependencia gubernamental, government agency.

organización, organizing.

organización de la planeación de utilidades, organizing for profit planning.

organización lineal, line organization.

organización y administración de la función de compras, organization and management of the purchasing function.

organización y asignación del personal, organizing and staffing.

organización y dirección de negocios, business organization and management.

organización y perpetuación de una sociedad de contadores, organizing and perpetuating an accounting partnership.

origen y aplicación de fondos, sources and disposition of funds trading.

otras deducciones, other withholdings.

otras partidas de conciliación, other reconciliament (reconciling) items.

otros activos, other assets.

otros gastos, other expenses.

otros gastos generales, other general expense.

otros gastos por entrega de mercancías, other delivery expenses.

otros impuestos vencidos, other accrued taxes.

otros impuestos y derechos, other taxes and licenses.

otros ingresos, other income, other revenue.

otros ingresos varios, miscellaneous other income.

otros productos, other income, non-operating earning.

P

pagado a, to whom paid.

pagadero a la orden, payable to order.

pagadero al portador, payable to bearer.

pagado con cheque No. paid check No.

pagado en parte o parcialmente, part-paid.

pagar al vencimiento, meet.

pagar y despedir un empleado, pay off, to.

pagaré, promissory note, due-bill.

pagaré colateral, collateral note.

pagarés a largo plazo, long-term notes.

pagarés aceptados a su vencimiento, notes honored at maturity.

pagarés bancarios, billetes, bank notes.

pagarés comerciales, trade notes.

pagarés garantizados, secured promises.

pagarés no aceptados a su vencimiento, o pagarés vencidos no cobrados a su vencimiento, notes dishonored at maturity.

pago, payment, disbursement.

pago a cuenta, part payment.

pago adelantado, prepayment, advance payment, payment in advance, cash in advance.

pago al contado, prompt payment, down payment.

pago bajo protesto, payment under protest.

pago de derechos, payment of duty.

pago de intereses, payment of interests.

pago parcial, instalments.

pago adicional por mano de obra y compensaciones, labor allowances and make up.

pago de utilidades, disbursement of income.

pago en efectivo antes de la entrega, cash before delivery.

pago parcial; pago a cuenta, partial payment.

pagos acumulados al asegurado, cumulative payments to policyholder.

pagos anticipados, prepaid expenses.

pagos en especie, payments in kind.

pagos gravables, taxable pay.

pagos posteriores, subsequent collections.

pagos provisionales (de impuestos), payments of estimated tax.

palabra, word.

palabra mecanizada, palabra, machine word.

papeleo, "red tape".

papel comercial (aceptaciones comerciales y pagarés), trade paper.

papel del contador administrativo en la administración, management accountant's role in management.

papel de la administración de personal, role of personnel management.

papel membretado, letters heads.

papel moneda, soft money.

papel tabular, tabulating paper.

"papeleo" de apoyo, supporting "paperwork".

papelería y artículos de oficina, stationary and office supplies.

papeles de trabajo, working papers.

paquete postal, parcel post.

par, par.

para ganar el beneficio del "diferencial". En palabras financieras "diferencial" significa el empleo de fondos que implican cierto costo fijo, con la esperanza de ganar con ellos mayor utilidad que ese costo (al hablar de obligaciones),

to gain the benefit of "leverage". In financial parlance "leverage" means the use of funds bearing a fixed cost in the hope of earning a higher rate than that cost.

para poder presentar la solicitud de cambio les rogamos enviarnos por correo aéreo copias no legalizadas de factura consular y conocimiento de embarque (estado de cobranza exterior reportado por un banco), to enable us to file the exchange application please send us by airmail unlegalized copies of consular invoice and bill of lading.

para su gobierno, for your guidance.

parada arbitraria, request stop.

parámetro de programa, program parameter.

paridades de oro (en la moneda), gold parities.

paros provocados por la empresa, lockouts.

párrafo bloque, block, block paragraph.

párrafo sangrado (forma de carta mecanográfica), indented paragraph.

parte rectilínea del programa, linear program part.

partes contratantes, contracting parties.

partes interesadas, interested parties.

participación, interest.

participación obrera en los beneficios, industrial partnership.

participaciones en las utilidades, profit sharing.

participaciones personales, personal calls.

partida, entry, item, lot.

partida doble, double entry.

partida simple en los registros, single entry.

partidas para elevación de precios, lifts apps.

pasaje de ida y vuelta, return ticket.

pasar (a un libro o registro contable), post.

pase, posting.

pase a las cuentas T; pase a los esquemas de mayor, post to T accounts.

pase de decenas, carry.

pase directo, direct posting.

pases al mayor, posting the ledger.

pasivo, liabilities.

pasivo a largo plazo, long-term debt.

pasivo aceptado, acceptance liability.

pasivo acumulado o devengado, accrued liabilities.

pasivo asumido, assumed liabilities.

pasivo circulante (flotante), current liabilities.

pasivo circulante a capital contable, current debt to net worth.

pasivo circulante a inventario, current liabilities to inventory.

pasivo comercial, trade liabilities.

pasivo consolidado, fixed liabilities, capital liabilities, funded debt.

pasivo consolidado a capital de trabajo, funded debt to working capital.

pasivo contingente, contingent liabilities.

pasivo diferido, deferred liabilities.

pasivo directo, direct liabilities.

pasivo eventual (contingente), contingent liabilities.

pasivo fijo, fixed liabilities.

pasivo flotante, floating liabilities.

pasivo garantizado, secured liabilities.

pasivo mancomunado, joint liabilities.

pasivo no garantizado, unsecured liabilities.

pasivo no registrado, unrecorded liabilities.

pasivo real, actual liabilities.

pasivo, reservas de, reserve liabilities.

pasivo social, company's liabilities.

pasivo total a capital contable, total debt to net worth.

pasivo vencido, matured liabilities.

pasivos, liabilities.

pasivos fijos, fixed liabilities.

pasivos garantizados, secured liabilities.

pasivos no registrados, unrecorded liabilities.

paso de programa, program step.

patente, patent, letter or marque.

patentes, patents.

patentes y marcas, patent litigation.

patrimonio, possession, proprietorship, proprietor's equity.

"patrimonio" financiero, "equity" financing.

patrimonio social (sociedad en nombre colectivo), stock ownership.

patrón oro, gold standard.

patrón viene a ser el deudor por la retención de los impuestos del seguro social, employer becomes liable for the withholding social security taxes.

pedacitos o confeti, chads US, chips GB.

pedido hecho por correo, mail-order.

pelotear, to check up, to dot.

pensión, allowance.

pensiones vitalicias, annuities

pensiones vitalicias variables, variable annuties.

percepciones, receipts.

percepciones brutas de los trabajadores, employees' gross earnings.

pérdida bruta, gross loss.

pérdida de bienes por caso fortuito o fuerza mayor, casualty losses.

pérdida de ejercicios anteriores, losses of prior years.

pérdida de exactitud, loss of accuracy.

pérdida de intereses, loss of interest.

pérdida del ejercicio, losses of prior period.

pérdida en cambios, exchange losses, loss on exchange.

pérdida en cuentas incobrables, bad debts written off.

pérdida en cuentas malas, bad debts writen off, losses on bad notes and accounts (receivable).

pérdida en realización, loss on realization.

pérdida en venta de valores, loss on sale of securities.

pérdida efectiva, actual loss.

pérdida neta, net loss.

pérdida por capacidad desperdiciada, idle capacity loss.

pérdida por retiros de activos fijos, loss on retirement of fixed assets.

pérdida total real, actual total loss.

pérdidas. write-offs, losses.

pérdidas en operaciones, unrecorded operating losses.

pérdidas en valor debidas al cambio de precio, losses in value due to pricing change.

pérdidas ocultas de mano de obra, hidden labor losses.

pérdidas y cargos diversos, losses and sundry charges.

pérdidas y ganancias, estado de, profit and loss statement.

perforación, punched hole.

perforación automática, automatic punch.

perforación de contaje, feed hole, sprocket hole.

perforación de dígitos, digit punch.

perforación de X, x-punch, eleven-punch.

perforación de Y, twelve-punch Y-punch.

perforador electrónico, electronic punch.

perforadora con teclas, key operated card-punch, key punch machine.

perforadora de mando manual, hand-feed punch.

perforadora de reserva, standly key punch.

perforadora de tarjetas de gran velocidad, high-speed punched-card machine.

perforadora electrónica, electronic punch card machine.

perforadora impresora alfabética, printing alphabetic punch.

perforadora reproductora, reproducer, reproducing punch.

perforadora sumaria, reproductora sumaria, gang summary.

perforadora totalizadora, summary punch.

perforar cinta de papel, paper tape perforating.

perforista, tape-punch girl, card-punch girl.

periodo a revisar, period to be covered.

periodo de números, number period.

periodo de pago de recuperación, pay-back period.

periodo de prueba arbitrario, arbitrary lump-sum test period.

periodo de recuperación, payout period.

periodo de reembolso, devolución, restitución, pay-back period.

periodo durante el cual el deudor tiene el camino legal para suspender el pago de una obligación, moratorium.

periodo promedio de cobros, average collection period.

perioricidad en los compromisos de pago, timing of the cash commitment.

perito, expert, expert witness.

perito contador, expert accountant.

permiso, license, permit.

permuta, barter, exchange.

personal, staff.

personal administrativo, management employees.

personal de fábrica, plant personnel.

personal de investigación, research staff.

personal de planta, basic personnel.

personalidad jurídica, corporate existence.

personas con ingresos fijos, persons with fixed incomes.

personas físicas (afectas a impuestos), individuals.

personas morales (sociedades), juridical persons.

personas que accidentalmente ejecuten actos de comercio, persons who carry out occasional acts of commerce.

perspectivas de las monedas internacionales y las políticas monetarias, prospects for international currencies and monetary policies.

peso y tipo normales de las monedas, weight and standard coins.

petición, petition.

piezas manufacturadas, component stores.

pignoración, pignoration, pledge, hypothecation.

pista de situación, sprocket channel.

plan, plan, scheme.

plan de eficiencia Emerson, Emerson efficiency plan.

plan de gratificación de Halsey, Halsey premium plan.

plan de premios por puntos, premium point plan.

plan de prima nivelada, level-premium plan.

plan de trabajo a destajo con un mínimo por hora garantizado, straight piecework with a guaranteed hourly minimum plan.

plan del 100% de prima o de gratificaciones, 100 percent premium or bonus plan.

plan diferencia por pieza de Taylor, Taylor differential piece rate plan.

plan Gantt de gratificaciones o bonos, Gantt task and bonus plan.

plan general del sistema de contabilidad en operación, general plan of the accounting system in operation.

planeación, planning.

planeación a largo plazo, long-range planning.

planeación anual de mercadotecnia, annual marketing planning.

planeación de costos, cost planning.

planeación de producción y desarrollo del plan de fabricación, production planning and development of the manufacturing plan.

planeación de utilidades con control de presupuestos, profit planning with budgetary control.

planeación del inventario, inventory planning.

planeación financiera a largo plazo, long-range financial planning.

planeación y administración del producto, product planning and product management.

planeación y control de procedimientos de auditoría, planning and control of audit procedures.

planeación y desarrollo del personal de mercadotecnia, marketing manpower planning and development.

planeamiento adecuado del trabajo, adequacy of preparatory planning of the fieldwork.

planes de compra y opción de acciones, stock-purchase and stock option plans.

planes de seguros de grupo, group insurance plans.

planta, plant, fixed assets.

planta y equipo, plant and equipment.

plazo, (bancos), instalment, time limit, tenor, term.

plazo medio, average date, averaging accounts, averaging maturity.

plazo medio de cobro de cuentas por cobrar, conversion periods of receivables.

plazo para el pago del flete, respite for payment of freight.

pleito, lawsuit, suit (at law), action.

plusvalía, unearned increment, goodwill, surplus value.

plusvalía consolidada, consolidated goodwill.

población económicamente activa, gainfully occupied population.

poder, proxy, power of attorney, procuration.

poder adquisitivo, purchasing power, earning power.

poder general, full power of attorney.

política administrativa, managerial policy.

política crediticia, credit policy.

política de compras, purchase policy.

política de precios, price policy.

políticas de precios y costumbres para marcarlos, price policies and pricing practices.

políticas hacia la contratación de "noctámbulos", policies toward hiring "moonlighters".

póliza, policy, voucher.

póliza a todo riesgo, all-in police.

póliza abierta, blanket policy, floating, policy.

póliza de cobertura futura (seguro de crédito), forward coverage policies.

póliza de doble protección, double protection policy.

póliza de fletes, charter party.

póliza de referencia, voucher reference.

póliza de seguro, policy of insurance.

póliza de vida de pagos limitados, limited-payment life policy.

póliza ordinaria de vida, ordinary-life policy.

pólizas de cobertura retroactiva, back coverage policies.

porcentaje, percentage.

porcentaje de devolución, rate of return.

porcentaje de devolución sobre la inversión promedio, rate of return on average investment.

porcentaje de impuestos progresivo, progressive taxation.

porcentaje de obra ejecutada, percentage-of-completion.

porcentaje del activo circulante al activo total, current assets as a percentage of total assets.

porcentaje de la inversión del capital, percent of proprietory investment.

porcentaje o tipos de comisión progresiva, progressive or stepped-up commission rate.

porcentaje rebajado (en inversiones), cutoff rate.

porciento de la ganancia que deberá acumularse, percentage of the gain to be accumulated.

por cobrar (un documento), still on hand.

por el número de meses a partir del principio del mes que sigue al de la adquisición hasta el final del año fiscal, for the number of months from the beginning of the month following the month of acquisition to the end of the fiscal year.

por el número exacto de días entre la fecha de adquisición y el final del año, for the exact number of day between the date of acquisition and the end of the year.

por grado de su valor negociable, by degree of marketability.

pormenorizar, itemized.

portador, tenedor, bearer, holder.

portador de una letra, billholder.

posición, localización, location.

posición de la instrucción, localización de la instrucción, location of instruction.

posición de memoria, memory location, storage location US, store location GB.

posición de perforación, punch position.

posición financiera, financial position.

postura, offer.

potencial de utilidades de los negocios, larning power of the business.

práctica común, customary practice, common practice.

prácticas eficaces, buena práctica, sound practices.

practique arqueo del fondo fijo de caja chica en México, D. F., make a cash content of the petty cash fund in México City.

preasignar, prestore (to).

precio, price.

precio actual, current price.

precio de compra, purchase price, buying price.

precio de contado, cash price.

precio de conversión, (es el precio fijo), conversion price.

precio de costo, cost price.

precio de fábrica, factory price.

precio de menudeo, retail price.

precio de suscripción, es el precio al cual acciones u obligaciones adicionales se venderán a los actuales accionistas, subscription price.

precio de venta, sales price, selling price.

precio estable (bolsa); precio sin beneficio o para cubrir gastos, close price.

precio medio (promedio), net price.

precio por pieza; precio unitario, piece work price.

precio promedio, average price.

precio total, total price.

precio unitario, unit price.

precio unitario; precio por pieza, piece rate, piece work price.

precio unitario promedio, average unit cost.

precios de catálogo, catalogue pricing.

precios de fin de año, year-end prices.

precios fijos, fixed price.

precios que prevalecen (en el mercado), price prevailing.

precios tope, ceiling prices.

prefacio, foreword, prefatory note.

premio, premium, bonus.

premio por tiempo extra, overtime premium.

premio por turno (incentivos), shift premium, stuft premiums.

prenda, pledge, security, collateral, hypothecation.

preparación de los presupuestos de gastos generales y de administración, preparation of the general and administrative expense budgets.

preparación del cuestionario, questionnaire design.

preparación técnica, technical training.

preparar talones de mercancías, prepare commodity tickets.

prepare un memorándum explicando el control de inventarios, el procedimiento de valuación, el control de las entradas y salidas de los almacenes, prepare a memorandum explaining the control of inventories, the pricing procedure, the control of receipts and issues from the warehouses.

preperforar, pre-punch (to).

presenta razonablemente, present fairly.

presentación de arrendamientos a largo plazo en estados financieros de arrendatarios, disclosure of long-term leases in financial statement of lessees.

presentación de estados financieros submission of the financial statements.

presentación de la inconformidad, filing of protest.

presentar (una declaración de impuestos), file.

presentar una declaración, dentro de los 15 días siguientes a la clausura, suspensión de operaciones o traspaso y pagar el impuesto que corresponda al periodo respectivo, file a return within 15 days after discontinuance of the business, suspension of operations, or transfer of ownership and pay the tax for such period.

presidente, chairman.

prestación a la vejez, old-age benefit.

prestación de servicios, sale of services.

prestaciones adicionales, fringe benefits.

prestaciones, fringe benefits.

prestamista, lender, pawn broker.

prestamista es un "comprador" de dinero, borrower is a "purchaser" of money.

préstamo, loan advance, loans.

préstamo a la vista, demand loan.

préstamo con intereses, borrowing with interest bearing note.

préstamo en el que ambas partes contratantes están facultadas para liquidar en cualquier momento se conceden prácticamente a los corredores de bolsa el "sharp call" es cuando el banco que presta ejercita sus derechos, exige sin temor ni favor; en el "slow call" existe el entendimiento tácito de que el pago del préstamo no será exigible sino como último recurso; (término bancario), call loan.

préstamo mercantil, commercial loan.

préstamo pignoraticio, pledge loan.

préstamo privilegiado, call privilege.

préstamos a bajo interés, low interest loans.

préstamos a clientes de corredores, brokers' customers loans.

préstamos a corto plazo, short-term borrowing.

préstamos a empleados, advances to employees.

préstamos a los negocios, loans to business.

préstamos bancarios, bank loans.

préstamos cedidos en descuentos (financieras), loans rediscounted.

préstamos comerciales garantizados, secured business loans.

préstamos comerciales sin garantía, unsecured business loans.

préstamos de otros bancos, money-borrowed.

préstamos hipotecarios, mortgage loans.

préstamos hipotecarios y otros, real estate an other loans.

préstamos no mercantiles de los bancos comerciales, nonbusiness loans of commercial banks.

préstamos (créditos) otorgados por el gobierno, government loans.

préstamos para compras y conservación de valores, loans for purchasing and carrying securities.

préstamos prendarios, loans secured by pledges, secured loans.

préstamos quirografarios, clean loans, clean draft.

préstamos sobre valores, security loans.

préstamos vigentes (bancos), loans outstanding.

préstamos, ya sea en cuenta corriente o contra pagaré con o sin garantía subsidiaria; depósito a cuenta o antes del vencimiento de un compromiso; alza en los precios; anticipo; adelanto, advance.

prestatario, borrower.

prestigio profesional, goodwill, professional goodwill.

prestigio profesional en la contaduría, goodwill in accountancy.

presupuesto, budget, estimate, forecast.

presupuesto como un medio de control de las operaciones de oficina, budget as a means of control of office operations.

presupuesto de compras, procurement budgets.

presupuesto de costos de fabricación, budgeting manufacturing costs.

presupuesto de gastos de capital budgeting capital expenditures.

presupuesto de inversión, budgeting for investment.

presupuesto de mercadotecnia y distribución, budgeting marketing and distribution.

presupuesto de ventas, sales budget.

presupuesto estático, static budget.

presupuesto fijo, fixed budget.

presupueto flexible, flexible budget.

presupuesto flexible o ajustado, flexible or adjusted budget.

presupuesto variable, variable budget.

presupuesto variable de costos indirectos, variable overhead budget.

presupuestos asignados, appropriation budgets.

presupuestos de ventas y la planeación de mercadotecnia, sales budgets and the marketing plan.

prevenciones, remedies.

prima, premium, bonus.

prima de compensación, lien bonus.

prima de producción, incentive wage.

prima gratificación, sobresueldo, bonus.

prima sobre acciones comunes, premium on common stock.

prima sobre bonos, premium on bonds.

prima total, gross premium.

primas en la venta de acciones de capital, premiums on sale of capital stock.

primas cobradas, premiums written.

primas netas suscritas (seguros), net premiums written.

primas pagadas, premiums paid.

primas sobre acciones, premiums capital stock, stock premiums.

primas sobre bonos no amortizados, unamortized bond premium.

primera auditoría, first-time audit.

primeras entradas, primeras salidas, first in-first out.

principio conservador (conservatismo) (principio de contabilidad), accounting policies should be governed by conservatism.

principio de la entidad económica, business, as an accounting unit, is separate from its owners.

principio del costo, accounting shall be based on cost.

principio del fondo de reposición en relación con la depreciación, sinking fund principles of depreciation acceptance.

principio del periodo contable (principio de contabilidad), operations may be broken up into fiscal periods for reporting purposes and income and expenses allocated to them.

principio monetario, changes in the purchasing power of the monetary unit are not important.

principios básicos de contabilidad que sirven de base para la formulación de estados financieros de empresas, accounting, principles underlying corporate financial statements.

principios de contabilidad, accounting principles, accounting concepts.

principios de contabilidad generalmente aceptados, generally accepted accounting principles.

principios de contabilidad o auditoría generalmente aceptados aplicables de acuerdo con las circunstancias, generally accepted accounting or auditing principles applicable in the circumstances.

principios de contabilidad y utilidades sujetas a impuestos, accounting principles and taxable income.

principios firmes de contabilidad vs principios de contabilidad generalmente aceptados, sound vs. generally accepted accounting principles.

principios fundamentales de finanzas y contabilidad para ejecutivos no-financieros, fundamentals of finance and accounting for non-financial executives.

principios fundamentales de la planeación de utilidades, the principles of profit planning.

probar, test.

problema de archivo (su organización), filing problem.

problemas a considerar, issues for consideration.

problemas y tendencias en el control de dinero y crédito, problems and trends in the control of money and credit.

procedimiento de archivo (en fichas), file procedure.

procedimiento Keysort, Keysort process.

procedimientos de auditoría, audit procedures.

procedimientos de auditoría de estados financieros, statements on auditing procedure.

procedimientos de confirmación-positivo y negativo, methods of confirmation-positive and negative.

procedimientos de confirmación-proceso de solicitudes no contestadas, confirmation procedures-processing returns.

procedimientos de contabilidad generalmente aceptados, generally accepted accounting procedures.

procedimientos para la revisión de presupuestos, budget review procedure.

procesador (a) (máquinas por medio de cinta magnética), data processor.

procesador (a) de datos, data processing machine GB, data processor US.

procesadora de registros, record processor.

procesamiento completamente automático, full automatic processing.

procesamiento de datos, data processing.

procesamiento de datos integrados, integrated data processing.

procesamiento en grupo, batch processing.

proceso, action.

proceso de control mediante computadoras, computer process control.

proceso de depuración del personal, clearance procedure.

proceso de fabricación, manufacturing process, factory process.

proceso directo o líquido (medio de duplicación), direct or liquid process.

proceso indirecto o de gelatina (medio de duplicación), indirect or gelatin process.

proceso integrado de datos, integrated data processing.

procuración, procurement.

producción, output, production.

producción a mano (en existencia), production available.

producción bruta, gross output.

producción efectiva, actual attainment.

producción en masa, mass production.

producción en proceso, work in process.

producción en cadena, assembly-line production.

producción media, average output.

producción o rendimiento de planta o fábrica, plant output.

producción por hora-hombre, output per man-hour, production per man-hour.

producción por lotes, batch production.

productividad (en máquinas), efficiency, profitability, earnings.

producto, product, earning, rent, profit, gain, income, proceeds, yield, revenue.

producto compuesto, joint product.

producto costoso de fabricar, expensive-to-make product.

producto de la exportación; valor nominal de la exportación, export proceeds.

producto líquido, net proceeds.

producto semiterminado, semi-finished product.

producto terminado, manufacture product.

productos accesorios, productos secundarios, subproductos, productos derivados, by-products.

productos brutos, gross income.

productos de explotación, operating income.

productos de inversiones, income from investments.

productos de operación, operating income.

productos en proceso, goods in process, unfimished merchandise.

productos extraídos, products yielded.

productos para entrega futura, commodity futures.

productos simultáneos, joint products.

productos terminados, merchandise, finished.

productos varios, other income.

profesional, professional man.

profesionales que ejercen individualmente, individual practitioners.

profesionales maduros, full-fledged professionals.

profesor adjunto, adjunct assistant (professor).

pro-forma, pro-forma.

programa almacenado, stored program.

programa codificado, coded-program.

programa de auditoría, audit program.

programa de fabricación, manufacturing schedule.

programa de prioridad, priority routine.

programa de producción (costos), production schedule.

programa de prueba, test program, test routine.

programa de repetición, rerun routine, rollback routine.

programa de trabajo, schedule of work, work schedule, working program.

programa del cuadro de funciones, function table program.

programa en funcionamiento, running program.

programa externo, external program.

programa fuente, source program.

programa impreso, programa transcrito, written-out program.

programa intérprete tabular, tabular interpretative program.

programa óptimo, minimum access routine, minimum latency routine, optimally coded program.

programa patrón, programa maestro, programa director, (rutina diseñada para procesar y controlar otras rutinas), executive program US, executive routine US, master program GB, master routine GB, steering program GB, steering routine GB.

programa post-mortem, rutina post-mortem, post mortem routine.

programa rutina, routine program,

programa simulado, simulated program.

programa traducido por la máquina computadora (programa objeto), object program.

programación, programming.

programación (en máquinas electrónicas), scheduling.

programación automática, automatic programming.

programación de equipos, scheduling equipment.

programación de la ayuda que se recibe del cliente, planning for assistance from client.

programación de pedidos, order scheduling.

programación del trabajo de la oficina, scheduling the work of the office.

programación general, system programming.

programación lineal, linear programming.

programación óptima, forced coding, minimum access programming, minimum latency programming, optimum coding, optimum programming.

programación para máquina, machine programming.

programación por clavijas, pinboard programming.

programación preparada al exterior, closed shop.

programación preparada en casa, open shop.

programación relativa, relative programming.

programación secuencial, sequential programming.

programador, programmer.

programar, program (to).

1. **promedio, cantidad que deben los responsables para compensar las pérdidas o daños.** 2, **promedio,** average.

promedio aritmético, arithmetic average.

promedio de antigüedad de cuentas por cobrar o, promedio de cobranza en el periodo:

$$\frac{\text{cuentas por cobrar}}{\begin{array}{c}\text{ventas netas a}\\\text{crédito durante}\\\text{el año}\end{array}} \times \begin{array}{c}\text{días en el}\\\text{año (360)}\end{array}$$

average age of accounts receivable, average collection period.

promedio de ventas brutas, average gross sales.

promedio directo, straight average.

promedio variable, moving average.

promesa de guardar secreto, deed of secrecy.

promesas, commitments.

pronóstico, estimación, forecast.

pronóstico de la disponibilidad del efectivo, forecasting cash position.

propaganda y promoción de ventas, advertising and sales promotion

propiedad, property.

propiedad, otra que no sea dividendo en efectivo, property, other than cash dividend.

propiedad literaria, copyright.

propiedad personal, personal property.

propiedad raíz, real estate proper.

propiedades, posession.

propietario, owner, proprietor.

proporción de los saldos finales de las cuentas de capital (en una sociedad en nombre colectivo), ratio of the ending capital balances.

proporción de los saldos promedios de las cuentas de capital de los socios (en una sociedad en nombre colectivo), ratio of the partners' average capital balances.

proporción de utilidad y pérdida: 50-50, profit and loss ratio: 50-50.

proporción desigual (utilidad neta) (en una sociedad en nombre colectivo), unequal ratio (net income).

propósitos de referencias cruzadas, cross-referencing purposes.

prorrata, pro-rata.

prorrateado, prorated.

prorrateo, apportionment.

prórroga, renewal.

protección de los depositantes, protection of depositors.

protección de valores, safe keeping of securities.

protesto, protest.

proveedor, supplier, vendor.

proveedor vendedor (en una sociedad en nombre colectivo), vendor.

proveedores, trade account payable.

provisión, provision, supply, stock.

provisión para ajustes en facturación, allowance for billing adjustments.

provisión para cuentas malas, provision for bad debts.

provisión para depreciación, allowance for depreciation.

provisión para depreciación de edificios, allowance for depreciation-buildings.

provisión para depreciación de equipo de oficina, allowance for depreciation-office equipment.

provisión para depreciación de equipo de transporte, allowance for depreciation-delivery equipment.

provisión para fletes, bonificaciones, descuentos, etc., provision for freights, allowances, discounts, etc.

provisión para impuesto sobre la renta, estimated income taxes.

provisión para pago de vacaciones, provision for vacation day.

provisión u oferta del dinero; moneda circulante, supply of money.

provisiones relativas a muerte, jubilación, separación, disolución y problemas conexos, provision covering death, retirement, withdrawal, dissolution and related problems.

proyecto, plan, scheme.

proyecto de contrato, draft agreement.

prueba, verificación, check.

prueba de ácido o severa, activo rápido, razón rápida, quick ratio or, acid test.

prueba de caja, conciliación a cuatro columnas, conciliación cuadrada, proof of cash.

prueba de eficiencia, efficiency test.

punto de equilibrio de las ventas, sales at break-even.

prueba de fuerza ganancial total (se mide por el porcentaje de tal utilidad en relación con el promedio del valor de los activos poseídos durante el año), test of total earning power (is measured by the porcentage of such income to the average value of the assets held during the year).

prueba de la exactitud de las sumas, proof of footing accuracy.

prueba de la exactitud de los pases, proof of posting accuracy.

pruebas aceleradas de destreza, accelerated performance test.

pruebas aisladas, test checks.

pruebas de galera, galley proofs.

pruebas de inteligencia y de agudeza mental, intelligence and mental alertness tests.

pruebas de la documentación y registros, test of records.

pruebas de la exactitud de las extensiones, proof of extension accuracy.

pruebas de liquidez, tests of liquidity.

pruebas de solvencia, tests of solvency.

pruebas selectivas, test checks, test procedures.

publicidad, advertising.

puesto que ocupa, capacity held.

pulso, "a bit".

pulsos codificados, pulse code.

puntear, to check up, to dot.

punto de conexión de salidas variables, variable connector.

punto de embarque L. A. B., f.o.b. shipping point.

punto de equilibrio, breakeven point.

punto de equilibrio de las ventas, sales at breakeven point.

punto de reorden, reorder point.

punto de repetición, rerun point, rollback point.

puntos tratados con anterioridad, preceeding steps.

punzón de perforación de tarjetas, card punch, key card punch, key punch.

Q

que afectaran el costo, in laid-down cost.

quebrado, bankrupt.

quejoso, complaint.

quiebra, bancarrota, bankruptcy, failure.

quimógrafo, kimograph.

R

rayas, salary.

razón, ratio, standard ratio.

razón circulante o razón de capital de trabajo, tipo variable, current ratio.

razón de capital de trabajo, working capital ratio.

razón de costo de ventas a inventario promedio = rotación de inventarios, ratio of cost of goods sold to average inventory = inventory turnover.

razón de operación, operation ratio.

razón de pago, payout ratio.

razón de utilidad neta antes de impuestos a activos netos, ratio of net income after taxes to net assets.

razón de utilidad neta después de impuestos a activos netos, ratio of net income after taxes to net assets.

razón del costo de ventas de inventario promedio o rotación de inventarios, ratio of cost of goods sold to average inventory or inventory turnover.

razón del pasivo total a capital contable, ratio of the total debt to the owners' equity or "debt to worth".

razón entre las ventas y el capital de trabajo, sales to working capital ratio.

razón entre las ventas y los créditos al cobro, sales to receivable ratio.

razón o denominación social (sociedades), proposed name of the corporation.

razón social, firm name, trade name, commercial enterprise, undertaking.

razones de la variación (costos), reasons for variation.

reajustado, restated.

realización de los activos (liquidación de sociedades), realization of the assets.

reapertura, renegotation, reversing.

rebaja, rebate, allowance, discount, abatement, deduction, reduction.

rebaja efectiva, actual markdown.

rebaja por tara, allowance for tare.

rebaja total, gross markdown.

rebajas o descuentos sobre ventas, sales discounts.

recapitulación, recapitulation.

recargo, mark-on, surcharge.

recargo adicional, mark-up.

recepción de bienes (mercancías), receipts of goods.

rechazo de mercancías, refusal of goods.

recibidor en un banco, teller.

recibo, receipt, billheads.

recibo de expedientes de archivo, file charge-out card.

recibo liquidación de honorarios y gastos, bill drafts.

recibos o facturas, billheads.

reclamación, claim.

reclamaciones, claims.

reclamaciones de reembolsos, claims of refund.

reclasificación, re-arranging.

reclasificaciones, reclassifications.

reclutamiento de personal científico y técnico, recruiting scientific and technical personnel.

reclutamiento para asignaciones en países extranjeros, recruiting for overseas assignments.

reclutamiento, selección y entrenamiento del personal de ventas, recruiting, selecting and training sales personnel.

reclutando y seleccionando empleados para negocios de menudeo, recruiting and selecting retail employees.

recoger datos cuidadosamente, glean (information).

recolección de información, information retrieval.

reconocimiento de caracteres por medio de tinta magnética, magnetic ink character recognition.

reconocimiento de gastos o pérdidas, recognition of expenses or losses.

reconocimiento del pasivo, recognition of liabilities.

recordatorio, reminding.

recuento, count.

recuento de caja, cash count.

recuento físico (inventarios), physical count.

recuperación, restitution.

recuperación del capital, recovery of principal.

recuperaciones de cuentas incobrables, bad debt recoveries.

recursos, resources.

recursos de capital, capital resources.

redescuentos (bancos), rediscounts.

rédito, interest, proceed.

reducción, reduction, abatement.

reducción de cargo, mark-down, reduction of price.

reducción de los impuestos, reduction of taxes.

reducción de tarifas, rate cutting.

reducción del flete, reduction of freight.

reducción del valor, reduction of value.

reducir al mínimo, minimize.

reducir la diferencia, narrow the gap.

reducir las reservas monetarias, deplete monetary reserves.

reembolso, redemption, reimbursement, return.

reembolso de flete, reimbursement of freight.

reembolso en efectivo, cash refund.

reemplaza, supersedes.

reemplazos, replacements.

refacción, loan financing, machinery part, service part.

refaccionar, to finance.

referencia, reference.

referenciar, to index.

referencias cruzadas, cross-referencing.

referencias cruzadas completas, complete cross-referencing.

refiriéndose al financiamiento de adquisiciones de acciones y obligaciones industriales por medio de reportos o préstamos, on call (directos) anticipos eventualmente renovados en cada vencimiento, on call.

reforma de ley, amendment.

reformas, rewrite.

reformas de ajustes en fechas intermedias (seguro de crédito), interim adjustment (amendments).

reformulación de la hoja de trabajo, worksheet reconstructions.

refrendar, visar, countersign.

regalía, royalty.

regalías acumuladas, accrued royalties.

registrador, logger.

registrador de movimientos, actograph.

registrar, read in (to).

registro, record, register, entry.

registro auxiliar de cuentas por pagar, accounts payable subsidiary ledger.

registro básico, registro principal, main file, main record, master file, master record.

registro de acciones, stock ledger, stock book, stock register.

registro de bonos, bonds register.

registro de desplazamientos, shift register.

registro de facturas, invoice register.

registro de instrucciones, registro de mando, control register, program register.

registro de las percepciones individuales del empleado, employee's individual earnings record.

registro de memoria, memory register, storage register US, store register GB.

registro de pólizas, vouchers register.

registro de producción, production record.

registro de propiedades, plant ledger.

registro de referencias, reference record.

registro de suscripciones, subscription book.

registro de transferencia de acciones, stock transfer book.

registro de unidad, unit record.

registro de verificación de secuencia, sequence-control register.

registro del mayor en cinta magnética, magnetic tape ledger record.

Registro Federal de Causantes, Federal Registry of Taxpayers.

registros, records.

registros de auditoría procesados con equipo electrónico, auditing records processed on electronic equipment.

registros de costos, cost records.

registros fundamentales y libros auxiliares, underlying records and book of account.

registros originales, original records.

reglamentación, regulation.

reglamento general de estabilización de sueldos y salarios, current regulations on salary and wage stabilization.

reglamentación para contratos colectivos de trabajo, collective bargaining provisions.

Reglamento General de Estabilización de Sueldos y Salarios, Current Regulations on Salary and Wage Stabilization.

reglas de conducta (ética) profesional, rules of professional conduct.

reinversión de capital, capital renewal.

reinversión de utilidades, reinvestment of earnings.

reinversión de utilidades (en el mismo negocio), plough back profits.

relación, index, connection, ratio.

relación auxiliar, schedule.

relación de activo fijo a pasivo a largo plazo, fixed-asset-to-long-term-debt ratio.

relación de capital de trabajo, current ratio.

relación de devoluciones sobre ventas a ventas, ratio of returns to sales.

relación de existencias a ventas, stock-sales ratio.

relación de repetición de pulsos, pulse repetition rate, rate of pulse repetition.

relación de utilidad neta a ventas, net profit to sales ratio.

relación de ventas a cuentas por cobrar, ratio of sales to accounts receivable.

relación del costo de producción a la inversión de la planta, ratio of cost goods manufactured to plant investment.

relación de la utilidad neta al activo total, ratio of net income to total assets.

relación de la utilidad neta al capital contable, ratio of net income to net worth.

relación de la deuda neta al valor fiscal, ratio of net debt to assessed value.

relación entre las ventas y los cobros, account turnover.

relaciones, outlines, schedules.

relaciones comerciales, business connections.

relaciones de estructuración del capital, equity ratios.

relaciones industriales, industrial relations.

relaciones laborales, labor relations.

reloj de control del tiempo de trabajo, job time recording clock.

rematador, subastador, auctioneer.

remate, auction sale.

remesa, remittance.

remesas de camino, remittances in transit.

remesas en camino al banco, cash in transit to bank.

remesas futuras, future deliveries.

remisión recibida o firmada, receiving report.

remitente, expedidor, consignatario (bancos), addressor, consignor, remitter, sender.

remuneración por diversos servicios bancarios, remuneration for sundry banking services.

rendimiento, operation ratio.

rendimiento medio de empleados, average employee output.

rendimientos de las inversiones; devolución de la inversión, return of investments.

renglón, row.

renovación, restoration.

rendimiento, yield, rent, income.

rendimiento (o eficiencia) en la ejecución del trabajo, efficiency of working.

renovación de contrato, add-ons.

renovaciones, renewals.

renta, rent, yield, income.

renta cobrada por adelantado, rent collected in advance.

renta pagada por adelantado (gastos), prepaid rent expense, rent paid in advance.

renta vitalicia, life annuity.

rentas brutas, gross income.

rentas públicas, revenue.

rentas recibidas por adelantado, rents received in advance.

renumeración, renumeration.

renunciar (a un puesto), resign.

reorganización, reorganization.

reparación del equipo, repairs of equipment.

reparación y mantenimiento de oficinas, office repairs and maintenance.

reparaciones, repairs.

repartición, allotment.

reparto de acciones, stock split-ups.

repetir, rerun (to), roll back (to).

reporte de auditoría, audit report.

reporte de desperdicio, spoilage report.

reporto (Cía. General de Aceptaciones), borrowing of securities.

reposición del fondo fijo de caja chica, replanishment of the petty cash fund.

reposiciones, replacements.

representación de punto fijo, fixed-point representation.

representación del programa, program display.

reproducir (máquinas electrónicas), reproducing.

requisición, requisition.

requisición de compra, purchase requisition.

requisitos del trabajo, job requirements.

requisitos para una carrera profesional, qualifications for a professional career.

resarcir, recoup.

rescate, (acciones), redemption.

rescindir (un contrato), to rescind (a contract).

reserva, reserve.

reserva bancaria, bank reserve.

reserva de contingencia, reserve for contingencies.

reserva de pasivo, reserve liability.

reserva de seguro propio, reserve for self-insurance.

reserva estabilizadora de dividendos, dividend-equalization reserve.

reserva extraordinaria, extraordinary reserve.

reserva legal [cada banco incorporado está obligado por la ley a mantener con su banco de la reserva federal (el Banco de México, S A., en México) un saldo de depósitos igual a un cierto porcentaje de sus depósitos pasivos. Tales saldos se conocen con el nombre de "reservas legales" y para evitarse multas y sanciones deben mantenerse por el banco incorporado a un nivel establecido (esta reserva de los bancos se denomina "encaje legal" en el sistema bancario mexicano)], legal reserve (each member bank is required by law to carry with its Federal Reserve Bank a deposit balance equal to a certain percentage of its own deposit liabilities. Such balances are known as "legal reserves", an to avoid penalty must be maintained at the required level by the member bank, statuting reserve).

reserva oculta, hidden reserve.

reserva ordinaria (bancos), ordinary reserve.

reserva para agotamiento, reserve for depletion.

reserva para amortización, reserve for amortization, sinking-fund reserve.

reserva para baja de valores, reserve for depreciation of securities.

reserva para bonificaciones, allowance reserve.

reserva para cobros dudosos, reserve for doubtful accounts.

reserva para contingencias, contingent reserve.

reserva para cuentas incobrables, reserve for uncollectible accounts.

reserva para cuentas malas, reserve for bad debts.

reserva para depreciación, reserve for depreciation.

reserva para depreciación, obsolescencia e insuficiencia, reserve for wear, tear, obsolecence and inadequacy.

reserva para descuentos, reserve for discounts.

reserva para el impuesto sobre la renta, income-tax reserve.

reserva para el impuesto sobre utilidades excedentes, reserve for federal excise tax.

reserva para fluctuaciones en el mercado (por cotizaciones), reserve for market fluctuations.

reserva para fluctuaciones en cambios (de moneda), reserve for exchange fluctuation.

reserva para fluctuaciones en inventario, allowance for decline in the value of inventory.

reserva para fluctuaciones en valores, allowance for decline in stock market value.

reserva para fondo de amortización, reserve for sinking fund.

reserva para impuestos, reserve for taxes.

reserva para participación de utilidades, profit-sharing reserve.

reserva para pensiones, pension-fund reserve.

reserva para pérdidas en contratos de compras, reserve for losses on purchase commitments.

reserva para prima sobre acciones, reserve for premium on shares.

reserva para primas no devengadas, premium reserves unearned.

reserva técnica, technical reserve.

reserva para reinversión, reinvested profits.

reserva para reinversión por valuación, reinvestment reserve arising from revaluation.

reserva para retiros y reemplazos, reserve for renewals and replacements.

reserva para revaluación, reserve for revaluation.

reserva secreta, secret reserve, hidden reserve.

reserva para utilidades de compañías afiliadas en trabajos de construcción, reserve for inter-company profits in construction.

reservas bancarias, bank reserves.

reservas básicas de los bancos, bank's primary reserves.

reservas complementarias de activo, reserves deductibles from the assets.

reservas de capital, superavit, surplus, proprietary reserves.

reservas de operación de los bancos, working reserves of banks.

reservas monetarias, monetary reserves.

reservas para riesgos en curso (seguros), premiums reserves.

residuo, scrap.

resistencia al pago, refusal of payment.

respaldo económico, apoyo financiero, financial banking.

responsabilidad, obligation, responsability, liability.

responsabilidad de los endosantes, liability of endorsers.

responsabilidad en primer término, primarily liable.

responsabilidad ilimitada, unilimited liability.

responsabilidad limitada, limited liability.

responsabilidad personal, personal liability.

responsabilidad por endoso o aval, liability for endorsement.

responsabilidad solidaria, joint and several liability.

resta, rest.

restaurar, rewrite (to); restore (to).

resto, remainder.

restricciones a las inversiones, investment rectrictions.

resumen, summary.

resumen analítico, summary analysis.

resumen de artículos terminados, recap of items completed.

resumen de pases al mayor, abstract of posting.

resultados, profits and losses.

resultados de sus operaciones, results of operations.

retención de porcentajes, withholding percentages.

retiro de la cuenta de acciones, drawing account.

retiro forzoso, compulsory retirement.

retiros, drawings.

retiros de activos fijos, disposals of capital assets.

retornar, return (to).

retraso, rezago, lag (of time).

retroalimentación (en electrónica), feed back.

retroceso de la cinta, tape backspacing.

retrotraer, antedate.

revaluar, restate.

reventa, reissue, resale.

revisar, check.

revisar el material para archivo, checking release for filing.

revise cuidadosamente el control interno para las operaciones de caja y haga pruebas selectivas de su efectividad, preparando un memorándum que describa tal control interno, review carefully the internal control for cash operations and make test checks of its effectiveness preparing a memorandum to describe such internal control.

revisión, checking.

revisión bancaria, bank examination.

revisión de las cifras del inventario, scrutinizing the inventory figure.

rezagos, charge-backs.

riesgo, risk.

riesgo (al tomarse el seguro), coverage.

riesgo adicional (seguros), extended coverage.

riesgo cíclico, o sea riesgo de perder el capital o las utilidades debido a cambios cíclicos, cyclical risk, or risk of loss of principal or income due to cyclical change.

riesgo de cambios en los tipos de intereses: obligaciones, risk of changing money rates: bonds.

riesgo de poder de compra, o sea riesgo de perder el valor real de la conversión, debido a cambios de valor de la moneda, purchasing-power risk, or risk of loss or real value due to the changing of the dollar.

riesgo por calidad, o sea el riesgo de perder el capital o las utilidades, debilidad de la inversión misma, quality risk, or risk of loss of principal or income due to weakness in the investment itself.

riesgo por el tipo de interés, o sea riesgo de pérdida del capital debido a cambio en estos tipos, money-rate risk, or risk of loss of principal due to changing interest rate.

riqueza económica, economic "pie"

rodillo de contacto, contact roller.

rollo de papel para sumadora, adding roll.

rotación, turnover, rotation.

rotación del capital, capital, turnover.

rotación de capital de trabajo, working capital turnover.

rotación de cuentas por cobrar, turnover of accounts receivables, collection ratio.

rotación de inventarios, stockturn ratio, turnover of accounts inventories, number of times stock is turned over.

rotación de inventarios de partes, carros nuevos o carros usados, stock turn for parts, new cars o used cars.

rotación de mercancías, turnover.

rotación de personal, personal de reemplazo, movimiento de obreros, cambios en el personal para mantener un número fijo, labor turnover, rotation of personnel.

rotación de trabajos, rotación de puestos, job rotation.

rotuladoras de direcciones y de listas, addressing and listing machines.

rubro (de una cuenta), caption.

rupturas de contratos, breaches of contract.

rutina de entrada, input routine.

rutina de punto flotante, floating-point routine.

rutina de salida, output routine.

rutina de servicio, service routine.

rutina de verificación de secuencia, sequence-checking routine.

rutina específica, specific routine

rutina general, general routine.

rutinario, clerical.

S

sacar la factura del proveedor del expediente, lift vendor's invoice from file.

sacarle el bulto a un trabajo, sidestep a job.

sacudimiento, joggling.

salario, wage, salary.

salario anual garantizado, guaranteed annual wage.

salario base, basic salary, basic wage, base pay, base rate.

salario bruto, gross wage.

salario diario (en las tarjetas de tiempo de mano de obra directa), rate.

salario mínimo, minimum rate.

salario por hora tiempo normal, hourly wage rate.

salario por pieza, piece wage.

salario progresivo, progresive wage.

salario promedio por hora incluyendo tiempo extra, average hourly wage including overtime.

salarios acumulados por pagar, accrued payroll.

salarios diarios de los trabajadores, employees' rates of pay.

salarios exentos, exempt wages.

salarios gravados pagados, taxable wages paid.

salarios por entrega de mercancías, delivery wages.

salarios por hora, hourly wages.

salarios por pagar o acumulados, accrued wages.

saldada, in balance.

saldo, balance, rest.

saldo actual, new balance.

saldo anterior, old balance.

saldo arrastrado, carried down.

saldo de la cuenta, balance of account.

saldo de las exportaciones o importaciones, balance of exports and imports.

saldo del capital no pagado (inversionistas), unpaid principal balance.

saldo negativo, minus balance.

saldo para el cierre, down balance.

saldo pendiente por acciones suscritas, pending balance for suscribed shares.

saldo promedio cobrado, average collected balance.

saldo según estado de cuenta, balance per bank statement of account.

saldo según estado de cuenta del banco, balance as statement of account.

saldo según libros, balance per books.

saldos ajustados, adjusted balances.

saldos anteriores acreedores del balance general, old balance sheet credit balances.

saldos anteriores deudores del balance general, old balance sheet debit balances.

saldos contrarios, opposite balances.

saldos en efectivo, money balances.

saldos finales, final balances.

saldos iniciales de las cuentas de capital, beginning of the year capital balances.

saldos pendientes, balance on hand.

salida, outflow, outlet.

salida de efectivo, cash outflow.

salidas, disbursements, issues.

salidas (inventarios), out.

salidas de almacén, warehouse issues.

salto incondicional, unconditional, unconditional transfer.

salvamento, salvage.

salvedad en el alcance, scope qualification.

salvedades, exceptions, qualifications.

salvo error u omisión, barring error or omission.

salvo instrucciones en contrario, in the absence of contrary instructions.

sangrías (en trabajo de mecanografía), indentation.

se conservan los libros de la sociedad en nombre colectivo, partnership books are retained.

se divide por partes iguales (la utilidad neta) (sociedad en nombre colectivo), dividend equally (net income).

se ignora el contenido, contents unknown.

se requiere, you are asked to prepare.

se usa este término para significar que la orden dada debe realizarse al mejor precio obtenible después de la apertura de la bolsa de un lote o unidad completa, at the opening.

sección de consultas de contabilidad, accounting questions section.

sección de participación de accionistas, stockholders' equity section.

seccionar un libro mayor, blocking ledger.

secciones especiales de cuentas corrientes, special sections current accounts.

Secretaría de Hacienda y Crédito Público, Ministry of Finance and Public Credit.

secuencia (de las instrucciones en un programa), sequence, order.

secuencia de mando, control sequence US, instruction sequence GB.

según anexo, per exhibit.

"según aviso" (término bancario), as per advise.

según comprobante; según póliza, as per voucher.

según factura, as per invoice.

segmentar, segment (to).

segmento, segment.

segregar, segregating.

seguridad y reconocimiento del sindicato, union security and recognition.

seguro, insurance.

seguro contra incendios, fire insurance.

seguro de compensación, compensation insurance.

seguro de compensación acumulado de los trabajadores, accrued workmen's compensations insurance.

seguro de daños, liability insurance.

seguro de derrama, assessment insurance.

seguro de trabajadores, workmen's insurance.

seguro de transporte, transport insurance.

seguro de utilidades, income insurance.

seguro obligatorio, compulsory insurance.

seguro sobre la vida, life insurance.

seguro social, social security.

seguro temporal convertible, convertible term insurance.

seguro temporal renovable anualmente, yearly-renewable-term.

seguros de grupo sobre la vida, groups life insurance.

seguros no devengados, unexpired insurances.

seguros pagados por adelantado (gastos), prepaid insurance expense.

seguros por devengar, unexpired insurance.

seguros por expirar, unexpired insurance.

seguros sobre el personal, personnel insurance.

seguros y fianzas, insurance and bonds.

selección secuencial, sequential, selection, serial selection.

selección y adiestramiento del personal, staff selection and training.

seleccionar, to sort.

seleccione los cargos de importancia y examine las pólizas respectivas, autorizaciones y requisitos fiscales (en la revisión de gastos), select the major charges and examine the corresponding vouchers, approvals and tax requirements.

seleccione los saldos más importantes incluidos en las listas de las cuentas por cobrar y mande solicitudes de confirmación, select the most significant balances included in the accounts receivable list and send them requests for confirmation.

selectora, decollator.

selectrón, selectron.

sello de la sociedad, corporate seal.

sello de "recibido", reception stamp.

semi-organización, quasi-organización, quasi-reorganization.

señal de cotejo, check mark.

señal de punteo, check mark.

separación, aplicación, appropriation.

separación o despido de la firma, separation or withdrawal from firm.

separar, unpack (to).

sepárense, detach.

serie de clases y frecuencias (estadística), middle occurrence.

serie de documentos, floor-plan note.

servicio prestado, service rendered.

servicios administrativos, administrative services.

servicios de fideicomiso, trustee services.

servicio de vigilancia y administración, custodian and management services.

sesión del consejo de administración, board meeting.

sesiones de trabajo, project sessions.

si el pago (de impuestos) se hubiere hecho en cantidad mayor, tax has been overpayment.

si el pago (de impuestos) se hubiere hecho en cantidad menor, tax has been underpaid.

si es práctico, obtenga confirmaciones directas de los saldos más importantes, si no omita este punto (inventarios), if practical obtain direct confirmation of the most significant balances otherwise disregard this point.

signo, sign, sing digit.

simplemente se les da entrada, simply random posted.

simple participación en las utilidades, straight profit share.

sin cédula de empadronamiento, no registration number for gross mercantile, income tax purposes.

sin intereses, non-interest bearing.

sindicato, syndicate, labor union, unionization, union membership.

sindicato obrero, gremio obrero, asociación obrera, labor union.

síndico, liquidator, receiver, trustee.

síndico de la quiebra, trustee in bankruptcy.

siniestro, disaster.

siniestros ocurridos (seguros), incurred losses.

sistema binario, sistema de números binarios, binary number system.

sistema continental, continental system.

sistema de contabilidad, system of accounts.

sistema decimal, blocked-number accounts, blocked-number system.

sistema decimal en codificación binaria, binary-coded decimal system.

sistema de autorización y registros, system of authorization and records.

sistema de carpeta, folder system.

sistema de clasificación de puestos, job classification system.

sistema de contabilidad nacional, national accounting system.

sistema de costos por procesos, process-costing system.

sistema de depreciación cuando cambian los niveles de precios, depreciation policy when price level change.

sistema de establecimiento de rangos para los puestos, job ranking system.

sistema de factura por duplicado, duplicate invoice system.

sistema de fondo fijo, imprest system.

sistema de incentivos o primas, bonus scheme.

sistema de órdenes de trabajo, job-order system.

sistema de pólizas, voucher system.

sistema de préstamos de los bancos, loan system of banks.

sistema de sociedad mercantil, corporate system.

sistema monetario, monetary system.

sistema numérico, number system numerical notation, positional notation.

sistema tabular, columnar system.

sistemas bancarios, banking systems.

sistemas de microfilm con ayuda de la computadora, computer-assisted microfilm systems.

sistemas de tiempo compartido, time sharing systems.

sistemas informativos de administración, management information systems.

situación financiera, financial condition.

situación financiera del que pide prestado y el riesgo a que se somete el prestamista, financial condition of the borrower and the risk undertaken by the lender.

sobrante, superavit, surplus.

sobrantes (inventarios), overages.

sobrantes y faltantes de caja, cash over and short.

sobreaplicación, sobreestimación, sobredeclaración, declarado de más, contabilizado de más, overstatement.

sobrecarga, overhead, burden, indirect charges.

sobrecargar, to overcharge, to overload, overfreight.

sobre con la paga, pay envelope.

sobre la par, above par.

sobreestimar, overstate.

sobregiros (bancos), overdrafts.

sobreinversión en inventarios; exceso de existencias, overstock.

sobrepago, overpayment.

sobreprecio, mark-up, profiteer.

sobresueldo, bonus.

sobretasa, surtax.

sobrevaluación de inventarios, inventory overstatement.

sobrevaluación de una moneda, overvaluation of a currency.

sociedad, compañía, company, corporation.

sociedad anónima, corporación, corporation, limited company, incorporated-business.

sociedad anónima extranjera, foreign corporation.

sociedad anónima familiar, closed corporation.

sociedad con fines no lucrativos, non-profit-making corporation.

sociedad cooperativa de consumo, cooperative society.

sociedad de beneficiencia, closed corporation, corporation eleemosynary.

sociedad de capital ilimitado, opened-end company.

sociedad de fines no lucrativos, corporation-non-profit, profit-making enterprises.

sociedad de personas, partnership.

sociedad de responsabilidad limitada, limited liability company, limited liability society.

sociedad en comandita, limited partnership.

sociedad en comandita por acciones, joint stock company.

sociedad en nombre colectivo, co-partnership, partnership.

sociedad en nombre colectivo se disuelve, partnership is dissolved.

sociedad financiera, financial corporation.

sociedad limitada, sociedad en comandita, limited partnership.

sociedad mercantil, business corporation.

sociedad mutualista, non-stock moneyed corporation.

sociedad privada, private corporation.

sociedades anónimas, joint stock companies.

sociedades mercantiles, business corporations.

sociedades mutualistas, provident societies.

sociedades profesionales por acciones, professional incorporation.

sociedades que se toman como ejemplo, blank corporations.

socio, partner.

socio capitalista, financial partner.

socio comanditario, dormant or special partner.

socio gerente, managing partner.

socio industrial, general partner, industrial partner.

socio reconocido, ostensible partner.

socio secreto, secret partner.

socios de "trabajo" "working" partners.

solicitud de inconformidad, draft of protest.

solicitudes no contestadas, unanswered positive requests.

solicitudes no requeridas, unsolicited applications.

solvencia, solvency.

son las letras de cambio y los documentos anexos, bills in set.

subaplicación, subestimación, subdeclaración, declarado de menos, contabilizado de menos, understatement.

subarriendo, leasing.

subasta, auction sale.

subcuentas, subsidiary accounts.

subestimar, understate.

subproductos, productos accesorios, productos secundarios, productos derivados, by products.

subprograma, subrutina, subprogram, subroutine.

subrayando o circulando una palabra, undercoring or circling a word.

subscripción, subscription, issuance.

subsidio, subsidy.

subsidio de exportación, export bounty.

subsidios, grant in aid.

subsidios de gobiernos federales y locales, grants from federal and local governments.

sucesión, estate.

sucursal, branch.

sucursales bancarias, branch banking.

sucursales en el extranjero, branches abroad.

sucursales y oficinas regionales en... (bancos), branches and district officies in....

sueldo, salario, jornal, paga, salaries, day work, day rate.

sueldo a convenir, open salary.

sueldo completo, full pay.

sueldo más comisión sobre todas las ventas netas, salary plus commission on all net sales.

sueldo más participación en las utilidades, salary-plus profit share.

sueldos de agentes, salesmen's salaries.

sueldos de funcionarios, officer salaries.

sueldos generales, general salaries.

sueldos no reclamados, unclaimed wages.

sueldos y gratificaciones, office salaries and bonuses.

sueldos y salarios acumulados por pagar, accrued payroll.

sueldos y salarios por pagar, wages and salaries payable.

suficiencia de la evidencia comprobatoria, competence of evidential matter.

sugestiones para mejorar el lenguaje en los informes de auditoría, sugestion for improving the language of audit reports.

sujetos del impuesto, persons subject to tax.

suma, importe, monto, addition, amount, sum.

suma de comprobación, suma de verificación, check sum.

suma exacta, amount certain.

sumadora eléctrica, adding machine, electric.

sumadora electrónica, electronic adder.

sumadora manual, adding machine, hand operated.

sumadoras (máquinas de capacidad de 10 columnas; impulsada a tecla; impulsada mediante palanca; teclado completo; teclado de diez teclas; listador de diez teclas), adding machines (ten-column-capacity machine; keydriven; crank driven; full keyboard; ten-keyboard; listing ten-key).

sumando de más, overfooting.

sumar, foot.

sumario, summary.

sumario del fallo, abstract of judgment.

sumas cuadradas, cross footed.

sumas verificadas, footed.

suministros, supplies.

suministros de fábrica, factory supplies.

superávit, superavit, surplus, balance of undistribuited profits.

superávit consolidado, consolidated surplus.

superávit de capital, capital surplus.

superávit de capital aportado, paid-in capital surplus.

superávit de operación, profit and loss surplus.

superávit de revaluación, apraisal surplus, revaluation surplus, appreciation surplus.

superávit disponible, current surplus, free surplus, unappropriated surplus, unencumbered surplus, uncommitted surplus.

superávit donado, contributed surplus, donated surplus, book surplus.

superávit en libros, book surplus.

superávit en liquidación, defiency account.

superávit ganado, earned surplus, appropriated surplus.

superávit pagado, paid-in surplus, contributed surplus.

superávit por revaluación, apprecia- tion surplus.

superávit reservado, appropriated surplus.

supervisión, foremanship.

supervisión de los ayudantes, super- vision of subordinates.

supervisión y motivación de los ven- dedores, supervision and motiva- tion of salesmen.

supongamos, let us assume.

supresión de ceros, zero-suppression.

supuestas ventajas del papel comer- cial de liquidez propia (bancos), alleged advantages of self-liquid- ating commercial paper.

suscripción, subscription.

suscripción pública, public subscrip- tion, public distribution.

suscripciones, seguros, underwriting.

suscripciones en firme, stand-by-und- erwriting.

suscripciones pagadas por adelanta- do, prepaid subscription.

suscripciones por cobrar, subscrip- tions receivables.

suscripciones y publicidad, suscrip- tions and advertising.

suscriptores, subscribers.

susodicho, above mentioned.

suspensión de pago (de un docu- mento), stop payment.

suspensión de pagos, suspension of payment.

suspensión repentina de ingresos, sudden stoppage of income.

suspensiones (en el trabajo), layoffs.

T

tabla de integración, staffing table.

tablas de permutaciones al azar, ta- bles of random permutations.

tablas para retenciones, witholding tables.

tablero de control, control panel.

tablero y tiras de papel, pegboard and paper stups.

tableros intercambiables, interchage- able plugboards.

tabulador de salarios, wage scale.

tabulador de totales, rolling total ta- bulator.

tabuladora, tabulator.

tabuladora de verificación, balancing tabulator.

tabuladora o máquina de contabilidad de tarjetas perforadas, tabulator or punched-card accounting machine.

tabular, unruled.

talonario de acciones, certificate book stock.

talonario de cheques, pass book.

talonario de facturas, stub book.

tambores magnéticos o emisores de pulsos, magnetic drums.

tanto por ciento, percentage.

taquigrafía, shorthand.

taquígrafo, shorthand-writer.

tara, tare.

tarifa aduanera, arancel, tariff.

tarjeta con índice, tab index card.

tarjeta con talón, stub card.

tarjeta de cobro, collection card.

tarjeta de control de existencias, stock control card.

tarjeta de costo y facturación, cost and billing card.

tarjeta de crédito, credit card.

tarjeta de perforación, keysort card.

tarjeta de perforación binaria, binary punched card.

tarjeta de perforación sensible a una señal, mark-sensing punch card.

tarjeta de programa, program card.

tarjeta de registro de los sueldos del empleado, employees' earnings record card.

tarjeta de sustitución, substitution card.

tarjeta de tiempo, time ticket.

tarjeta de tiempo de trabajo, job time ticket.

tarjeta de transferencia, transfer card.

tarjeta dual, dual card, dual punch card, dual purpose card.

tarjeta indicadora, guide card.

tarjeta intercalada, padded card, flimsy.

tarjeta invertida, tarjeta múltiple, fractional card, tumble card.

tarjeta maestra, master-card.

tarjeta magnética, magnetic card.

tarjeta patrón, header card.

tarjeta perforada, punch card, punched card.

tarjeta perforada en las orillas o al margen, edge-punched card, marginal punched card.

tarjeta u hoja de costos históricos, historical cost sheet.

tarjetas archivadas horizontalmente (kardex), cards filed horizontally.

tarjetas archivadas verticalmente, cards filed vertically.

tarjetas de almacén, inventory records.

tarjetas de asistencia, clock cards.

tarjetas de control de existencias, stock control cards.

tarjetas de índice visible, visible index cards.

tarjetas numeradas, numbered cards.

tarjeteros, card trays.

tasa, rate.

tasa ajustada, adjusted rate.

tasa de aumento, rate of increase.

tasa de gastos indirectos, burden rate.

tasa de interés, rate of interest, interest rate.

tasa real de interés, effective interest rate.

tasación, appraisal, appraisement.

tasador, appraiser.

tasas de anticipos, advances rate.

tecla de liberación, release key.

tecla de parada del programa, program stop-switch.

tecla de salto, skip key.

técnicas administrativas para gerentes en una empresa, managerial skills for company managers.

técnicas de evaluación de arrendamiento versus compra, evaluation techniques in lease versus buy.

técnicas de registro, techniques of record-keeping.

técnicas del flujo del efectivo, planeación, sistemas y organización del efectivo, cash flow techniques, cash planning, systems and organization.

técnicas modernas de PED para los ejecutivos financieros, modern EDP techniques for the financial executives.

técnicas para la evaluación de resultados en segmentos de un negocio, techniques used to evaluate management performance.

teleautógrafo, telautograph.

telégrafo, telegraph.

teleimpresora de páginas, page teleprinter.

teletipo o servicio TWX, teletypewriter.

tendencia de los tipos de interés, trend of interest rates.

tendencias del mercado, market trends.

tenedor, holder, bearer.

tenedor de libros, bookkeeper.

tenedor (de un documento), payee.

tenedor (de un título), tender.

tenedor ficticio de acciones de otros, dummy stockholder.

tenedor o portador de un bono, bond. bearer.

teneduría de libros, bookkeeping.

tendencias y técnicas contables en informes anuales publicados por sociedades, accounting trends and techniques in published corporate annual reports.

tenemos el gusto de avisarles que esta cobranza ha sido presentada al girado con el siguiente resultado que marcamos con una X, please be advised that this item has been presented to drawee with the following results marked with on X.

tener un artículo o producto (en almacén), go into the store, to.

teoría de la contribución, contribution theory.

teoría de la paridad del poder de compra de los tipos de cambio, purchasing power parity theory of exchange rate.

teoría de las colas, queuing theory.

teoría de restricción de la emisión de billetes, banking theory.

teoría del papel comercial de rápida liquidación del activo de los bancos, self-liquidating commercial paper theory of bank assets.

teoría del valor de la moneda, theory of the value of money.

terminología, terminology.

terrenos, factory land, land.

Tesorería de la Federación, Federal Treasury Department.

testamentaría, estate.

testamento, will.

testigo, witness.

testimonio, testimonial.

ticómetro, tickometer.

tiempo de espera, waiting time.

tiempo de máquina, machine-available time.

tiempo de palabra, word time.

tiempo disponible de proceso, available process time.

tiempo estimado, time budget.

tiempo: estimado, real, time: estimated, actual.

tiempo inactivo, stand by unattended time.

tiempo inactivo interno, internal idle time.

tiempo inútil no atribuido a la máquina, no charge non-machine-fault-time.

tiempo inútil por error de la máquina, no charge machine-fault time.

tiempo inútil u ocioso, down time.

tiempo ocioso, idle time, spare time, down-time.

tiempo real o empleado, actual time.

timbres fiscales, tax stamps.

tipo, rate.

tipo básico, the prime rate.

tipo de cambio, rate exchange.

tipo de cambio a futuro (bancos), forward exchange.

tipo de interés bancario; descuento bancario, tasa bancaria, bank rate.

tipo oficial (cambio de las monedas), official.

tipos de equipo para almacenar los registros, types of equipment for storing records.

tipos de riesgos en inversiones, types of investment risk.

tira de suma, tape.

tiraje de producción, production run.

tiras archivadas (archivo visible), filed strips.

título, title.

título absoluto, absolute title.

título concedido u otorgado, charter granted.

títulos al portador, active bonds.

títulos de crédito, securities.

títulos de las cuentas por gastos, expense account titles.

toma de decisiones, decision making.

toma de inventario físico por medio de "peso, recuento o medida", physical inventory taking by "weight, count or measure".

toma o adquisición de los pasivos, assumption of the liabilities.

tomados en cuenta, taken into account.

tomar nota, to take notice.

topograma, topogram.

total cobrado, total collected.

total de honorarios ajustados, trimmed total fees.

total de los bienes, amount of property.

total gastado, total dispersed.

totales cuadrados, crossfoot.

totalización selectiva, selective summarizing.

totalizar, foot.

trabajador, obrero, operario, jornalero, laborer.

trabajador de temporada, trabajador estacional, seasonal worker.

trabajador en jornada incompleta, part time worker.

trabajadores de planta, regular workers.

trabajadores especializados, skilled labor.

trabajadores eventuales, casual workers.

trabajadores temporales, temporary workers.

trabajo, labour.

trabajo a destajo, piece work, task work.

trabajo atrasado acumulado para la siguiente media hora, cumulative carryover of work to the next half hour.

trabajo clave, key job.

trabajo de auditoría, auditing work.

trabajo de equipo, group work.

trabajo de oficina, trabajo administrativo, clerical work.

trabajo defectuoso, fanety work.

trabajo durante el año, interim work.

trabajo en proceso, work in process.

trabajo hecho por, work done by.

trabajo indirecto, indirect work, indirect labor.

trabajo por pieza o a destajo, piece work.

trabajo preliminar o preparatorio, custom work.

trabajo realizado durante la semana, prior work week.

trabajos complementarios, complementary works.

trabajos convencionales, custom work.

trabajos ejecutados no facturados, unapproved progress estimates.

transacción, transaction.

transacciones internacionales, foreign transactions.

transcribir, transcribe (to).

transferencia bancaria, bank transfer.

transferencia de los totales, total rolling, total transfer.

transferencia en serie, serial transfer.

transferencia paralela, parallel transfer.

transferir, transferencia, salto, transfer (to), dump (to).

transformar, transform (to).

transmitir, transmit (to).

transportador gemelo de cinta, twin tape transporter.

traspapelar, mislaid.

traspaso, transfer, posting, postage, kiting.

traspasos entre bancos y entre compañías, interbank and intercompany transfers.

traspasos telegráficos (bancos), telegraphic transfers.

trastornos económicos que surgen del uso de la moneda, economic disturbances arising from the use of money.

tratado de contabilidad, account keeping.

tratamiento contable de las compensaciones al personal en la forma de opciones de capital, accounting for compensation in the form of stock options.

trato con los clientes, dealing with clients.

trazar, trace (to).

tribunal de prácticas de auditoría, auditing practice forum.

tribunal fiscal, tax court.

trueque, barter, exchange.

U

últimas entradas, primeras salidas, last in first out.

último ejercicio calificado (impuesto sobre la renta), last year examined.

un estudio del negocio de arrendamiento y de los métodos utilizados por empresas en los Estados Unidos, a survey of the leasing field and corporate leasing practices in U.S. business.

una evaluación objetiva del arrendamiento desde el punto de vista del empresario, an objective corporate appraisal of leasing.

una venta *corta* en la venta de acciones que el vendedor no posee pero que espera adquirir en el futuro, short selling.

unidad, unit.

unidad administrativa, administrative unit.

unidad apiladora, unit stacker.

unidad aritmética, arithmetic unit.

unidad aritmética paralela, parallel arithmetic unit.

unidad auxiliar de tablero, keyboard unit.

unidad de computadora, computing.

unidad de consola, console unit.

unidad de control, unidad de mando, unidad de programación, control unit.

unidad de desplazamiento, shift unit.

unidad de manejo de cinta, tape handling unit.

unidad de memoria, memory unit.

unidad de salida (elemento de una máquina computadora digital), output unit.

unidad departamental, unit-assembly.

unidad operacional, operational unit.

unidades de archivo de anaquel abierto, open-shelf file units.

unidades de cintas (en máquinas electrónicas), tape units.

unidades de entrada (máquinas electrónicas), imput units.

unidades de producción o trabajo, production units, work units.

unidades equivalentes, equivalent units.

uniformidad, standardization.

unión de crédito, credit union.

uso de números al azar para seleccionar una muestra, use of random numbers to select a sample.

uso de la rentabilidad en decisiones de arrendamiento vs compra, use of rate-of-return on lease-versus-purchase decisions.

uso de la rentabilidad en la evaluación de proyectos, use of rate-of-return on project evaluation.

usufructo de los intereses, enjoyment of interest.

útiles, implements.

utilidad, profit, gain, earning, income.

utilidad bruta, gross profit, gross income.

utilidad bruta a ventas, gross margin to sales.

utilidad bruta en ventas, gross profit on sales.

utilidad de operación, profit from operations.

utilidad de operación, operating profit, revenue profit.

utilidad en la venta de activos fijos, gain on the sale of fixed assets.

utilidad en la venta de valores, gain on the sale of securities.

utilidad en venta de activos fijos, gain on sale of capital assets.

utilidad exenta, exempt income.

utilidad gravable, taxable income, taxable profit.

utilidad líquida, net profit.

utilidad marginal, marginal utility.

utilidad mercantil, trading profit.

utilidad neta (por empresas comerciales e industriales), net profit.

utilidad neta (para compañías de servicios públicos), net earning, net income.

utilidad neta a capital de trabajo, net profit to working capital.

utilidad neta antes de impuestos, net income before tax.

utilidad neta antes de impuestos sobre la renta (federales), net income before federal income taxes.

utilidad neta de operación, net income from operations.

utilidad neta en ventas, net selling profit.

utilidad neta gravable, taxable net income.

utilidad neta por cada acción común, net income per share of common stock.

utilidad o pérdida en venta de activo fijo, gain or loss on disposition of fixed assets.

utilidad obtenida, obtained profit.

utilidad por línea de productos, profit by product line.

utilidad por otro concepto, by profit.

utilidad realizada sobre ventas a plazo, realized profit on instalment sales.

utilidad según libros, book profit.

utilidad sobre valores y operaciones de bolsa (bancos), profit from securities and stock exchange transactions.

utilidad sobre ventas, selling profit.

utilidad unitaria, unit profit.

utilidad y gastos (para el punto de equilibrio), margin and expense.

utilidades a corto plazo, short-range profits.

utilidades a largo plazo, long-range profits.

utilidades acumuladas, retained income, accumulated profits.

utilidades ajenas a las operaciones, non-operating profits.

utilidades antes de impuestos, pretax earnings.

utilidades anticipadas, anticipated profits.

utilidades aplicadas, appropriated profits.

utilidades capitalizadas, capitalized profits.

utilidades contingentes, contingent profits.

utilidades del ejercicio, fiscal year profits.

utilidades departamentales, departamental profits.

utilidades devengadas, accrued income.

utilidades distribuidas, distributed profits.

utilidades en libros, book profits.

utilidades en realización, gain on realization.

utilidades entre departamentos, inter-department profits.

utilidades estimadas sobre ventas a plazo, estimated profits in instalment sales.

utilidades extraordinarias, extraordinary profits, casual profits.

utilidades inter-compañías, intercompany profits.

utilidades inter-departamentales, interdepartmental profits.

utilidades no distribuidas, unappropriated profits.

utilidades no realizadas, accrued profits, unrealized profits.

utilidades no repartidas, undistributed profits.

utilidades obtenidas, beneficios obtenidos, profit performance.

utilidades o pérdidas en cambios, losses and gains on foreign exchange.

utilidades pendientes de aplicación, undistributed profits, undivided profits.

utilidades por apertura de créditos, aceptaciones mercantiles, mercancías y servicios extranjeros (bancos), profit from opening of credits, trade acceptances, foreign services and goods.

utilidades por aplicar, accumulated profits.

utilidades por distribuir, undivided profits.

utilidades por repartir, undivided profits.

utilidades probables, estimated profits.

utilidades razonables (compañías de ferrocarriles, luz, gas, etc), fair return.

utilidades realizadas, realized profits.

utilidades reinvertidas, reinvested profits.

utilidades retenidas distribuidas, appropriated retained earnings.

utilidades retenidas no distribuidas, unappropriated retained earnings.

utilidades sobre la inversión, return on investment.

utilización de datos financieros en decisiones de mercadotecnia, using financial data for marketing decisions.

utilización del trabajo de otros auditores independientes, utilizing the work of other independent auditors.

V

vacante, vacancy.

vale, note, scrip.

vale de almacén, store requisition.

vale pagaré, bond note.

valor, value, worth.

valor absoluto, absolute value.

valor actual, present value, present worth, actual value.

valor a la par, par value.

valor a su vencimiento, value at maturity.

valor al vencimiento (letra o pagaré), maturity value.

valor asegurable, insurable value.

valor catastral, assessed value.

valor circulante disponible, current disposable value.

valor colateral, collateral value.

valor contable de la participación, equity value.

valor dado en prenda, pledge of the title.

valor de avalúo, appraised value.

valor de cambio, trade in value, exchange value.

valor de costo, cost value.

valor de desecho, junk value, salvage, scrap value.

valor de desecho predeterminado de la vieja maquinaria, old machine salvage foregone.

valor de ensaye, assay-office value.

valor de expropiación, condemnation value.

valor de la capacitación, value of training.

valor de la protección del seguro, value of insurance protection.

valor de liquidación, liquidation value.

valor de mercado, market value.

valor de negocio en marcha, going value.

valor de realización inmediata, break-up value.

valor de reposición al costo, reproduction cost value.

valor de reproducción, cost of reproduction value, reproduction value.

valor de rescate, surrender value.

valor de rescate de pólizas de seguros de vida, cash surrender value of life insurance policies.

valor de residuo, salvage, residual value.

valor de utilización, service value.

valor declarado, declared value, stated value.

valor depreciado, depreciated value.

valor efectivo, cash value.

valor en libros, book value.

valor en cuentas, payment on account.

valor en libros de cada acción, book value per share of stock.

valor en libros por acción, book value per share.

valor equitativo de venta, fair value.

valor estimado, appraised value.

valor extrínseco, goodwill.

valor firme, sound value.

valor inicial, going value.

valor intangible, intangible value.

valor intrínseco, intrinsic value.

valor justo, sound value.

valor medio, average value.

valor neto, net worth.

valor neto de realización, net proceeds.

valor neto en libros, net book value.

valor nominal, face value, nominal value.

valor real, fair value.

valor según o en libros, books value.

valor tangible, tangible value.

valores actuales monetarios, current exchange values.

valores cotizados, marketable securities.

valores dados en garantía, pledged securities.

valores dados en prenda, pledged securities.

valores de las acciones, stock values.

valores del gobierno, government securities.

valores en custodia, securities in custody.

valores en efectivo, cash basis.

valores propios, owned securities.

valores realizables, liquid assets.

valores sobre el mostrador, securities over-the counter.

valores y créditos dados en garantía, securities and credits given as guarantee.

valuación, valuation, appraisal, assessment, appraisement.

valuación de inventarios, inventory valuation.

valuación de inventarios finales, closing-inventory valuation.

valuación de puestos, job evaluation.

valuación de trabajos, job evaluation.

valuación del inventario-costo o mercado, valuation of inventory-cost or market.

valuador, tasador, appraiser.

variación, variance.

variación de costo estimado, variance from estimated cost.

variación en cantidad (costos estándard), mix variance.

variación en consumo, spending variance.

variación en volumen, volume variance.

variaciones en los costos, changes in costs.

varias cuentas, sundry accounts.

varias cuentas (de cargo), sundry debit column.

varias cuentas (de crédito), sundry credit column.

velocidad de lectura, rate of reading.

velocidad de perforación, rate of perforation, rate of punching.

vencido, overdue.

vencido no pagado (un documento), dishonored.

vencimiento (fecha), maturity, dating.

vencimiento común, averaging accounts.

vencimiento de la emisión, maturity of the issue.

vencimiento de las letras, maturity of bills.

vencimiento de una libranza o pagaré, maturity.

vencimiento del plazo, expiration of term.

vencimiento del plazo para la entrega, expiration of time of delivery.

vencimiento fijo, fixed maturity.

vencimientos a corto plazo de documentos de primera hipoteca, current maturities of first mortgage note.

vendedores comerciantes, dealer salesmen.

vendido con pérdida, sold at loss.

venta, sale.

venta a precios fijos, sales at fixed rates.

venta al contado, cash sales.

venta anual, annual sale.

venta de bienes embargados, distress-sale.

venta de menudeo, retail sale, retail inventory.

ventaja, influencia, poder, fuerza, leverage.

ventaja de operación, operating leverage.

ventaja financiera, financial leverage.

ventas a crédito, charge sales.

ventas a plazos, instalment sales.

ventas anticipadas, prospective sales.

ventas brutas, gross sales.

ventas contado (según registradora), cash sales (per register).

ventas de arrastre en las que una persona "engaña" comprando y vendiendo falsamente una acción al mismo tiempo, haciendo con ello que se observe un precio, pero nuevamente sin ningún cambio real en la tenencia, wash rates.

ventas de desperdicios, scrap sales.

ventas diarias de contado, daily cash sales.

ventas efectivas, actual sales.

ventas eventuales, reckless.

ventas máximas, peak sales.

ventas netas, net sales.

ventas netas a capital contable, net sales to net worth.

ventas netas a capital de trabajo, net sales to working capital.

ventas netas a inventario, net sales to inventory.

ventas por agentes, sales per sales person.

ventas por hora hombre, sales per manhour.

ventas provisionales, approval sales.

veracidad, seguridad, confianza, reliability.

verificación, verification, checking.

verificación doble, twin check.

verificación por pruebas selectivas, testing.

verificación totalizadora, summation check.

verificado contra el mayor, in agreement with general ledger.

verificado contra kardex, according with kardex, according with auxiliary cards.

verificadora, cod-proof punch, verifier.

verificar cálculos, check extensions, verify (to).

verifique el impuesto sobre ventas (impuesto sobre ingresos mercantiles)| (3%) y examine todas las declaraciones presentadas por la compañía, check the payment of gross receipts tax (3%) and examine all the returns filed by the company.

verifique las listas de inventarios contra las tarjetas auxiliares de materiales, piezas de repuesto y accesorios. Verifique las diferencias más importantes si las hay e investíguelas, check the inventory lists against the auxiliary cards of materials, spare parts and accesories. Observe the significant differences if any and investigate them.

verifique los pagos por anticipos según la ley del impuesto sobre la renta, check the payment of advances for income tax law.

viáticos, subsistence.

viáticos por día, per diem allowances.

vida útil del activo depreciable, useful life of depreciable property.

vigilancia, conocimiento, captación, awareness.

visar, countersign.

volante, slip.

volumen de trabajo, work volume.

volumen promedio de pedidos, average order size.

volumen total de la demanda, aggregate volume of demand.

voto empatado, tie vote.

W

wats o servicio telefónico de área amplia que proporciona comunicación interestatal ilimitada dentro de áreas específicas por una tasa mensual fija, wats or wide-area telephone service.

X

xerografía (medio de duplicación), xerography.

Z

zona, memoria especial, zone.

zonas de pista, zone tracks.

ABREVIATURAS - ABBREVIATIONS

ABREVIATURAS

a/c,.. *a cuenta,* on account.

ad val., *(ad valorem) de acuerdo con valor,* (ad valorem) according to value.

Admón., *administración,* administration, management.

Admor., *administrador,* administrator, manager.

a/f, *a favor,* in favour.

Agte., *agente,* agent.

ANP *administración de negocios pequeños,* small business administration.

Art., *artículo,* article.

Arts., *artículos, mercancías,* goods.

a/v, *a la vista,* at sight.

Aydte., *ayudante,* assistant.

Br., *bruto,* gross.

C *compras,* purchase.

c/, *cargo, contra,* charge, against.

c/a, *cuenta abierta,* open account.

C.A.E., *cóbrese al entregar,* charge on delivery.

Cap., *capítulo, capital,* chapter, capital.

C.C., *cuyo cargo, cuenta corriente, Carta de crédito,* whose charge, current account. Letter of credit.

c/d, *cuenta de,* account of.

Cert., *certificado,* certificate, registered (mail).

CF *costos fijos,* fixed costs.

c/f, *costo de flete,* shipping cost.

ch, *cheque,* check.

Cía., *compañía,* company.

c/o *al cuidado de,* in the care of.

Com., *comercio,* commerce.

Com. Ext., *comercio exterior,* foreign trade.

Conto., *conocimiento,* (B.L.) bill of lading.

CP *corto plazo (crédito),* short range.

C.P.T., *contador público titulado,* certified public accountant.

c.s.f., *Costo, seguro y fletes,* cost, insurance and freight.

cta., *cuenta,* account.

Cte., *corriente,* current.

c/u, *cada uno,* each.

CV *costos variables,* variable costs.

c/v, *cuenta de ventas,* bill of sales, sales account.

D.A., *documentos para aceptación,* documentos for, or on acceptance.

Dep., *departamento,* department.

Desc., *descuento,* discount.

d/f, *días fecha,* days after date.

Dif., *diferencia,* difference, balance, rest.

Dls., *dólares,* dollars.

Doc., *docena,* dozen.

d/p, *días de plazo,* days time.

d/v., *días vista,* days after sight.

E.C., *egresos de caja,* cash disbursements.

Econ., *economía,* economy, economics.

Ed., *editor, edición, editorial,* editor, edition, publishing company.

Exp., *exportación,* export, exporting.

f, *franco, folio,* free, folio.

f.a.b., *franco a bordo,* free on board.

Fact., *factura,* invoice.

F.C., *ferrocarril,* railroad, railway.

Fig., *figura, esquema, diagrama,* figure, illustration.

F.M., *folio del mayor,* ledger folio.

Fut., *futuro(s),* future.

g, *giro,* draft.

Gob., *gobierno,* government.

G.P., *giro postal,* post money order.

Gral., *general,* general.

G.T., *giro telegráfico,* telegraphic money order.

g/v, *giro a la vista,* sight draft.

I.C., *ingresos de caja,* cash receipts.

I.D., *investigación y desarrollo,* research and development.

i.e., *esto es, es decir, Id est,* that is, to say.

Imp., *importación,* import, importing.

Inv., *inventario,* inventory.

I.O., *investigación de operaciones,* operational research.

I.S.R., *impuesto sobre la renta,* income tax.

I.S.R.P.T. *impuestos sobre salarios, impuestos sobre productos del trabajo,* wage tax.

I, *letra,* draft.

LAB, *libre a bordo,* free on board.

Lic., *licenciado en leyes, abogado,* attorney at law.

Liq., *líquido,* liquid.

LP., *largo plazo,* long range.

l/v, *letra, a la vista,* sight draft.

Memo., *memorándum,* memorandum.

Memos., *memoranda,* memoranda.

M. Ext., *moneda extranjera,* foreign currency.

M/f, *meses fecha, mi favor,* my favour, months after date.

Mfra., *manufacturera, manufactura,* manufacturing.

m/l, *mi letra,* my draft.

M. Nal., *moneda nacional,* national currency.

N.C., *nota de cargo,* debit memorandum.

Núm., *número,* number.

o, u ord., *orden,* order.

O.P., *oficina postal,* post office.

P., *póliza,* voucher.

P.A., *por ausencia,* in absence.

P.D., *posdata,* post script.

PDE *punto de equilibrio,* break-even point.

p.e., *por ejemplo,* for instance.

Pol. No. *póliza No.* voucher number.

P.P., *porte pagado,* prepaid.

ppdo., *próximo pasado,* the one inmediately before the last.

Pres., *presidente,* president.

Prom., *promedio,* average.

Pza., *pieza,* each.

R, *recibí,* receipt.

R.C., *devoluciones y rebajas sobre compras,* returns and allowances purchase.

R. Ch., *registro de cheques,* check register.

Reg., *registro,* registration, inscription.

REQ., *requisición,* requisition.

R.P., *registro de pólizas,* voucher register.

R.S.V.P., *(respondez si vous plait).*

Conteste por favor, please answer.

R.V., *devoluciones y rebajas sobre ventas,* returns and allowances sales.

S.A., *sociedad anónima,* limited (company).

SED., *seguro estatal de desempleo,* state unemployment insurance.

S.E. u O., *salvo error u omisión,* (e. o. e) errors and omissions excepted.

S.F.D., *Seguro Federal de Desempleo,* Federal Unemployment Insurance.

Sría., *secretaría,* secretary.

S.S., *seguro social,* social security.

Tel., *telegrama,* telegram.

V., *ventas,* sales.

y/o, and/or.

NOTAS

NOTAS

NOTAS

NOTAS

ESTA IMPRESION DE 3 000 EJEMPLARES SE
TERMINO EN NOVIEMBRE DE 1983, EN LOS
TALLERES DE LA COMPAÑIA EDITORIAL
CONTINENTAL, S. A. DE C. V., MEXICO